四川省眉山市法学会项目

赵晓耕 主编

北宋士大夫的法律观
——苏洵、苏轼、苏辙法治理念与传统法律文化

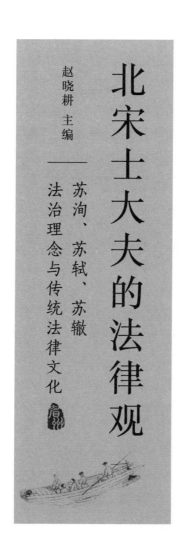

北京大学出版社

本书撰稿人

（按姓氏笔画排列）

吕志兴　刘盈辛　张田田　肖洪泳

陈景良　陈蔼婧　范忠信　赵晓耕

赵　晶　喻　平　彭林泉　霍存福

目录

序 / 001

上编:"三苏"法治思想研究

导论 "三苏"法治思想的渊源与影响 / 003

第一章 北宋士大夫的法律观与"三苏"传统法思想的特点 / 011

一、北宋的社会转型 / 011

（一）士大夫阶层的崛起 / 011

（二）中央集权的强化 / 013

（三）北方强敌的威胁 / 014

（四）儒家思想的裂变与重整 / 015

二、北宋士大夫的法律观 / 018

（一）功利主义的法律观 / 018

（二）理学主义的法律观 / 023

三、"三苏"传统法思想的特点 / 028

（一）苏洵传统法思想的特点 / 028

（二）苏轼传统法思想的特点 / 033

（三）苏辙传统法思想的特点 / 037

（四）"三苏"传统法思想的共性与个性 / 040

第二章 "三苏"立法与行政法律思想及相关实践 / 042

一、礼以养人，法须合礼顺情，法辅德礼教化 / 043

二、任人任法兼顾，不应苛法拘吏，贤人可补法漏 / 051

三、法宜宽仁，称罪立法，广赏慎刑，反对繁法苛刑 / 061

四、赏罚严明慎重，信赏必罚，反对滥赏滥赦 / 074

五、立法不可与民争利，法应便民利民养民 / 078

六、赏自下始，罚自上始；立法应严于官而宽于民 / 090

七、变法宜熟为规摹，慎重循理，不可轻率鲁莽 / 095

八、法既立则笃信严守，不可复以君言代法 / 099

九、立法必由中书，不可法出多门 / 100

十、立法必须因应时势，顺乎民情民心风俗 / 101

第三章 "三苏"的吏治思想与传统法文化 / 103

一、苏洵政论中的吏治思想 / 105

（一）用人不疑 / 105

（二）信赏必罚 / 109

二、苏轼、苏辙的施政能力 / 116

（一）苏轼从政的榜样与轶事 / 117

（二）苏辙"吏事精详""不曾忙" / 120

三、苏轼、苏辙的吏治主张 / 123

（一）为治务本 / 123

（二）兼听广览 / 126

（三）裁冗惩奸 / 128

四、结论 / 133

第四章 "三苏"的传统刑事法律观述略 / 135

一、苏洵的刑事法律观 / 136

（一）刑与势（威势）、术 / 138

（二）违法犯罪的原因 / 141

（三）刑应因势（形势）而变 / 145

（四）治官之刑 / 146

二、苏辙的刑事法律观 / 148

（一）王霸与刑 / 149

（二）术与刑 / 152

（三）消灭犯罪须治本 / 155

三、苏轼的刑事法律观 / 157

（一）王霸与刑 / 157

（二）术与刑 / 162

（三）贼盗之罪的原因 / 165

四、结论 / 167

第五章 "三苏"法治思想的重点：重民生 / 171

一、"三苏""重民生"法律思想的表现 / 172

（一）主张"贫者有田以耕"，保障民生 / 172

（二）重视赈灾，防民饥馑 / 174

（三）革除弊法，解民之厄 / 176

（四）改良制度，便利民生 / 179

（五）兴修水利，改善民生 / 182

（六）原情执法，令顺民心 / 184

二、"三苏""重民生"法律思想的几点说明 / 185

（一）"三苏"法律思想在"重民生"上有一致性 / 185

（二）免役法上更加彰显苏氏兄弟的"重民生"精神 / 186

（三）"三苏""重民生"法律思想受时代精神激荡而成 / 188

第六章 苏轼的司法理念与实践 / 191

一、引言 / 191

二、密州盗窃案 / 193
 （一）密州案之盗窃部分 / 194
 （二）密州案之兵卒杀人部分 / 198
 （三）苏轼的处理 / 198
三、杭州颜氏案 / 199
 （一）一场因税收新政引发的骚乱 / 199
 （二）缜密分析与密行缉探 / 200
 （三）法外处刑与上奏待罪 / 202
四、杭州高丽僧案 / 203
 （一）案件背景 / 203
 （二）案件起因 / 204
 （三）案件的审理与立法建议 / 205
五、杭州商人负债案 / 206
 （一）案件经过 / 207
 （二）苏轼的处理 / 207
六、结论 / 208

第七章 "三苏"法治故事解读 / 210

一、苏轼富有人文关怀的司法理念和实践 / 210
 （一）考场编典故，现实行仁政 / 211
 （二）缓其狱与严执法：均为保民 / 214
二、苏轼、苏辙对宋代与民争利政策的反对 / 215
 （一）上疏皇帝反对政策与民争利 / 216
 （二）出镇地方时"因法便民" / 219
三、"乌台诗案"：苏轼所遭遇的牢狱之灾 / 222
 （一）起因：讥切时事之言，争相传诵 / 222
 （二）从立案到审判 / 224
 （三）定案 / 227

四、苏轼在杭州:文章太守和花判 / 230

 （一）写画白团扇 / 231

 （二）花判公案 / 233

 （三）花判助官妓从良 / 235

五、"苏文熟,吃羊肉":苏轼文章的禁与开禁 / 237

六、余论:法制史上的箭垛式人物 / 240

下编:"三苏"法治史料辑录

第八章　苏洵法治史料 / 245

 一、至和年间 / 245

 二、在嘉祐间的法治轶事、故事 / 254

第九章　苏轼法治史料 / 267

 一、中举应制时期 / 267

 二、凤翔签判时期 / 285

 三、熙宁初年京中任职时期 / 289

 四、通判杭州时期 / 306

 五、知密州时期 / 310

 六、知徐州时期 / 325

 七、知湖州时期 / 337

 八、乌台诗案时期 / 338

 九、黄州谪居时期 / 348

 十、移汝州、居常州时期 / 350

 十一、知登州时期 / 355

 十二、元祐初在京任职时期 / 357

 十三、知杭州时期 / 364

 十四、知颖州时期 / 381

 十五、知扬州时期 / 382

十六、在京任尚书时期 / 384

十七、知定州时期 / 385

十八、贬逐英州、惠州、儋州时期 / 386

十九、北归至逝世时 / 392

二十、苏轼身后 / 392

第十章　苏辙法治史料 / 397

一、少年时期 / 397

二、进士制科时期 / 398

三、留京侍父时期 / 399

四、任职大名府推官时期 / 400

五、任职制置三司条例司时期 / 401

六、任陈州教授时期 / 407

七、任齐州掌书记时期 / 409

八、任南京签书判官时期 / 411

九、贬筠州盐酒税时期 / 412

十、任歙州绩溪令时期 / 413

十一、元祐任职中枢时期 / 414

十二、贬官汝州和袁州、筠州、雷州、循州时期 / 428

十三、北归颖昌时的法治轶事、故事 / 430

"三苏"法治史料分类索引 / 432

跋 / 435

序

《北宋士大夫的法律观——苏洵、苏轼、苏辙法治理念与传统法律文化》即将出版发行,关于此书的缘起,除了"三苏"文化本身包含传统法治思想的内容之外,还离不开眉山市法学会"法治眉山"系列主题论坛活动的推动。

一直以来,作为"三苏"故里的眉山市对保护、传承、弘扬东坡文化不遗余力。据眉山市委常委、政法委书记、市法学会会长周孝平介绍,近年来除每年都举办的寿苏祭祀、清明祭祀、端午沙龙、中秋沙龙之外,在眉山或者眉山之外,由眉山牵头组织或者倡议开展的活动有十余次,如首届"地方传统文化与语文教育高峰论坛"暨全国中小学"地方传统文化进课堂"教学展评活动(2014年11月,泸州)、"眉山西湖人文建设研究"开题论证会(2015年1月,眉山)、"穿越千年·对话东坡——三苏散文的当下意识"座谈会(2015年8月,眉山)、全国第19届苏轼研究学术会议暨苏轼与地域文化学术研讨会(2015年10月,西华大学)、全国第3届东坡学校与东坡文化传播交流活动(2015年10月,宜兴)、全国第20届苏轼国际学术研讨会(2016年6月,中国人民大学)、苏东坡民本思想与文化成就研讨会

(2016年7月,眉山)、《三苏评传》首发式(2016年9月,眉山)等,由此形成了浓厚的文化氛围。

2016年11月,作为眉山市法学会举办的"法治眉山"系列主题论坛活动之一,"苏东坡法治思想与实践"论坛在眉山市成功举行,这在苏轼研究史上或许尚属首次,该论坛由眉山市法学会和中国苏轼研究学会主办,来自北京、上海、湖北、四川等地的近百位法学、法律工作者参加,我亦受邀参与,并在论坛上作了主旨报告和评议。会后眉山市法学会出版发行了《苏东坡法治思想与实践论文集》(四川大学出版社2017年版),集中展示了苏轼法治研究的新进展。两年之后,四川省高级人民法院院长王树江在考察三苏祠博物馆时,提议整理提炼"三苏"法治思想,建立"三苏"法治思想展馆。苏洵、苏轼、苏辙不但是古今中外的文学大家,而且还是崇尚法治的政治家。他们的法治思想散见于其奏议、政论、诗词、歌赋、谱牒、散文、书信,以及他人的记述之中,历经千年仍然闪耀着法治的光芒。苏洵提出"审势立治",主张"利者义之和",认为要根据具体的社会形势,而对礼与法或刑做出正确的认识和选择。苏轼提出"人与法并行而不相胜,则天下安",主张"临下以简、御众以宽""省刑薄敛,刑赏忠厚",反对法令滋彰;苏辙主张"任势"以变法,认为社会形势是发展变化的,欲要治理好天下,一定要好好审察当时的社会形势,强调"礼法缘人情以立",应顺应人心、人情。

可以说,"三苏"的法治主张、法治思想、法治文化和法治精神影响了世世代代的眉山人,而这一提议随即得到了眉山市委、市政府主要领导的重视和响应,随即,眉山市确立由中国法律史学者组成课题组开展相关研究。之后,在中国法学会副会长、法治文化研究会会长张苏军,四川省委常委、政法委书记、省法学会会长邓勇,眉山市委书记慕新海、市政府市长胡元坤和市政府原市长罗佳明的关心、支持、推动下,眉山市委常委、政法委书记、市法学会会长周孝平安排市法学会常务副会长徐金华、专职副会长雷永辉负责牵头联系。经过两个月的衔接沟通,2019年8月,正式成立"'三苏'法治思想研究"课题组。

我有幸担任课题组组长,副组长为周孝平(眉山市委常委、政法委书记、市法学会会长)、陈景良(中南财经政法大学法学院教授、博士生导师、法律文化研究院院长),课题组成员包括:霍存福(沈阳师范大学法学院教授、博士生导师、法律文化研究中心主任)、范忠信(杭州师范大学法学院教授、博士生导师、法治中国文化研究中心主任)、吕志兴(西南政法大学行政法学院教授)、赵晶(中国政法大学法律古籍整理研究所副教授)、肖洪泳(湖南大学法学院副教授)、张田田(沈阳师范大学法学院副教授)、陈蔼婧(中国人民大学法学院博士后)、刘盈辛(中国人民大学法学院博士研究生)、喻平(中南财经政法大学法学院博士研究生)、雷永辉(四川省眉山市法学会专职副会长)、彭林泉(眉山市人民检察院高级检察官)等。

自课题开展以来,课题组成员高度重视,广泛搜集"三苏"相关资料,保质保量地完成了论著章节的撰写。期间,课题组通过远程沟通与讨论,对篇章进行了多次修改。2019年11月29日,眉山市法学会、中国法律史学会老庄与法律文化研究会在眉联合举办"'三苏'法治思想与眉山传统法治文化"研讨会,课题组成员得以面对面进行充分的交流与探讨,在此基础上进一步补充完善了相关章节,最终汇集成本书。该书由研究论文和文献辑录两部分组成。上编进行宏观研究,归纳、提炼出"三苏"法律思想的重点和"三苏"传统法思想诞生的背景,包括导论"三苏"法治思想的渊源与影响,第一章北宋士大夫的法律观与"三苏"传统法思想的特点;同时也进行微观考据、分析,解读出立法、行政、刑法、司法、吏治等"三苏"传统法思想,并结合具体作品予以阐述,包括第二章"三苏"立法与行政法律思想及相关实践,第三章"三苏"的吏治思想与传统法文化,第四章"三苏"的传统刑事法律观述略,第五章"三苏"法治思想的重点:重民生,第六章苏轼的司法理念与实践,第七章"三苏"法治故事解读。下编为"三苏"法治史料辑录,包括北宋史料中的"三苏"法律思想与实践分类辑录,收录了苏洵、苏轼、苏辙有关治吏、立法、司法、行政等有关诗文、"三苏"法治轶事、典故和故事。下编是上编的研究基础,两编相辅相成,相得益彰。

在本书出版之际,作为"'三苏'法治思想研究"课题组组长,我要特别感谢眉山市委、市政府及法学会对该课题的关注、重视与支持,也要感谢参与本课题研究诸位学者的辛勤付出,还要感谢中国苏轼研究学会、眉山市三苏文化研究院、眉山市三苏祠博物馆、北京大学出版社等单位的大力支持。我相信,本书的编辑出版,一方面有助于推动学界"三苏"及传统法治理念研究的深入,另一方面亦有助于传承、弘扬眉山传统法治文化,为推动地方法治建设和市域社会治理现代化,提供积极的借鉴。

是为序。

赵晓耕

2020年3月16日于北京

上 编

"三苏"法治思想研究

导论 "三苏"法治思想的渊源与影响*

一

在开始本课题的研究之前,首先需要对本课题研究对象的背景作一个大致介绍。因此,笔者需要从传统儒学的产生、裂变与理学的兴起谈起。

氏族社会时期,在原始的自然崇拜和祖先崇拜下,人们信奉"天命"。夏、商两代奉行"天讨""天罚",商代将对自然的崇拜与对祖先的崇拜联系起来,认为商代君王是"天"的唯一合法代表。西周在商亡的教训中得出了"天命靡常"的感慨,总结出"皇天无亲",因而要"惟德是辅"。重"德"的观念开始出现。与此同时,西周在前代的基础上,结合社会现实需求,制定了包罗万象、以"经国家、定社稷、序民人、利后嗣"为目的的周礼,建立起依托于血缘关系的宗法伦理等级制度,"礼"的地位日益重要。

"天下有道,则礼乐征伐自天子出;天下无道,则礼乐征伐自诸侯出。"[1]春秋中后期,周天子权力受到诸

---

* 作者:赵晓耕,中国人民大学法学院教授;刘盈辛,中国人民大学法学院博士生。
〔1〕《论语·季氏篇》,载杨树达:《论语疏证》,上海古籍出版社1986年版,第423页。

侯的挑战,维护社会整体稳定和平衡的"周礼"失去其曾有的效用,旧秩序濒临崩解,行将进入一个"天下无道"的时期。代表各阶层利益的思想家们纷纷提出重整人心秩序和社会秩序的方法、观点、学说,由此进入一个百家争鸣的时代。当时影响巨大的儒家学派主张"克己复礼",即向传统靠拢,复兴周礼,以宗法伦理重新规范社会等级秩序,从而凝聚人心、匡正天下。

春秋战国时期,以孔子为代表的早期儒家学派在兴起之初,便带有浓厚的伦理政治色彩和保守主义品格,专注于重塑过去的礼义秩序,对往昔礼乐制度的向往与追求从未停止过。[1]汉代董仲舒提出"罢黜百家,独尊儒术",儒家思想成为正统,作为主导性的政治意识形态与国家政治统治密切结合,直至本课题研究所限定的主体时代——宋代,儒家思想的正统地位都未曾改变。而与儒家正统政治文化相伴而生的,是以掌握儒学名教为长的社会主流文化精英"士"的话语权不断被扩大。秦汉时期,"士"开始由"游士"向具有宗族背景和田产支柱的"士大夫"群体转变[2],而后发达的科举制度则将官僚与知识分子结合起来,培育起一个集聚社会政治、经济、文化精英于一体的掌握相当程度话语权的真正的"士"阶层。

魏晋时期儒学中衰,往日烦琐的经学和虚空的纲常教化渐渐为时人所厌斥。士阶层开始向务实的方向转变,而不仅是追求所谓的儒学正义。这一时期,玄学逐渐兴起,士阶层尝试以道家的"无为自然"调整儒家经学的教条,实现由虚到实、由繁入简的转变,并间接促进了律学的发达和立法技术的提高。然而,魏晋玄学仅为一时之兴,即使其极力援道入儒,以期实现儒道融合,但其本体哲学仍以道家"自然"与"无为"为核心,偏离正统儒学太多,故而无法为正统所接纳,成为长久普适的价值准则。唐宋时期,儒学的正统地位依然得以维系,但地位早已无法比肩汉代。这也使"士"阶层逐渐意识到,坚持"儒学为体",对既有儒学进行改造修缮,为之

---

[1] 参见任剑涛:《伦理王国的构造:现代性视野中的儒家伦理政治》,中国社会科学出版社 2005 年版,第 211 页。

[2] 参见余英时:《士与中国文化》,上海人民出版社 2003 年版,第 52 页。

注入新鲜血液,在传统儒学基础上形成的新儒学思想,才可能成为重塑秩序的一剂良药。为了实现这一目标,北宋的士大夫群体发挥了巨大作用。

唐末五代,在武人的武装统治下,儒学式微,士风衰颓。北宋初建,为了避免武人干政乱政,武将兵权悉数收归中央,文官制度逐渐建立。重文轻武的风气几乎持续了整个宋代,这也使得儒家士大夫阶层的地位日益提高和巩固,在政治上有了前所未有的话语权。通过文官对整个王朝进行层层严密的行政控制,宋王朝的中央集权也伴随着文官制度的发达而日益加强。然而,由此带来的低行政控制效率也使得面对北方强敌时,北宋王朝难以招架。

一方面,外患难弭;另一方面,烦冗的行政管理体制和巨大的军费开支使得中央政府财政入不敷出。内忧外患的状况下,加之五代以来社会积弊已久,传统礼治秩序遭到严重破坏,礼法松弛,国家秩序面临极大挑战。

葛兆光先生曾对混乱和转型期的理论重塑作过清晰的解释:"一个动荡的时代,常常使人们对既定的价值发生疑惑,时时变动的秩序,则往往使人们对固有的结构产生疑问,'天经地义'本来说的是无需怀疑的道理,但是'天崩地裂'则使这些不言而喻的道理失去了基础。"[1]因此,建立在唐末五代混乱废墟上的北宋王朝,与历史中所经历的混乱的转型期或重建秩序的新时期一样,需要对先前的价值系统和秩序理性进行翻新、增补或重塑,以便建立普适于这一时期的新的理论体系。在这样的紧迫压力下,士大夫群体开始自觉地探索新的国家治理义理,重构新的社会秩序,新的儒学思想诞生并发散。

自隋唐以降,儒学的显赫地位已不复曾经,儒、道、佛三足鼎立的局面逐渐形成。北宋时期的士大夫群体开始将思路转向佛教禅宗,他们不再试图创造崭新的学说和进行大的变动,而是以工具主义的价值观和实用理性的态度,在他们的理论体系中融入了有关佛禅哲理和道法哲学,以期

---

[1] 葛兆光:《中国思想史》(第一卷),复旦大学出版社2010年版,第82页。

弥补儒学空泛而脱离实际的弊陋,并有意无意地给北宋时期儒学带来了前所未有的新发展。佛禅哲学与儒学在一定程度上具有一致性,但在内心修为和哲学修养方面,佛禅强调内心的专注与超越、理性的思辨意识以及宏大的精神追求,这都是传统儒学所未曾达到的精神境界。北宋士大夫将这种佛禅哲理与传统儒学的道德观、秩序观结合起来,注重个人内心世界的道德信仰,并引申出与自然相一致的代表"心性义理"和宇宙本源的"天理",传统儒学发生裂变,理学逐渐兴起。

与以范仲淹、王安石为代表的厉行改革、注重实用、主张"变动"的功利主义儒学不同,理学主义更为保守和温和,仍然坚守着传统儒学道德伦理的阵地和礼的基本准则,并以普遍认同的"理"来构建新的理论体系和社会秩序。理是万物的本源,也是伦理纲常的来源和依据,在"理"的支配和主导下,法与礼、人伦、自然的连接更贴合而密切。

二

在北宋士大夫的众多理学成果中,苏洵、苏轼、苏辙的成果是丰富而影响深远的。他们是一个并行不悖的整体,却又各具特色。他们的思想虽然不若这一时代极具代表性和迸发力的范仲淹、王安石的观点那般夺人眼球,也不如司马光、程颢、程颐在与功利儒学派的论战中那般旗帜鲜明,却有其佛道熏染下的包容性与圆融性的色彩。其中,以蜀派苏轼为代表,其"蜀学"中儒、道、佛三者杂而相融,并用兼采的特点更是明显。

在他们所处的大时代下,佛教禅宗已由晦涩含蓄趋于更世俗化,世人对禅宗的理解与接受程度极大地提高。幼年时的苏轼所受家庭教育依然是正统儒学,但苏家父子三人皆崇信佛教,其亲眷也大多信佛奉佛,佛学思想不可谓不潜移默化。长期的浸染加之与道潜、了元等诸僧人的交往,成年后的苏轼有了自觉、主动学习佛教义理的兴趣,并将之与其所耳濡目染的传统儒学对接。"乌台诗案"后,苏轼迎来了人生的重大转折点,与之相应的是,他对于儒学与佛道的看法也发生了变化:借助佛禅纾解苦闷,试图从中寻找精神慰藉和解脱之法,佛老思想在苏轼的精神世界中开始占据上风,并由此形成自成一派的理学思想体系。

纵观"三苏"的理学思想,广纳佛、道、法之长以充儒学,苏轼"蜀学"甚至被以"杂"字来评价。从整体上看,"三苏"理学仍以传统儒学为体,佛、道、法基于一种工具状态加入传统儒学思想体系中,未脱离既有的体用之别。其根本目的,仍是恢复、重建传统孔孟之学与道德秩序。相比之下,在坚持儒学为体的基础上,苏洵更偏法,功利色彩更重;而苏轼、苏辙则更为保守,苏轼受佛禅影响较多。父子三人虽大致皆可归于理学派,其法制思想却不完全一致,抑或倾向保守、遵循旧章,抑或主张依时势而变。但正因各自有所侧重,又有所承继、相互影响,才形成了一系列独树一帜的治理理念与法治思想。总而言之,融合了佛、道、法、儒的理学思想在他们的法律思维与观念中淋漓地体现出来,使他们的法治思想具有了更深厚的哲学基础和更强的实践性,也更具包容性。如对义利关系,礼刑关系,法与人情的关系等认知,既有异于教条、僵化的传统儒学的一面,也有对在传统儒学基础上发展出的理学主义的灵活变通。因此,本课题将焦点集中于对"三苏"法治思想的研究,从宏观、中观和微观角度分别对"三苏"以及其背后代表的北宋士大夫群体的社会地位、传统法观念以及为重建社会秩序和道德秩序作出的努力进行深入剖析,感悟北宋士大夫群体的精神世界和法制思维,为当下提供镜鉴。

关于"三苏"法治思想的研究,主要分为以下两个部分:

上编是相关主题研究的展开。

第一章勾勒北宋士大夫的法律观与苏洵、苏轼、苏辙传统法思想的特点。这一部分属于宏观性的背景介绍:首先介绍北宋社会转型的大背景,从士大夫阶层的崛起、中央集权的强化以及北方强敌威胁等方面渐次剖析,逐渐揭开传统儒家思想裂变与北宋新儒学体系形成的内在原因,同时介绍了儒学新思想产生过程中出现的功利主义与理学主义两种思想的对峙,并具体阐述了"三苏"法律思想的具体内容和特点。

第二至六章,是对"三苏"法治思想在微观层面的进一步展开和分析。第二章通过对具体资料的阐释和解读,从十个方面来探讨"三苏"立法与行政法律思想及实践;第三章探讨"三苏"的吏治主张与传统法文化,总结出"三苏"文化政治实用性的显著特征;第四章以"三苏"刑事法思想与实践为研究对象,以"三苏"刑事法律观为核心,对其在刑事法律方面的制度设计、政策建议等进行检视,对具有一定先秦法家基调的苏洵的刑事法律观着墨颇多;第五章考察了"三苏"法律思想"重民生"的特点。第六章则通过典型案例对苏轼司法实践进行考察,并结合学界对其法律表达的研究,发掘苏轼对法律持有的实用主义态度。

第七章,法治轶事、故事、典故辑录解读。这部分具有一定的通俗性,受众也更为广泛,可以对普及"三苏"法治思想、发扬地方法律文化起到宣传作用。

下编是对北宋史料中的苏洵、苏轼、苏辙法律思想与实践、典故、轶事的辑录。这是最基础也是工作量较大的部分,包括"三苏"治吏、立法、司法与行政等几部分史料的汇集。除了反映在"三苏"科举文章、奏议政论和诗词唱和中的本人相关论述外,对正史、笔记小说、野史当中"三苏"与法制有关的内容及他人关于"三苏"法治思想论述的史料也进行了整理辑录,以使人们可以对三苏法治思想有更原始、更全面的了解。

三

这项课题的价值并不限于此。

中国传统的"士"在历史上一个又一个混乱期和转型期,扮演了极其重要的角色,将"士"群体作为文化精英所有的崇高道德责任感转化为自身的道德意识,并进一步发展为系统的道德理念和秩序理想。"士不可以不弘毅,任重而道远。仁以为己任,不亦重乎?死而后已,不亦远乎?"〔1〕早在春秋时期,孔子便点明了"士"作为具有文化底蕴和知识素养的专业化群体所应具有的远大理想、坚韧意志和担负的社会责任。在这样崇高的使命感支配下,每当社会发生"天崩地裂"的秩序变动,"天经地义"的道理遭到质疑时,"士"总是站在秩序重建的最前端,成为人心教化的先导者和践行者,以实际行动表现他们的力量与豪情。

因此,中国历史在每每遭遇动乱与困境之时,总能在困境中逆流而生出激发生命力的新的思维意识,如新鲜血液注入陈旧破败的固有思维中,形成新的治理理念与学说体系,并进一步作用于政治与法律实践,与国家政治体制和法律制度相结合。这得益于中国历史长河中慢慢形成的道德与法律维系机制。这种维系机制依托知识精英(士阶层)发挥作用,在非常时刻将内在的道德约束感扩充为整个社会的道德同理心,并进一步外化为作为规则的制度实体。

而当下中国,尽管不像历史上那些混乱期那般需要彻底的秩序重构,也不免处于一个新的转型期:传统与现代的接合、中西文化的冲突,不时困扰着当代人,价值观念和规范难以获得普遍认同,更遑论得到尊重和普遍遵守,由此引发的一系列问题亟待寻出更妥善的解决办法。当下法律调整的大多问题都是与社会公众最基本的道德感、价值观念相关的:如刑法所规制的贪污犯罪、贿赂犯罪、渎职犯罪等,往往是与享乐主义、拜金主义联系在一起;民法中的诚实信用原则、公平竞争原则等基本民事法律原则,也往往是与欺诈、胁迫、不正当竞争等道德失范的行为相联系的。人们总是惯性地制定更多的法律来规制这些道德危机引发的、触及法律的行为,而越来越多的法律却将现实推入了"完善立法—制定法典(法律)—解决问题—难以满足实际需要,产生新问题—完善立法"的循环怪圈。

这种状况使我们困惑:面对失范的秩序,是需要频繁立法、一条一条

---

〔1〕《论语·泰伯章》,载杨树达:《论语疏证》,上海古籍出版社1986年版,第190页。

地构建出文本形态的法律规范,被越来越精细的规则所奴役;还是重构人心秩序,在社会普遍认同的价值观之下,再对规则实体进行适度、适时的改造?希望通过"三苏"法治思想研究的课题,检视北宋士大夫群体在面对社会失序的难题时,如何代表"社会良心"进行秩序重构,透视士大夫群体独有的"圣贤气象"和法律文化品格,以应对当下复杂多变的社会环境,为法治建设提供营养。

第一章 北宋士大夫的法律观与
"三苏"传统法思想的特点[*]

一、北宋的社会转型

北宋是在五代十国的混乱局面下逐步建立起来的统一王朝,而宋太祖赵匡胤又出身行伍,其对武人政治的危害有着深刻的洞察,因此建立宋朝之初即着手解除武将的权力,并代之以文人掌领政治,逐步培育起一个具有强大力量的士大夫阶层。随着文官制度的日益推进,地方行政权力最终都被中央派遣的文官所掌握,从而大大加强了中央集权的历史进程。而北边游牧部族先后建立起来的契丹、西夏政权则对北宋虎视眈眈,构成了极其严峻的外来威胁。这些因素促使北宋王朝必须在五代十国的废墟上重整旗鼓,重建政治、经济与思想文化新秩序,从而启动了一场新的社会转型。

(一)士大夫阶层的崛起

唐代中后期经历"安史之乱"与藩镇割据,中央帝国摇摇欲坠最终归于崩溃。五代十国的军阀割据,更

---

[*] 作者:肖洪泳,湖南大学法学院副教授。

是让武人政治愈演愈烈。正如钱穆先生所言:"自唐代镇兵拥立留后,积习相沿,直至五代,造成国擅于将、将擅于兵的局面。"[1]宋太祖赵匡胤作为后周武将,通过陈桥驿兵变而取得政权,建立北宋,当然深知武将或军人对王朝统治所具有的关键影响以及其所带来的政治灾难,因此为防范藩镇割据局面的再现,逐步收夺了高级将领的兵权。宋太祖首先收夺了侍卫将领们的兵柄,然后又在乾德年间对地方各郡、州的节度使逐步采取各种手段,或因死亡,或因迁徙,或因退休,或因留京,以文臣取而代之,号"知州军事"。这样,北宋建国之初基本上也就解决了过去勋臣武将操纵藩镇的政治难题,并且初步确立起了文官制度。而重用文官与文官制度的确立,不仅逐步扫除了武将干预政治的陋习,更为重要的是,从此在中国历史上让儒家士大夫阶层日益脱颖而出,开始成为主宰王朝统治的中坚力量。宋太祖曾与宰相赵普对话,认为五代藩镇残暴,百姓受祸颇苦,而自己使用儒臣以分治地方,纵使其全部贪赃枉法,也不及五代武将为祸的十分之一。而在乾德三年(965年),因窦仪识别蜀国镜背志铭"乾德四年铸",大喜过望,认为应以读书人作相,"由是大重儒者"[2]。自此而后,赵宋王朝基本确立了优待士大夫的政策,让文人永远压在武人的头上。

北宋既然"重文轻武",当然也就更为重视科举考试,因此其士大夫阶层的崛起,也就主要是通过科举取士这一途径和手段。隋唐开创科举制,北宋登科的名额相比唐代,已经不可同日而语。隋唐初设进士,岁取不过几十人,而宋太宗时期,进士中第者已多达数百人,参加进士考试的,则有上万人。不仅如此,北宋的科举考试还完善了考试的内容与程序,尤其是殿试所确立起来的"天子门生"这一观念,对于士大夫阶层在政治上所产生的影响,可以说起到了一种向心力般的作用。

基于科举考试的需要,北宋还大大完善了中央与地方官学。在中央,于国子监下设置教授经学的国子学、太学;在地方,仿唐制按地方行政区域建学,州以下设置教授儒经的学校。不仅如此,还设立专管地方教育

---

[1] 钱穆:《国史大纲》(修订本)(下册),商务印书馆1996年版,第525页。
[2] (元)脱脱等撰:《宋史》卷三《太祖本纪三》,中华书局1977年版,第50页。

的行政长官,颁置学田作为地方学校的固定经费,形成了较为完善的学校管理制度。另外在官学之外,北宋开始广兴私学,尤其是书院日渐繁荣,并为朝廷认可和推崇。这样,从教育经考试再到出仕,北宋已经形成士大夫阶层的全面培育机制。士大夫阶层崛起而成为北宋政治的中坚力量,实属指日可待的事情。

(二)中央集权的强化

北宋中央集权的强化,始终伴随重用文官这一过程。在收夺武将尤其是各镇节度使的兵权后,分命朝廷文臣前往出守各郡,称之为"知州军事"。后来为了防止知州权力过重,继而又设置诸州通判,规定凡是军民政务,都必须经通判议签连书,而且通判事得专达,与长吏钧礼,知县亦由朝廷委任、差遣。这正如钱穆所说,"知州、知县,论名义皆属临时差遣,非本职。故宋代州县守令,皆带中朝职事官衔"[1]。因此,北宋通过文官取代武将,也就逐渐将地方行政权力收归中央,为中央集权奠定了初步基础。

但是虽然藩镇被废,州县众多,中央直接面对州县发号施令,还是多有不便,于是北宋在消除各藩镇所管辖的军事性、行政实体性的"道"这一基础上,创立"路"这一新的地方高层政区。北宋初,宋太祖曾派若干转运使赴各地供办军需,事毕即撤。宋太宗时,为削夺节度使的权力,于各路设转运使,称"某路诸州水陆转运使",其官衔称"转运使司",俗称"漕司"。转运使除掌握一路或数路财赋外,还兼领考察地方官吏、维持治安、清点刑狱、举贤荐能等职责,手握财政、行政、司法、监察等大权。宋真宗景德四年(1007年)以前,转运使职掌扩大,实际上已成为一路之最高行政长官。正如后来宋人指出:"郡县之吏,宁违天子之诏条,而不敢违按察之命。盖违天子之诏条未必获咎;而违按察之命,其祸可立而待也。"[2]这就让统治者非常担忧,恐其权力盖蔽州县,于是为了削减转运

---

[1] 钱穆:《国史大纲》(修订本)(下册),商务印书馆1996年版,第526页。
[2] (宋)宇文之邵:《上皇帝书》,载《景印文渊阁四库全书》第1350册《宋文鉴》卷五三,台湾商务印书馆1983年版,第565页。

使的实际权力,北宋又陆续设立了提点刑狱司等机构分割转运使的权力。这样,自县而上,地方权力基本上全部已被中央牢牢掌控。

不仅如此,北宋还将各州县所部兵士,从中选拔才力武艺优秀者送往京师补充禁军之缺,其老弱留于地方州县。这样,北宋就形成了以禁军为主体、以厢军等为辅翼的军事队伍体系,将军事大权也垄断在中央政府尤其是皇帝的手中。通过一定时期的发展,北宋形成了独特的军事权力体系,皇帝直接掌握军队的建置、调动和指挥大权,其下军权由三个机构分任,枢密院为最高军事领导机关,掌军权及军令;三衙即殿前都指挥司、侍卫马军司和侍卫步军司为中央最高指挥机关,分别统领禁军和厢军;率臣为禁军出征或镇戍时临时委任的将帅,统领分属三衙的禁军,事毕皆撤销。可以说,经此变化,中央政府尤其是皇帝彻底掌握了所有的军事大权。

北宋这种前所未有的中央集权,尽管可以让中央政府举全国之力以办大事,但在面对契丹、西夏等北边游牧政权的强大攻势面前,又难以施展手脚,有效御敌。这一矛盾时刻萦绕在统治者以及士大夫们的头脑里,既催生了依托国家权威的功利思想,也激发了推崇君主的理学思想,而这两种思想的对抗,可以说是北宋社会发展过程中政治较量的一个晴雨表。

(三)北方强敌的威胁

中国北部的游牧部族,自先秦起便对华夏文明构成一定程度的挑战,到秦汉时期的匈奴,这种挑战已然相当严峻。三国魏晋南北朝时期的大动乱,已经全面展示出游牧部族所具有的强大力量。经隋唐突厥族的崛起,趁五代十国的混乱局势,契丹迭剌部的首领耶律阿保机着手统一各部,于916年正式建立契丹国。契丹建国之后,亦曾改国号为大辽,耶律阿保机也就是辽太祖。辽太祖任用汉人为佐命大臣,东征渤海国,并意图南下中原,无奈因病去世。辽太宗执政期间,后唐发生内乱,河东节度使石敬瑭以自称儿皇帝、割让燕云十六州为条件,请求辽太宗支援发兵攻打后唐。辽太宗遂亲率5万骑兵,于晋阳、洛阳等地击败后唐军队,最后协助石敬瑭攻灭后唐,石敬瑭得以建国后晋。契丹国获得燕云十六州后,将其建设成进一步南下的基地。不久,辽太宗又出兵灭后晋,占领大部分中原地区,后因中原人民的强烈反抗被迫北返,此后契丹也就迎来了一段较长时期的政局动乱。

北宋建国不久,耶律贤被推举为帝,即辽景宗。辽景宗勤于政事,重用贤臣,曾于北汉降宋之际大败宋军。辽景宗病逝后,其子辽圣宗继位,其妻萧太后摄政,励精图治,大刀阔斧进行改革,注重农桑,兴修水利,减少赋税,整顿吏治,训练军队,遂使民富国强,臻于鼎盛。这一时期契丹屡屡与宋军大战,并取得一系列的胜利,于1004年深入宋境,宋真宗被迫御驾亲征至澶州(今濮阳)督战,最终双方订立"澶渊之盟",协定宋每年赠辽岁币银10万两、绢20万匹,双方各守疆界,互不骚扰,成为兄弟之邦。此后辽宋虽然和好,但北宋基本上只能采取守势,甚至在宋仁宗时期又被迫向辽每年增纳岁币银10万两、绢10万匹。

除了契丹,北宋北边的强敌还有由李元昊于1038年正式称帝建国的西夏。西夏是党项人在中国西北部建立的一个政权,自称邦泥定国或白高大夏国、西朝。李元昊称帝后,先后对北宋发动了一系列战争,并击败了辽国的10万精锐。此后宋夏频繁交战,北宋虽然逐渐也占据过一定优势,但并不能彻底击败西夏,而且还要向西夏赠纳大量的金银与绢帛。

由此可见,北宋所面临的北方强敌的威胁,应该说是史无前例的,这种以大事小、示弱于人的外患现实,不仅大大削弱了自古以来中央帝国的权威和尊严,动摇了儒家传统的礼治观念与礼治秩序,而且给北宋王朝带来了沉重的经济负担,从而激发了士大夫们理学主义与功利主义的儒学新思潮。

(四)儒家思想的裂变与重整

先秦儒家自孔子而后,已有孟子与荀子的思想分野,但其义理基本还是一致的。经历秦末战乱,汉儒大多只能"收寻旧藉,爬梳章句,固不足预于义理之发明"〔1〕,所以董仲舒一方面假托《春秋》一书的"微言大义"以解释儒家的义理,另一方面却大肆援引阴阳五行学说以入孔孟,并杂糅诸子百家以完成新儒学的理论构造,从而让儒家正式登上正统意识形态的宝座。然而好景不长,进入三国魏晋南北朝时期,中央帝国崩溃,五胡乱华,儒家思想的主宰地位不复存在,倒是来自老庄的道家玄学日获青睐,成为当时的名教显学。

隋唐时期帝国统一的实现,儒家思想虽有复兴的转机,但因整个大北方胡化已久以及道教、佛教的盛行,终究未能获得独尊的地位,只能与道、佛三足鼎立,并且向道、佛吸收新鲜血液和营养。作为唐代新儒学的主要拓荒人韩愈、李翱,都跟佛门有着千丝万缕的关系,深受佛门影响,但又在行动上主张排佛。这一相当矛盾的现象,已然反映出儒家思想面临分裂与重整的微妙时机。经历唐末尤其是五代十国的战乱,王朝更替频繁,弑君杀父者众,儒家的伦理纲常更是大遭破坏,礼法制度松弛,宗法谱牒废弃,重建国家权威与秩序已是北宋王朝相当急迫且又非常棘手的事情,而这当然需要一种思想世界的论证和支持。

北宋建国初期,虽然开始崇文抑武,但真正能堪重用的儒家士大夫为数甚少,直到真宗在位期间,通过长期的养士和文教发展,才算取得了一定的成就,国家养士的投入,也就有了一定的回报。士大夫们逐步培养起了一种自觉的精神,纷纷以为自己必须承担起天下重任,而率先明确表达出这一精神的便是提出"先天下之忧而忧,后天下之乐而乐"的范仲淹。范仲淹出身贫寒,但精神高远,他不仅盛唱拥戴中央,而且面对北边游牧强敌的威胁局势,高唱华夷之防。这就不仅需要抬出孔子儒学来矫正现实,而且更需要在政治体制上勇于革新,从而启动了北宋王朝的变法运动,将功利主义深深注入儒家思想的肌体之中。萧公权先生对儒学这一变化有着一针见血的洞见:"孔孟致用,以修身为治国之先图。功利家多置此不谈,而以富强之策略为重,则虽明尊孔孟,亦为儒学变态。"〔2〕足

---

〔1〕 萧公权:《中国政治思想史》,新星出版社2005年版,第297页。
〔2〕 同上注。

见北宋功利学派的抬头,是传统儒家思想的一次大裂变。这种裂变不仅使得北宋的士大夫阶层另树一面儒学新帜,而且轰轰烈烈启动了北宋两次重大的变法运动:一是仁宗时期由范仲淹主持的庆历新政,二是神宗时期由王安石领导的熙宁新法。

与功利学派针锋相对的,是较为传统的儒学派系。它相比于功利学派激进的实用策略,"更趋向于采取一种温和的文化保守主义与高调的道德理想主义立场,试图通过文化传统的重建,借助道德理性的力量,确立知识与思想以及它的承担者在秩序中的规训意义,进而以温和的渐进方式清理并建设一个理想的社会秩序"[1],因此大多开始将"理"视为体验和理解"天地之道"的关键,或言"万物皆有理,若不知穷理,如梦过一生"[2],或言"理便是天道也"[3],所以可将其称为理学主义。但理学内部并非铁板一块,当时负有盛名的又可分为洛、朔、蜀三派。钱穆先生认为洛派以程颢、程颐为领袖,所抱政见,大体上与王安石相近,主张将当时朝政彻底改革,但其更重人才而非良法,从而最终与王安石分道扬镳;朔派是正统的北方派,多为司马光弟子,重视经验,主张沿汉、唐法制,逐步改良;蜀派以苏轼为领袖,尚黄老、纵横之术,主张机变,故而其意见也令人难以捉摸。[4] 此外,以张载为代表,主张以"气"为核心概念的儒学思潮,亦可以归入广义上理学主义的阵营。但不论理学主义内部如何分裂,其基本思路还是基本一致的,因此在王安石新法失势后,理学日益占据上风,通过一定程度的整合与发展,成为北宋儒家思想的主流形态。

---

[1] 葛兆光:《中国思想史》(第二卷),复旦大学出版社2010年版,第187—188页。
[2] 《张子全书》卷二十二《语录》,载《景印文渊阁四库全书》第697册,台湾商务印书馆1983年版,第290页。
[3] 《河南程氏遗书》卷第二十二上《伊川先生语八上·伊川杂录》,载(宋)程颢、程颐著,王孝点校:《二程集》,中华书局1981年版,第290页。
[4] 参见钱穆:《国史大纲》(修订本)(下册),商务印书馆1996年版,第589—599页。

二、北宋士大夫的法律观

北宋的社会转型导致传统的儒家思想分裂为功利主义与理学主义两大阵营,也就使得北宋士大夫阶层的法律观念同样分道为二途。功利主义的法律观面对内忧外患的进逼,注重功利或事功,深刻认识到必须进行变法改革,才能彻底改变国家"积贫积弱"的现实困境,其思想引领者当为庆历新政的主持者范仲淹,李觏、王安石则为最典型的代表。理学主义的法律观则直面唐末、五代以来伦理纲常土崩瓦解的历史局势,鼓吹天理或义理,力图重整伦理纲常,恢复和发展礼治秩序,其主要代表有周敦颐、程颢、程颐、苏洵、苏轼、苏辙、张载等,司马光亦可大致归于其中。

(一)功利主义的法律观

北宋功利主义的法律观是在内忧外患的社会背景下被呼唤出来的。北宋建国初期,为了削夺武将的权力,推行文治,故而对官僚阶层采取"不抑兼并""不定田产"的土地政策,从而使底层民众流离失所,引发群起反抗。加上契丹、西夏崛起,北宋统治者被迫采取妥协、捐纳政策,进而加重了人民负担。面对此种危局,士大夫阶层中的一些有识之士锐意革新,首倡变法图强。无论是范仲淹的庆历新政,还是王安石的熙宁变法,都获得了很多大臣或士大夫的支持,从而逐渐形成了一个注重功利的儒家学派。这一学派以改革、革新或变法为旗帜,为传统的儒家法律观念注入了崭新的活力。

1. 改革变法观

改革、革新与变法是功利主义法律观的核心主张。范仲淹是这一思想最早的拓荒人,他早在当政以前,就曾上书仁宗力谏变法,后来更是借助《周易》的变通思想,专门阐释变法、改革的重要性和必要性,认为"穷则变,变则通,通则久。此言天下之理,有所穷塞,则思变通之道,既能变通,则有长久之业"〔1〕,他据此总结历代的统治经验道:"历代之政,久皆有弊,弊而不救,祸乱必生。"〔2〕而北宋当时积弊深重,深陷困境,"纲纪制度日削月侵,官壅于下,民困于外,夷狄骄盛,寇盗纵炽,不可不更张以救之"〔3〕,若不革故鼎新,也就难以生存下去,"天下无道,圣人革之,天下既革而制作兴,制作兴而立成器……故曰:革去故而鼎取新,圣人之新为天下也夫"〔4〕。为了消弭危机,范仲淹提出了明黜陟、抑侥幸、精贡举、择长官、均公田、厚农桑、修武备、减徭役、推恩信、重命令的改革方案,并大致都曾在庆历新政中得以推行。

李觏作为庆历新政的拥护者与理论上的支持者,提出了"常"与"权"即常规性与变动性的关系判断:"常者,道之纪也。道不以权,弗能济矣。是故权者,反常者也。事变矣,势异矣,而一本于常,犹胶柱而鼓瑟也。"〔5〕而北宋王朝的困境与危机,就是当变而不变所造成的,因此必须因时制宜,大刀阔斧进行改革,"救弊之术,莫大乎通变"〔6〕。这就为变法改革的政治主张奠定了相当重要的理论基础,并为庆历新政以及后来王安石的熙宁变法提供了极其可贵的思想支持。

王安石则不仅主持了熙宁变法,而且其思想被当时许多学者继续弘扬广大,形成了声名显赫"荆公新学",其改革变法观念也最为系统与发达。王安石看到了北宋面临的严峻困境,即"内则不能无以社稷为忧,外则不能无惧于夷狄,天下之财力日以困穷,而风俗日以衰坏。四方有志之

---

〔1〕 《范文正公集》奏议卷上《答手诏条陈十事》,载(宋)范仲淹著,李勇先、王蓉贵点校:《范仲淹全集》,中华书局1981年版,第523—539页。

〔2〕 同上注。

〔3〕 同上注。

〔4〕 《范文正公集》卷第七《易义》,载(宋)范仲淹著,李勇先、王蓉贵点校:《范仲淹全集》,中华书局1981年版,第148页。

〔5〕 (宋)李觏撰,王国轩校点:《李觏集》卷第三《易论第八》,中华书局1981年版,第41页。

〔6〕 (宋)李觏撰,王国轩校点:《李觏集》卷第三《易论第一》,中华书局1981年版,第28—29页。

士諤諤然,常恐天下之久不安"。[1] 而造成这样的困局,在王安石看来,正是"患在不知法度,不法先王之政故也",因为"法先王之政者,法其意而已。法其意,则吾所改易更革,不至乎倾骇天下之耳目,嚣天下之口,而固已合先王之政矣"[2]。所以王安石竭力主张变法以富国强兵,尤其要以理财为先。面对保守派"畏天命,畏大人,畏圣人之言"[3]的"三畏"思想,王安石以"三不足"的主张予以针锋相对的反击,旗帜鲜明地疾呼"天变不足畏""祖宗不足法""人言不足恤"。他进而坚定地认为,历史是向前发展的,"夫天下之事,其为变岂一乎哉",因此必须"贵乎权时之变者也"[4]。正是通过这样的改革变法观,王安石终于揭开了熙宁变法轰轰烈烈的序幕。

2. 义利并重观

与儒家传统观点"贵义而贱利"不同,功利主义的法律观认为物质利益是人类生活的根本,反对脱离实际利益而空谈仁义道德。李觏就曾对孟子"何必曰利"的观点进行了尖锐的批评,他说:"利可言乎?曰:人非利不生,曷为不可言?欲可言乎?曰:欲者人之情,曷为不可言?言而不以礼,是贪与淫,罪矣。不贪不淫而曰不可言,无乃贼人之生,反人之情,世俗之不喜儒以此。孟子谓'何必曰利',激也。焉有仁义而不利者乎?"[5]可见,在李觏看来,利和欲都不是不可以讲的,恰恰相反,利是人们维持生存或生活的必要条件,而欲则是人们的自然情感,其本身并不是什么罪恶。如果不贪不淫还对其避而不谈,那当然是违背人性和人情的事情。可以说,这一观点是李觏功利思想的基石和核心。

---

[1] (宋)王安石撰:《王临川全集》卷三十九《上仁宗皇帝言事书》,世界书局1935年版,第218页。
[2] (元)脱脱等撰:《宋史》卷八六《王安石传》,中华书局1977年版,第10542页。
[3] 《论语·季氏篇》,载杨树达:《论语疏证》,上海古籍出版社1986年版,第432—433页。
[4] (宋)王安石撰:《王临川全集》卷六十七《非礼之礼》,世界书局1935年版,第424页。
[5] (宋)李觏撰,王国轩校点:《李觏集》卷第二十九《原文》,中华书局1981年版,第326页。

基于这一观点,李觏进而指出,一般儒者"贵义而贱利"是不对的,因为《尚书·洪范》中的八政就有食货,而孔子也说足食足兵,才能取得民众的信任。所以在李觏看来,"治国之实,必本于财用",只有解决了财用或经济问题,国家各方面的问题才能得到有效的解决,"城郭宫室,非财不完;羞服车马,非财不具;百官群吏,非财不养;军旅征戍,非财不给;郊社宗庙,非财不祀;兄弟婚姻,非财不亲;诸侯四夷朝觐聘问,非财不接;矜寡孤独凶荒札瘥,非财不恤。礼以是举,政以是成,爱以是立,威以是行"[1]。因此国家的第一要务在于解决财用或经济问题,舍此便是逐末。李觏的这一观点,对王安石影响颇深,并成为熙宁变法的核心内容。

面对北宋面临的内忧外患尤其是财政枯竭,王安石变法的主要目的在于富国强兵,而富国就必须理财,理财则必须做到"富其家者资之国,富其国者资之天下,欲富天下则资之天地"[2],也就是说,天下的富足,需要百姓从自然界取得丰富的生活资料,而只有天下富足之后,财税来源才会充裕,国家才能真正富足,这就是"因天下之力以生天下之财,取天下之财以供天下之费"[3]。王安石据此理财观念,制定和颁布了一系列经济法令,对当时北宋王朝的财政经济的好转起到了一定作用,并为两宋功利主义思想的深入发展创造了比较有利的条件。

3. 礼法兼用观

自先秦儒家确立礼治以统刑治,经两汉"德主刑辅"方针的确定,再到唐律"德礼为政教之本,刑罚为政教之用"思想的定型,传统的儒家思想一般都还是坚持先礼后法甚至重礼轻刑的法律观念。北宋功利主义的法律观对此思想有了相当大的突破,不仅鼓吹义利双行,同样也坚持礼法兼用,开始将礼与法紧密地联系在一起,李觏率先全面思考了这一问题。他认为礼不仅是思想性的东西,也是法制性的东西,提出了礼为"法制之总

---

[1] (宋)李觏撰,王国轩校点:《李觏集》卷第十三《富国策第一》,中华书局1981年版,第133页。

[2] (宋)王安石撰:《王临川全集》卷七十五《与马运判书》,世界书局1935年版,第479页。

[3] (元)脱脱等撰:《宋史》卷八六《王安石传》,中华书局1977年版,第10542页。

名"的思想主张,对传统的"礼"作了系统而新的阐发。

李觏首先从考察礼的起源出发,认为礼涵盖了人类社会物质生活与精神生活的方方面面,包括家庭生活规范、政治制度、经济制度、军事制度、官吏制度、教育制度以及刑事制度等,因此他说:"礼者,虚称也,法制之总名也。"[1]同时,李觏又认为:"法制者,礼乐刑政也。"[2]也就是说,礼乐刑政只有成为法制,才能成为真正实体性的东西。可见,李觏不仅将礼视为社会生活的最高准则,而且将其与法律直接视为一体,并且将法制视为礼乐刑政实体化的依托,这对礼法关系的认识的确有了相当大的突破,是传统儒家思想根本无法比拟的。经过这样的解释,礼治当然就寓有法治之意了,因此只有严格遵循法制,依法行事,国家才可能有着良好的治理,即使作为制礼立法的圣人,法制一经确立,也必须严格遵守,绝不允许任何人可以凌驾于法律之上,这就是李觏所疾呼的"圣人无高行"[3]之义。正因为如此重视法制的指引与规范意义,李觏兼采儒法思想,既强调法律的普遍性,又主张"刑罚世轻世重",根据社会治乱的客观形势加以一定的变化;既主张慎刑慎杀,又反对滥赦,从而给传统的儒家法律思想输入了新鲜血液。

王安石也认为作为治国之道的礼乐刑政,应"亦兼用之",不能有所偏废,因为"任德则有不可化者,任察则有不可周者,任刑则有不可服者……盖圣人之政,仁足以使民不忍欺,智足以使民不能欺,政足以使民不敢欺,然后天下无或欺之者也"[4]。可见,王安石以仁、智、政三方面概括德、察、刑的内容,德刑兼用,在揭露古人理想之不现实的同时,又重新编织了新的理想。正是因为对法或刑的推崇,王安石力图改变传统儒家的

---

[1] (宋)李觏撰,王国轩校点:《李觏集》卷第二《礼论第五》,中华书局1981年版,第13—17页。

[2] 同上注。

[3] (宋)李觏撰,王国轩校点:《李觏集》卷第三十四《常语下》,中华书局1981年版,第376页。

[4] (宋)王安石撰:《王临川全集》卷六十七《三不欺》,世界书局1935年版,第424页。

思维误区,从而引入法家思想改写儒家思想,并在变法实践过程中加以贯彻和推行。他在熙宁三年(1070年)改革科举考试时,罢诗赋而改试经义,将儒家抬得很高地位的《春秋》排除在考试的范围之外,并设置"明法"科考试,足见其对法律或"法治"的重视程度。而且,王安石毫不讳言他对先秦法家尤其是商鞅的推崇备至,认为"商鞅所以精耕战之法,只司马迁所记数行具足。若法令简而要,则在下易遵行;烦而不要,则在下既难遵行,在上亦难考察"[1]。

(二)理学主义的法律观

理学主义的法律观主要是面对唐末与五代以来王朝更替频繁、伦理纲常败坏、等级制度松弛、宗法谱牒废弃这一社会危机,力图重新激活儒家礼教思想,重整伦理纲常,重建礼治秩序。而且随着功利主义思想的兴起,新兴的士大夫阶层更想寻找到一种"道统"用来制约"政统",因为"仅仅倡导功利与实用,这种想法不仅不能给士绅阶层以自由批评的权力,相反倒可能使士绅主动放弃批评空间的建构,心甘情愿地在政治、国家、皇权的名义下,放弃本来就很狭窄的批评立场"[2]。理学主义正是在这样复杂的社会背景下,力图通过儒家一直以来所强调的伦理规范的自觉与伦理观念的重视,以普遍化的"道"或"理"这一共同认同的基础,确立起一种符合道德理想的社会秩序。

1. 遵循旧章观

司马光虽不是理学主义的典型代表,但在遵循旧章、反对变法问题上,却是理学主义的先驱。他在王安石执政和推行新法的时候,专门上书指出变法的危害,并且针对宋神宗"汉常守萧何之法不变,可乎"之问,认为不只汉代如此,即使三代之君常守禹、汤、文、武之法,都可以长治久

---

[1] 陈瓘:《宋忠肃陈了斋四明尊尧集》卷三,载《续修四库全书》编纂委员会编:《续修四库全书》第448册《史部·史评类》,上海古籍出版社2002年版,第373页。

[2] 葛兆光:《中国思想史》(第二卷),复旦大学出版社2010年版,第244页。

安,而汉代武帝、元帝先后改制,遂导致帝业衰竭,因此"祖宗之法不可变也"[1]。司马光还形象地比喻说,治理天下就像居住房屋一样,坏了的地方修补一下即可,不是那种大坏,根本就不用全盘翻造。他认为即使"刑新国用轻典,刑乱国用重典",那也只是世轻世重而已,并不是要更改法律。

程颢、程颐在王安石变法的过程中日益走向反对变法的阵营,明确提出"遵守旧章"的主张。首先,他们认为自秦始皇统一中国后,天下只要有一处乱局,就会引发连锁反应,波及全国,因此"便只要安静,不宜使摇动"[2]。其次,他们认为变法很不"合义",因为"居今之时,不安今之法令,非义也。若论为治,不为则已,如复为之,须于今之法度内处得其当,方为合义。若须更改而后为,则何义之有?"[3]再次,他们尊王道而贱霸道,将王安石的新法视之为霸道,甚至攻击其为异端邪说。最后,他们反复强调变法派都是一些兴利徇私的人,而"兴利之臣日进,尚德之风浸衰,尤非朝廷之福"[4]。程颐还曾代吕公著上书神宗皇帝说:"所谓省己之存心者,人君因亿兆以为尊,其抚之治之道,当尽其至诚恻怛之心,视之如伤,动敢不慎?兢兢然惟惧一政之不顺于天,一事之不合于理。如此,王者之公心也。若乃恃所据之势,肆求欲之心,以严法令、举条纲为可喜,以富国家、强兵甲为自得,锐于作为,快于自任,贪惑至于如此,迷错岂能自知?若是者,以天下徇其私欲者也。"[5]这里明显将王安石的新法视为满足其个人私欲、巩固其个人权力的恣意妄为,即使其能富国强兵,也是坏事。

---

[1] (元)脱脱等撰:《宋史》卷九五《司马光传》,中华书局1977年版,第10764页。
[2] 《河南程氏遗书》卷第二上《二先生语二上》,载(宋)程颢、程颐著,王孝点校:《二程集》,中华书局1981年版,第44页。
[3] 同上注,第18页。
[4] 《河南程氏文集》卷一《再上疏》,载(宋)程颢、程颐著,王孝点校:《二程集》,中华书局1981年版,第458页。
[5] 《河南程氏文集》卷五《代吕公著应诏上神宗皇帝书》,载(宋)程颢、程颐著,王孝点校:《二程集》,中华书局1981年版,第530页。

2. 存理去欲观

"理"是理学的最高思想范畴,其在理学那里,是宇宙的本源,先于事物而存在,并且创造天地万物,也就是永恒不变的"天理"。二程正是通过"理"或"天理",将自然观、政治观、伦理观、法律观以及本体论、认识论、人性论等联系在一起,并且坚定地相信,"天下只是一个理,故推至四海而准"[1]。面对当时功利与实用的新思潮,理学主义正是以"存天理去人欲"的基本观念进行针锋相对的反击。

既然理是天地万物的本源,人类社会的伦理纲常当然也是来源于它,所以二程说:"父子君臣,天下之定理,无所逃于天地之间",因此"为君尽君道,为臣尽臣道,过此则无理"[2]。这样,二程就用理或天理为君臣关系、父子关系的伦理原则以及上下尊卑的等级制度提供了宇宙论上的合理论证。他们甚至引用《周易》说,君子观"履"卦,正是为了区分上下贵贱,使之各安其位,不许随意僭越。而父慈、子孝、君仁、臣忠都是人们各安其位的表现,也是人们各自应当遵守的行为准则。

不仅如此,二程还将伦理纲常说成是人的本性,提出了"性即理",这是"天命之性"。这种性"自性而行,皆善也。圣人因其善也,则为仁义礼智信以名之"[3]。但这种善的性何以会导致现实生活中有善有恶,二程又进而提出了"气禀之性","气有清浊,禀其清者为贤,禀其浊者为愚"[4]。因此贤愚、善恶之类的性,便属气禀之性,是天命之性气禀失偏的结果。而气禀失偏的关键原因在于人的私欲,因此必须要存天理去人

---

[1]《河南程氏遗书》卷第二上《二先生语二上》,载(宋)程颢、程颐著,王孝点校:《二程集》,中华书局1981年版,第38页。

[2]《河南程氏遗书》卷第五,载(宋)程颢、程颐著,王孝点校:《二程集》,中华书局1981年版,第77页。

[3]《河南程氏遗书》卷第二十五《伊川先生语十一》,载(宋)程颢、程颐著,王孝点校:《二程集》,中华书局1981年版,第77页。

[4]《河南程氏遗书》卷第十八《伊川先生语四》,载(宋)程颢、程颐著,王孝点校:《二程集》,中华书局1981年版,第204页。

欲,"无人欲即皆天理"[1]。人们只有克服人欲,保持以天命或天理为内容的本性,社会才能形成真正有效的秩序。而这,就是一切言行举止都要遵循礼,"视听言动,非理不为,即是礼,礼即是理也"[2]。

二程进而将这种伦理纲常的解释引申到儒家传统的男尊女卑观念之上,不仅极力维护"夫为妻纲",甚至提出"饿死事极小,失节事极大"[3]的思想主张。他们以阴阳感应作为天地之常理,为男尊女卑、夫唱妇随的主张提供了天理或常理上的依据,因此寡妇再嫁,不但寡妇自身失节,娶了寡妇的男子也有失节之罪。这一思想后来被南宋的朱熹进一步发扬光大,要求地方:"保内如有孝子顺孙、义夫节妇,事迹显著,即仰具申,当依条旌赏。其不率教者,亦仰申举,依法究治。"[4]他将"存天理灭人欲"这一思想推向实践,并日益朝着极端的方向前进。

3. 礼本刑末观

司马光虽然不属严格意义上的理学思想家,但是其在礼治方面的理论阐释,不仅跟理学是一致的,而且也是理学的思想先导。他继承和发展了传统儒家的礼治思想,提出"礼为纪纲"的主张,将礼作为整个国家的最高准则。他在《资治通鉴》起始就说:"天子之职莫大于礼,礼莫大于分,分莫大于名。何谓礼?纪纲是也。何谓分?君、臣是也。何谓名?公、侯、卿、大夫是也。"[5]可见礼在司马光眼里,是治理国家的根本,因此他极力鼓吹礼无所不能的作用:"礼之为物大矣!用之于身,则动静有法而百行备焉;用之于家,则内外有别而九族睦焉;用之于乡,则长幼有序而俗化美焉;用之于国,则君臣有叙而政治成焉;用之于天下,则诸侯顺服而

---

[1] 《河南程氏遗书》卷第十五《伊川先生语一》,载(宋)程颢、程颐著,王孝点校:《二程集》,中华书局1981年版,第144页。
[2] 同上注。
[3] 《河南程氏遗书》卷第二十二下《伊川先生语八下》,载(宋)程颢、程颐著,王孝点校:《二程集》,中华书局1981年版,第301页。
[4] 《晦庵先生朱文公文集》卷一百《州县官牒·揭示古灵先生劝谕文》,载(宋)朱熹撰,朱杰人等主编:《朱子全书》,安徽教育出版社2002年版,第4620页。
[5] (宋)司马光编著,(元)胡三省音注,"标点资治通鉴小组"校点:《资治通鉴》卷一《周纪一·威烈王》,中华书局1956年版,第2页。

纪纲正焉。"〔1〕礼既然具有如此广泛的作用,当然也就能决定人们社会生活的一切问题,甚至包括人们的生死,"人之所履者何?礼之谓也。人有礼则生,无礼则死"〔2〕。礼缘何具有如此重大的作用?在司马光看来,正是因为礼具有确认名分的基本功能,可以承担起区分上下、贵贱之类等级的重要使命,"夫以四海之广,兆民之众,受制于一人,虽有绝伦之力,高世之智,莫不奔走而服役者,岂非以礼为之纲纪哉!是故天子统三公,三公率诸侯,诸侯制卿大夫,卿大夫治士庶人。贵以临贱,贱以承贵。上之使下犹心腹之运手足,根本之制支叶;下之事上犹手足之卫心腹,支叶之庇根本,然后能上下相保而国家治安。故曰天子之职莫大于礼也"〔3〕,因此遵守礼制,也就是各安名分,而名分的核心,就是"三纲",这是绝对不可动摇和废弃的,否则就乱莫大焉!

司马光如此强调礼所具有的根本作用,但也不像后来的理学太过于轻视法律或刑法,他甚至认为:"礼与刑,先王所以治群臣万民,不可斯须偏废也。"〔4〕在这个意义上,司马光似乎也是一个礼法兼用者。但是司马光并不是真的要将礼与法并驾齐驱加以对待,而是跟传统的儒家法律思想一样,还是将法或刑视为辅助礼制运行的途径和手段,所以他不仅将礼视为人们应当普遍遵守的行为规范,而且将礼作为听讼断狱的法律依据。他在熙宁元年(1068年)"阿云之狱"一案中,曾对王安石依律解释的观点进行了尖锐的批驳,在他看来,"分争辩讼,非礼不决,礼之所去,刑之所取"〔5〕,这就明显还是将礼视为指引法或刑的根本,是对传统儒家法律思想的继承与发挥,也是北宋理学主义法律观的思想支点。

---

〔1〕 (宋)司马光编著,(元)胡三省音注,"标点资治通鉴小组"校点:《资治通鉴》卷十一《汉纪三·高帝七年》,中华书局1956年版,第375—376页。

〔2〕 (宋)司马光撰:《温公易说》卷一《履卦说》,载《景印文渊阁四库全书》第8册,台湾商务印书馆1983年版,第583页。

〔3〕 (宋)司马光编著,(元)胡三省音注,"标点资治通鉴小组"校点:《资治通鉴》卷一《周纪一·威烈王》,中华书局1956年版,第2—3页。

〔4〕 (宋)司马光撰:《传家集》卷七十五《进士策问十五首》,载《景印文渊阁四库全书》第1094册,台湾商务印书馆1983年版,第685页。

〔5〕 (元)马端临撰:《文献通考》卷一百七十《刑考九》,中华书局1986年版,第1476页。

二程继承了儒家重德礼教化的传统，反复强调德礼教化的优先性，认为对人民进行德礼教化，可以使人为善，但刑罚却不可能具有强人为善的力量，只能消极而被动地禁人为恶。然而相比于此前儒家的传统法律思想，以二程为代表的北宋理学家，由于其借助了"天理"或"至神之道"作为一切事物包括德礼政教的本源，因此德礼政教也是圣王体察天理而设立的，是天理的具体运用，这样他们就对以教化为先的德礼政教的全面推行更加自觉，也更加自信了。所以二程说："知天下之恶，不可以力制也，则察其机，持其要，塞绝其本原，故不假刑法严峻而恶自止也。"[1]

三、"三苏"传统法思想的特点

苏洵、苏轼、苏辙父子三人，生当北宋功利主义与理学主义两大思潮逐步对垒的高峰时期，从其学理上来看，大致都属于理学主义的阵营。他们的法律思想，都有一定的与功利主义法律观论战的痕迹。但认真梳理父子三人的思想内容，还是各自具有一定的特点或个性。而且从当时的社会反响来看，父子三人也有很多不同的地方，譬如苏轼、苏辙都曾是元祐党人，但苏洵却不是；苏轼是蜀党或蜀学的领袖，而苏洵也不是。

（一）苏洵传统法思想的特点

苏洵生于真宗年间，卒于英宗年间，通读六经诸子之学，曾屡试不中，著有《六经论》《权书》《衡论》《幾策》等书，先后被收入《嘉祐集》与《老泉文集》。苏洵的著述内容广泛涉及政治、军事、法律、历史以及儒家"六经"等，并且有专文《申法》《议法》讨论法律，其思想相比于其子苏轼、苏辙，应更有见地，也更为精彩和深刻。他的法律思想以"审势立治"作为

---

[1]《周易程氏传》卷第二《周易上经下·大畜》，载（宋）程颢、程颐著，王孝点校：《二程集》，中华书局1981年版，第831页。

立论基础,主张"利者义之和"[1],认为要根据具体的社会形势而对礼与法或刑作出正确的认识和选择,其在继承传统儒学的基础上,也注重向法家和道家学习,颇有一些创新之处。

1. 审势立治

苏洵认为,治理天下首先在于审势,也就是详尽考察社会形势的发展变化。而审势的关键则在于确定应该尊奉的基本原则,"所上一定,至于万千年而不变,使民之耳目纯于一,而子孙有所守,易以为治"[2]。苏洵以三代为例,认为夏代尚忠,商代尚质,周代尚文,这样就可以让其子孙遵守祖宗之法,哪怕遇到政治败坏的时候,也只要"变其小节,而其大体卒不可革易"[3],因此可以享国长远。

然而天下大势有强有弱,圣人必须详加审察而运用权变。势强的时候,强过了头而不加以节制,就有可能导致倾覆;势弱的时候,弱过了头而不加以控制,就有可能走向屈服。因此,圣人必须认真考察强弱之势以采取权变,利用威、惠两种手段使其不至于走向极端。处于弱势的时候要利用威,而处于强势的时候则要利用惠。乘强势的时候威以行惠,则给人的恩惠也就能显示尊严;而乘弱势的时候惠以养威,则威必然可以得以发扬而震慑天下。因此在苏洵看来,"故有天下者,必先审知天下之势,而后可与言用威惠"[4]。

苏洵这种审势立治的思想观念,不仅使其非常接近法家的社会进化主张,从而为其儒家传统法思想输入了新的养料,而且也使其对于礼与法(刑)的具体运用,不再像传统儒家思想那样僵化,而是提倡因势取舍,在一定程度上甚至与当时的理学主义法律观有着比较大的分歧。

---

[1] (宋)苏洵撰,曾枣庄、金成礼笺注:《嘉祐集笺注》卷九《杂论·利者义之和论》,上海古籍出版社1993年版,第277—278页。
[2] (宋)苏洵撰,曾枣庄、金成礼笺注:《嘉祐集笺注》卷一《幾策·审势》,上海古籍出版社1993年版,第1页。
[3] 同上注。
[4] 同上书,第2页。

2. 利者义之和

对于义利关系,苏洵既不同于传统的儒家观点以及当时的理学观点,也不同于功利主义学派的主张,他明确提出"利者义之和"的独到看法。苏洵认为,义虽然适宜畅行天下,但亦可能有违人心。譬如伯夷、叔齐饿死于首阳山以殉大义,天下人岂能安视其死而不伤悲?假如天下人真的好义,伯夷、叔齐又岂能饿死?再如武王灭纣,本是倡导大义之举,但其广发殷商王朝的钱财、粮食于天下百姓,都一再说明,仅仅以义加于天下是远远不够的。所以苏洵引用《周易》孔颖达疏说:"利者义之和。""利物足以和义。"[1]因此君子虽然耻于言利,也就是耻于仅仅言利而已,并不是要绝对排斥利的存在与价值。

不仅不会排斥利,在苏洵看来,君子想要行事天下,必须向利靠拢,这样才能事半功倍,否则背利而行,只会处处受阻,因为"利在则义存,利亡则义丧"[2]。苏洵还举例子说,圣人灭亡他国,杀人父亲,处罚人子,天下人却拍手称快,是因为"利义"的缘故。给他人富贵而人还能不奢不骄,是因为"义利"的缘故。因此,"义利、利义相为用,天下运诸掌矣"[3]。苏洵这一义利观念,对于理解其法律思想具有相当重要的意义。

3. 重礼与礼有所不及

礼作为中国古代规范体系的核心内容,一直是儒家政治治理的根本。苏洵也相当推崇礼的作用,并将其与《易》联结起来,认为二者共同构成"圣人之道","圣人之道,得礼而信,得《易》而尊。信之而不可废,尊之而不敢废,故圣人之道所以不废者,礼为之明而《易》为之幽也"[4]。但在礼如何起源这一问题上,苏洵有着相当独到的看法,他认为,人类处于蒙昧状态的时候,没有贵贱、尊卑与长幼,人们不需要辛苦劳作就可以求得

---

[1] (宋)苏洵撰,曾枣庄、金成礼笺注:《嘉祐集笺注》卷九《杂论·利者义之和论》,上海古籍出版社1993年版,第277—278页。
[2] 同上注。
[3] 同上注。
[4] (宋)苏洵撰,曾枣庄、金成礼笺注:《嘉祐集笺注》卷六《六经论·易论》,上海古籍出版社1993年版,第142—147页。

生存而安逸生活,而贪图安逸、苦于劳作则是人们的自然心理。然而圣人却要创造君臣、父子、兄弟之类的等级制度,率领天下人放弃安逸而辛苦劳作,怎么能够获得人们的拥戴？苏洵认为,因为自然安逸不可能得以永久,最终必然导致人人相杀,所以圣人作礼的道理就在于：“天下无贵贱,无尊卑,无长幼,是人之相杀无已也。不耕而食鸟兽之肉,不蚕而衣鸟兽之皮,是鸟兽与人相食无已也。有贵贱,有尊卑,有长幼,则人不相杀。食吾之所耕,而衣吾之所蚕,则鸟兽与人不相食。人之好生也甚于逸,而恶死也甚于劳,圣人夺其逸死而与之劳生,此虽三尺竖子知所趋避矣。故其道之所以信于天下而不可废者,礼为之明也。”[1]

苏洵重礼,但并不认为礼可自行,而是认为其作为一种调控人类行为与维持社会秩序的基本手段,必须有易、乐、诗这三种手段予以相互配合。首先,礼作为一种明确规定贵贱、尊卑、长幼的等级制度,“明则易达,易达则亵,亵则易废”[2],因此需要圣人凭借易的深奥为其增添一层神秘的色彩,以使普通人不敢随意挑战而死心塌地遵循。其次,礼最初创造出来的时候,很难为天下人所知,后来虽然在圣人的示范下易于推行,但又很难得以长久,这就需要一种乐声经常提醒和激发人们的从礼之心。“为之君臣、父子、兄弟者,礼也。礼之所不及,而乐及焉。正声入乎耳,而人皆有事君、事父、事兄之心,则礼者固吾心之所有也,而圣人之说,又何从而不信乎？”[3]最后,礼以一般人性或人情为基础进行设计,但事实上人性或人情却是极其复杂的,甚至存在一些不顾生死的极端人物,如果情欲受阻而无所发泄,一定会不顾礼的约束而为所欲为,这就需要以诗来加以疏通,“故圣人之道,严于礼而通于诗”[4]。所以苏洵最后总结说：“礼之权

---

[1] （宋）苏洵撰,曾枣庄、金成礼笺注：《嘉祐集笺注》卷六《六经论·易论》,上海古籍出版社1993年版,第142—147页。

[2] 同上注。

[3] （宋）苏洵撰,曾枣庄、金成礼笺注：《嘉祐集笺注》卷六《六经论·乐论》,上海古籍出版社1993年版,第151—152页。

[4] 同上注。

穷于易达,而有易焉;穷于后世之不信,而有乐焉;穷于强人,而有诗焉。"〔1〕于此可见,苏洵已经充分意识到礼作为一种行为规范,过于硬性强调对其加以遵循,有可能会忽视人类的自然情欲与心理,反而难以形成其良好的规范作用,因而需要易、乐、诗予以一定的配合与补足。这不仅对礼的作用有了比较清醒的认识,而且也由此重新阐释了儒家六经相互之间的地位和作用,无疑给传统儒家思想增添了一种新的活力。

4. 任法与法有所不及

苏洵不仅对礼的地位与作用有着极其独特的见解,而且还用审势的眼光考察礼与法的运用,对那种"任德不任刑"的王道主张进行了深刻的批评。他举例子说,商汤、周武王都是王者,但商汤重刑而周武王推崇礼义,因为夏桀虽与商纣一样无德,但其用刑却没有商纣那样残暴,因此天下之民也不遵守法度,故而需要商汤重刑以定分止争。同样,齐桓公、晋文公都是霸者,但前者所用管仲好刑而后者佐命大臣皆不好刑,因此前者常用刑法而后者不以刑为本。由此可见,"用刑不必霸,而用德不必王,各观其势之何所宜用而已"〔2〕。而在北宋当时,苏洵认为用刑没有什么不妥之处,也不会影响到所谓的王道政治。

苏洵之所以这样认为,还在于他有一种比较独到的社会进化观。他明确指出"古者以仁义行法律,后世以法律行仁义"〔3〕,认为三代的圣王,他们教化天下,民众受其感染,都努力向仁而避免违法,其法律虽然不用,但还是发挥着禁止性的作用。而自此而下至于汉、唐,教化已经完全不足以劝民向善,因而统一适用法律,其百姓惧怕法律害及于自身,也有人会勉励自己努力践行仁义。这并不是三代以后的法律有什么问题,而

---

〔1〕(宋)苏洵撰,曾枣庄、金成礼笺注:《嘉祐集笺注》卷六《六经论·乐论》,上海古籍出版社1993年版,第151—152页。

〔2〕(宋)苏洵撰,曾枣庄、金成礼笺注:《嘉祐集笺注》卷一《几策·审势》,上海古籍出版社1993年版,第5页。

〔3〕(宋)苏洵撰,曾枣庄、金成礼笺注:《嘉祐集笺注》卷五《衡论·议法》,上海古籍出版社1993年版,第121—123页。

是因为政制缺陷,这就是"法之公而吏之私也"[1]。以私吏执行公法,很容易导致腐败而滋生弊端。因此推行法律以治理天下,必须严加治理官吏。

虽要严加治理官吏,但是苏洵并不认为只是一律强化法律以控制官吏,而是认为法也是有所不及的。他在《上皇帝书》上明确说:"法不足以制天下,以法而制天下,法之所不及,天下斯欺之矣。且法必有所不及也。"[2]因此苏洵建议皇帝,尤其不能仅仅以法驾驭其左右大臣,而应该以至诚之心听取他们的意见,这样才能上行下效,去吏之私。

(二)苏轼传统法思想的特点

苏轼生于仁宗年间,卒于徽宗年间,才名冠绝一时,是北宋中期的文坛领袖。从政治立场来看,他属于元祐党人;从思想内容来看,他属于比较典型的理学代表,但又深得道家风范,而且是当时蜀学的领袖。其政治、法律思想多散见于一些政论、史论、上书或奏议之中,相比于其父苏洵的系统性与创新性,不仅有失精彩,而且颇有些传统和保守。

1. 法不宜变

与其父苏洵认为社会形势总在发展变化的观点不同,苏轼提出"天下治乱,皆有常势"[3]的主张。既然如此,君王治理天下,就应遵循常势,不要随意变法。苏轼说汉朝初兴,按照秦朝法令来治理国家,结果导致刑法残暴,礼义消亡,天下一片萧条,于是便有贾谊、董仲舒先后出来主张变更旧制、订立新法。此后遂有大量的士大夫知道这两人的主张,便以为圣人治理天下,必须不断地修改政令,这种急功近利的观点无非是一些人迷惑朝廷、搅乱朝纲的障眼法。

----

[1] (宋)苏洵撰,曾枣庄、金成礼笺注:《嘉祐集笺注》卷五《衡论·议法》,上海古籍出版社1993年版,第121—123页。

[2] (宋)苏洵撰,曾枣庄、金成礼笺注:《嘉祐集笺注》卷十《上书·上皇帝书》,上海古籍出版社1993年版,第288页。

[3] (宋)苏轼:《苏东坡全集》卷五十五《策·策略一》,北京燕山出版社2009年版,第1403页。

苏轼针对当时的变法措施发出指责:"当今之患,虽法令有所未安,而天下之所以不大治者,失在于任人,非法制之罪也。"[1]他说这些年国家法令变来变去,但天下仍然没有达到大治,其道理何在?以前那些主张变法的大臣们纷纷主张以新法来选拔优秀人才,规定中年才能参加科举考试,录取名额限制为过去的一半,恢复了明经科的考试,并对官吏的政绩进行考课以定升迁。这些表面上看起来很完美的新法规定实际施行起来,却并未能带来什么好处。由此可见,变法并不适宜。苏轼还打比方说,法令对于人来说,就像是音乐中的五声六律。法令不可能没有漏洞,就像五声六律不可能不出现靡靡之音。因此前代君王明白这个道理,只粗略地制定一些原则,把它们公布于天下,只要其不至于对人有所伤害,又不便强行去除的,都不要轻易改变它们。

出于这种法不宜变的保守观点,苏轼反对王安石的新法改革,态度极其坚决,他公然上书皇帝毫不客气地指出:"陛下自去岁以来,所行新政,皆不与治同道。立条例司,遣青苗使,敛助役钱,行均输法,四海骚动,行路怨咨今日之政,小用则小败,大用则大败,若力行而不已,则乱亡随之。"[2]苏轼之所以如此反对新法,还有一个重要的原因是,其对李觏、王安石一派的功利思想相当反感。在苏轼看来,治国之本在于培养良好的道德风俗,因为"国家之所以存亡者,在道德之浅深,不在乎强与弱;历数之所以长短者,在风俗之厚薄,不在乎富与贫。道德诚深,风俗诚厚,虽贫且弱,不害于长与存。道德诚浅,风俗诚薄,虽强且富,不救于短而亡"[3]。那些追求富国强兵的功利主义者,无疑与这一治国之本背道而驰,只会招来覆亡的危险。苏轼专门用商鞅变法举例说,商鞅不顾反对意见,虽然能使秦国迅速强大起来,但"亦以召怨天下,使其民知利而不知

---

[1] (宋)苏轼:《苏东坡全集》卷五十五《策·策略三》,北京燕山出版社2009年版,第1408页。

[2] (宋)苏轼:《苏东坡全集》卷七十二《奏议·再上皇帝书》,北京燕山出版社2009年版,第1900页。

[3] (宋)苏轼:《苏东坡全集》卷七十二《奏议·上神宗皇帝书》,北京燕山出版社2009年版,第1886页。

义,见刑而不见德,虽得天下,旋踵而失也"[1]。苏轼认为,那些主张变法图强的人,都是急功近利之徒,"夫制置三司条例司,求利之名也六七少年与使者四十余辈,求利之器也"[2],他们不惜以严刑酷法求利聚财,必然贼害民众,动摇国本,因为"民者国之本,而刑者民之贼。兴利以聚财,必先烦刑以贼民,国本摇矣"[3]。苏轼的这一观点,使他在礼法或礼刑关系上,进而捍卫比较传统的"礼本法末"思想。

2. 礼本法末

在礼法或礼刑关系上,苏轼也与其父苏洵完全不同,他站在传统儒家思想的基础上明确提出"法者,末也礼者,本也"[4]的主张。礼之所以如此重要,首先因为其是用来恢复人类本性的东西。苏轼曾从礼的起源这一角度说明了这一问题,他说生民之初,人们不知道如何保全自己,甚至赤手空拳与野兽拼命,心里常常惴惴不安,机巧与伪诈之类的事情根本就不会发生。但圣人害怕他们没有分别,并且担心他们难以生存,因此制作了各类器具,使他们活得便利而欢乐。然而这样一来,人们也就有了更多的欲望,器用便利、机巧诡诈的事情就日益增多,圣人又忧虑人们狡诈多变而难以治理,于是制定礼仪以使他们再返回到当初的本性或状态。因而说,"礼者,所以反本复始也"[5]。

正因为礼具有反本复始的功能和作用,所以苏轼相当认可刘向"礼以养人为本"[6]的说法。他由此进而认为,作为养人为本的礼,本是根本大

---

[1] (宋)苏轼:《苏东坡全集》卷七十二《奏议·上神宗皇帝书》,北京燕山出版社2009年版,第1882—1883页。

[2] 同上注。

[3] (宋)苏轼:《苏东坡全集》卷五十一《论·上初即位论治道二首·刑政》,北京燕山出版社2009年版,第1322页。

[4] (宋)苏轼:《苏东坡全集》卷四十九《论·礼以养人为本论》,北京燕山出版社2009年版,第1241页。

[5] (宋)苏轼:《苏东坡全集》卷五十《论·秦始皇帝论》,北京燕山出版社2009年版,第1272页。

[6] (宋)苏轼:《苏东坡全集》卷四十九《论·礼以养人为本论》,北京燕山出版社2009年版,第1241页。

事,但由于其和平简易,天下人常常觉得不必着急。反而是作为微末事情的法律,由于其残酷复杂,天下人倒是常常以为是急务。这就像平时的运气养生,吐故纳新,做起来非常容易,哪怕做得过了头也不会引发大问题,可是人们却难以坚持做下去。而猛烈的药石由于其能迅速除去疾病,因此大家都喜欢使用它。在苏轼看来,这正是天下的公患。

以礼养人,就必须努力推崇教化,做到先教后刑、德刑相济。苏轼认为商鞅、韩非等法家人物,鼓吹刑名治理天下,导致"教化不足,而法有余,秦以不祀,而天下被其毒"[1]。苏轼由此主张,应尽力用教化的方法引导天下百姓,尤其是君王,应"以至诚为道,以至仁为德"[2],推行仁政,省刑薄敛,努力做到"刑赏忠厚"。苏轼认为,尧、舜、禹这些君王,爱民之深,忧民之切,以君子之道来治理天下。人有善行,就给予奖赏,并对其加以讴歌赞叹;人有恶行,就予以责罚,并使其抛弃过往的错误而重新做人。苏轼还引用《尚书》"罪疑惟轻,功疑惟重"的话说:"可以赏,可以无赏,赏之过乎仁。可以罚,可以无罚,罚之过乎义。过乎仁,不失为君子;过乎义,则流而入于忍人。故仁可过也,义不可过也。"[3]

礼本法末,法网繁密当然也就不是国家的福音。苏轼引用《尚书》"临下以简,御众以宽"的话极力主张立法简约,刑罚宽简,认为这是百世不易之道。他说汉高祖约法三章,萧何定律九篇,至于文、景,刑措不用。而历魏至晋,条目日益繁多,"而奸益不胜,民无所措手足"[4],唐与五代以律令为基础,加以注疏,至今开始编纂《编敕》,法网繁密,多如牛毛,其

---

[1] (宋)苏轼:《苏东坡全集》卷五十一《论·韩非论》,北京燕山出版社2009年版,第1293页。

[2] (宋)苏轼:《苏东坡全集》卷五十一《论·上初即位论治道二首·道德》,北京燕山出版社2009年版,第1320页。

[3] (宋)苏轼:《苏东坡全集》卷四十九《论·省试刑赏忠厚之至论》,北京燕山出版社2009年版,第1227页。

[4] (宋)苏轼:《苏东坡全集》卷五十一《论·上初即位论治道二首·刑政》,北京燕山出版社2009年版,第1322页。

弊病也就日显突出,因为"夫详于小,必略于大,其文密者,其实必疏"[1]。苏轼以秦始皇、汉武帝为例说,他们都以极其细密的法网控制天下,然而最终导致扶苏自杀、戾太子谋反,都是因为当时的法网严密而无所逃脱所造成的结果。所以苏轼断言:"故夫以法毒天下者,未有不反中其身及其子孙者也。"[2]

(三) 苏辙传统法思想的特点

苏辙相比于其兄苏轼仅小两岁,其文章声名不及苏轼,但其官场前途却远超之,曾拜相参政。在政治立场上,苏辙也不似其兄苏轼一直力加反对变法,而是最初亲身参与,后来才逐渐走上反思之路,但并没有彻底抵制,因此司马光上台后完全废新法之举,他又极言不可。所以苏辙的思想主张比较理性而务实,尽管其仍属于理学主义阵营的代表人物。然而仅就法律思想而言,苏辙着墨不多,其政论、史论以及上书、策问与奏议大皆围绕政治问题而阐发,尤其是在君臣关系与民政这些问题上喜欢浓墨重彩,并颇有一些个人独到的见解。总体来看,苏辙的法律思想比较零散,大多跟他的政治思想混杂在一起,而且也跟他的政治实践有着相当重要的联系,因此缺乏一定的系统性。

1. 任势变法

苏辙对变法的态度既不同于当时主持熙宁新法的王安石,也不同于坚决反对变法的苏轼,他对变法基本上是保持一种比较谨慎而务实的态度,并且随着新法实践所带来的问题逐渐有所改变。苏辙认为,社会形势是发展变化的,欲要治理好天下,一定需要好好审察当时的社会形势。所以在"任人"还是"任势"这一问题上,苏辙完全不同于其兄苏轼"任人"的主张,而是主张"任势"以变法,"盖天下之事,任人不若任

---

[1] (宋)苏轼:《苏东坡全集》卷五十一《论·上初即位论治道二首·刑政》,北京燕山出版社2009年版,第1322页。
[2] (宋)苏轼:《苏东坡全集》卷五十二《论·论始皇汉宣李斯》,北京燕山出版社2009年版,第1343页。

势,变吏不如变法。法行而势立,则天下之吏,虽其非贤,而皆欲勉强以求成功"[1]。在苏辙看来,当时的法律已坏却一心求取贤才,完全是颠倒主次,因为这不可能彻底解决问题。欲要彻底解决问题,只有立法或变法。

但是如何变法,苏辙的看法又不同于王安石。他认为"当今之世,祖宗之法或具存而不举,或简略而不备。具存而不举,是有地而不耕也;简略而不备,是地有所废缺而不完也"[2]。因此要在总结前人经验的基础上,认真对待祖宗之法,废旧立新,推陈出新,而不能彻底翻盘,全盘否定,推倒重来。正是基于这一认识,苏辙虽然最初支持王安石的新法改革,但又反对其一些过于激进的做法,指责"介甫急于财利,而不知本"[3],也就是说,苏辙认为王安石的有些变法措施急功近利、本末倒置,最终会损害国家的根本。苏辙的这一看法,使他早期能够积极参与王安石的变法运动,王安石不仅将他安排在变法的领导机构之中,而且也非常乐意听取他的有关意见。但是随着两人之间的认识差距日益扩大,加上苏辙又多次上书对新法措施提出批评,遂使鸿沟不可愈合,最终导致王安石极其不满,苏辙也就被长时间贬出朝廷。后来司马光上台,雷厉风行罢却王安石所有新法,苏辙也被召回朝廷,他虽然为罢新法鸣锣开道,但亦对司马光不问青红皂白的做法极其反感,时不时再提出自己的变革措施或主张,获得统治阶级上层的好感与支持。

2. 礼法缘人情以立

苏辙大致也坚持"礼本法末"的基本观念,他曾举尧、舜为例,认为当时水患横行,但尧、舜却不以水患为急务,而是注重于人伦道德这一根

---

[1] (宋)苏辙:《栾城应诏集》卷八《进策五道·第二道》,载《景印文渊阁四库全书》第1112册,台湾商务印书馆1983年版,第893页。

[2] (宋)苏辙:《栾城集》卷十九《新论三首·新论中》,载《景印文渊阁四库全书》第1112册,台湾商务印书馆1983年版,第211页。

[3] (宋)苏辙:《栾城后集》卷十二《颍滨遗老传上》,载《景印文渊阁四库全书》(第1112册),台湾商务印书馆1983年版,第682页。

本,对此他极为感叹道:"尧、舜之治,其缓急先后,于此可见矣。使五教不明,父子不亲,兄弟相贼,虽无水患,求一日之安,不可得也;使五教既修,父子相安,兄弟相友,水虽未除,要必有能治之者。"[1]可见,礼或礼治在苏辙的眼里,绝对是国家的第一要务。所以他在解说孟子时,相当欣赏孟子"王何必曰利,亦有仁义而已矣"的观点,认为"圣人躬行仁义而利存,非为利也。惟不为利,故利存。小人以为不求则弗获也,故求利而民争,民争则反以失之"[2]。这也是他在当时特殊的社会环境下,对待义利关系尤其是功利主义的基本态度。

尽管苏辙的礼法观念还是属于比较传统的理学阵营,但是他却极其强调礼法顺应人心或人情这一基本主张。他认为从礼法的起源来看,礼法就是缘人情以立的,"昔生民之初,生而有饥寒牝牡之患,饮食男女之际,天下之所同欲也。而圣人不求绝其情,又从而为之节文,教之炮燔烹饪、嫁娶生养之道,使皆得其志,是以天下安其法而不怨"[3]。可是后世很多小人,他们根本无法领会圣人制定礼法的初衷,而是认为礼法是圣人用来控制天下为非作歹的手段和工具,因此只想用礼法去矫正那些为非作歹的人,这就完全与礼法的本意背道而驰了。所以在苏辙看来,治理天下,必须要顺应这一人心或人情,"圣人之为天下,不务逆人之心。人心之所向,因而顺之;人心之所去,因而废之"[4]。

正是出于这一顺应人情或人心的看法,苏辙提出了"古之君子立于天下,非有求胜于斯民也"[5]这一相当新颖的先锋主张。既然不是为了压服天下百姓,那么运用刑罚对待天下违法犯罪的行为,就会总是担心民众

---

[1] (宋)苏辙:《栾城后集》卷七《历代论一并引·尧舜》,载《景印文渊阁四库全书》第1112册,台湾商务印书馆1983年版,第641页。

[2] 参见(宋)苏辙:《栾城后集》卷六《孟子解二十四章》,载《景印文渊阁四库全书》第1112册,台湾商务印书馆1983年版,第632页。

[3] (宋)苏辙:《栾城应诏集》卷八《进策五道·第四道》,载《景印文渊阁四库全书》第1112册,台湾商务印书馆1983年版,第893页。

[4] 同上注。

[5] (宋)苏辙:《栾城应诏集》卷十一《刑赏忠厚之至论》,载《景印文渊阁四库全书》第1112册,台湾商务印书馆1983年版,第917—918页。

坠入法网而难以自生;运用奖赏对待天下的贤才,就会担心天下没有贤才而其奖赏没有用武之地。所以,"罪疑者从轻,功疑者从重,皆顺天下之所欲从"[1]。苏辙的这一看法,尽管与其兄苏轼的结论都是一样的,但是得出这一结论背后的推理缘由却是不一样的,这也大致使得他与苏轼的礼法观点有着比较大的出入。

(四)"三苏"传统法思想的共性与个性

综上所述,"三苏"的传统法思想大致都可以被归入当时的理学主义阵营,他们父子三人基本上都认可礼的根本地位,在礼(德)与刑(法)这一关系上,仍然坚持礼主刑辅的基本观念,是对传统儒家思想的继承和发展,难以摆脱传统法思想的窠臼,这是他们法律思想所具有的共同特性。

但是北宋社会在结束唐末、五代的乱局之中一路走来,面临内忧外患的双重压力,中国传统的儒家思想有了相当大的裂变,尤其是面对功利主义学派的兴起及其变法实践,苏洵、苏轼、苏辙父子的传统法思想也并不一致,各自具有鲜明的特点或个性。苏洵作为范仲淹庆历新政时代的人物,其时理学主义还在孕育阶段,而功利思潮已经风起云涌,因此其思想还没有完全向理学靠拢,带有比较强烈的事功色彩。而且他在军事方面的研究,也可见兵家思想对其所产生的深刻影响。所以苏洵的传统法思想在"三苏"中最讲求变通,也最为精彩。他主张根据社会形势的发展变化审时度势而调整社会治理的手段,既重礼又任法,而且看到二者各自所具有的局限性。与其子苏轼、苏辙不同的是,他旗帜鲜明主张义者利之和、义利相用,在很大程度上比较倾向功利学派的基本观点。

苏轼、苏辙兄弟主要活跃于北宋理学思潮的高峰时期,也是理学与功利学派对垒的巅峰时刻,两人作为理学主义阵营的代表人物,相比于其父苏洵,其法律思想主要来自传统儒家以及秦汉以后逐步形成的正统意识

---

[1] (宋)苏辙:《栾城应诏集》卷十一《刑赏忠厚之至论》,载《景印文渊阁四库全书》第1112册,台湾商务印书馆1983年版,第917—918页。

形态,他们坚决捍卫礼本法末的基本原则,重义轻利,也不太主张革新变法。但相比于苏轼的顽固和保守,苏辙由于早期曾亲身参与王安石主持的熙宁变法,因此其思想又有比较微弱的事功倾向,不仅主张适当、适度的因势变法,而且也认为礼法缘于人情,赋予了礼一定程度的包容色彩,这都是苏轼的法律思想所不能及的地方。

第二章 "三苏"立法与行政法律思想及相关实践*

作为北宋时期杰出的文学家、思想家、政治家,北宋眉山苏氏三杰——苏洵、苏轼、苏辙父子(以下简称"三苏")在政治法律问题上也有很系统的见解主张。这些见解主张,是北宋时代士大夫政治法律观念的代言,是北宋时代社会政治变迁的思想印记,是儒家正统政治法律思想在北宋的体现,特别值得今人认真总结和阐扬。这种总结阐扬,是中华优秀法律文化传承工程的重要组成部分。本章旨在梳理、总结并阐扬"三苏"就立法和行政问题上的见解主张,以及他们为落实这些主张所进行的某些实践努力。

关于立法问题的见解主张,从理论上讲,应该是关于立法权力分配、立法原则方针、立法宗旨目标、立法程序手续、立法技术技巧、立法事项轻重缓急选择、立法权监督制约等一系列问题的见解主张。

关于行政问题的见解主张,从理论上讲,应该是关于所有行政事宜的观点主张。但那样的内容庞杂无比,实在无法整理。因此,我们仅限于行政法学问题范

---

* 作者:范忠信,杭州师范大学法学院教授。

围内加以整理。具体地说，就是整理阐释"三苏"关于行政主体组织构成、行政权行使的手续程序、行政权力的监督制约、行政相对人的救济途径等行政法律问题的见解主张。

要整理阐释古代中国士大夫们在立法和行政问题上的政治法律主张，我们必须先厘清一些特别原则，并先澄清应有的识别标准。在传统中国政治模式和话语体系下，很难见到有人用今人熟知的概念符号及话语形态来讨论立法学、行政法学问题。儒法合流的人治、德治、礼治"三合一"理念已经融入君主专制、中央集权的国体和政体骨髓之中，早已形成了一整套特殊的礼法话语体系。这套话语体系中，很难找到今人熟知的法言法语，甚至相似或近似的也很少。但是，无可否认，古时贤哲们的确遭遇了今日立法和行政问题中的大多数问题，他们也的确针对这些问题表达了自己的见解主张。这些见解主张，确实有法律思想主张属性。认识到这一点是本章立论的前提，"三苏"立法行政法律思想与实践的整理阐释工程才可以启动。[1]

按照在北宋时代实际面临（遭遇）并曾正式表达过见解主张的问题领域，我们拟将关于立法与行政法律问题思想主张总结为十个方面，根据《三苏全书》等资料加以搜索整理，并试图作出初步的阐释或解读。

一、礼以养人，法须合礼顺情，法辅德礼教化

古者以仁义行法律，后世以法律行仁义。夫三代之圣王，其教化之本出于学校，蔓延于天下，而形见于礼乐。下之民被其风化，循循翼翼，务为仁义，以求避法律之所禁。故其法律虽不用，而其所禁亦不为不行于其间。下而至于汉、唐，其教化不足以动民，而一于法律，故其民惧法律之及其身，亦或相勉为仁义……是以宋有天下，因而循之，变其节目而存其大

---

[1] 广义上讲，关于吏治问题的思想主张也是行政法律思想的重要组成部分，关于犯罪与刑罚问题的思想主张也可能涉及立法与行政问题，可参见本书的相关论述。

体,比间小吏奉之以公,则老奸大猾束手请死,不可漏略。然而狱讼常病多,盗贼常病众者,则亦有由矣,法之公而吏之私也。夫举公法而寄之私吏,犹且若此,而况法律之间又不能无失,其何以为治?[1]

【简释】

苏洵此言,大意有两方面:一方面强调法律是仁义的载体和工具。上古以仁义行法律,是以仁义为本,以仁义为目的;后世以法律行仁义,强调法律的威慑力,用法律驱吏民归于道德礼教而已。这一变化是历史的退步。另一方面,后世注重用法禁刑网规限吏民,为何还是狱讼多盗贼众呢?那是因为,再公平的法律,也不得不借助官吏来执行,徒法不能以自行;而任何官吏都难免有偏私之心,更不用说法律本身难免有失误漏洞而使官吏易于上下其手。所以最重要的还是"行仁义",即礼乐导民、德教化民。

夫礼之初,缘诸人情,因其所安者,而为之节文。凡人情之所安而有节者,举皆礼也……夫礼之大意,存乎明天下之分,严君臣、笃父子、形孝弟而显仁义也……夫法者,末也。又加以惨毒繁难,而天下常以为急。礼者,本也。又加以和平简易,而天下常以为缓。如此而不治,则又从而尤之,曰:是法未至也,则因而急之。甚矣!人之惑也。平居治气养生,宣故而纳新,其行之甚易,其过也无大患,然皆难之而不为。悍药毒石,以搏去其疾,则皆为之。此天下之公患也。呜呼!王者得斯说而通之,礼乐之兴,庶乎有日矣。[2]

【简释】

苏轼此言,意思有两层:第一层意思是,礼为本,法为末。礼顺乎人情人性而确定秩序规矩,故宽仁、和平、简易,犹如生命不可或缺的衣服食

---

[1] (宋)苏洵:《衡论·议法》,载曾枣庄、舒大刚主编:《三苏全书》(第六册),语文出版社2001年版,第164页。

[2] (宋)苏轼:《礼以养人为本论》,载曾枣庄、舒大刚主编:《三苏全书》(第十四册),语文出版社2001年版,第128—129页。

物,是生民养民之具,所以应该以其为目的或根本。法主要是设置禁网防惩恶行,犹如"悍药毒石"以治严重疾病,不得已而用之,是治理国家的末技。第二层意思是,如衣食般不可或缺的礼,常常被人看轻看淡,以为可缓;而如同药石的法,人们却很看重并过分依赖。这种错误认识和选择是国家"公患"。为政者要是把"礼""法"两者之间的本末、轻重、缓急关系搞清楚了,国家就有希望了。

臣伏见元祐五年秋颁条贯,诸民庶之家,祖父母、父母老疾,(谓于法应赎者。)无人供侍,子孙居丧者,听尊长自陈,验实婚娶。右臣伏以人子居父母丧,不得嫁娶,人伦之正,王道之本也。孟子论礼、色之轻重,不以所重徇所轻。丧三年为二十五月,使嫁娶有二十五月之迟,此色之轻者也。释丧而婚会,邻于禽犊,此礼之重者也。先王之政,亦有适时从宜者矣,然不立居丧嫁娶之法者,所害大也。近世始立女居父母丧及夫丧而贫乏不能自存,并听百日外嫁娶之法。既已害礼伤教矣,然犹或可以从权而冒行者,以女弱不能自立,恐有流落不虞之患也。今又使男子为之,此何义也哉!男年至于可娶,虽无兼侍,亦足以养父母矣。今使之释丧而婚会,是直使民以色废礼耳,岂不过甚矣哉。《春秋》、礼经,记礼之变,必曰自某人始。使秉直笔者书曰,男子居父母丧得娶妻,自元祐始,岂不为当世之病乎?臣谨按此法,本因邛州官吏妄有起请,当时法官有失考论,便为立法。臣备位秩宗,前日又因迩英进读,论及此事,不敢不奏。伏望圣慈特降指挥,削去上条,稍正礼俗。谨录奏闻,伏候敕旨。[1]

【简释】

苏轼这一段话,通过反对朝廷部分取消"居丧嫁娶"禁令,强调立法变法必须合乎礼教纲常,不得违背礼法。其主要意思有三个方面:第一,他认为子女在居丧期间不得嫁娶,是人伦之正、王道之本,不可废弃。否则就是"以色废礼",害礼伤教,等同于禽兽。第二,考虑到三年丧期一概禁

---

〔1〕 (宋)苏轼:《乞改居丧婚娶条状》,载曾枣庄、舒大刚主编:《三苏全书》(第十二册),语文出版社2001年版,第194—195页。

止嫁娶会妨碍人民正常生活繁息,所以法律早做了"适时从宜"之变通,将居丧之期由本来三十六个月减缩为二十五个月,亦即由实足三年减为两年加一个月。法律还规定贫弱无法独自生活的女子,在父母或丈夫的丧期内,只要守丧过百日,就可以出嫁。有了这两条变通从宜的规定,再放宽禁令是没有道理的。第三,"祖父母、父母老疾无人供侍"情形下的子孙,若一概允许他们居丧婚娶,除违反礼教礼法外,也并不一定符合现实生活中赡养老人的需要。因为子孙既届"可娶"之年,即使没有"兼侍"(即别的有赡养能力的家人),仍有能力单独供侍(赡养)父母,这与女子"弱不能自立,恐有流落不虞之患"的情形是不可比的。

臣伏见陛下发德音,下明诏,以天下安危之至计,谋及于布衣之士,其求之不可谓不切,其好之不可谓不笃矣……王者之所宜先者德也,所宜后者刑也;所宜先者义也,所宜后者利也。而陛下易之,万事可谓失其序矣。[1]

【简释】

苏轼的意思是,以王道治国,根本方略就是先德后刑、先义后利,也就是应优先重视并力行德礼教化,不要优先依赖法律和刑法。他直言批评神宗皇帝把这个轻重本末的次序颠倒了,警告这样会导致"万事失序",导致国家灾难。

欲事之易成,则先治其所以信服天下者。天下之事,不可以力胜,力不可胜,则莫若从众。从众者,非从众多之口,而从其所不言而同然者,是真从众也。众多之口非果众也,特闻于吾耳而接于吾前,未有非其私说者也。于吾为众,于天下为寡。彼众之所不言而同然者,众多之口,举不乐也。以众多之口所不乐,而弃众之所不言而同然,则乐者寡而不乐者众矣。古之人,常以从众得天下之心,而世之君子,常以从众失之。不知夫

---

〔1〕(宋)苏轼:《拟进士对御试策》,载曾枣庄、舒大刚主编:《三苏全书》(第十四册),语文出版社2001年版,第391页。

古之人,其所从者,非从其口,而从其所同然也。[1]

【简释】

苏轼的意思是,立法应尊重或顺应民众的意愿。立法靠什么使天下人信服?当然不是靠暴力,而是靠顺从民众。所谓"立法从众",当然不是简单地"从众多之口",而是要"从其所不言而同然者",也就是顺应民众"人同此心、心同此理"的愿望。如果简单地"从众多之口"而立法变法,则君王就容易被亲近之人、众多晓晓之口所挟制。要知道,百姓"众之所不言而同然"的愿望要求,往往是君王身边"众多之口"们所不喜欢的。如果立法顺从亲近者"众多之口"所喜好,抛弃天下百姓"众之所不言而同然",那么这种立法必然是"乐者寡而不乐者众",悖逆天下民心、民情、民性,就会有害无益。

昔生民之初,生而有饥寒牝牡之患。饮食男女之际,天下之所同欲也。而圣人不求绝其情,又从而为之节文,教之炮燔、烹饪、嫁娶、生养之道,使皆得其志,是以天下安其法而不怨。后世有小丈夫不达其意之本末,而以为礼义之教,皆圣人之所作为以制天下之非僻。徒见天下邪放之民皆不便于礼义之法,乃欲务矫天下之情,置其所好,而施其所恶。此何其不思之甚也!且虽圣人不能有所特设以驱天下,盖因天下之所安,而遂成其法。如此而已。如使圣人而不与天下同心,违众矫世以自立其说,则天下几何不叛而去也?今之说者则不然,以为天下之私欲必有害于国之公事,而国之公事亦必有所拂于天下之私欲。分而异之,使天下公私之际,譬如吴越之不可以相通。不恤人情之所不安,而独求见其所为至公而无私者。盖事之不通,莫不由此之故。

今夫人之情,非其所乐而强使为之,则皆有怏怏不快之心,是故所为而无成,所在而不称其职。臣闻方今之制,吏之生于南者,必置之北;生于东者,必投之西;岭南吴越之人,而必使冒苦寒、践霜雪、以治燕赵之事;

---

[1] (宋)苏轼:《思治论》,载曾枣庄、舒大刚主编:《三苏全书》(第十四册),语文出版社2001年版,第212—213页。

秦、陇、蜀汉之士,而必使涉江湖、冲雾露,以守扬越之地。虽其上之人逼而行之,无所不从,而行者望其所之,怨叹咨嗟不能以自安。吏卒送迎于道路,远者涉数千里,财用殚竭,困弊于外。既至而好恶不相通,风俗不相习,耳目之所见,饮食之所便,皆不得其当。譬如侨居于他乡,其心常屑屑而不舒,数日求去,而不肯虑长久之计。民不喜其吏,而吏不善其俗,二者相与龃龉而不合,以不暇有所施设。而吏之生于其地者,莫不自以为天下之所不若。而今之法,为吏者不得还处其乡里,虽百里之外,亦辄不可。而又以京师之所在而定天下远近之次,凡京师之人所谓近者,皆四方之所谓至远;而京师之所谓远者,或四方之所谓近也。今欲以近优累劳之吏,而不知其有不乐者,为此之故也。且夫人生于乡闾之中,其亲戚坟墓不过百里之间。至于千里之内,则譬如道路之人,亦何所施其私?而又风俗相安,上下相信,知其利害,而详其好恶。近者安处其近,而远者乐得其远,二者各获其所求,而无汲汲之心。耳目开明,而心不乱,可以容有所立。凡此数者,盖亦无损于国矣。而特守此区区无益之公,此岂王者之意哉?且三代之时,九州之中,建国千有八百。大者不过百里,而小者数十里。数十里之间,其民之为士者有之,为大夫者有之,凡所以治其国人者,亦其国人也。安得异国之人而后用哉?

臣愚以为如此之类,可一切革去,以顺天下之欲。今使天下之吏皆同为奸,则虽非其乡里,而亦不可有所优容。苟以为可任,则虽其父母之国,岂必多置节目以防其弊?而况处之数百千里之间哉![1]

【简释】

这一大段议论,苏轼所表达的不过是两层意思。

第一层意思是,圣人或先王制礼作乐、立法设刑,并不是故意以外在枷锁强加于百姓,而是顺应"饮食男女之际,天下之所同欲""因天下之所安",目的在于"不求绝其情""使皆得其志"。这样的法律,才可能使"天

---

〔1〕 (宋)苏辙:《臣事策下(第四道)》,载曾枣庄、舒大刚主编:《三苏全书》(第十八册),语文出版社2001年版,第312—313页。

下安其法而不怨"。后世立法常常反其道而行,"违众矫世以自立其说","不恤人情之所不安","乃欲务矫天下之情,(弃)置其所好,而施其所恶"。这样的法律悖逆民情,困碍难行,"盖事之不通,莫不由此之故"。为什么会这样呢?他认为是因为某种错误认识所导致。"以为天下之私欲必有害于国之公事,而国之公事亦必有所拂于天下之私欲",固执地认为自己所主立法一定"至公而无私",而且认为天下的"公"(公共利益)与"私"(百姓人同此心、不约而同的私欲)不可沟通协调,这种错误认识就导致立法与民情相悖。

第二层意思是,举个例子说,国家法律规定官吏任职一定要回避本籍,离开家乡到遥远陌生之地,甚至千里之外,这种法律就是"人情所不安",亦即悖逆常理、常情的法律。这种不合理的法律,除悖逆常情外,还加重了官员们的劳苦和成本。背井离乡、远离亲人、长途跋涉之苦,加上路途盘缠费用负担重,沿途接待迎送之苦,都使得获任命者视为畏途;到任后因不悉地情、民情且心志不惬而无勤政建功之热忱。何况,避籍派任之地方远近,并不是以获任者本籍为起点而定,而是以京师(开封)为中心而定,这就更加造成派遣地方(与被任命者本籍实际距离)远近的不合理。即使考虑到官吏任职本籍易于为亲族乡党谋私,那么也许回避百里也就够了,因为他们的"亲戚坟墓不过百里之间"。至于千里之内,都不过是路人,没有什么徇私枉法的必要了。即使在家乡附近任职,也因"风俗相安,上下相信,知其利害,而详其好恶",更容易熟悉地情、民情,服务百姓,也并非完全不受监督而一定导致腐败。

君子之为政,权其轻重而审其小大。不以轻害重,不以小妨大,为天下之大善。而小有不合焉者,君子不顾也。立天下之大善,而以小有不合而止,则是天下无圣人,大善终不可得而建也。自周之亡,其父子、君臣、冠昏、丧祭之礼,皆以沦废。至于汉兴,贤君名臣比比而出,皆知礼之足以为治也,然皆拱手相视而莫敢措。非以礼为不善也,以为不可复也。是亦自轻而已。故元成之间,刘向上书,以为礼以养人为本,如有过差,是过而养人也。刑罚之过,或至于死伤,然有司请定法令,笔则笔,削则削,是敢于杀人,不敢于养人也。然而为是者,则亦有故。律令起于后世,而礼出于圣人。敢变后世之刑,而不敢变先王之礼,是亦畏圣人太过之弊也。《记》曰:"礼之所生,生于义也。"故礼虽先王未之有,可以义起也。故因人之情而为之节文,则亦何至于惮之而不敢邪?

今夫冠礼所以养人之始,而归之正也;昏礼所以养人之亲,而尊其祖也;丧礼所以养人之孝,而为之节也;祭礼所以养人之终,而接之于无穷也;宾客之礼所以养人之交,而慎其渎也;乡礼所以养人之本,而教之以孝悌也;凡此数者,皆待礼而后可以生。今皆废而不立,是以天下之人皇皇然无所折衷。求其所从而不得,则不能不出其私意以自断其礼,私意既行,故天下之弊起。奢者极其奢以伤其生,偷者极其偷以不得其所欲。财用匮而饥寒作,饥寒作而盗贼起,盗贼起而民之所恃以为养者皆失而不可得,虽日开仓廪发府库以赡百姓,民犹未可得而养也。故古之圣人不用财,不施惠,立礼于天下,而匹夫匹妇莫不自得于闾阎之中而无所匮乏,此所谓知本者也。〔1〕

【简释】

苏辙这一大段话,不外说了三层意思。

其一,"礼以养人为本",所有礼规都是根据人之常情和本性制定的,是为了调解人类社会生活中的各种关系,建立大家各得其所、各安其乐的公共秩序。比如冠礼、婚礼、丧礼、祭礼、宾礼、乡礼,都是因人情而制,用来满足人们成长、养亲、尊祖、慎终、交往、孝悌的需要,养成合乎人们生活需要的秩序。礼,实际上是人们生活所必需的更根本的章法,是法律之上的法律,是秩序之本。

其二,后世各代不注重礼,不根据时代变化积极发展"礼",为什么呢?"非以礼为不善也,以为不可复也"。认为时代变了,古礼不再适应后世需要了。与法律是后世君臣所定,故可以因时变革不同,人们一般认为礼是

---

〔1〕(宋)苏辙:《礼以养人为本论》,载曾枣庄、舒大刚主编:《三苏全书》(第十八册),语文出版社2001年版,第348—349页。

先王或圣人制定的,不敢及时修礼、续礼是因为"畏圣人太过"。苏辙认为,既然"礼以义起,礼生于义",礼本质上不过是"因人之情而为之节文",那么就不要害怕修改和发展"先王之礼"。这实际上是主张根据时势变化及时发展完善礼法,建立礼与法综合为治的良好秩序。

其三,因为"礼"长期以来"皆废而不立",故"天下之人皇皇然无所折衷",丧失了生活秩序的内在标准,"故天下之弊起",导致人们肆行非违,盗贼蜂起,使天下百姓"所恃以为养者"(即合乎礼的"和谐"秩序)"皆失而不可得"。到那时,即使官府天天开仓放粮去安抚百姓,老百姓还是过不好日子的。老百姓最好是靠"礼"来养,而不是仅靠"利"来养。

二、任人任法兼顾,不应苛法拘吏,贤人可补法漏

臣闻法不足以制天下,以法而制天下,法之所不及,天下斯欺之矣。且法必有所不及也,先王知其有所不及,是故存其大略,而济之以至诚。使天下之所以不吾欺者,未必皆吾法之所能禁,亦其中有所不忍而已。人君御其大臣,不可以用法。如其左右大臣而必待法而后能御也,则其疏远小吏当复何以哉?以天下之大而无可信之人,则国不足以为国矣。臣观今两制以上,非无贤俊之士,然皆奉法供职无过而已,莫肯于绳墨之外,为陛下深思远虑,有所建明。何者?陛下待之于绳墨之内也。[1]

【简释】

苏洵此语,阐发"徒法不能以自行",强调法律有局限性。凡法必"有所不及",如果没有别的办法挽救,那么"天下斯欺之矣",天下人都会利用法律漏洞肆行奸诈以谋私利。能弥补法律固有缺憾的,就是"贤俊之士"。所以,英明君王立法,不追求纤细俱备、无微不至、尽善尽美,而是"存其大略",仅举纲要,"而济之以至诚",让天下仕宦者不忍心欺蒙君

---

[1] (宋)苏洵:《上皇帝书》,载曾枣庄、舒大刚主编:《三苏全书》(第六册),语文出版社2001年版,第51页。

国。应该把主动积极权宜运用法律履职建功的权力授予贤能之人,给予他们充分的信任,让他们能够在"绳墨(法律)之外"为国家"深思远虑",有所建树。他劝谏皇帝,"人君御其大臣,不可以用法",对大臣们不要仅仅"待之于绳墨之内",这样会造成"天下之大而无可信之人,则国不足以为国矣"的困境。总之,任人为本,任法为末;信任大臣,待以至诚,不要用烦苛之法拘束他们,使他们手足被缚无法建功立业。

先王之作法也,莫不欲服民之心。服民之心,必得其情。情然邪,而罪亦然,则固入吾法矣。而民之情又不皆如其罪之轻重大小,是以先王念其罪而哀其无辜,故法举其略,而吏制其详。杀人者死,伤人者刑,则以著于法,使民知天子之不欲我杀人伤人耳。若其轻重出入,求其轻而服其心者,则以属吏。任吏而不任法,故其法简。今则不然,吏奸矣,不若古之良;民偷矣,不若古之淳。吏奸则以喜怒制其轻重而出入之,或至于诬、执;民偷则吏虽以情出入,而彼得执其罪之大小以为辞。故今之法纤悉委备,不执于一,左右前后,四顾而不可逃。是以轻重其罪,出入其情,皆可以求之法,吏不奉法,辄以举劾。任法而不任吏,故其法繁。古之法若方书,论其大概,而增损剂量则以属医者,使之视人之疾,而参以己意。今之法若鬻屦,既为其大者,又为其次者,又为其小者,以求合天下之足。故其繁简则殊,而求民之情以服其心则一也。〔1〕

【简释】

苏洵此语,主题是"任吏而不任法"。他的意思有两层:一是法律不可能极尽能事地概括一切人情狡伪、世事万态,不可能"纤悉委备",所以只能将一些要害原则和规则简要规定下来,此即"法举其略",亦即今人常讲的立法宜粗不宜细。这就像医界的"方书"一样,只介绍各种病患的大概治疗方案;至于根据具体病例"增损剂量"开出具体处方,只能靠良医自己因人制宜了,不可能在医书上详尽规定。这样的粗略的立法,要能够在实

---

〔1〕 (宋)苏洵:《衡论·申法》,载曾枣庄、舒大刚主编:《三苏全书》(第六册),语文出版社2001年版,第162页。

践中因时制宜地贯彻,就必需依赖贤能官吏。"轻重出入"只能"则以属吏"。正常的治理模式就是"任吏而不任法",有了贤能之吏则法律可以简约,"故其法简"。二是批评当时朝廷"任法而不任吏",对于"吏奸""民偷"之时势,企图以"纤悉委备"的法律网罗一切、防范一切,不信任执法官吏,不给他们自由裁量空间,用苛刻法条过分防范官吏,结果必然是法繁刑苛而实效不佳。

然而议者必曰:法不一定,而以才之优劣为差,则是好恶之私有以启之也。臣以为不然。夫法者,本以存其大纲,而其出入变化,固将付之于人。昔者唐有天下,举进士者,群至于有司之门。唐之制,惟有司之信也。是故有司得以搜罗天下之贤俊,而习知其为人;至于一日之试,则固已不取也。唐之得人,于斯为盛。今以名闻于吏部者,每岁不过数十百人,使一二大臣得以访问参考其才,虽有失者,盖已寡矣。如必曰任法而不任人,天下之人,必不可信。则夫一定之制,臣亦未知其果不可以为奸也。[1]

【简释】

苏轼此语旨在批驳任法优先于任人的观点。当时有人认为,如果不致力于使法律明确稳定,而依赖官吏德才优劣来决定政治优劣,这样就会给官吏凭个人好恶徇私枉法创造机会。苏轼认为这种观点是不对的。他认为,法律不可能真正做到完美无缺,任何法律只能是"存其大纲"而已,亦即只能规定基本原则和一些紧要规则;至于应对复杂的社会生活需要所必需的"出入变化",就只能委托贤良的官吏在个案中因事制宜了。所以,最重要的不是制定严格细致的法律,而是选任贤能之人来能动地施行法律。他主张学习唐尧时代和唐代的经验,对高官大吏予以充分信任,授权他们直接搜罗推荐人才,而不能仅仅依靠"一日之试"即科举考试的简单途径来选才。过分强调"任法而不任人",等于说天下无可信之

---

[1] (宋)苏轼:《策别课百官二·抑侥幸》,载曾枣庄、舒大刚主编:《三苏全书》(第十四册),语文出版社2001年版,第338—339页。

人;既然人都不可信,那么法律的"一定之制"仍难保不被奸吏滥用。

昔者汉唐之弊,患法不明,而用之不密,使吏得以空虚无据之法而绳天下,故小人得以法为奸。今也法令明具,而用之至密,举天下惟法之知。所欲排者,有小不如法,而可指以为瑕;所欲与者,虽有所乖戾,而可借法以为解。故小人以法为奸。今天下所为多事者,岂事之诚多耶?吏欲有所鬻而未得,则新故相仍,纷然而不决,此王化之所以壅遏而不行也……此其弊有二而已。事繁而官不勤,故权在胥吏。欲去其弊也,莫如省事而厉精。省事莫如任人,厉精莫如自上率之。〔1〕

【简释】

苏轼认为,法律太空疏不好,太细密也不好。汉唐法律的弊端在于太空疏,常常空虚无据,所以奸吏很容易"以法为奸";而大宋法律的弊端在于太细密,小人仍容易"以法为奸"。因为,奸吏如想打击谁,就很容易滥用苛密之法对他人"小不如法"之事横加指责或罗织罪名;若想帮谁获益,也容易将细琐法律条文故意歪曲为之开脱。今日天下的种种纷乱,就是这样引起的。这正是王道仁政难以实现的根本原因。因法律苛密,生出繁杂事务,使官员们疲于应付,于是权柄自然就落到整日钻研玩弄烦苛法律和判例的胥吏之手。如果想消除此种弊端,就应该"省事厉精",也就是尽量精简政事和法律,而且最重要的是任用贤能之人。要精简政事法律,上级必须为下级作表率。

夫天下有二患:有立法之弊,有任人之失。二者疑似而难明,此天下之所以乱也。当立法之弊也,其君必曰:吾用某也而天下不治,是某不可用也,又从而易之。不知法之弊,而移咎于其人。及其用人之失也,又从而尤其法,法之变未有已也。如此,则虽至于覆败死亡相继而不悟,岂足怪哉!昔者汉兴,因秦以为治,刑法峻急,礼义消亡,天下荡然。恐后世无所执守,故贾谊、董仲舒咨嗟叹息,以立法更制为事。后世见二子之论,以

────────

〔1〕 (宋)苏轼:《策别课百官三·决壅蔽》,载曾枣庄、舒大刚主编:《三苏全书》(第十四册),语文出版社 2001 年版,第 339—340 页。

为圣人治天下,凡皆如此。是以腐儒小生,皆欲妄有所变改,以惑乱世主。臣窃以为当今之患,虽法令有所未安,而天下之所以不大治者,失在于任人,而非法制之罪也。国家法令凡几变矣,天下之不大治,其咎果安在哉?……法之不能无奸,犹五声六律之不能无淫乐也。先王知其然,故存其大略,而付之于人,苟不至于害人,而不可强去者,皆不变也。故曰:失在任人而已……及至后世之君,始用区区之小数,以绳天下之豪俊,故虽有国士,而莫为之用。夫贤人君子之欲有所树立,以昭著不朽于后世者,甚于人君,顾恐功未及成而有所夺,祇以速天下之乱耳。[1]

【简释】

苏轼在这里继续申论"任人"与"任法"的关系。他认为,天下之政治弊端,要么是立法之弊,要么是任人之弊。两者之间有"疑似"之处,若搞不清,就会造成政治混乱。有时明明是立法有弊,但君王会误以为是用人之错:我重用某人,但国政仍然不治,那就是用错了人,就赶快换人吧!其实是法律有弊,却错怪了所任之人。反过来,有时明明是用人不当,却不自知,反而"尤其法",怪法律错了,于是又匆忙变动法律,于是变法没完没了。这般不明事理地任人任法反复无常,可能在重蹈覆辙于"覆败死亡"之道而不自知。汉初承秦弊,贾谊、董仲舒因为痛省秦法烦苛峻急而忘礼义之弊,所以注重倡导"立法更制",废除秦弊法并倡礼义。后世"腐儒小生"们不明就里,常借口仿效贾、董主张,率意主张变法,不停地煽惑君王变法。即使其时法律并不完善,但国家大患不在于法,而在于任人有失。法令已经变了好多次了,天下仍然不治,到底原因何在? 我们应明白:法律不可能天衣无缝地防止一切奸恶,就像五音六律美好乐章不能防止"淫乐"一样。古时圣王明白这一道理,所以立法只"存其大略",即明确原则和主要规则,而具体适用及因事变通则全部托付给贤能官吏。法律,只要未至特别害人的程度,可变可不变时,就不要变。后世有的君王,常常喜

---

〔1〕 (宋)苏轼:《策略四》,载曾枣庄、舒大刚主编:《三苏全书》(第十四册),语文出版社2001年版,第326—327页。

欢滥用区区小智小伎制定烦苛细密的法律,想以此网牢绳捆天下豪俊,对于真正贤能之士不加任用,而贤能之士想为国建功立业也不能不顾忌重重,这样一来就只能加剧国家祸乱。

任人而不任法,则法简而人重;任法而不任人,则法繁而人轻。法简而人重,其弊也请谒公行,而威势下移。法繁而人轻,其弊也人得苟免,而贤不肖均。此古今之通患也。夫欲人法并用,轻重相持,当安所折衷,使近古而宜今,有益而无损乎?今举于礼部者,皆用糊名易书之法,选于吏部者,皆用长守不易之格。六卿之长,不得一用其意,而胥吏奸人皆出没其间。此岂治世之法哉!如使有司皆若唐以前,得自以其意进退天下士大夫,官吏恣擅,流言纷纭之害,将何以止之?夫古之人,何修而免于此?夫岂无术不讲故也?[1]

【简释】

这似是苏轼代皇帝草拟的一份殿试策论试题,也反映了苏轼本人的主张。在比较了片面任人和片面任法的弊端后,他提出了"人法并重"的主张。他认为,片面依赖贤人而不信任法律,就容易酿成"法简人重"之祸:法令太粗简而个人权力太重,容易导致贿赂公行、君权旁落。反之,片面依赖法律而不信任贤能,就容易酿成"法繁人轻"之祸:法令繁多而人无足轻重,人人但求"苟免"于烦苛法网,于是贤人和不肖者都一样无作为。这是古今通患。最好的政治是"人法并重,轻重相持",是两者的折中兼顾。但是怎样才能做好呢?比如礼部主持的科举考试,都用糊名誊录之法防止舞弊;吏部主持的铨任考试,都用多年不改的格式防止舞弊,即使作为"六卿之长"的宰相来主持考选,也被严格拘束无所作为,无法不拘一格选拔人才,反过来胥吏奸人却常常得心应手滥用苛法舞弊。这肯定不是治世应有的法制。怎么改革呢?假如像唐代及以前那样,信任宰相和朝廷重臣们,授权他们可以凭借自己的主观判断保举或黜免官吏,可是

---

[1] (宋)苏轼:《人与法并用》,载曾枣庄、舒大刚主编:《三苏全书》(第十四册),语文出版社2001年版,第314—315页。

又难以避免"官吏恣擅",即徇私滥选、民间流言纷纭广泛猜疑的尴尬局面,有什么良方可以防止这些弊端呢?难道也是用尽了各种方法技巧所致吗?(那不又回到法令烦苛困境吗?)

  轼闻治事不若治人,治人不若治法,治法不若治时……故轼敢以今之所患二者,告于下执事。其一曰用法太密而不求情,其二曰好名太高而不适实。此二者,时之大患也。何谓用法太密而不求情?昔者天下未平而法不立,则人行其私意,仁者遂其仁,勇者致其勇,君子小人莫不以其意从事,而不困于绳墨之间,故易以有功,而亦易以乱。及其治也,天下莫不趋于法,不敢用其私意,而惟法之知。故虽贤者所为,要以如法而止,不敢于法律之外有所措ής。夫人胜法,则法为虚器。法胜人,则人为备位。人与法并行而不相胜,则天下安。今自一命以上至于宰相,皆以奉法循令为称其职,拱手而任法,曰,吾岂得自由哉!法既大行,故人为备位。其成也,其败也,其治也,其乱也,天下皆曰:非我也,法也。法之弊岂不亦甚矣哉!……今天下所以任法者,何也?任法生于自疑,自疑生于多私。惟天下之无私,则能于法律之外,有以效其智。何则?其自信明也……今天下泛泛焉莫有深思远虑者,皆任法之过也。[1]

【简释】

  在这段话里,苏轼批评了"治事不若治人,治人不若治法,治法不若治时"的观点。他认为,当时朝廷的政治大弊有二:弊端之一是"用法太密而不求其情",亦即立法用法过于苛刻而不适当考虑具体事案中的情理或情节;弊端之二是"好名太高而不适实",亦即好高骛远而不切实际。这两者才是当时政治的大患。苏轼认为,古时天下未平、法制未立之时,人人按个人意愿行事,手脚不被法律困缚,所以容易建功立业,当然也容易致乱。后来天下安定了,国家走上正轨了,法律逐渐烦苛起来,于是人人困缚于法而谨小慎微,只知有法律而不敢稍纵己意行事;即使大贤大能者也

---

〔1〕 (宋)苏轼:《应制举上两制书》,载曾枣庄、舒大刚主编:《三苏全书》(第十二册),语文出版社2001年版,第328—329页。

不过照章办事而已,不敢在法律之外多一分改良之念。如果人过重于法,法律可能沦为虚器;但若法过重于人,则人不过聊尸其位而已。只有人与法并重而不相胜,天下才能真正安定。今日政治的弊端是,下至县官上至宰相,都以"奉法循令"即简单循规蹈矩为称职,终日无所作为而自称任法,抱怨自己没有任何自主空间。法律表面上是完全推行了,但官吏皆尸位素餐。这样一来,不管成败治乱,举国官吏都好自我开脱:与我无关,都是法律所致。这不正是任法之弊已经登峰造极了吗?今日大家为何纷纷主张任法呢?是因为不自信,而不自信又出于多私欲。只有大家都无私欲,才能超越法律以充分施展智慧才能,这样才算是真正自信。今日举国上下的官吏都泛泛无所作为,不敢深思远虑,都是"任法"之过呀!

圣人不以官之众寡论治乱者,以为治乱在德,而不在官之众寡也……愚闻之叔向曰:"昔先王议事以制,不为刑辟。"故子产铸《刑书》,而叔向非之。夫子产之《刑书》,末世之先务也,然且得罪于叔向。是以知先王之法亦简矣。先王任人而不任法,劳于择人而佚于任使,故法可以简。法可以简,故官可以省。古人有言,省官不如省事,省事不如清心,至矣。[1]

【简释】

苏轼认为,圣君治国,不以官吏多寡为治乱条件,而以官吏德行为治乱之本。《左传》中叔向曾言,古时圣王"以临时制书议决大事大案,不靠预先制定刑律";故子产制定刑律并铸刻于国家神鼎,遭到叔向激烈反对。制刻刑律,被认为是末世之急务,所以得罪于叔向。通过这一史典可知,古时圣王的法律都很简单;他们是"任人而不任法"的,是特别劳神费力于选贤任能而后轻松安逸地放心使用的,这样一来法律当然可以简约。法律简约,官吏员额就可以简省。所以古人说,精简官吏不如减省政事,简省政事不如减少欲求。这真是天下至理呀!

---

[1] (宋)苏轼:《唐虞稽古建官惟百夏商官倍亦克用义》,载曾枣庄、舒大刚主编:《三苏全书》(第十四册),语文出版社2001年版,第274—275页。

《书》曰:"临下以简,御众以宽。"此百世不易之道也。昔汉高帝约法三章,萧何定律九篇而已。至于文、景,刑措不用。历魏至晋,条目滋章,断罪所用,至二万六千二百七十二条,而奸益不胜,民无所措手足。唐及五代止用律令,国初加以注疏,情文备矣。今《编敕》续降,动若牛毛,人之耳目所不能周,思虑所不能照,而法病矣。臣愚谓当熟议而少宽之。人主前疏蔽明,黈纩塞聪,耳目所及,尚不敢尽,而况察人于耳目之外乎!今御史六察,专务钩考簿书,摘发细微,自三公九卿,救过不暇。夫详于小,必略于大,其文密者,其实必疏。故近岁以来,水旱盗贼,四民流亡,边鄙不宁,皆不以责宰相;而尚书诸曹,文牍繁重,穷日之力,书纸尾不暇,此皆苛察之过也。不可以不变。[1]

【简释】

苏轼认为,《尚书》中"对待臣下要简约,对待众人要宽厚"之言,是百世不易的道理。汉初高帝约法三章,萧何九章律,都是简约宽厚之法,是以臻于刑措不用的文景之治。从曹魏到两晋,法律逐渐烦琐苛刻,仅仅断罪律条就增加到 26.272 条,但犯罪反而越来越多了,善良百姓害怕动触法网而手足无措了。唐及五代只用律和令,宋初对律令稍加注疏,于是法律已经完备了。但今日法外增法,又是编敕,又是续降制书,多如牛毛,常人耳目思虑都顾不过来,这当然是法制的病态。因此应当详加讨论思考,稍加简化放宽。人主皇冠上的"前旒"本意是象征遮蔽双目视力,"黈纩"本意是象征塞蔽两耳听力的;古圣认为耳目所及尚且不敢追求穷尽,哪里还敢设想对耳目所不及之事都要尽知苛察呢?监察御史们巡回执行六察之法进行监督,尽是"摘发细微"地纠劾官吏的细微过错,上至三公九卿都救过不暇,哪里还能尽力尽才为国效劳呀?在细枝末叶上苛察,必定会在大是大非上疏忽;法律条文繁密,其实必有疏漏。所以近年来旱涝灾害及盗贼寇祸并起,百姓流离失所,四境不宁,无人以此指责宰相;尚书省各部门

---

[1] (宋)苏轼:《上初即位论治道二首·刑政》,载曾枣庄、舒大刚主编:《三苏全书》(第十四册),语文出版社 2001 年版,第 229 页。

文牍繁重,整天在公文纸尾上签押画符都忙不过来,这都是任法苛察的过错呀!不可不亟图改变呀!

盖臣闻之,天下有二弊,有法乱之弊,有法蔽之弊。法乱则使人纷纭而无所执,法蔽则使人牵制而不自得。古之圣人,法乱则以立法救之,而法蔽则受之以无法。夫无法者,非纵横放肆之谓也,上之人投弃规矩,而使天下无所执以邀其君,是之谓无法。今夫官吏之法其亦无,曰举者与考而已。使一二大臣,得详其才与不才,举者具而考足。才也与之,而不才也置之。虽有考不足而举者不具,其可与者,则或亦与之也。凡皆务与天下为所不可测,使吏无所执吾法以邀我,收天子之权利而归之于上。如此,则议者将以为荡然无法,则大吏易以为奸。臣闻人惟不为奸也,而后任以为大吏。苟天下之广,而无一二大臣可信者,则国非其国矣!且自唐季以来,世之设法者,始皆务以防其大臣。盖唐之盛时,其所以试天下之士与调天下之选人者,皆无一定之法,而惟有司之为听。夫是以下不得邀其上,而上有以役其下。臣故曰:惟有权者可以使人,有利者可以得众。此不可不深察也。〔1〕

【简释】

法律有弊的情形大概有两种:一种是"法乱"即法律繁杂纷乱,另一种是"法弊"即立法本身是恶法。前者使人们无所适从,后者使人们缩手缩脚。古时圣王如何救此二弊?如果是"法乱",那么就立善法以救其弊;如果是"法弊",那么就干脆以"无法"救之。无法并不是要放任"纵横放肆",而是指朝廷不拘泥"规矩"法律,使天下人没有用以窥测君意邀君之宠的凭据,这就是所谓无法。今日其实也没有什么选官用人之法,不过就是"举"和"考"两件事而已。若允许一二大臣真有权力去详细了解下面的人有没有才干,适当举荐并充分考核就可以了。有才能者就举荐任职,不才者就弃置不用。即使有考察不足而未被举荐的情形,只要可用也

---

〔1〕 (宋)苏辙:《臣事策下(第三道)》,载曾枣庄、舒大刚主编:《三苏全书》(第十八册),语文出版社2001年版,第310—311页。

适当用之。要让天下人根本不能窥测朝廷需要什么,所以官吏们都无法窥测上意以邀宠,于是天下用人之大权通通收归君上。这样的做法,有人也许认为是"荡然无法",认为必定会给大吏们更多徇私舞弊的机会,但其实不然。人因为不为奸恶,所以才有机会成为大吏。如果在如此广阔的天底下都没有一二大臣可信,那么国家也就不是国家了。唐朝末年以来,立法都以防范大臣为急务,但盛唐之时则不然,其考试天下士人及任用天下"选人"(科举入选有功名者),都没有一定之法,都是托付并信赖有司全权处理。这样一来,下面的人就无法窥意邀宠于君上,君上也容易选拔任用下面的人才。所以,只有拥有选拔荐举全权者才可以适当用人,有利泽之施才可以得众,这一点不可不深加省察。

三、法宜宽仁,称罪立法,广赏慎刑,反对繁法苛刑

民之枉直难其辨,王有刑罚从其公。用三法而下究,求舆情而上通。司刺所专,精测浅深之量;人心易晓,断依狱讼之中。民也性失而习奸邪,讼兴而干狱犴。残而肌肤,不足使之畏;酷而宪令,不足制其乱。故先王致忠义以核其实,悉聪明以神其断。盖一成不可变,所以尽心于刑;此三法以求民情,孰有不平之叹?若夫老幼之类,蠢愚之人;或过失而冒罪,或遗忘而无伦,或顽而不识,或冤而未伸。一蹈禁网,利口不能肆其辩;一定刑辟,士师不得私其仁。孰究枉弊,孰明伪真?刑宥舍以尽公,与原其实;轻重中而制法,何滥于民。虽入钧金,未可谓之坚;虽入束矢,孰可然其直?召伯之明,犹恐不能以意察;皋陶之贤,犹恐不能以情得。必也有秋官之联,赞司寇之职。臣民以讯,谳国宪以何疑;宽恕其怨,断人中而无惑。然则圜土之内,听有狱正之良。棘木之下,议有九卿之详。五辞以原其诚伪,五声以观其否臧。尚由哀矜而不喜,悼痛以如伤。三宽然后制邦辟,三舍然后施刑章。盖念罚一非辜,则民情郁而多怨;法一滥举,则治道汨而不纲。故折狱致刑,本《丰》《亨》而御世;赦过宥罪,取《解》象以

为王。得非君示天下公,法与天下共?当赦则赦,奸不吾惠;可杀则杀,恶非汝纵。议狱缓死,以《中孚》之意;明罚敕法,以《噬嗑》之用。彼吕侯作训,赦者止五刑之疑;而《王制》有言,本此听庶人之讼。噫,刑德济而阴阳合,生杀当而天地参。后世不此务,百姓无以堪。有苗之暴,以虐民者五;叔世之乱,以酷民者三。因嗟秦氏之峻刑,丧邦甚速;俛踷周家之故事,永世何惭。大哉!唐之兴三覆其刑;汉之起三章而法。皆除三代之酷暴,率定一时之检押。然其犹夷族之令而断趾之刑,故不及前王之浃洽。[1]

【简释】

这一大段话里,苏轼从《周礼》的"三刺""三宥""三赦"之法引申发挥,表达了他关于司法正义的基本主张。他认为,只有三法兼用,才能公平中正察断人民狱讼,才能保证用刑公正。

《周礼》"司刺"之官所掌的"三刺"之法(一曰讯群臣,二曰讯群吏,三曰讯万民)、"三宥"之法(一宥曰不识,再宥曰过失,三宥曰遗忘)、"三赦"之法(一赦曰幼弱,再赦曰老旄,三赦曰蠢愚),其根本宗旨是追求司法公正。国家若仅恃法刑,"残而(尔)肌肤","酷而(尔)宪令",并不能真正震慑百姓并制止祸乱。所以古时圣王"致忠义以核其实,悉聪明以神其断",注意"精测浅深"探知民意。利用"三刺"之法充分弄清案情,充分考察民心民意,以利于作出最合理的判决。真正用"三刺"之法以获知并尊重民情民意,人民还会有司法不公的怨叹吗?至于老幼、蠢愚之人,或因过失、遗忘、不识而犯罪者,无须利口慧辩,无须法官私施仁恩,在是非真伪难辨之际,只有通过法定的赦宥制度,才能根据案件特殊情形加以原宥宽赦,才能更好地实现公平。这样轻重适中的法律和刑罚,才不会对百姓造成冤滥。

为什么要确立这样一套制度呢?因为即使缴纳"束矢钧金"(诉讼费),并不能担保案情明白无冤;即使有皋陶召公般贤明的法官,也不敢仅

---

〔1〕(宋)苏轼:《三法求民情赋》,载曾枣庄、舒大刚主编:《三苏全书》(第十一册),语文出版社2001年版,第116—119页。

凭意察而明悉案情;仍然需要依靠"秋官"司法体系来辅佐司寇,靠"三刺"讯臣民以慎法制、决疑狱,靠"三宥""三赦"之类制度"宽恕其愆",才能保证听断中正公平而无惑乱。更需在监狱(圜土)执行环节设贤良狱官把关,在上诉朝廷环节设九卿共审;加上"师听五辞"即"以五声听狱讼"的制度来判断诉、供、证三辞的真伪。仍嫌不足,进而要本着对刑狱之事"哀矜勿喜""悼痛如伤"的人道公正之心,设立"三宥""三赦"之法以完善公正的国法刑章。因为只要有一人无辜受刑或无功受赏,就必然导致民情多怨、国政混乱。所以,在"折狱致刑"即断狱用刑之时,必须本着周易"丰"卦"宜曰中"的中道宗旨行事以求亨通。在"赦过宥罪"时,应本着周易"解"卦之旨为人解脱桎梏。这不正是君王向天下人展示公平公正、展示与天下人共同守法的必要机制吗?当赦则赦,不是为了利惠奸人;当杀则杀,不要放纵罪恶。在"议狱缓死"即讨论缓减刑之时,要本着周易"中孚"卦宽仁诚信宗旨。在需要"明罚敕法"即严明刑罚整饬法度之时,要本着周易"噬嗑"卦之"利用狱"宗旨果断行事。所以吕侯作刑(吕刑),只允许在五刑之狱有疑时才可赦赎,并非一概滥赦;而《礼记·王制》也主张以"三刺"之法"求民情"来保证"断狱讼"的中正。是啊,德刑并用才能使阴阳和谐,生杀正当才能与天地协调。

后世司法不注意这些,所以百姓不堪忍受。昔日苗人残暴才造出五刑来虐害百姓,夏商周三代末世昏乱才造出"三辟"(禹刑、汤刑、九刑)乱法来酷虐百姓。我们嗟叹秦朝严刑峻法导致速亡时应记取教训,若能仿效周朝恤刑慎罚之经验就永世无悔。了不起呀!唐朝之兴盛,也许得益于执行死刑前必须向皇上"三覆奏"的慎刑慎杀之制;汉朝之兴起,也许得益于约法三章的宽简。他们都刻意消除三代之法的酷暴,完善一朝之良法约束。但即使如此,汉朝仍有夷三族之令和砍脚之刑,仍不及古时圣王政治的良善和融洽。

古者礼、刑相为表里。礼之所去,刑之所取。《诗》曰:"淑问如皋陶,在泮献囚。"而汉之盛时,儒者皆以《春秋》断狱。今世因人以立事,因事以立法,事无穷而法日新。则唐之律令,有失于本矣。而况《礼》与《春秋》儒者之论乎？夫欲追世俗而忘返，则教化日微；泥经术而为断，则人情不安。愿闻所以折衷于斯二者。[1]

【简释】

这是苏轼代皇帝起草的科举殿试中的策问试题，反映了苏轼本人的法律思想。他提出的问题是：古时候国家政治是"礼""刑"二者互为表里、相辅相成，正所谓"礼之所去刑之所取"、出礼入刑。《诗经》"淑问如皋陶，在泮献囚"正是说须有皋陶般的好法官执法用刑助成国家礼治。汉朝兴盛时，儒臣纷纷用春秋经义断决案件。今日不然，因人以立事，因事以立法；事情无穷无尽，故法律频繁更新，这样其实已经有点偏离唐代以来的律令本旨了，更不用说偏离礼治及儒家春秋决狱主张有多远了。如果一味迎合世俗的任法变法主张而不知适可而止，那么礼义教化就会日渐式微；如果继续拘泥于以春秋经术断决狱讼，司法又容易给人随意出入人罪的感觉，使百姓感到不安。请问此二者间有折中协调之良方吗？

若朝廷每闻一事、辄立一法，法出奸生，有损无益，则仓部前日所立斗子仓法，及其余条约是矣。臣愚欲乞尽赐寝罢，只乞明诏发运使，责以亏赢而为之赏罚，假以事权而助其耳目，则馈运大计可得而办也。

何谓责以亏赢而为之赏罚？盖发运使岁课，当以到京之数为额，不当以起发之数为额也。[2]

【简释】

朝廷如果想要推动一件事就马上立一个法，那么法律推出时相应的奸恶马上随之产生，这样做是有损无益的。比如户部下属的仓部前几天所立的"斗子仓法"及其附加规约就是典型。我请求朝廷马上废除此法，只需明确规定：对发运使，按所转运的粮食到站收货之亏盈，决定其相

---

[1]（宋）苏轼：《策问六首·礼刑》，载曾枣庄、舒大刚主编：《三苏全书》（第十四册），语文出版社2001年版，第313页。

[2]（宋）苏轼：《乞岁运额斛以到京定殿最状》，载曾枣庄、舒大刚主编：《三苏全书》（第十二册），语文出版社2001年版，第169—170页。

应赏罚;同时对他授予相应事权,添加辅助人员充当耳目。如此一来,漕粮转运之事就可以办好了。所谓"责以亏盈而为之赏罚"具体何指?就是说,对发运使的年度考核,应当以漕粮最后运抵京师之数量为准,不应当以起始地发货数量为准。

其五曰无责难。无责难者,将有所深责也。昔者圣人之立法,使人可以过,而不可以不及。何则?其所求于人者,众人之所能也。天下有能为众人之所不能者,固无以加矣,而不能者不至于犯法;夫如此而犹有犯者,然后可以深惩而决去之。由此而言,则圣人之所以不责人之所不能者,将以深责乎人之所能也。后之立法者异于是,责人以其所不能,而其所能者不深责也。是以其法不可行,而其事不立。夫事不可以两立也,圣人知其然,是故有所取,必有所舍,有所禁,必有所宽。宽之,则其禁必止;舍之,则其取必得。[1]

【简释】

在这里,苏轼要表达的中心主张就是"无责难"——立法不要强人所难。他认为,所谓"无责难",其实是从另一角度对人们提出了更深责求。他说,古时候圣王立法,对人们提出的行为标准比较低(平凡),人们可以超过,但不能不及。为何?因为法律要求众人做到的,都只是一般人能够做到的事。这样一来,有能力"为众人难为之事"者,无须为他们加高标准;而那些无法达到高标准的人,也不至于犯法。若以这样较低标准要求人们而仍有违犯者,然后才有理由深加责罚摈弃之。由此而言,圣王之所以不以"常人所能"者去苛责人们,正是要更深地责备于众人,要求他们无论如何也不得低于"常人所能"的标准。后世立法者不是这样,反而常常以一般人不可及的标准去苛责人们,对一般人普遍能够做到的却反而不加责求。正因为如此,所以其立法常不可行,其欲推行之事常不成。圣人深知这里面的道理,所以立法时能做到"有所取必有所舍,有所禁必有

---

[1] (宋)苏轼:《策别课百官五·无责难》,载曾枣庄、舒大刚主编:《三苏全书》(第十四册),语文出版社2001年版,第343页。

所宽"。只有适当放宽,才能保证所禁必止;只有适当舍弃,才能保证所取必得。

今夫天下之吏,不可以人人而知也,故使长吏举之。又恐其举之以私而不得其人也,故使长吏任之。他日有败事,则以连坐。其过重者其罚均。且夫人之难知,自尧舜病之矣。今日为善,而明日为恶,犹不可保;况于十数年之后,其幼者已壮,其壮者已老,而犹执其一时之言,使同被其罪,不已过乎!天下之人,仕而未得志也,莫不勉强为善以求举。惟其既已改官而无忧,是故荡然无所不至。方其在州县之中,长吏亲见其廉谨勤干之节,则其势不可以不举,彼又安知其终身之所为哉?故曰今之法责人以其所不能者,谓此也。一县之长,察一县之属;一郡之长,察一郡之属;职司者,察其属郡者也。此三者,其属无几耳。其贪其廉,其宽猛,其能与不能,不可谓不知也。今且有人牧牛羊者,而不知其肥瘠,是可复以为牧人欤?夫为长而属之不知,则此固可以罢免而无足惜者。今其属官有罪,而其长不即以闻,他日有以告者,则其长不过为失察。而去官者,又以不坐。夫失察,天下之微罪也。职司察其属郡,郡县各察其属,此非人之所不能,而罚之甚轻,亦可怪也。今之世所以重发赃吏者,何也?夫吏之贪者,其始必诈廉以求举,举者皆王公贵人,其下者亦卿大夫之列,以身任之。居官者莫不爱其同类等夷之人,故其树根牢固而不可动。连坐者常六七人,甚者至十余人,此如盗贼质劫良民以求苟免耳。为法之弊,至于如此,亦可变矣。

如臣之策,以职司守令之罪罪举官,以举官之罪罪职司守令。今使举官与所举之罪均,纵又加之,举官亦无如之何,终不能逆知终身之廉者而后举,特推之于幸不幸而已。苟以其罪罪职司守令,彼其势诚有以督察之,臣知贪吏小人无容足之地,又何必于举官焉难之?[1]

---

[1] (宋)苏轼:《策别课百官五·无责难》,载曾枣庄、舒大刚主编:《三苏全书》(第十四册),语文出版社 2001 年版,第 343—344 页。

【简释】

这一段话讲"立法不要强人所难"的道理。在这里,苏轼以官吏"保任连坐"制度为例来讨论,主张加重地方职司守令对下属的督察和失察责任,反对强人所难的高官荐举保任连坐这一苛刻制度。

他说,天下官吏很多,不可能人人都了解他们,所以只好设立长吏举荐任用制度。因为担心举荐者有私心而导致用人不当,所以又设置荐举者与被荐者之间的保任连坐制度:只要被荐者未来犯罪,举荐者就要负连带责任;如果是严重的犯罪,举荐者要受同等处罚。他认为这一制度是有问题的。知人很难,从尧舜开始就力不从心。今天为善,明天可能为恶,人之可变谁也不敢担保;何况十余年后,被举荐者幼者已壮、壮者已老,还要因多年前保举之言来连坐追责于保举者,不是太过分了吗?天下的人,在仕宦尚未得志之时,当然会"勉强为善"以求被人保举;但一旦获得新官职再无所忧虑时,便开始放荡无忌。上司长吏目睹其在州县基层时的"廉谨勤干"表现,不能不加以举荐;被荐者本人也不一定能预料自己将来会做什么。今日法律常常以"常人所不能"的标准苛求于人,这就是一个典型。

一县之长负责督查一县下属,一郡之长负责督察一郡下属,各种差遣职官负责督察所属郡全部下属。这三者下属职官都没多少人,下属是贪是廉、是宽是猛、有能无能,他当然不能说自己不知道;这就像放牧牛羊者若不知道牛羊肥瘦,那还能叫牧人吗?为长吏者若不了解自己的属官,被荐者若犯罪长吏就应连坐罢官,这没有什么值得惋惜的。但现实制度是:属官有罪如果长官未及时觉举,未来即使被人举报并追究,长官仅需负失察之责。若该属官主动辞职,则长官甚至可以不连坐。失察之罪是轻罪,其处罚很轻。差遣职司、郡县长官督察下属并不是很难做到的事,但(属官犯罪时)其失察责任却很轻,这不是很奇怪的事吗?

今国家特别注重检举揭发贪赃官吏。大凡官吏之贪赃者,起初一般都会假装廉洁以求被荐举。保举者一般都是王公贵族或卿大夫,他们常不得不以自己身家性命来保举。居官者常喜欢攀结与自己家世背景相当的人,所以被荐者在官场中常常根深枝广无法撼动。一人贪腐案发后,应连坐者常常多达六七人甚至十余人,这就像盗贼劫持良民为人质以求免于追捕一样。保任连坐法的弊端一至于此,也该变变了。因此,我建议反过来,以差遣职司和郡县守令那样(较轻的)失察罪责来追究保举他人者(王公贵人和卿大夫),以保举者原有的保任连坐罪责来追究失察的职司守令。既然已经让保举者与被举者罪责均等了,未来即使再加重其保任连坐罪责也无可如何,因为再怎么严加督责也无法让他们预先确保被荐者终身廉洁然后再举荐,只不过侥幸于荐人运气好不好而已。但假如用原有的高官保任连坐罪责来追究所有失察的职司守令,就必然会促使职司守令们更加严肃认真地去督责并考察下属,这样就会使奸恶小人在官场无处容身,哪里还用得着那么强人所难地苛责荐举他人的高官们呢?

皋陶曰:"与其杀不辜,宁失不经。"人主之用刑,忧其不慎,不忧其不果也;忧其杀不辜,不忧其失不经也……夫杀无道以就有道,为政者之所不免,其言盖未为过也。而孔子恶之如此,恶其恃杀以为政也。今予详考召公之言,本不如说者之意,盖曰:王勿以小民过用非法之故,亦敢于法外殄戮以治之,民自用非法,我自用法;民自过,我自不过,称罪作刑而已。民之有过,罪实在我;及其有功,则王亦有德。何也?王之位,民德之先倡也。如此,则法用于天下,王亦显矣。兵固不可弭也,而佳兵者必乱;刑固不可废也,而恃刑者必亡。痛召公之意为俗儒所诬,以启后世之虐政,故具论之。[1]

【简释】

皋陶说"与其杀不辜,宁失不经",是说君王只应担忧用刑不慎,而不必担忧案件无果;应该担忧错杀无辜之人,而不应担忧放纵了罪人。杀无道之人以保护有道,任何为政者难免,这句话至今没有过时。孔子厌恶刑杀,其实只是厌恶过分倚重刑杀的政治模式。今天我详细思考《尚书》召

---

〔1〕 (宋)苏轼:《东坡书传·召诰》,载曾枣庄、舒大刚主编:《三苏全书》(第二册),语文出版社2001年版,第135—136页。

公之言,发现其本意与通常解说有差异。召公大概是说:我王不要因小民肆行非法之故,就敢于在法外用严刑杀戮以治百姓。即使百姓行非法事,我自依法治之;即使百姓过度,我自不过度,仍坚持称罪作刑(罪刑相当)。百姓有过,罪实在我;百姓有功,王亦有功。为什么呢?王者本来就是为百姓作道德表率的。能作表率,则法律行用于天下,王者也因而显荣。兵虽不可废弃,但仅恃兵威者必乱;刑虽不可废弃,但仅恃刑为治者必亡。因痛感召公的这番良意被俗儒所歪曲,可能开启后世暴虐政治之端,所以不能不作申论以正本清源。

"勿用不行",立法必用,众人所能者,然后法行。若责人以所不能,则是以不可行者为法也……"上刑适轻,下服;下刑适重,上服",世或谓大罪法重而情轻,则服下刑。此犹可也,不失为仁。若小罪法轻情重,而服上刑,则不可。古之用刑者,有出于法内,无入于法外。"与其杀不辜,宁失不经",故知此说之非也。请设以甲乙以解此二言:甲初欲为强盗,既至其所,则不强而窃,当以窃法坐之。此之谓"上刑适轻,下服"。乙初欲窃尔,既至其所,则强。当以强法坐之。此之谓"下刑适重,上服"。刑贵称罪,报其所犯之功,不报其所犯之意也。[1]

【简释】

"勿用不行",是说国家立法必须以"众人所能为者"作为标准,这样的法律才真正能行得通。如果责人以其所不能者,那就是以不可行者作为法律。"上刑适轻下服,下刑适重上服",这句话通常解释为:审理重大罪案,若"法重而情轻"(法律视为重罪,但道德情理视为小恶),则最后处以较轻刑罚。这当然可以,不失为仁。但若说"下刑适重上服"是指"法轻情重"(法律定为轻罪但道德情理视为大恶)的小罪案件要在法外加重刑罚,那就没道理。古时圣贤执法用刑,有在法内出人之罪,没有在法外入人之罪,"与其杀不辜,宁失不经",今天我才发现这种说法是有错误的。

---

[1] (宋)苏轼:《东坡书传·吕刑》,载曾枣庄、舒大刚主编:《三苏全书》(第二册),语文出版社2001年版,第230—231页。

假设甲乙二人之事来解读此话。甲起初打算抢劫,但到现场后改为盗窃了,那么当以盗窃之罪追究之,这就是"上刑适轻下服"。乙起初打算盗窃,但到了现场改为抢劫,那么应当以抢劫之罪追究之,这就是"下刑适重上服"。国家制刑,贵在于犯罪轻重相称,是报应其犯罪的客观行为及结果,而不是报应其犯罪的动机或意图。

应该说,苏轼对《尚书》这些语句的解说是有误解的。他把"与其杀不辜"理解为允许有时刑杀无辜,又把犯罪预谋阶段的动机意图和实施阶段的动机意图混为一谈,这是不妥的。但其阐发的"刑贵称罪"即罪刑相适应主张,又是十分难能可贵的。

"惟吕命,王享国百年,耄荒度作刑,以诘四方",刑必老者制之,以其更事而仁也。"耄荒度作刑"者,以耄年而大度作刑,犹禹曰"予荒度土功"。度,约也,犹汉高祖"约法三章"也。[1]

【简释】

从《尚书·吕刑》"惟吕命,王享国百年,耄荒度作刑,以诘四方"之句可以引申出的原则是,国家必须由老成之人来制定刑法,因为老成者更加明事理而仁慈。"耄荒度作刑"句正是说,在耄耋之年宽仁大度制定刑法,其句式犹如《尚书·益稷》说大禹"予荒度土功"那一句。度,意思是"约"(约定),犹如汉高祖约法三章之意。

尧、舜、禹、汤、文、武、成、康之际,何其爱民之深、忧民之切,而待天下之以君子长者之道也!有一善,从而赏之,又从而咏歌嗟叹之,所以乐其始而勉其终。有一不善,从而罚之,又从而哀矜惩创之,所以弃其旧而开其新。故其吁俞之声,欢休惨戚,见于虞、夏、商、周之书。成、康既没,穆王立,而周道始衰。然犹命其臣吕侯,而告之以祥刑。其言忧而不伤,威而不怒,慈爱而能断,恻然有哀怜无辜之心,故孔子犹取焉。

《传》曰:"赏疑从与,所以广恩也。罚疑从去,所以慎刑也。"当尧之

---

[1] (宋)苏轼:《东坡书传·吕刑》,载曾枣庄、舒大刚主编:《三苏全书》(第二册),语文出版社2001年版,第223页。

时,皋陶为上,将杀人,皋陶曰"杀之"三,尧曰"宥之"三,故天下畏皋陶执法之坚,而乐尧用刑之宽。四岳曰"鲧可用",尧曰"不可,鲧方命圮族",既而曰"试之"。何尧之不听皋陶之杀人,而从四岳之用鲧也?然则圣人之意,盖亦可见矣。

《书》曰:"罪疑惟轻,功疑惟重,与其杀不辜,宁失不经。"呜呼!尽之矣。可以赏,可以无赏,赏之过乎仁;可以罚,可以无罚,罚之过乎义。过乎仁,不失为君子;过乎义,则流而入于忍人。故仁可过也,义不可过也。古者赏不以爵禄,刑不以刀锯。赏以爵禄,是赏之道,行于爵禄之所加,而不行于爵禄之所不加也。刑之以刀锯,是刑之威,施于刀锯所及,而不施于刀锯之所不及也。先王知天下之善不胜赏,而爵禄不足以劝也,知天下之恶不胜刑,而刀锯不足以裁也,是故疑则举而归之于仁。以君子长者之道待天下,使天下相率而归于君子长者之道,故曰忠厚之至也。

《诗》曰:"君子如祉,乱庶遄已。君子如怒,乱庶遄沮。"夫君子之已乱,岂有异术哉?制其喜怒,而无失乎仁而已矣。《春秋》之义,立法贵严,而责人贵宽。因其褒贬之义以制赏罚,亦忠厚之至也。[1]

【简释】

这一大段关于"赏刑忠厚之至"论说里,苏轼主要表达了关于"祥刑"即恤刑慎杀的基本主张。他认为,尧、舜、禹、汤、文、武、成、康等历代圣王都是以君子长者之道对待天下之人,人民一有善行就奖赏歌颂之;有不善虽要惩罚,但必本着哀矜怜悯之心。到穆王时代虽然政治开始衰败,但穆王命令吕侯制刑法时仍不忘强调"祥刑"宗旨,其言仍然充满仁慈之心,仍然有哀怜无辜的恻隐之心。所以《尚书·大传》说:"赏而有疑时,仍应该赏,因为这有利于王者广施恩惠;罚而有疑问时,就不要罚,因为这有利于慎刑。"接着,苏轼根据合理想象杜撰了一个尧帝与皋陶之间关于慎刑杀的对话。在将要执行某一死刑时,大法官皋陶向尧帝三次奏报"应该

---

[1] (宋)苏轼:《省试赏刑忠厚之至论》,载曾枣庄、舒大刚主编:《三苏全书》(第十四册),语文出版社2001年版,第107—108页。

杀",而尧帝三次回答"应该宽宥"。正因为这样慎重,所以天下之人都畏惧皋陶执法严明,而感念尧帝用刑宽仁。苏轼是这样理解唐代"三覆奏"制度的上古源头的。

他还认为,《尚书》"罪有疑时从轻处罚,功有疑时从重奖赏""与其刑杀无罪者,不如失纵有罪者"的主张,已经道尽了司法必须慎之又慎的道理了。在可赏可不赏之间,赏了只是仁义过头一点而已;但在可罚可不罚之间,罚了就超越了义之标准。过乎仁不失为君子,但过乎义则流于残忍矣。所以仁可以过,而义不可以过……先王深知天下的善行多得简直无法一一奖赏,光靠爵禄不足以劝导善行;也知道天下的恶行多得无法逐一处罚,光靠刀锯不足以制裁恶行。所以遇到施加赏罚有疑问时,都主张归依于仁义原则来变通处理。这就是以"君子长者之道待天下",目的是使天下之人都相率回归到君子长者之道,因此才可以说赏和刑都是"忠厚之至"。君子执法司法,没有什么奇能奇才,只有抑制个人喜怒好恶,使自己审判的每一案件"无失乎仁"而已。《春秋》经传的根本宗旨,不外立法贵乎严格而责人贵乎宽厚。依据《春秋》褒贬之义来制定执行国家赏罚,这也是"忠厚之至"呀!

臣窃谓仓法者,一时权宜指挥,天下之所骇,古今之所无,圣代之猛政也。自陛下即位,首宽此法,但其间有要剧之司,胥吏仰重禄为生者,朝廷不欲遽夺其请受,故且因循至今。盖不得已而存留,非谓此猛政可恃以为治也。自有刑罚已来,皆称罪立法,譬之权衡,轻重相报,未有百姓造铢两之罪,而人主报以钧石之刑也。今仓法不满百钱入徒,满十贯刺配沙门岛,岂非以钧石报铢两乎?天道报应,不可欺罔,当非社稷之利。[1]

【简释】

苏轼这段话主要从批评苛酷的仓法出发阐发了"称罪立法"的主张。他说,王安石变法中推出的严苛的仓法,不过是一时权宜之制,但惊扰震

---

〔1〕 (宋)苏轼:《论仓法札子》,载曾枣庄、舒大刚主编:《三苏全书》(第十二册),语文出版社 2001 年版,第 161—162 页。

骇天下之人,堪称古今少有的猛政恶法。哲宗皇帝即位后首先放宽了此法,但因为有些重要部门的胥吏仍依赖此法带来的重大利益为生,而朝廷不忍立即剥夺其利益,故因循其弊至今未改。这是不得已而暂时保留一些恶法,并不是要依赖这种猛政之法来治国。自有刑罚以来,历代都主张"称罪立法"亦即坚持刑罚与罪行相称的立法,不要重罪轻刑,更不要轻罪重刑。这就譬如按度量衡标准"轻重相报",没有听说老百姓犯的是"铢两之罪",君王却用"钧石之刑"来报惩。按照现行"仓法",主事官吏亏空税粮不满一百钱时就要被判处徒刑,亏空达到十贯钱时就要刺配沙门岛,这岂不是用钧石之刑报惩铢两之罪吗?天道报应不可欺罔,这样的法律对国家不利。

> 三代之所以养民者备矣……夫以饮食器用之利,而皆以义得焉,使民之所以要利者,非义无由也。后之世,赋取无度,货币无法,义穷而诈胜。夫三代之民,非诚好义也,使天下之利,皆出于义,而民莫不好也。后之所以使民要利者,非诈无由也。是故法令日滋,而弊益烦,刑禁甚严,而奸不可止……夫乐生而恶死者,天下之至情也。我且以死拘之,然犹相继而赴于市者,饥寒驱其中,而无以自生也。曰:等死耳,而或免焉……夫见利而不动者,伯夷、叔齐之事也;穷困而不为不义者,颜渊之事也。以伯夷、叔齐、颜渊之事而求之无知之民,亦已过矣。故夫廷尉、大农之所患者,非民之罪也,非兵之罪也,上之人之过也。[1]

【简释】

苏轼在这里申述了"法律严苛则无异于驱迫百姓犯罪"的判断。他认为,夏、商、周三代的政治,将利统一于义,百姓必须通过合于义的方式获取利。并非三代之民天生好义,而是因为国家将利纳入义的约束下。但后世则相反,道义衰颓而诈欺盛行,老百姓要获取利,只有通过诈欺。这样一来,法令滋彰盗贼多有,刑禁严厉而奸恶难止。既然乐生恶死是天下

---

〔1〕 (宋)苏轼:《关陇游民私铸钱与江淮漕卒为盗之由》,载曾枣庄、舒大刚主编:《三苏全书》(第十四册),语文出版社2001年版,第319—320页。

人的共同人性,国家用死刑来威慑人们,但人们仍然前赴后继犯罪而被押赴街市刑场,这是为什么呢?那是因为饥寒驱迫所致,不犯罪就没法生存呀!所以国家立法,不能用伯夷、叔齐、颜渊等古代贤人那样的见利诱不动心、即使穷困也不做不义之事的标准去苛求无知的寻常百姓。所以,司法、财政等部门面临的大患,并不是百姓之犯罪,也不是兵战之祸,而是庙堂之上的人们造出繁法苛刑惹的祸呀!

抑臣闻之,今世之弊,弊在于法禁太密。一举足不如律令,法吏且以为言,而不问其意之所属。是以虽天子之大臣,亦安敢有所为于法令之外,以安天下之大事?故为天子之计,莫若少宽其法,使大臣得有所守,而不为法之所夺。昔申屠嘉为丞相,至召天子之幸臣邓通立之堂下,而诘责其过。是时通几至于死而不救,天子知之亦不为怪,而申屠嘉亦卒非汉之权臣。由此观之,重臣何损于天下哉?[1]

【简释】

苏轼在这里讨论"法禁太密"之弊端。他说,今日国家政治的弊端都源于法禁太密,一举手投足不合乎律令,法吏就来兴师问罪,而不问你本意是什么。所以即使是天子的大臣,都不敢于法令之外稍微积极主动有所作为以处理好天下大事。所以,为皇上考虑,就应该稍微放宽法禁,使大臣们得以秉持大义而积极作为,不被法令过分拘限。后面他举了西汉文帝时丞相申屠嘉传讯申斥皇帝男宠邓通,打算依法处死邓通却差点不可救,而汉文帝"知之不以为怪"的故事,说明国家允许有权力极重而不拘泥于法律的重臣存在并不损害国家长治久安的道理。

四、赏罚严明慎重,信赏必罚,反对滥赏滥赦

或者又曰:王者任德不任刑。任刑,霸者之事,非所宜言。此又非所

---

[1] (宋)苏辙:《臣事策上(第一道)》,载曾枣庄、舒大刚主编:《三苏全书》(第十八册),语文出版社2001年版,第293—294册。

谓知理者也。夫汤、武皆王也,桓、文皆霸也。武王乘纣之暴,出民于炮烙斩刖之地,苟又遂多杀人、多刑人以为治,则民之心去矣。故其治一出于礼义。彼汤则不然。桀之德固无以异纣,然其刑不若纣暴之甚也,而天下之民化其风,淫惰不事法度。《书》曰:"有众率怠弗协。"而又诸侯昆吾氏首为乱,于是诛锄其强梗怠惰不法之人,以定纷乱。故《记》曰:商人"先罚而后赏"。至于桓、文之事,则又非皆任刑也。桓公用管仲,仲之书好言刑,故桓公之治常任刑。文公长者,其佐狐、赵、先、魏皆不说以刑法,其治亦未尝以刑为本,而号亦为霸。而谓汤非王而文非霸也,得乎?故用刑不必霸,而用德不必王,各观其势之何所宜用而已。然则今之势,何为不可用刑?用刑何为不曰王道?彼不先审天下之势,而欲应天下之务,难矣![1]

【简释】

　　这是苏洵的宏论,表达了"衰乱之世应优重刑法,勿拘泥德教王道俗说"的主张。他认为,所谓任德不任刑的王道,和优先任刑的霸道,在使用时并非一成不变;在不同时势下应该适当变通使用。周武王承商末纣王为政暴虐、刑罚残酷、民心尽失之时势,所以用"一出于礼义"的德礼治国模式。商汤王承夏末桀王"淫惰不事法度"的纲纪弛废之时势,所以用"先罚而后赏"的刑威治国模式。重视刑罚作用者不一定就是"霸道",重视德教作用者不一定就是"王道",都不过是根据各自所处时势决定当时"何所宜用"而已。今日天下之势,为何不可以重视刑罚,重视刑罚为何就不算是王道了?若不审天下大势,只拘泥于俗儒之说,那么就难以满足天下国家的治理需要。

　　今诚能一留意于用威,一赏罚,一号令,一举动,无不一切出于威。严用刑法而不赦有罪,力行果断而不牵于众人之是非,用不测之刑,用不测之赏,而使天下之人视之如风雨雷电,遽然而至,截然而下,不知其所从发

[1] (宋)苏洵:《几策·审势》,载曾枣庄、舒大刚主编:《三苏全书》(第六册),语文出版社2001年版,第118—119页。

而不可逃遁。朝廷如此,然后平民益务检慎,而奸民猾吏亦常恐恐然惧刑法之及其身,而敛其手足;不敢辄犯法。此之谓强政。政强矣,为之数年,而天下之势可以复强。〔1〕

【简释】

苏洵在这里表达的中心主张是"严明赏罚"。他主张,鉴于当时危急时势,朝廷应该特别留意于用刑威手段治国。所有赏罚、号令、举动,都突出刑罚威慑的宗旨,申严法禁,严明赏罚,对有罪者不要轻易赦免。要义无反顾地坚持这样的治国方针,而不要在乎俗儒的褒贬。要"用不测之刑,用不测之赏"来控制人民,近乎春秋时"刑不可知则威不可测"的治国主张。他憧憬的治理模式是,让天下之人视国家赏罚"如风雨雷电,遽然而至、截然而下",使人们对国家赏罚"不知其所从发而不可逃遁"。既要使普通百姓"益务检慎",即更加自我检点约束,又要使"奸民猾吏常恐恐然惧刑法之及其身"。他认为只有这样才能治理好国家,这与传统儒家的优先运用仁义德教的治国主张是有明显距离的。

臣闻刑之有赦,其来远矣。周制八议,有可赦之人而无可赦之时。自三代之衰,始闻有肆赦之令,然皆因天下有非常之事,凶荒流离之后,盗贼垢污之余,于是有以沛然洗濯于天下。而犹不若今之因郊而赦,使天下之凶民,可以逆知而侥幸也。平时小民畏法,不敢趑趄,当郊之岁,盗贼公行,罪人满狱,为天下者将何利于此?〔2〕

【简释】

这一段话里,苏洵主要表达了反对滥赦的主张。他认为,周代虽有赦宥制度,但其实很少使用。肆赦或大赦,是三代末衰乱之后才开始的,但也只是在天下有非常形势之时才使用。比如在"凶荒流离之后,盗贼垢污

---

〔1〕 (宋)苏洵:《几策·审势》,载曾枣庄、舒大刚主编:《三苏全书》(第六册),语文出版社2001年版,第118页。

〔2〕 (宋)苏洵:《上皇帝书》,载曾枣庄、舒大刚主编:《三苏全书》(第六册),语文出版社2001年版,第53页。

之余"进行大赦,因为这时需要通过大赦来宣告"沛然洗濯于天下"即与民更始。今日朝廷常常因举行郊祀典礼就进行大赦,使天下的凶民都事先预知可以不受罚故心存侥幸。百姓们平时都畏法谨行,但一到郊祀之年就出现"盗贼公行,罪人满狱"的局面,如此赦免对天下国家到底有何益处呢?

古之为爵赏,所以待有功也。以为有功而后爵,天下必有遗善,是故有无功而爵者,六德六行以兴贤能是也。古之为刑罚,所以待有罪也。以为有罪而后罚,则天下必有遗恶,是故有无罪而罚者,行伪而坚、言伪而辩、学非而博、顺非而泽,以疑众杀是也。夫人之难知,自尧舜病之。惟幸其有功,故有以为赏之名;惟因其有罪,故有以为罚之状,而天下不争。今使无功之人,名之以某德而爵之;无罪之人,状之以某恶而诛之,则天下不知其所从,而上亦将眊乱而丧其所守。然则古之人将何以处此欤?方今法令明具,政若画一,然犹有冒昧以侥幸、巧诋以出入者,又况无功而赏、无罪而罚欤?古之人将必有以处此也。[1]

【简释】

苏轼这段话的中心思想是反对无功而赏、无罪而罚,主张赏必当功、罚必当罪。他说,一般人认为爵赏是用以报答有功者的,刑罚是用以报应有罪者的。但是,若仅仅规定有功劳然后才爵赏,有罪行然后才刑惩,那又是不够的,因为那样可能还会有一些遗漏的善行未被爵赏,还有一些遗漏的罪恶未被惩罚。有鉴于此,周礼才确立了考察"六德六行"以奖励任用贤能之人的"无功而爵"制度,还确立了对"行伪而坚、言伪而辩、学非而博、顺非而泽以疑众"者加以刑杀的"无罪而罚"制度。他认为,不管是赏还是罚,国家应该事先通过法令明定应该奖赏或应该惩罚的条件或事由,让天下人都事先明白知晓而无争议。如果随便巧立名目滥施奖赏无功之人,或者随便巧立罪名滥加刑罚无罪之人,非但天下之人都会无所适

---

[1] (宋)苏轼:《赏功罚罪之疑》,载曾枣庄、舒大刚主编:《三苏全书》(第十四册),语文出版社2001年版,第303页。

从,且庙堂之上的人也会自己昏乱而丧失原则操守。

凡为天下国家,当爱惜名器,慎重刑罚。若爱惜名器,则斗升之禄,足以鼓舞豪杰。慎重刑罚,则笞杖之法,足以震警顽狡。若不爱惜慎重,则虽日拜卿相而人不劝,动行诛戮而人不惧。此安危之机,人主之操术也。[1]

【简释】

苏轼认为,治国者应该对赏罚之事慎之又慎。爱惜名器(即慎重爵赏)时,即使是升斗之薄禄,也能鼓舞豪杰为国效劳;慎重刑罚时,即使笞杖之刑,也足以震慑犯罪。反过来,若不爱惜名器、慎重刑罚,即使每天都封将拜相也鼓励不了人,动辄行用死刑人们也不害怕。这一点,才是国家安危的关键,才是人主的最大治术。

五、立法不可与民争利,法应便民利民养民

先王惧天下之吏负县官之势以侵劫齐民也,故使市之坐贾,视时百物之贵贱而录之,旬辄以上。百以百闻,千以千闻,以待官吏之私债;十则损三,三则损一以闻,以备县官之公籴。今也,吏之私债而丛县官公籴之法,民曰公家之取于民也固如是,是吏与县官敛怨于下。此又举天下皆知之,而未尝怪者四也。先王不欲人之擅天下之利也,故仕则不商,商则有罚;不仕而商,商则有征。是民之商不免征,而吏之商又加以罚。今也,吏之商既幸而不罚,又从而不征,资之以县官公籴之法,负之以县官之徒,载之以县官之身,关防不讥,津梁不呵。然则,为吏而商,诚可乐也,民将安所措手?此又举天下皆知之,而未尝怪者五也。若此之类,不可悉数,天下之人耳习目熟,以为当然;宪官法吏目击其事,亦恬而不问。[2]

---

[1] (宋)苏轼:《转对条上三事状》,载曾枣庄、舒大刚主编:《三苏全书》(第十一册),语文出版社2001年版,第537页。

[2] (宋)苏洵:《衡论·申法》,载曾枣庄、舒大刚主编:《三苏全书》(第六册),语文出版社2001年版,第163页。

【简释】

苏洵这段话的主旨在于反对纵容官吏经商或官府与民争利的立法。他说,古时圣王为了防范官吏假借公权力侵劫小民百姓,所以才制定法规,要求市场的坐贾们定期统计市场百物物价上报市管部门;必须"百以百闻,千以千闻",亦即按市场实际价格上报,以便朝廷审查监督官吏在市场进行私人交易有无倚仗权力压低价格。但在上报官府应采办的公事必需物品如车马等价格时,则要降价三分之一上报,也就是说政府用品采购价必须比市场价低三分之一。这一良法,将官吏私人购物与官府公务采购区分开来。古时圣王不愿意看到有人垄断天下货财之利,所以立法规定:为官者不得经商,谁经商就给予法律制裁;无官而专务经商之民,也要征收商税。百姓经商不免于征税,官吏经商又加以惩罚,这就是为了防止独擅货财之利。但今天的法律则不然,官吏私人购物常常假公济私,搭官府采购(优惠)的便车,引起百姓的强烈不满。对于官吏搭官府采购便车经商,因难以发现而常常未加惩罚,又不征商税,他们又享受着"公籴之法",即官府采购的优惠便利待遇,堂而皇之地使用官府差役和舟车贩运,又利用关防税卡对官货不稽不征的便利。这就是官吏经商、官府经商,多么便宜而暴利的生意,这样一来商民百姓还有做生意的机会吗?这已经成为天下共知的弊端。这些弊端,不从立法上根除,国家就没有合理的经济秩序。

《易》曰:"理财正辞,禁民为非曰义。"先王之理财也,必继之以正辞。其辞正则其取之也义。三代之君,食租衣税而已,是以辞正而民服。自汉以来,盐铁酒茗之禁,称贷权易之利,皆心知其非而冒行之,故辞曲而民为盗。今欲严刑妄赏以去盗,不若捐利以予民,衣食足而盗贼自止。夫兴利以聚财者,人臣之利也,非社稷之福。省费以养财者,社稷之福也,非人臣之利。何以言之?民者国之本,而刑者民之贼。兴利以聚财,必先烦刑以贼民,国本摇矣,而言利之臣,先受其赏。近岁宫室城池之役,南蛮、西夏之师,车服器械之资,略计其费,不下五千万缗。求其所补,卒亦安在?若以此积粮,则沿边皆有九年之蓄,西夷北边,望而不敢近矣……不待烦刑贼民,而边鄙以安。然为人臣之计,则无功可赏。故凡人臣欲兴利而不欲省费者,皆为身谋,非为社稷计也。人主不察,乃以社稷之深忧,而徇人臣之私计,岂不过甚矣哉![1]

【简释】

苏轼这段话的主旨在于反对官府与民争利的有关立法。他说,上古时代国家财政征收和禁止非为,都特别注意符合道义。官府理财需要有"正辞"即正当理由;"食租衣税"即仅靠正常赋税就满足了官方用度,无须另设聚财名目。汉朝以来,开始有关于盐铁酒茶等必需品的官营禁榷及五钧赊贷之类制度,大家都明知其不合道义,但又苟且施行至今;相关说辞强词夺理,逼得百姓动辄犯禁为盗。其实,朝廷立法严刑打击犯禁者、重奖(对犯禁私营的)告发者,还真不如直接放弃官营禁榷之利,还利于百姓,任由他们自由经营;这样一来则老百姓自然谋生有望、衣食可足,就不会纷纷犯官禁沦为盗贼了。他认为,主张官营禁榷兴利聚财,其实是人臣之利,并非国家之福;只有节省国家财政开支以休养百姓生息,这才是国家的真正福祉,而非人臣之利。为什么呢?因为人民是国家之本,刑罚是百姓之贼害。国家要兴利聚财,就不得不先用烦苛刑罚贼害百姓,那么国本就动摇了,而言利之臣则先受赏发财了。他认为,近年那些大工程、大战役花了那么多公款,其实对于国家没有什么补益。如果用这些官费来积蓄粮食、备战备荒,则老百姓都会富足安然,哪里还需要那些烦苛刑法贼害百姓呢?只是这样一来言利之臣就无功可赏了。所以,凡是人臣竭力主张为国兴利聚财,而不愿谈节省公费者,都不过是为个人利益考虑,不是为国家社稷打算。人君若不深察此中诡吊,那么就会因深忧国家社稷而不知不觉地配合奸臣个人营求私利。这不是太过分了吗?

欲民之知信,则莫若务实其言;欲民之知义,则莫若务去其贪……自

---

[1] (宋)苏轼:《上初即位论治道二首·刑政》,载曾枣庄、舒大刚主编:《三苏全书》(第十四册),语文出版社2001年版,第229页。

宝元以来，诸道以兵兴为辞而增赋者，至今皆不为除去。夫如是，将何以禁小民之诈欺哉！夫所贵乎县官之尊者，为其恃于四海之富，而不争于锥刀之末也。其与民也优，其取利也缓。古之圣人，不得已而取，则时有所置，以明其不贪。何者？小民不知其说，而惟贪之知。今鸡鸣而起，百工杂作，匹夫入市，操挟尺寸，吏且随而税之，扼吭拊背，以收丝毫之利。古之设官者，求以裕民；今之设官者，求以胜民。赋敛有常限，而以先期为贤；出纳有常数，而以羡息为能。天地之间，苟可以取者，莫不有禁。求利太广，而用法太密，故民日趋于贪。臣愚以为难行之言，当有所必行；而可取之利，当有所不取，以教民信，而示义。若曰"国用不足而未可以行"，则臣恐其失之多于得也。[1]

【简释】

苏轼这里的中心主张是反对"求利太广而用法太密"的立法。他认为，要老百姓信法守法，官府首先应该说话算数，守信重义，抑制贪欲。他举例说，仁宗宝元年间（1038年11月至1040年2月）以西北边疆军事需要名义向全国百姓加收的军赋，边祸解除后仍迟迟不取消，这就是官家失信于民的典型事例。堂堂朝廷都这样不讲信用，还怎么好意思去禁止老百姓诈欺呢？国家之所以尊贵，是因为拥有天下四海之富，而非如普通百姓般追逐锱铢小利。国家赋予人民福利应该尽量优厚，对人民征税取利应该尽量减缓。古时圣王制定国家财政制度，以"不得已而取"为原则，亦即按政府运行最低限度经费为标准来征税，有时还会因灾歉减免赋税以示国家不贪利。今日则不然，小民百姓辛辛苦苦做一点点农工商营生，马上就有税吏紧随而来，掐喉拍背强征税费，劫掠百姓的蝇头小利。古时设官是为了使百姓富裕，今天设官简直是为了征服抢夺老百姓。国家赋敛应该有寻常期间限制，但各级官府竞相以提前征收为能事；财政收支应该有数量限制，但各地官府竞相以超额征收为能事。天地之间，但凡有一点

---

[1]（宋）苏轼：《策别安万民一·敦教化》，载曾枣庄、舒大刚主编：《三苏全书》（第十四册），语文出版社2001年版，第347—348页。

点谋利机会,官府无不加以官营禁榷。官家求利太广了,法网太密了,因而导致人民日渐趋于贪狡。苏轼认为,即使是难以实行的建议也应当有所必行,可取之利也应当有所不取,这也是为了教导人民守信重义。如果谁说"因国家财政紧张,这类建议不可行",那么恐怕国家最后失大于得。

后之世,赋取无度,货币无法,义穷而诈胜……后之所以使民要利者,非诈无由也。是故法令日滋,而弊益烦,刑禁甚严,而奸不可止。[1]

【简释】

苏轼说,在国家昏乱之世,向百姓征收索取无度,货币也无法度,道义衰败,尚诈尚欺。这样的世道,也使得百姓只有通过诈欺来牟利。因此,国家的法令日益烦苛,而政治弊端祸乱日趋频繁;刑禁虽然严厉,但犯罪丛生而不可制止。

中外之人,无贤不肖,皆言祖宗以来,治财用者不过三司使副判官,经今百年,未尝阙事。今者无故又创一司,号曰制置三司条例。使六七少年日夜讲求于内,使者四十余辈分行营干于外。造端宏大,民实惊疑;创法新奇,吏皆惶惑。贤者则求其说而不可得,未免于忧,小人则以其意而度朝廷,遂以为谤。谓陛下以万乘之主而言利,谓执政以天子之宰而治财,商贾不行,物价腾踊。近自淮甸,远及川蜀,喧传万口,论说百端。或言京师正店议置监官,夔路深山当行酒禁,拘收僧尼常住,减刻兵吏廪禄,如此等类,不可胜言。而甚者至以为欲复肉刑,斯言一出,民且狼顾。陛下与二三大臣,亦闻其语矣。然而莫之顾者,徒曰我无其事,又无其意,何恤于人言。夫人言虽未必皆然,而疑似则有以致谤。人必贪财也,而后人疑其盗;人必好色也,而后人疑其淫。何者?未置此司,则无此谤,岂去岁之人皆忠厚,而今岁之人皆虚浮?……今陛下操其器而讳其事,有其名而辞其意,虽家置一喙以自解,市列千金以购人,人必不信,谤亦不止。夫制置三司条例司,求利之名也;六七少年与使者四十余辈,求

---

〔1〕 (宋)苏轼:《关陇游民私铸钱与江淮漕卒为盗之由》,载曾枣庄、舒大刚主编:《三苏全书》(第十四册),语文出版社 2001 年版,第 319 页。

利之器也。驱鹰犬而赴林薮,语人曰"我非猎也",不如放鹰犬而兽自驯。操网罟而入江湖,语人曰"我非渔也",不如捐网罟而人自信。故臣以为消谗慝以召和气,复人心而安国本,则莫若罢制置三司条例司。

夫陛下之所以创此司者,不过以兴利除害也。使罢之而利不兴,害不除,则勿罢;罢之而天下悦,人心安,兴利除害,无所不可,则何苦而不罢。[1]

【简释】

在这一大段话里,苏轼表达的中心意思是批评国家设置"制置三司条例司"这一财政决策机构,并通过这一机构主导各级官府汲汲营求财利的错误行动。他说,大宋建国以来,主持国家财政事务的,最高不过三司使副使或判官而已。这一机构已经行之有效百年,至今没有耽搁什么理财之事。今日于三司使之外,增设一个"制置三司条例司",让六七个新进少壮派官员在庙堂上天天商议如何营求财利,四十多个专使被分派到全国各地督办营财之事。这样的做法,引起了天下吏民的疑惑和惊恐,有人于是以"小人之心"来度朝廷之意,说皇上不惜屈万乘之尊来讲求财利,说执政团队不顾天子宰辅身份去营求财利,弄得商贾们都没有活路且物价飞涨,全国各地老百姓怨声载道。还有传言,朝廷打算在京师每个有酿酒售酒许可证的酒店(正店)设置监税官,在川东夔州路的深山里也要实行榷酒禁令,还有肆意查抄寺观物品、逮捕僧尼,准备减少军人及官吏薪俸,甚至准备恢复废除多年的砍脚割鼻之类肉刑……这类传言很多,使人民惶然不知所措。陛下和身边宰辅们想必已经听到了一些传言,为什么丝毫不加理睬呢?也许无非是想:本来就没有此事,也无有此意,何必在乎你们怎么说?但是别忘了,人们传说的未必都是事实,但不避嫌疑的言行的确容易招来误解。常显贪财好色之迹的人,人们才会怀疑其有盗窃淫乱行为;如果国家不设"制置三司条例司",那就没有这样的怀疑和怨谤了。今天朝廷手里操着这样一个营财工具(制置三司条例司)而又讳言求利之

---

[1] (宋)苏轼:《上神宗皇帝书》,载曾枣庄、舒大刚主编:《三苏全书》(第十一册),语文出版社2001年版,第442—443页。

事，有其名而又讳其实，即使有长嘴如喙伸向天下每户人家进行辩白，即使在市场悬赏千金抓捕造谣之人，人们还是不信朝廷，疑谤还是不能制止。要知道，"制置三司条例司"就是个求利的名堂，司中六七个堂官与派驻全国各地的四十多个督办差使就是个求利的工具，想不让人们怀疑是做不到的。这就像带着鹰犬到森林中，操着渔网到江湖边，却高喊"我不是来打猎、捕鱼的"一样可笑。要让人民真正相信你的话，那就放了鹰犬，丢了渔网，那样人民才会相信你。所以，当前国家止乱消谤、重建信用的关键在于撤销制置三司条例司。当年创设这一机构本为兴利除害，现在若撤销这一机构就能够使天下人心安定，这就是最大的兴利除害，何乐而不为呢？

> 自古役人，必用乡户……虽其间或有以他物充代，然终非天下所可常行……今遂欲于两税之外，别立一科，谓之庸钱，以备官雇……今两税如故，奈何复欲取庸。圣人之立法，必虑后世，岂可于两税之外，别出科名哉！万一不幸，后世有多欲之君，辅之以聚敛之臣，庸钱不除，差役仍旧，使天下怨谤，推所从来，则必有任其咎者矣。〔1〕

【简释】

苏轼这一段话的主旨是批评王安石变法中颁布的"募役法"。他认为，自古国家公共工程，都直接征用百姓人力。其间即使偶尔允许以钱款或其他物品代替服役，但终究没有形成经常制度。今天朝廷竟然要在夏秋两税之外另加一个征收科目，称为"庸钱"，以备官府雇佣劳动力代替纳钱者服役。夏秋两税既然都一如既往地征收，奈何还要巧立名目向人民加收"免役钱"呀？圣王立法，必须考虑后世，不能仅仅考虑眼前；岂能在两税之外，另立一个新的征税名目呀！后世万一国家不幸遭遇"多欲之君"治理，又不幸有"聚敛之臣"（汲汲营求财利的臣僚）辅佐，若在征收"庸钱"之外，照旧征发差役，激起天下怨愤，那么"始作俑者"的责任该追究到谁头上呢？

---

〔1〕（宋）苏轼：《上神宗皇帝书》，载曾枣庄、舒大刚主编：《三苏全书》（第十一册），语文出版社2001年版，第446—447页。

右臣伏以青苗之害民,朝廷之所悉也。罢而不尽,废而复讲,使天下之人疑朝廷眷眷于求利,此臣之所深惜也。何者?朝廷申明青苗之法,使请者必以情愿,而官无定额,议者以为善矣。然以臣观之,无知之民急于得钱而忘后患,则虽情愿之法有不能止也。侵渔之吏利在给纳而恶无事,则虽无定额有不能禁也。故自今年春,诸县所散青苗,处处不同。凡县令晓事,吏民畏伏者,例不复散。其暗于事情,为吏民所制者,所散如旧。盖立法不善,故使猾吏得依法为奸。监司虽知其不便,欲禁而不可得。天下既已病之矣。今朝廷复修夏料纳钱减半出息之法,此虽号减息,而使天下晓然知今日朝廷意仍在利。虽有良县令,臣恐其不能复如前日自必于不散矣。且自熙宁以来,吏行青苗,皆请重禄,而行重法,受贿百钱,法至刺配。然每至给纳之际,犹通行问遗,不能尽禁。今吏禄已除,重法亦罢,而青苗给纳不止,臣恐民间所请钱物,得至其家者无几矣。伏乞追寝近降青苗指挥,别下诏旨,天下青苗自今后不复支散,不胜幸甚。谨录奏闻,伏候敕旨。[1]

【简释】

在这一大段话里,苏辙阐发了对"营求财利之法"特别是"青苗法"的反对意见。他说,青苗法害民,朝廷已经知悉,但罢黜又不彻底,废了又恢复,反反复复,使天下百姓怀疑朝廷"眷眷于求利",这是很令人惋惜的事。朝廷最近重新颁布了法令,申明百姓请领青苗钱必须自愿,官府散放青苗钱不得设任务额,大家觉得这些新规已经很不错了,但其实仍然有问题。无知百姓急于拿到贷款使用,于是即使限定"必出于自愿",也无法制止他们不管秋后能不能带息还本,都先拿到钱再说;而贪官污吏利在更多散放青苗钱,而唯恐无人来找我请贷,于是虽无定额任务仍不能禁止他们竭力摊派。从今年春天以来,各地散放青苗钱的情况各不相同。凡知县明白事理、吏民畏法守规的地方,已不再散放青苗钱了;但知县不明事理并被吏民挟制的地方,仍然像过去一样散放青苗钱。这就是立法不善,为奸猾之吏

---

[1] (宋)苏辙:《论青苗状》,载曾枣庄、舒大刚主编:《三苏全书》(第十七册),语文出版社2001年版,第305—306页。

造成了"依法为奸"的机会。监察官们知悉其中的弊端,但想禁也禁不住,此事已经成为天下之大患了。近日朝廷更推出新法令,规定百姓向官府贷钱以缴纳夏税(宋税制为夏秋两税)可以减半付息,这一法令虽号称要减轻百姓的利息负担,实际上却使天下人都知道朝廷的意图仍然是营财求利。即使知县明白事理,他也不敢肯定是否应该像日前那样不再散放青苗钱了。况且,自仁宗熙宁年间以来,官吏推行青苗法,都是自请加重俸禄奖励,加重对犯禁者的刑罚制裁,官吏受贿百钱其惩罚重至刺配远方。每到请贷纳税之际,仍有官吏舞弊其间难以尽行禁止。现在,官吏的加薪已经废止了,对犯禁者的重法已经罢废了,但青苗钱请领散放仍未停止。苏辙说,我担心百姓请领的钱款,真正到手的所剩无几了。因此,请求朝廷立即废除近日所颁青苗钱法令,另颁诏令昭告天下:任何地方从今以后不准再行支散青苗钱。

右辙等伏见熙宁之初,始行青苗,士无贤愚,皆知其不便……

盖闻古者圣人在上,食租衣税而已。凡所以奉事郊庙,禄养官吏,蓄兵备边,未尝有阙也。后世鄙陋,乃始益以茶盐酒税之征,然亦未闻放债取利若此之衰也……

且青苗之法其所以害人者,非特抑配之罪也。虽使州县奉行诏令,断除抑配,其为害人,固亦不少。何者?小民无知,不计后患,闻官中支散青苗,竞欲请领。钱一入手,费用横生,酒食浮费,取快一时。及至纳官,贱卖米粟,浸及田宅,以至破家,一害也。子弟纵恣,欺谩父兄。邻里无赖,妄托名目。岁终催督,患及本户,二害也。逋欠未纳,请新盖旧。州县欲以免责,纵而不问,三害也。常平吏人,旧行重法,给纳之赂,初不能止。今重法既罢,贿赂公行。民间所请,得者无几,四害也。四事为害,虽复除抑配之弊,亦无如之何,而况抑配未必除乎?辙等职在言责,目睹弊事,默而不言,则上负朝廷,下负民物。若未得请,决无中止之义。伏乞尽取前后章疏,看详施行,以允公议。[1]

---

[1] (宋)苏辙:《申三省罢青苗状》,载曾枣庄、舒大刚主编:《三苏全书》(第十七册),语文出版社2001年版,第322—323页。

【简释】

　　苏辙的这一段话仍在阐发对王安石变法所推行的青苗法的反对意见。他认为青苗法是典型的官府敛财牟利之法。他说，仁宗熙宁初年开始推行青苗法，天下稍有知识的人都知道其不可行。古时圣明之君治国，仅仅"食租衣税"，即仅靠赋税就可满足财政需要，租税本就可以保证满足国家祭祀、养官、备战等公共需要。后世鄙陋的君臣们才想出盐铁酒茶专营专卖之税目，但也从未听说有朝廷堕落到放债取利之地步的。

　　青苗法之所以为害百姓，其罪恶不只是因为强行向百姓摊派这一点。即使朝廷已经重新下诏禁止各地州县摊派青苗钱额，但青苗法害人之处仍然不少。为什么呢？因为小民无知，不计后患，一听说官府支散青苗钱，便竞相前来请领。钱一到手，就随便用于各种花费，甚至吃喝玩乐图一时之快。等到秋后还本付息之时，没钱还了，只好匆忙贱卖家里存粮，甚至贱卖土地房屋，以至于家破人亡。这是第一种危害。家中子弟游手好闲欺谩父兄冒领青苗钱，或邻里无赖子假借青苗钱名目图害良善人家，到年终清算催迫还贷时才知无端负债陷入麻烦。这是第二种危害。拖欠的本息还没还，又只好借新贷还旧账；州县官为了免除自己收回本息的拖欠责任，也故意放纵这种"请新盖旧"拆东墙补西墙的借贷，这是第三种危害。负责回收青苗本息的各地提举常平司官吏，在过去以"重法"打击贿赂时仍难以制止他们索贿；现在既废止了此间惩贿重法，那么随之贿赂公行就自然而然了；扣除贿赂开支后，百姓请领的青苗钱最后到手的便所剩无几了。这是第四种危害。四大危害当前，即使真的制止了强行摊派，百姓也得不到什么好处；何况强行摊派未必真的废止了呢？苏辙说，我既担任言谏之官，就有进忠言的责任，如果发现了弊端仍默不进言，那就上负朝廷下负万民。只要谏言未被采纳，我就没有停止进谏的道理。请皇上将我前后所有奏章对照通读后作出深思熟虑的新决策，以顺应朝野上下的公共舆论。

　　古之君子立于天下，非有求胜于斯民也。为刑以待天下之罪戾，而唯恐民之人于其中以不能自出也；为赏以待天下之贤才，而唯恐天下之无贤而其赏之无以加之也。盖以君子先天下，而后有不得已焉。夫不得已者，非吾君子之所志也，民自为而召之也。故罪疑者从轻，功疑者从重，皆顺天下之所欲从。

且夫以君临民，其强弱之势，上下之分，非待夫与之争寻常之是非而后能胜之矣。故宁委之于利，使之取其优而吾无求胜焉。夫惟天下之罪恶暴著而不可掩，别白而不可解，不得已而用其刑；朝廷之无功，乡党之无义，不得已而爱其赏。如此，然后知吾之用刑，而非吾之好杀人也；知吾之不赏，而非吾之不欲富贵人也。使夫其罪可以推而纳之于刑，其迹可以引而置之于无罪；其功与之而至于可赏，排之而至于不可赏。若是二者而不以与民，则天下将有以议我矣。使天下而皆知其可刑与不可赏也，则吾犹可以自解；使天下而知其可以无刑可以有赏之说，则将以我为忍人而爱夫爵禄也。圣人不然，以为天下之人，不幸而有罪，可以刑，可以无刑，刑之而伤于仁；幸而有功，可以赏，可以无赏，无赏而害于信。与其不屈吾法，孰若使民全其肌肤保其首领而无憾于其上？与其名器之不僭，孰若使民乐得为善之利而无望望不足之意？呜呼，知其可以与之之道而不与，是亦志于残民而矣！

且彼君子之与之也，岂徒曰与之而已也，与之而遂因以劝之焉耳。故舍有罪而从无罪者，是以耻劝之也；去轻赏而就重赏者，是以义劝之也。盖欲其思而得之也。故夫尧舜三代之盛，舍此而忠厚之化亦无以见于民矣！[1]

【简释】

苏辙的这一番话，讲的是国家立法施政要"顺天下之所欲从"，亦即顺从老百姓好利恶害之本性。国家立法施政，并不是为了战胜或制服老百姓。立刑罚是为了制止天下罪戾，立爵赏是为了招徕天下贤才。刑赏之法制定出来后，圣王仍唯恐人们无辜而陷罪、有功而无赏，进而提出"罪疑

---

[1]（宋）苏辙：《刑赏忠厚之至论》，载曾枣庄、舒大刚主编：《三苏全书》（第十八册），语文出版社2001年版，第352—353页。

从轻、功疑从重"的原则以预防或矫正刑赏滥施之弊,这都是为了顺从天下人民的所好所恶。

君王统治人民,并非是靠与人民争寻常短长以战胜或压倒他们,而是通过"委之于利"即让人民满足利益欲求的方式获得民心。刑罚一定是针对那些不可掩饰、无可辩解的显著暴行,不得已而惩罚之;奖赏一定是针对真正的有功有义者,对于无功无义者一定要爱惜爵赏。只有坚持这样的原则,然后天下人才知道朝廷用刑不等于好杀人,惜赏不等于不愿让人富贵。若在可刑(有罪)可不刑(无罪)之间,在可赏(功确定)可不赏(功有疑)之间,不让人民获得有关涉疑的利益,那么天下人一定会有怨恨的。若天下人都明明白白知悉具体人和案中可以刑惩或不可奖赏的道理,那朝廷还勉强可以自圆其说。但若天下人知悉某些可以不予刑惩而我们予以刑惩了、可予以爵赏而我们没有奖赏的情形,就会误以为我们是居心残忍或吝惜爵禄。古时圣王早就告诫我们,对于不幸而犯罪的百姓,在可刑可不刑之间,若是予以刑惩,那就必然伤害仁义;对于侥幸而有功的百姓,在可赏可不赏之间,若是真的不予爵赏,那么就有害于国家信用。与其不走样地执行国家有关刑罚之法律,还不如(不加刑惩)让百姓"全其肌肤保其首领"而对国家无憾无怨;与其追求国家名器不僭不滥,还不如(果断赏赐)使百姓都快乐地得到"为善之利"而无企望未足之憾。明知道有可以给予百姓利益的理由而仍舍不得给予,这就等于心存残害百姓之意呀!

况且,君子的给予之道,绝不仅仅是简单"给予"而已;给予更是为了未来的奖励劝导。所以,有时对有罪之人宥舍而不罚,是为了劝导廉耻;有时对功疑之人予以重赏,是为了劝导忠义,总之就是要诱导百姓明白其中的道理并远恶趋善。即使是尧、舜、禹三代圣王,若舍弃这样的忠厚制度(赏刑制度),那么对百姓的教化也没有别的好方法可以拿得出手了。

自从四方多法律,深山更深逃无术。[1]

---

[1] (宋)苏辙:《栾城集》卷七《次韵子瞻见寄》,载陈宏天、高秀芳校点:《苏辙集》,中华书局1990年版,第130页。

【简释】

　　苏辙的者两句诗,表达了"法律繁苛,人民不堪忍受"的判断。他认为,自从国家开启法令滋彰、法律繁苛之政,百姓即使逃遁于深山老林,仍无法躲避官府苛捐杂税及繁重徭役。

六、赏自下始,罚自上始;立法应严于官而宽于民

　　夫罪固有疑,今有人或诬以杀人而不能自明者,有诚杀人而官不能折以实者,是皆不可以诚杀人之法坐。由是有减罪之律……

　　今欲刑不加重,赦不加多,独于法律之间变其一端,而能使不启奸、不失实,其莫若重赎。然则重赎之说何如?曰:古者五刑之尤轻者止于墨,而墨之罚百锾。逆而数之,极于大辟,而大辟之罚千锾。此穆王之罚也。周公之时,则又重于此。然千锾之重,亦已当今三百七十斤有奇矣。方今大辟之赎,不能当其三分之一。古者以之赦疑罪而不及公族,今也贵人近戚皆赎,而疑罪不与。《记》曰:"公族有死罪,致刑于甸人。虽君命宥,不听。"今欲贵人近戚之刑举从于此,则非所以自尊之道,故莫若使得与疑罪皆重赎。且彼虽号为富强,苟数犯法而数重困于赎金之间,则不能不敛手畏法。彼罪疑者,虽或非其辜,而法亦不至残溃其肌体,若其有罪,则法虽不刑,而彼固亦已困于赎金矣。夫使有罪者不免于困,而无辜者不至陷于笞戮,一举而两利,斯智者之为也。[1]

【简释】

　　苏洵这一段话,从讨论疑罪赎赦的法理和历史出发,阐发了关于贵族官僚有罪不应滥用赎赦,应在有疑罪时与常人一样赦赎的主张。苏洵认为,司法中遇到案件事实有疑虑时,因无法简单定罪,于是有疑罪从轻(减)的制度。对于疑难罪案的嫌疑人,要想达到既不刑及无辜,又不滥行

---

〔1〕 (宋)苏洵:《衡论·议法》,载曾枣庄、舒大刚主编:《三苏全书》(第六册),语文出版社2001年版,第165页。

赦免,而且能避免使犯罪受鼓励,又不悖于案件真实,那么在法律制度上只有一条合理路径可走,那就是允许重金赎罪。为什么呢？上古刑罚中最轻的是墨刑,而罚赎之金竟达百锾;往上数到大辟即死刑,罚赎之金达到千锾。这是周穆王时的刑罚,到周公时又加重了。那时的千锾罚赎之金,大约相当于今天的黄铜三百七十斤以上。今日大宋刑律所定死刑赎金,不及上古时的三分之一。古时罚赎制度主要用来赦减常人疑罪,但不适用于王公贵族;今我大宋则将罚赎制度仅适用于"贵人近戚",而常人疑罪反而不适用。这是很不正常的。《礼记》说周朝法律是"公族有死罪,押到甸人官衙的隐蔽处处死;即使国君下令赦宥之,法官可以不理睬"。今日对高官贵显们犯罪实行赎赦,这的确有损于国家法制尊严。要改变这一弊端,只有对这些人的疑罪与常人的疑罪一样对待,公平实行重金赎赦。那些高官显贵,虽然家里富有,但是若屡屡为疑罪重罚的赎金所困,他们就不能不有所顾忌,不能不敛手畏法。在犯罪事实有疑的情况下,假如真系无辜者,那么罚赎不至于残损嫌疑人的身体;假如实际上有罪,则虽然未加刑罚,但重金罚赎也让他感受困痛。能够让有罪者不免于困痛,让无辜者不陷于刑痛,这样一举两得的好事,智者当然不应该犹豫。

课百官者,其别有六。一曰厉法禁。昔者圣人制为刑赏,知天下之乐乎赏而畏乎刑也。是故施其所乐者,自下而上。民有一介之善,不终朝而赏随之,是以下之为善者,足以知其无有不赏也。施其所畏者,自上而下。公卿大臣有毫发之罪,不终朝而罚随之,是以上之为不善者,亦足以知其无有不罚也。《诗》曰:"刚亦不吐,柔亦不茹。"夫天下之所谓权豪贵显而难令者,此乃圣人之所借以徇天下也。舜诛四凶而天下服,何也？此四族者,天下之大族也。夫惟圣人为能击天下之大族,以服小民之心,故其刑罚至于措而不用。周之衰也,商鞅、韩非,峻刑酷法以督责天下,然其所以为得者,用法始于贵戚大臣,而后及于疏贱,故能以其国霸。由此观之,商鞅、韩非之刑法,非舜之刑,而所以用刑者,舜之术也。后之庸人,不深原其本末,而猥以舜之用刑之术,与商鞅、韩非同类而弃之。法禁之不行,奸宄之不止,由此其故也。

今州县之吏,受赇而鬻狱,其罪至于除名,而其官不足以赎,则至于婴木索,受笞棰,此亦天下之全辱也。而士大夫或冒行之。何者?其心有所不服也。今夫大吏之为不善,非特簿书米盐出入之间也。其位愈尊,则其所害愈大;其权愈重,则其下愈不敢言。幸而有不畏强御之士出力而排之,又幸而不为上下之所抑,以遂成其罪,则其官之所减者至于罚金,盖无几矣。夫过恶暴著于天下,而罚不伤其毫毛;卤莽于公卿之间,而纤悉于州县之小吏。用法如此,宜其天下之不心服也。用法而不服其心,虽刀锯斧钺,犹将有所不避,而况于木索、笞棰哉!方今法令至繁,观其所以堤防之具,一举足且入其中,而大吏犯之,不至于可畏。其故何也?天下之议者曰:古者之制,"刑不上大夫",大臣不可以法加也。嗟夫!"刑不上大夫"者,岂士大夫以上有罪而不刑欤?古之人君,责其公卿大臣至重,而待其士庶人至轻也。责之至重,故其所以约束之者愈宽;待之至轻,故其所以堤防之者甚密。夫所贵乎大臣者,惟不待约束,而后免于罪戾也。是故约束愈宽,而大臣益以畏法。何者?其心以为人君之不我疑而不忍欺也。苟幸其不疑而轻犯法,则固已不容于诛矣。故夫大夫以上有罪,不从于讯鞫论报,如士庶人之法。斯以为"刑不上大夫"而已矣。天下之吏,自一命以上,其莅官临民苟有罪,皆书于其所谓历者,而至于馆阁之臣出为郡县者,则遂罢去。此真圣人之意,欲有以重责之也。奈何其与士庶人较罪之轻重,而又以其爵减耶?夫律,有罪而得以首免者,所以开盗贼小人自新之途,而今之卿大夫有罪亦得以首免,是以盗贼小人待之欤?天下惟其无罪也,是以罚不可得而加。如知其有罪而特免其罚,则何以令天下?今夫大臣有不法,或者既已举之,而诏曰勿推,此何为者也?圣人为天下,岂容有此暧昧而不决!故曰:厉法禁自大臣始,则小臣不犯矣。[1]

【简释】

苏轼这段话,较为详尽地表达了通过申严刑法禁令、加重刑罚制裁来

---

[1] (宋)苏轼:《策别课百官一·厉法禁》,载曾枣庄、舒大刚主编:《三苏全书》(第十四册),语文出版社2001年版,第334—336页。

制止官吏贪污渎职的立法主张。他的意思,可以分为以下两个层面。

第一个层面是阐发"赏自下始,罚自上始"的主张。他说,上古圣王制定赏罚之法,是注意顺从人性的。因知道天下人都喜欢赏而害怕刑,所以施赏之法从小民百姓开始,施罚之法从高官显贵开始。小民百姓有一点点善行,国家就奖赏,百姓知道国家无善不赏,故更加积极向善;公卿大臣有一点点犯罪,国家加以刑惩,官吏们知道国家无恶不惩,故更加守法。权豪显贵们本是国家最难用寻常法律约束的人群,圣王们深知必须通过严刑峻法惩治权贵犯罪以确立国家法制尊严。上古时舜帝诛杀混沌、穷奇、梼杌、饕餮这四大凶人之后天下就诚服了,为什么呢?因为四凶代表着当时天下四个最大的权贵家族。舜帝正是以此击溃了天下大族,才获得了全国百姓的民心。只有用这样的刑事政策,才有可能臻于"刑罚措而不用"的理想政治。周朝末期国家日渐衰微,但商鞅、韩非之流主张严刑峻法督责天下吏民而仍有所成就,正因为他们尚能做到"用法始于大臣,而后及于疏贱",因而辅佐各自的国家完成了霸业。所以可以说,商鞅、韩非之流的刑法虽然算不上"尧舜之刑",但他们的用刑之术仍不失为"尧舜之术"。后世庸人不深究本末源流,简单地将尧舜用刑之术与商韩之刑混为一谈,一同加以抛弃,这正是国家政治昏暗法制衰微的肇因。

第二个层面是分析当时刑法对大臣和小吏犯罪有司法待遇差异,批评朝廷法律宽纵官僚贵族而苛责小吏。他说,今日州县小吏若收受贿赂进行司法舞弊,其刑惩常至于除名;若官小不足以抵当犯罪,则可能与百姓一样"婴木索受笞棰",亦即受绳索枷锁等刑事强制手段羞辱或笞杖等刑罚,这当然是天下公认的耻辱之事,但为何仍有那么多读书为官者不惧刑辱堕于犯罪呢?就是因为心有不服。高级官吏一旦犯罪,就不是底层官吏"簿书米盐出入之间"的小罪;其官位越高,其犯罪危害越大;其权力越重,下面的人越不敢说。就算幸而有个别不畏强权的刚直之士克服艰险、力排众议加以检举揭发,又幸而没有受到官场上下左右的阻扰压制,好不容易完成了司法程序坐实了高官的犯罪,但使用"官当"制度以其官职爵位去抵当刑罚,最后减轻刑罚到真正被罚金或出钱赎刑的也没有几个。他们的罪过天下共知,但其所受处罚却不伤其毫毛。国家的刑法对公卿宽纵,对小吏严苛,这样当然会导致天下人难以心服。若用法不能使人们心服,即使天天以刀锯斧钺(严刑)相威胁尚且无人畏避,又哪里会在乎枷锁笞杖的惩儆呢?今天国家的法令烦苛,其所以防范官吏犯罪的刑禁法网,稍一不小心就陷进去了;但高官犯罪,结果一点也不可怕。为什么呢?因为常常有人为他们开脱,说古时有"刑不上大夫"的古训,大臣犯罪就不应该处以寻常刑罚。这真是天大的误解呀!所谓"刑不上大夫",哪里是主张士大夫以上有罪不加刑罚呀!其本意是,古时的君王,对公卿大臣在道德伦理上责求苛重,对士庶人在道德伦理上责求宽轻。对前者因为责求苛重,所以立法上反而约束较少;对后者因为责求宽轻,所以立法上就提防严密。大臣之所以可贵,正在于不待严苛法律约束而自觉远离犯罪。所以约束越宽,他们越是畏法守纪。为何呢?因为他们心里会想:君上如此全心全意信任我们,我们又怎忍心欺君罔上呢?万一有利用君上不疑而仍行犯罪者,那当然就罪不容诛、无可赦贷了。因而在士大夫有罪时,就不必像对士庶人犯罪那样履行"讯鞫论报"烦琐程序去审理判决,而是直接赐死或以流放方式简易处理了。这就是"刑不上大夫"的本意。所以,对于莅官治民有罪过的州县以上官吏,朝廷先将其过犯记录在朝廷历册中;若是馆阁近臣被贬到州县任职者再有过犯,就直接革除官职爵位。这才真正合乎古时圣王严格约束大臣的本意呀,为何一定要跟士庶人比较罪刑轻重然后又用官职爵位来折抵减免呢?刑律规定犯罪后自首可以减免刑罚,那是为犯罪的盗贼小人保留一线自新机会的。若卿大夫有罪也可以自首而减免,那不就等于将他们看成盗贼小人一样了吗?对任何人,只有因为他无罪,才不应施加刑罚;若明知其有罪而特予以免除刑罚,那还怎么能号令天下呢?近来有些大臣犯罪,甚至已经被举劾了,皇上却常常下诏令法司不加推问,这是为何呀?圣君治天下,岂能如此暧昧而不决?所以,申严法禁,要从大臣开始;从大臣开始则小臣就不犯法了。

七、变法宜熟为规摹,慎重循理,不可轻率鲁莽

圣策曰"有所不为,为之而无不成;有所不革,革之而无不服"。陛下之及此言,是天下之福也。今日之患,正在于未成而为之,未服而革之耳。夫成事在理不在势,服人以诚不以言。理之所在,以为则成,以禁则止,以赏则劝,以言则信。古之人所以鼓舞天下,绥之斯来,动之斯和者,盖循理而已。今为政不务循理,而欲以人主之势,赏罚之威,劫而成之!夫以斧析薪,可谓必克矣,然不循其理,则斧可缺,薪不可破。是以不论尊卑,不计强弱,理之所在则成,理所不在则不成可必也。[1]

【简释】

这是一篇殿试策问中的答题文章,苏轼主要申论了变法必须深思熟虑而后为之、不可轻率鲁莽变法改制的主张。他说,策问中有"有所不为,为之而无不成;有所不革,革之而无人不服"的判断,圣上言及于此真是天下人之福呀!今日国家祸患,正在于"未成而为之,未服而革之",亦即没有做到"有所不为""有所不革"。事情能不能成,靠的是道理而不是权势;能不能服人,靠的是诚信而不是空言。道理所在,据以作为就能成功,据以设禁就能止恶,据以赏赐就能励善,据以说话就有信用。古时圣人所用以鼓舞天下,达到"绥之斯来,动之斯和"感召效果的,不过就是遵循道理而为。今日为政不讲求循理,而惯于以人主之权势、赏罚之威力去劫制压服天下人,这是很可惜的。用斧头去辟柴,本来是必然可以劈开的;但如果不循柴木的内在纹理,则可能斧头砍缺了柴还没有劈开。因此,无论尊卑,无论强弱,理之所在就能成功,理所不在就必然失败。

今陛下使农民举息,与商贾争利,岂理也哉?而何怪其不成乎!……夫陛下苟诚心乎为民,则虽或谤之而人不信;苟诚心乎为利,则虽自解释

---

[1] (宋)苏轼:《拟进士对御试策》,载曾枣庄、舒大刚主编:《三苏全书》(第十四册),语文出版社2001年版,第392页。

而人不服……今青苗有二分之息,而不谓之放债取利,可乎?凡人为善,不自誉而人誉之;为恶,不自毁而人毁之。如使为善者必须自言而后信,则尧、舜、周、孔亦劳矣。今天下以为利,陛下以为义;天下以为害,陛下以为仁;天下以为贪,陛下以为廉。不胜其纷纭也……且夫未成而为之,则其弊必至于不敢为;未服而革之,则其弊必至于不敢革。盖世有好走马者,一为坠伤,则终身徒行。何者?慎重则必成,轻发则多败,此理之必然也。陛下若出于慎重,则屡作屡成,不惟人信之,陛下亦自信而日以勇矣。若出于轻发,则每举每败,不惟人不信,陛下亦自不信而日以怯矣……慎重者始若怯,终必勇。轻发者始若勇,终必怯……近者青苗之政,助役之法,均输之策,并军觅卒之令,卒然轻发,又甚于前日矣。虽陛下不恤人言,持之益坚,而势穷事碍,终亦必变。他日虽有良法美政,陛下能复自信乎?人君之患,在于乐因循而重改作。今陛下春秋鼎盛,天锡勇智,此万世一时也。而群臣不能济之以慎重,养之以敦朴,譬如乘轻车,驭骏马,冒险夜行,而仆夫又从后鞭之,岂不殆哉?臣愿陛下解辔秣马,以须东方之明,而徐行于九轨之道,甚未晚也。[1]

【简释】

在这番殿试对策里,苏轼继续阐发了变法必须慎之又慎的主张。他举例说,王安石变法所推出的青苗法,令农民向官府举息借钱以备春耕(青苗钱),这其实是官府与民争利,这种不合理的法令,推行不下去就不必奇怪了。陛下如果诚心诚意图利百姓,那么即使有人造谣歪曲变法动机,天下人仍不会相信。但若内心真意在于求利,则再怎么辩解人们还是不信服。青苗法规定官方贷给农民的青苗钱,还回时必须附加二分利息,这样牟利若仍不算是"放债取利"(高利贷),那能说得通吗?任何人为善,无须自我夸耀,人们必然会赞誉之;任何人为恶,无须自我诋毁,众人必共毁之。如果为善者只能凭借自我夸耀而后才能让人们相信,那么

---

[1](宋)苏轼:《拟进士对御试策》,载曾枣庄、舒大刚主编:《三苏全书》(第十四册),语文出版社2001年版,第392—393页

尧、舜、周、孔那些圣人该有多么劳苦呀!如今天下人公认的赤裸裸的求利之事,陛下却以为是大义之举;天下人公认是有害百姓之事,陛下却以为是仁义之事;天下人公认为是贪的,陛下却以为是廉,真是不胜纷纭烦扰呀!"未成而为、未服而革",亦即在尚未弄清"有所不为、有所不革"之时就轻率变革,其弊端必将至于不敢有所作为或不敢变革。这就像好骑马的人因为一次坠伤后终身只敢步行一样。为何呢?慎重者必然成功,轻率者必然多败,这才是理所必然呀!陛下若能深思熟虑慎重其事,则事事为之必成,不惟天下人相信你,而且陛下自己也会自信并越来越勇敢。若处事轻率,则每举每败,不惟天下人不信,甚而陛下自己也不自信且日渐胆怯。所以说,慎重者,开始好像是胆怯,但终归于勇敢;轻率者,开始好像是勇敢,但终归于胆怯。近来朝廷推行的青苗法、助役法、均输策、征兵令等,仓促出台,比从前更甚。即使陛下不恤人言,硬要坚持到底,但终究"势穷事碍"难以成功,最后将不得不废止。到那时,陛下若再有良法美政想加以推行,人们还会相信吗?陛下你自己还有自信吗?为人君者,本来最大的问题在于因循守旧,但陛下的情况似乎相反。陛下年轻气盛,勇气有余,若此时身边的大臣不规谏辅佐以慎重敦朴之道,就譬如轻车骏马冒险夜行而又被车夫从后面猛加鞭策,岂不是太危险了吗?愿陛下暂停一会儿,解除马的衔辔,给马喂点草料,静候黎明再出发,然后稳步行进于康庄大道,那样也不算迟误呀!

夫所贵于立者,以其规摹先定也。古之君子,先定其规摹,而后从事,故其应也有候,而其成也有形,众人以为是汗漫不可知,而君子以为理之必然,如炊之无不熟,种之无不生也。是故其用力省而成功速。[1]

【简释】

苏轼认为,国家立法,最可贵的是"规模先定"。古时君子办大事,一定是先深思熟虑进行规划研究,然后才开始行动,所以结果印证预先估

---

〔1〕 (宋)苏轼:《思治论》,载曾枣庄、舒大刚主编:《三苏全书》(第十四册),语文出版社2001年版,第210页。

测,才有所成功。有时众人认为是茫然无可预测的事,君子明悉其中的理所当然、理所必然。这就如熟食无不熟、种植无不生一样。若能如此,就可以用力省而成功快。

好大者欲王,好权者欲霸,而偷者欲休息。文吏之所至,则治刑狱,而聚敛之臣,则以货财为急。民不知其所适从也。及其发一政,则曰:姑试行之而已。其济与否,固未可知也。前之政未见其利害,而后之政复发矣。凡今之所谓新政者,听其始之议论,岂不甚美而可乐哉?然而布出于天下,而卒不知其所终。何则?其规摹不先定也。用舍系于好恶,而废兴决于众寡。故万全之利,以小不便而废者有之矣;百世之患,以小利而不顾者有之矣。所用之人无常责,而所发之政无成效。此犹适千里不赍粮而假丐于途人;治病不知其所当用之药,而百药皆试,以侥幸于一物之中。[1]

【简释】

苏轼在这里继续阐发反对仓促实行变法新政、必深思熟虑而后才可以实施变法的主张。他认为,各色人等各有所好,好大者喜欢夸耀,好权者喜欢霸强,苟且者喜欢休息。文书之吏喜欢在刑狱中舞文弄墨,聚敛之臣则以货财为急务。他们一出来,百姓就无所适从。其每发一个政策法令,总喜欢说姑且先试行一下;至于是否真的可行,则在所不计。前面政令的利弊得失还没有充分显示和评估,后面的新政令又发出了。今天的所谓新政大致如此。听其初始设计宣传,都美好而可爱;但颁布实施于天下,常常不了了之。为什么会这样呢?就是因为没有先定其规模,没有先进行充分的可行性论证。用什么、舍什么完全凭一己好恶,所兴所废完全取决于人言众寡。所以,本是万全之利的好事,仅仅因为遇到一点点不方便就猝然废止;本为百世之患的坏事,仅仅因为有一点小利益就漠然不顾忌。所用的人不负经常(长期)责任,所推行的新政没有成效,这就好像造访千里之外不备干粮盘缠而沿途乞讨于路人一样,就像治病不知应当用

---

[1] (宋)苏轼:《思治论》,载曾枣庄、舒大刚主编:《三苏全书》(第十四册),语文出版社2001年版,第210页。

什么药而百药皆试期求侥幸遇到一种对症之药一样。

吾从其可行者而规摹之,发之以勇,守之以专,达之以强,日夜以求合于其所规摹之内,而无务出于其所规摹之外。其人专,其政一,然而不成者,未之有也。[1]

【简释】

苏轼认为,所谓立法应先行研拟规摹,就是从其可行性的论证研究入手。开始要勇敢,然后要专一坚守,而后需要奋力自强。要日夜追求与事先预设论证相符合,尽量不要出乎预先规划之外。用人专一,政令专一,责任专一,然后还成功不了的,几乎没有听说过。

然而政出于天下,有出而无成者,五六十年于此矣。是何也?意者知出而不知收欤?非不知收,意者汗漫而无所收欤?故为之说曰:先定其规摹而后从事。先定者,可以谋人。不先定者,自谋常不给,而况于谋人乎![2]

【简释】

苏轼指出,新政颁布于天下,有号令而无成功者,五六十年间于今最甚。为什么呢?也许有人认为这是只知出令、不虑收效的态度所致,苏轼不以为然。不是不计收效,而是自己的意图目标散漫而无定准。所以苏轼说,做大事,应该先定其规摹,先充分论证其可行性,然后再开始行动。先定规摹,可以咨谋于他人;不先定规摹,连自己都不思虑,还会商谋于他人吗?

八、法既立则笃信严守,不可复以君言代法

右臣闻之孔子曰:"天何言哉!四时行焉,百物生焉。天何言哉!"天子法天恭己,正南面,守法度,信赏罚,而天下治。三代令王,莫不由此。

---

[1] (宋)苏轼:《思治论》,载曾枣庄、舒大刚主编:《三苏全书》(第十四册),语文出版社2001年版,第211页。

[2] 同上书,第212页。

若天下大事,安危所系,心之精微,法令有不能尽,则天子乃言,在三代为训诰誓命,自汉以下为制诏,皆所以鼓舞天下,不轻用也。若每行事立法之外,必以王言随而丁宁之,则是朝廷自轻其法,以为不丁宁则未必行也。言既屡出,虽复丁宁,人亦不信……今后一事一诏,则亵慢王言,莫甚于此……臣愿戒敕执政,但守法度,信赏罚,重惜王言,以待大事而发,则天下耸然,敢不敬应。[1]

【简释】

苏轼在这里表达的立法主张是:法律既制定颁布之后,君王就必须带头笃信严守,决不可再随时以诏旨替代法律。据《宋史·刑法二》记载:"太祖以来,其所自断,则轻重取舍,有法外之意焉。然其末流之弊,专用己私以乱祖宗之成宪者多矣。"说明当时以皇帝诏旨代法乃至废法的现象相当严重。苏轼主张,天子应该效法上天,端正自身,以身作则,南面无为,守法度,信赏罚,以求天下大治。三代圣王无不如此。只有遇到天下安危所系之大事而法律并没有详尽细致规定时,君王才可以发诏旨加以补充。这种诏旨,在三代时叫作训、诰、誓、命,在汉代以后叫作制、诏,这都是为了在非常时期非常之事时鼓舞号令天下,平常是不能轻用的。如果在每件立法政令之外,随时以皇帝诏旨叮咛嘱咐,则等于朝廷自行贬低正式法律,以为若不加以叮咛嘱咐这事儿就一定办不成。诏旨屡屡颁降,虽然反复叮咛,人们更加不信。一事一诏亵慢王言者莫过于此。苏轼建议皇帝责令宰辅团队,一定信守法度,信赏必罚;一定重惜王言,请颁降诏旨一定是在真有大事之时。果如此,则天下肃然,谁敢不谨慎认真地执行法律?

九、立法必由中书,不可法出多门

陛下欲去积弊而立法,必使宰相熟议而后行。事若不由中书,则是乱

---

[1] (宋)苏轼:《论每事降诏约束状》,载曾枣庄、舒大刚主编:《三苏全书》(第十一册),语文出版社2001年版,第500—501页。

世之法,圣君贤相,夫岂其然！必若立法不免由中书,熟议不免使宰相,则此司之设,无乃冗长而无名。智者所图,贵于无迹……陛下诚欲富国,择三司官属与漕运使副,而陛下与二三大臣,孜孜讲求,磨以岁月,则积弊自去而人不知。[1]

【简释】

苏轼在这里特别主张,立法必经由法定的立法机关即中书省,不可法出多门。他进言皇帝,陛下若想颁布新法以求尽除国家政治积弊,一定要待宰辅团队(中书省)深思熟虑、反复研拟然后才加以推行。立法创制之大事,若不经由中书省,则是破坏体制,一定是乱世之法。圣君贤相,岂能做这样的事？如确有特殊立法情形一定难免不经中书省或不经宰辅团队深思熟议,那么即使要设置临时特别机构,也不要搞那种衙名冗长而没名堂的机构(比如制置三司条例司)。智者谋事,贵于无痕迹。陛下真欲富国利民,慎重选择盐铁、户部、度支三司属官,或漕运使及其副使,充分信任授权就够了。陛下只需与身边二三大臣孜孜讲求治国大道,坚持一定年岁,则在人们不知不觉中积弊自去。

十、立法必须因应时势,顺乎民情民心风俗

盖圣人必观天下之势而为之法。方天下初定,民厌劳役,则圣人务为因循之政,与之休息；及其久安而无变,则必有不振之祸。是以圣人破其苟且之心,而作其怠惰之气。汉之元、成,惟不知此,以至于乱。今天下少惰矣,宜有以激发其心,使踊跃于功名,以变其俗。[2]

---

[1] (宋)苏轼:《上神宗皇帝书》,载曾枣庄、舒大刚主编:《三苏全书》(第十一册),语文出版社2001年版,第443页。

[2] (宋)苏洵:《上皇帝书》,载曾枣庄、舒大刚主编:《三苏全书》(第六册),语文出版社2001年版,第47页。

【简释】

苏洵在这里表达的主张是：立法必须因应时势，必须顺乎民情、民心、风俗。他认为，圣人立法，必定观察揣摩天地自然之势，将自然社会规律破译为法律。天下初定，人民厌恶劳役之时，圣王务必实施因循之政，与民休息。国家长久安定、无有变故，人们松弛之时，则可能因玩忽懒散而惹祸端，这时圣王就要通过立法破除人们的苟且之心，驱除其怠惰之气。汉代的元帝、成帝时期，就是因为没有这样做，所以才招致大乱。今天我朝已经开始怠惰了，应该通过新的立法来激发人民振奋有为，使人民踊跃于建功立业，以此移风易俗。

夫道何常之有？应物而已矣。物隆则与之偕升，物污则与之偕降。夫政何常之有？因俗而已矣。俗善则养之以宽，俗顽则齐之以猛。自尧、舜以来，未之有改也。故齐太公因俗设教，则三月而治。鲁伯禽易俗变礼，则五月而定。三月之与五月，未足为迟速也，而后世之盛衰出焉。以伯禽之贤，用周公之训，而犹若是，苟不逮伯禽者，其变易之患，可胜言哉？[1]

【简释】

苏轼认为，长久不变之道在哪里？不过就在"应物"二字。物隆升时，道随之隆升；物亏减时，道随之降缩。民俗仁善时，则养民以宽政宽法；民俗顽劣时，则用猛政严法矫正之。这一方针，自尧、舜以来，从未改变过。故在周代，姜太公治齐国，因俗设教，一个月就达到大治；伯禽治鲁国，易俗变礼，五个月就实现国家安定。三个月与五个月的差别，不能简单比较快慢，但后世的盛衰基础由此奠定了。以伯禽的贤能之资，用周公的遗训，尚且需要如此因俗应物而治；那么才智不及伯禽者，若轻率变法改制，其祸患就可想而知呀！

---

[1]（宋）苏轼：《道有升降政由俗革》，载曾枣庄、舒大刚主编：《三苏全书》（第十四册），语文出版社2001年版，第275—276页。

第三章 "三苏"的吏治思想与传统法文化*

宋学群星璀璨[1], "三苏"光芒闪耀其间。[2] 苏洵及其二子苏轼、苏辙，文章高妙，以文载道，"推阐义理而期于经世，明于事势而洞达人情，发明儒道而兼容佛老，议论雄辩而文辞精要"[3]。最负盛名的苏轼以"诗一般的语言，表现出的是那种锐身自任、不畏艰难

---

* 作者：霍存福，沈阳师范大学法学院教授；张田田，沈阳师范大学法学院副教授。

[1] 宋代儒学在与前代盛行的释、道两家的相互抵抗、排斥、交锋与交融中，面目一新："北宋初叶以后的一些以儒家面目出现的学者，例如胡瑗、杨亿、范仲淹、欧阳修、王安石等，固然已经大异于由汉到唐的那些拘守章句训诂之学的儒家学者，却也绝对不是春秋战国时期儒家学术的再版。就他们所致力的学术领域的界限来说，已非复孔门四科和六艺之所能涵盖；就其义理的深奥精密来说，也非赋由先秦到唐代的儒家学者之所能企及。对于这样一些先后辈出的学者，对于这样一些先后被开拓的广阔学术领域，我们觉得只有一个最为适合的概括称号，那就是'宋学'。"参见陈植锷：《北宋文化史述论》，中华书局2019年版，邓小南序。

[2] "三苏"在文学、史学、经学等领域均为人称道，各方面成就交相辉映。秦观在《淮海集》卷三十《答傅彬老简》中的概括："苏氏蜀人，其于组丽也独得之于天，故其文章如锦绮焉。其说信美矣！然非所以称苏氏也。苏氏之道，最深于性命自得之际，其次则器足以任重，识足以致远，至于议论文章，乃与世周旋，至粗者也。""三苏"的苏氏之学是北宋"蜀学"的核心。"王安石以新说行，学者尚同，如圣门一贯之说，僭也。先正文忠公苏轼首辟其说，是为元祐学，人谓蜀学云，时又有洛学，本程颐；朔学，本刘挚，皆曰元祐学，相羽翼以攻新说。"（李石《方舟集》卷十三《苏文忠集御叙跋》）"三苏"见解独树一帜，贯彻"人情为本"的学术立场，重新阐释儒家"六经"，倡导"杂糅百家"的大全之道。参见陈梦熊：《三苏蜀学思想论》，载《内江师范学院学报》2018年第3期。

[3] 高明峰：《三苏经学与文学述论》，载《国学学刊》2013第3期。

的经世情怀"[1]。"三苏"涉猎广泛,素质全面,是北宋士大夫的典型代表。"把宋代的文学家还原为一个士大夫,对于我们理解其精神世界将是非常有益的……实际生存的士大夫可能各具特长,但理想型的士大夫应该是'全面发展'的……北宋时期的著名士大夫如欧阳修、王安石、司马光、苏轼等,也确实近乎'全面发展'的理想型。"[2]"文吏、儒生合为一体,文章、经术、吏事熔为一炉,宋之士大夫完全成为一种复合型人才。"[3] 目前研究中,很多"没有把三苏作为一个整体的学派对待,而只是分别地作个案式的研究。同时,在三苏研究中过于偏重苏轼,对于苏洵、苏辙的学术成就比较忽视"[4];"三苏"作为士大夫的重要特征即擅长"吏事",关心"政事",积极投身于政治法律活动等,也较少得到整体把握和系统探讨。[5] 作为"全面发展"的北宋士人,"三苏"在"吏治"方面的言与行等,应放在其人性、人品、人格卓越,才、学、识全面发展的系统中去理解;借助"三苏"较高的历史地位与生动的人物形象,及父子兄弟之间的和鸣与传承,其吏治主张更加鲜明,更能脱颖而出。以下分别归纳苏洵、苏轼与苏辙的从政经验与吏治理念。

---

[1] 冷成金:《苏轼的哲学观与文艺观》,学苑出版社2003年版,第131页。
[2] 朱刚:《唐宋"古文运动"与士大夫文学》,复旦大学出版社2019年版,第119页。
[3] 陈景良:《"文学法理咸精其能":试论两宋士大夫的法律素养》,载《南京大学法律评论》1996年秋季号、1997年春季号。
[4] 叶平:《三苏蜀学思想研究》,河南大学2011届博士论文。
[5] 杨鹤皋先生著《中国法律思想通史》(湘潭大学出版社2011年版,第706—769页)第四篇论述"宋元明清法律思想",宋代部分分为"庆历新政"与变法改革思想、王安石变法与变法反对派的法律思想、两宋时期理学家的法律思想、南宋时期功利学派的法律思想四部分,未论及"三苏"。全四册的《中国法律思想通史》(李光灿等编著,山西人民出版社2000年版,第457—547页)第二册第六卷"北宋、南宋"中,分析北宋法律思想,依次列举的人物、学派包括:范仲淹、包拯、欧阳修、李觏、王安石、司马光、"三苏"及关洛学派。对苏洵、苏轼、苏辙的思想统一概括为八个方面:"礼以养人为本,任德任刑不可偏废""任法、任人综合运筹,吏道为治国之本""一赏罚,一号令,厉行法禁""对熙宁变法应'较量利害,参用所长'""使贫民有田以耕""据契而均税""放松管榷,利用便民""节用廉取"。

一、苏洵政论中的吏治思想

"三苏"并非轻视法制建设,但都基本遵循"法不足以制天下"的立场,对于王安石的变法举措,严加审视,甚至反对。苏氏父子与王安石交恶程度逐渐加深。苏洵、王安石于嘉祐元年(1056年)初识便不相能,后二人均上书皇帝,苏洵《上皇帝书》延续其《议法》文中态度,直言不讳"法不足以制天下"[1],与王安石《上仁宗皇帝言事书》持论对立。苏轼、苏辙反对新法,与王安石对立,均深受苏洵观点影响。

苏洵自学成才,大器晚成,开拓创新,立一家之言,又培养出优秀的苏轼、苏辙,对其二子影响极深。他中年名动天下但仕途仍坎坷,政见寄托于著述。苏洵虽然从政经验有限,但其思想深邃,议论独到。苏洵长于史学,其史论为其学术与政见的集中展现,其献策亦可看作其吏治主张的一次系统梳理,即嘉祐三年(1058年)所作《上皇帝书》,取天下之事"其近而易行浅而易见者,谨条为十通"[2],陈说弊政,晓以利害,献言献策。

(一)用人不疑

1. 君臣推诚,善用奇杰

对国家股肱之臣如将相、心腹等,苏洵建议君王用人不疑、推诚信任。《上皇帝书》其六,苏洵开篇便指出"法不足以制天下,以法而制天下,法之所不及,天下斯欺之矣",行之有效的办法是效法先王"存其大略,而济之以至诚"的用法策略。

---

[1] 苏洵早在《衡论》的《申法》《议法》两篇(《嘉祐集》卷五)中论述古今之法两大区别,即简繁之别与"古者以仁义行法律,后世以法律行仁义",宋代承前代之制,"政之失非法之罪也""狱讼常病多,盗贼常病重",缘于吏治腐败,"法之公而吏之私也。举公法而寄之私吏,犹且若此,而况法律之间又不能无失",总体态度还是更看重"任人"的设计与实效的。

[2] 参见曾枣庄、金成礼笺注:《嘉祐集笺注》卷十《上皇帝书》,上海古籍出版社1993年版,第281—300页。

古制（理想）	今制（弊病）
法必有所不及也，先王知其有所不及，是故存其大略而济之以至诚	今两制以上，非无贤俊之士，然皆奉法供职无过而已，莫肯于绳墨之外，为陛下深思远虑，有所建明
君臣之道不同，人臣惟自防，人君惟无防之，是以欢欣相接而无间	两府与两制，宜使日夜交于门以讲论当世之务，且以习知其为人，临事授任以不失其才，今法不可以相往来，意将以杜其告讦之私也

苏洵认为，人君御下用法之弊，不但大臣徒守绳墨之法，不肯深思远虑，更深的弊病在于君臣上下疏离，"如其左右大臣而必待法而后能御也，则其疏远小吏当复何以哉？以天下之大而无可信之人，则国不足以为国矣"[1]。他阐述道，人君"使天下之所以不吾欺者，未必皆吾法之所能禁，亦其中有所不忍而已"[2]，过度防备应"一切撤去"，以示信任；官吏若辜负信任，不才无耻，只须"诛一二人"，震慑群吏。如此，"亦必有倜傥非常之才为陛下用也"[3]。《远虑》篇中，苏洵亦曾强调君王对腹心之臣应全盘信任，他通过古今对比揭示：

> 圣人之任腹心之臣也，尊之如父师，爱之如兄弟，握手入卧内，同起居寝食，知无不言，言无不尽，百人誉之不加密，百人毁之不加疏，尊其爵，厚其禄，重其权，而后可以议天下之机，虑天下之变。[4]

对言行出人意表的"奇杰之士"，苏洵主张不拘礼法而大胆"养士"于平时，实现"缓急可用"。《养才》篇中特别关注恃才傲物、任性自纵，但关键时候可当大任的奇杰，苏洵认为对此等人"不可羁束以礼法"：

> 古之养奇杰也，任之以权，尊之以爵，厚之以禄，重之以恩，责之

---

[1] 曾枣庄、金成礼笺注：《嘉祐集笺注》卷十《上皇帝书》，上海古籍出版社1993年版，第281—300页。
[2] 同上注。
[3] 同上注。
[4] 曾枣庄、金成礼笺注：《嘉祐集笺注》卷四《远虑》，上海古籍出版社1993年版，第80—83页。

以措置天下之务,而易其平居自纵之心,而声色耳目之欲又已极于外,故不待放肆而后为乐。[1]

今则不然,"吾观世之用人,好以可勉强之道与德,而加之不可勉强之才之上",片面"贵贤贱能",拘束薄待奇杰,导致能人不得不"越法逾礼而自快",或不得重用、心灰意冷,或不安于室、叛变投敌:"无事之时既不能养,及其不幸一旦有边境之患、繁乱难治之事,而后优诏以召之,丰爵重禄以结之,则彼已憾矣,夫彼固非纯忠者也,又安肯默然于穷困无用之地而已耶。"[2]有鉴于此,苏洵建议对"挺然出于众人之上"的奇杰之士,应不拘一格宽待、优待,并强调要占据先机,养之于"无事之时",方可于发生"边境之患,繁乱难治之事"时,对其委以重托。《上皇帝书》其八则专言使节任用,"敌国有事,相待以将,无事,相观以使",使者意义关键,但"今之所谓使者亦轻矣",朝廷"以奉使为艰危,故必均而后可",频繁更换出使者;使者须具备"言语"等才干,但"其专对捷给勇敢又非可以学致",任人不当,导致"彼有仓惶失次,为夷狄笑而已";且"法令太密",使臣才干难以施展,"使小吏执简记,其旁一摇足,辄随而书之,虽有奇才辩士,亦安所效用"[3]。出使敌国者,非但不能"破其奸谋而折其骄气",且敌国认为我朝中无人,更助长其侵略野心,则是更深层次的弊端。苏洵"奉使者宜有常人,惟其可者,而不必均"的使臣任用观,仍属于对待"奇杰"应"先发制人"的一般方案:"且陛下平世使人而皆得以辞免,后有缓急使之出入死地将皆逃邪,此臣又非独为出使而言也。"[4]

---

[1] 曾枣庄、金成礼笺注:《嘉祐集笺注》卷五《养才》,上海古籍出版社1993年版,第110—112页。

[2] 曾枣庄、金成礼笺注:《嘉祐集笺注》卷四《远虑》,上海古籍出版社1993年版,第80—83页。

[3] 曾枣庄、金成礼笺注:《嘉祐集笺注》卷十《上皇帝书》,上海古籍出版社1993年版,第281—300页。

[4] 同上注。

2. 重州县吏,选任得人

从吏治民生角度,苏洵重视基层官吏的选拔任用,尤其对边远之官的任用与监督,更关乎民生,不可轻忽。

《上皇帝书》之四,苏洵基于官吏无论贵贱"皆受天子之爵,皆食天子之禄","县令官虽卑,其所负一县之责与京朝官知县等耳",现实却是州县亲民之官处境卑微,束手束脚,甚至趋炎附势,势必败坏地方吏治,"州县之吏事(太守)之如事君之礼",县令"难为","大吏常恣行不忌其下,而小吏不能正,以至于曲随谄事,助以为虐,其能中立而不挠者,固已难矣","其吏胥人民习知其官长之拜伏于太守之庭,如是之不威也,故轻之。轻之,故易为奸"[1]。

古制(理想)	今制(弊病)
古有诸侯,臣妾其境内,而卿大夫之家亦各有臣。陪臣之事其君,如其君之事天子。此无他,其一境之内所以生杀予夺富贵贫贱者,皆自我制之,此固有以臣妾之也	自太祖受命,收天下之尊归于京师,一命以上皆上所署,而大司农衣食之。自宰相至于州县吏,虽贵贱相去甚远,而其实皆所与比肩而事王耳。是以百余年间天下不知有权臣之威,而太守、刺史犹用汉唐之制,使县之吏事之如事君之礼
其后诸侯虽废,而自汉至唐,犹有相君之势。何者?其署置辟举之权,犹足以臣之也。是故太守、刺史坐于堂上,州县之吏拜于堂下,虽奔走顿伏,其谁曰不然	

认识到"州县之吏,位卑而禄薄,去于民最近,而易以为奸。朝廷所恃以制之者,特以厉其廉隅,全其节概,而养其气,使知有所耻也。且必有异材焉,后将以为公卿"[2]。苏洵主张,官场礼敬应当有度,"州县之吏事太守,可恭逊卑抑,不敢抗而已,不至于通名赞拜,趋走其下风"[3],应尊县令之威望,以全士大夫之节、儆大吏之不法者。

《重远》篇中,苏洵鉴于"近之官吏贤耶,民誉之歌之;不贤耶,讥之谤

---

[1] 曾枣庄、金成礼笺注:《嘉祐集笺注》卷十《上皇帝书》,上海古籍出版社1993年版,第281—300页。

[2] 同上注。

[3] 同上注。

之,誉歌讥谤者众则必传,传则必达于朝廷"[1],即近处之民有冤易诉,则"官吏之贤否易知",但远方之民的讥谤要"上达天听"极为困难,因此"近之可忧,未若远之可忧之深也"[2]。"远"因地理、物产及税赋等,易滋弊政,则其亲民官吏的任用,尤应当得到重视,"今夫以一身任一方之责者,莫若漕刑。广南、川峡既为天下要区,而其中之郡县,又有为广南、川峡之要区者,其牧宰之贤否,实一方所以安危",从知人善任、强化监督的角度,则应"使漕刑自举其人而任之",即责成漕刑举荐、监督,其余郡县长官也应选任得人,使"赃吏、冗流勿措其间,则民虽在千里外,无异甸中矣"[3]。

(二) 信赏必罚

苏洵作《审势》,认为国家"弱在于政,不在于势,是谓以弱政败强势";所谓强势,"自下而上县令、郡守、转运使'以大系小,丝牵绳联,总合于上'",所谓"弱"则表现为"习于惠而怯于威""刑弛而兵不振",导致宋"有可强之势如秦,而反陷于弱":

> 弱之实,曰官吏旷惰,职废不举,而败官之罚,不加严也;多赎数赦,不问有罪,而典刑之禁,不能行也;冗兵骄狂,负力幸赏,而维持姑息之恩,不敢节也。[4]

审势以决策,苏洵坚信,"用刑不必霸,而用德不必王,各观其势之何所宜用而已,然则今之势,何为不可用刑,用刑何为不曰王道",君王应下定决心,明确并落实官吏选拔、奖惩制度。苏洵《上文丞相书》中亦注意到如下弊端:"国家法令甚严"而"天下之吏犯法者甚众",导致"士大夫之间洁然而无

---

[1] 曾枣庄、金成礼笺注:《嘉祐集笺注》卷四《重远》,上海古籍出版社1993年版,第99—101页。
[2] 同上注。
[3] 同上注。
[4] 曾枣庄、金成礼笺注:《嘉祐集笺注》卷一《审势》,上海古籍出版社1993年版,第1—5页。

过,可任以为吏者,其实无几",且"吏之以罪免者,旷岁无有",朝廷选拔官吏"艰之于其始,窃恐夫贤者之难进",吏轻国法,有罪不罚,则官冗而不肖者众。因此他借"古者之制"提出"略于始而精于终,使贤者易进而不肖者易犯"的主张,"略其始"以"求尽天下之贤俊","精其终"以"责实于天下之官":"贤进而不肖者易退,夫何患官冗",试图改善现状。[1]

《上皇帝书》其一便关注官吏选任,苏洵基于"利之所在,天下趋之",对比古今,揭示皇帝"轻用其爵禄"造成"官吏繁多",劳民伤财之弊。

古制(理想)	今制(弊病)
古之圣人,执其大利之权,以奔走天下,意有所向,则天下争先为之	今陛下有奔走天下之权,而不能用
古者赏一人而天下劝	今陛下增秩拜官,动以千计,其人皆以为已所自致,而不知戮力以报上之恩。至于临事,谁当效用
	虽有能者,亦无所施,以为谨守绳墨,足以自取高位
	官吏繁多,溢于局外,使陛下皇皇汲汲求以处之,而不暇择其贤不肖,以病陛下之民,而耗竭大司农之钱谷
天下之吏必皆务为可称之功,与民兴利除害,惟恐不出诸已。此古之圣人所以驱天下之人,而使争为善也	今制,天下之吏,自州县令录幕职而改京官者,皆未得其术,是以若此纷纷也。今虽多其举官而远其考,重其举官之罪,此适足以隔贤者而容不肖。且天下无事,虽庸人皆足以无过,一旦改官,无所不为。彼其举者曰:此廉吏,此能吏。朝廷不知其所以为廉与能也。幸而未有败事,则长为廉与能矣。虽重其罪,未见有益。上下相蒙,请托公行,莅官六七考,求举主五六人,此谁不能者

---

[1] 参见曾枣庄、金成礼笺注:《嘉祐集笺注》卷十一《上文丞相书》,上海古籍出版社1993年版,第313—314页。

(续表)

古制(理想)	今制(弊病)
圣人必观天下之势而为之法。方天下初定,民厌劳役,则圣人务为因循之政,与之休息;及其久安而无变,则必有不振之祸。是以圣人破其苟且之心,而作其怠堕之气	今天下……冗官纷纭如此

苏洵立论以退为进,"今天下少惰矣,宜有以激发其心,使踊跃于功名,以变其俗,况乎冗官纷纭如此",鉴于官吏考核劝惩"未得其术",赏罚流于形式,导致官吏庸碌因循,缺乏动力,甚至"上下相蒙,请托公行",他建议改革官吏的升降机制,以确保"有功而赏,有罪而罚":"举人者,当使明著其迹","廉""能"等才绩"皆有可纪之状",同理,因"不才贪吏"等"降官罢任者,必奏曰某人有某罪,其罪当然"。他还建议不拘一格任用极少数"宏才大略"之人,"若其宏才大略,不乐于小官而无闻焉者,使两制得以非常举之"[1]。

《上皇帝书》其二,苏洵基于"圣人之举事,不唯曰利而已,必将有以大服天下之心",认为因父祖恩荫而得官者,是"不学而得",子子孙孙,"常无穷也","得之也易,则其失之也不甚惜",恐将"视民如草芥"[2]。

古制(理想)	今制(弊病)
古者之制爵禄,必皆孝弟忠信,修洁博习,闻于乡党,而达于朝廷以得之	后世不然,曲艺小数皆可以进。然其得也,犹有以取之,其弊不若今之甚也。今之用人最无谓者,其所谓任子乎?……朝廷自近年始有意于裁节,然皆知损之而未得其所损,此所谓制其末而不穷其源

---

[1] 曾枣庄、金成礼笺注:《嘉祐集笺注》卷十《上皇帝书》,上海古籍出版社1993年版,第281—300页。
[2] 同上注。

(续表)

古制(理想)	今制(弊病)
所谓任子者,亦犹曰信其父兄而用其子弟云尔。彼其父兄固学而得之也,学者任人,不学者任于人,此易晓也	今之制,苟幸而其官至于可任者,举使任之,不问其始之何从而得之也,且彼任于人不暇,又安能任人

苏洵建议,明确恩荫得官的先决破格条件即才学,"唯其能自修饰""以至于清显者",否则,"虽至正郎,宜皆不听任子弟",以此激励"公卿之后皆奋志为学,不待父兄之资",注重真才实学,形成良性循环:"其任而得官者,知后不得复任其子弟,亦当勉强,不肯终老自弃于庸人,此其为益岂特一二而已。"[1]

《上皇帝书》其三,苏洵基于"有官必有课,有课必有赏罚",揭示当今考课运行中弊病丛生:"天下之吏不可以胜考,今欲人人而课之,必使入于九等之中,此宜其颠倒错谬,而不若无之为便也。"[2]

古制(理想)	今制(弊病)
自设官以来,皆有考绩之法。周室既亡,其法废绝,自京房建考课之议,其后终不能行……惟其大令	自昔行考课者,皆不得其术。盖天下之官皆有所属之长,有功有罪,其长皆得以举刺。如必人人而课之于朝廷,则其长为将安用
	今天下所以不大治者,守令丞尉贤不肖混淆,而莫之辨也……其咎在职司之不明……其咎在无所属而莫为之长。陛下以无所属之官,而寄之以一路,其贤不肖,当使谁察之
古之考绩者,皆从司会,而至于天子	古之司会,即今之尚书,尚书既废,惟御史可以总察中外之官……今天下号为太平,其实远方之民穷困已甚,其咎皆在职司

---

〔1〕 曾枣庄、金成礼笺注:《嘉祐集笺注》卷十《上皇帝书》,上海古籍出版社1993年版,第281—300页。
〔2〕 同上注。

苏洵建议,考课应从上层抓起,完善层级监督,则"用力少而成功多",应明确地方长官即"大吏"之"所属"与"职司"及落实考课的机构与办法:"惟其大吏无所属而莫为之长也,则课之所宜加。何者？其位尊,故课一人而其下皆可以整齐;其数少,故可以尽其能否而不谬。"[1]因此应当明立"职司考课之法",并将其作为御史监察的重要环节,"唯御史可以总察中外之官,臣愚以为可使朝臣议定职司考课之法,而于御史台别立考课之司,中丞举其大纲,而属官之中选强明者一人,以专治其事。以举刺多者为上,以举刺少者为中,以无所举刺者为下",严肃赏罚劝惩,"则其下守令丞尉不容复有所依违,而其所课者又不过数十人,足以求得其实"。[2]如此,官长在监督下兢兢业业,不敢为非,方能纾解"远方之民穷困已甚"的现状。

《上皇帝书》其七,苏洵基于为天下者"不可以名器许人",指摘现今科举所取之士,重其"一日之长",从政未必皆优,"固非真知其才之高下大小也,特以为姑收之而已。将试之为政,而观其悠久,则必有大异不然者"[3],然而中进士者"天下望为卿相",自负"可以侥幸而无难",因此"匹夫轻朝廷",美才"怠而不修",甚至恣意妄为。

古制(理想)	今制(弊病)
先王制其天下,尊尊相高,贵贵相承,使天下仰视朝廷之尊,如太山乔岳,非扳援所能及。苟非有大功与出群之才,则不可以轻得其高位。是故天下知有所忌,而不敢觊觎	今进士三人之中,释褐之日,天下望为卿相,不及十年,未有不为两制者。且彼以其一日之长,而擅终身之富贵,举而归之,如有所负。如此则虽天下之美才,亦或怠而不修;其率意恣行者,人亦望风畏之,不敢按
	今五尺童子,斐然皆有意于公卿,得之则不知愧,不得则怨

苏洵建议,对进士三人"优与一官,足以报其一日之长。馆阁台省,非

---

[1] 曾枣庄、金成礼笺注:《嘉祐集笺注》卷十《上皇帝书》,上海古籍出版社1993年版,第281—300页。
[2] 同上注。
[3] 同上注。

举不入",如此,"爱惜名器",也可培养出真正优秀的卿相,"将以重朝廷"。

"文有文举,武有武举",在武官、大将的选拔方面,《上皇帝书》其五,苏洵忧心"所用非所养,所养非所用",朝廷用人"其素所用者,缓急足以使也。临事而取者,亦不足用矣",具体而言,"国家用兵之时,购方略,设武举,使天下屠沽健儿,皆能徒手攫取陛下之官;而兵休之日,虽有超世之才,而惜斗升之禄,臣恐天下有以窥朝廷也",且武举旧弊如"无用之学""取人太多"等导致"所得皆贪污无行之徒,豪杰之士耻不忍就"。苏洵建议,应当注重兵将的平时培养与选拔,宁缺毋滥,革其旧弊,"宜因贡士之岁,使两制各得举其所闻,有司试其可者,而陛下亲策之",严选有勇有谋者,"取一二人待以不次之位,试以守边之任","文有制科,武有武举,陛下欲得将相于此乎,取之十人之中岂无一二,斯亦足以济矣"[1]。

此外,《上皇帝书》其九,苏洵基于赦系古制,赦令的发布应针对"非常之事",然而,"因郊而赦"却助长恶人的侥幸心理,民不畏法,"盗贼公行",且"糜散帑廪,以赏无用冗杂之兵,一经大礼,费以万亿。赋敛之不轻,民之不聊生"[2]。

古制(理想)	今制(弊病)
刑之有赦,其来远矣。周制八议,有可赦之人而无可赦之时。自三代之衰,始闻有肆赦之令,然皆因天下有非常之事,凶荒流离之后,盗贼垢污之余,于是有以沛然洗濯于天下	今之因郊而赦,使天下之凶民,可以逆知而侥幸也。平时小民畏法,当郊之岁,盗贼公行,罪人满狱,为天下者将何利于此?
	顾以为所从来久远,恐一旦去之,天下必以为少恩,而凶豪无赖之兵,或因为词而生乱……五代之后兵荒之间,所以姑息天下而安反侧耳

---

[1] 曾枣庄、金成礼笺注:《嘉祐集笺注》卷十《上皇帝书》,上海古籍出版社1993年版,第281—300页。
[2] 同上注。

苏洵结合"节用爱民"目标与赦"所从来久远"的现实而进谏,"法令明具,四方无虞,何畏而不改",应采用不定期赦,帝王应昭告天下,"吾于天下非有惜乎推恩也,惟是凶残之民,知吾当赦,辄以犯法,以贼害吾良民,今而后赦不于郊之岁,以为常制",如此更有利于除暴安良,防患于未然。

亲贤良,远小人,是一体两面。《上皇帝书》其十,苏洵感念"陛下擢用俊贤,思致太平",其事未成,在于"小人之根未去",固然,"陛下遇士大夫有礼",但"天下之人皆以为陛下不疏远宦官",此辈"耳目玩弄之臣"最为阴险,又常在君前侍奉,故"珠玉锦绣所以为赂者络绎于道",忠良"常有所顾忌"。以史为鉴,苏洵申说"君子之去小人,惟能尽去,乃无后患",确保"朝廷清明"。

总之,苏洵的吏治思想较为系统全面,注重善始善终,既主张培育良材、不拘一格选用奇才,重视"人"的尊严、气节与主动性、灵活性,要求举荐者知人善任,人君用人不疑、亲贤良而远小人,又强调机制完善、制度落实,这些均出于苏洵的兼综礼法、本于人情的思想体系,亦影响到苏轼、苏辙两兄弟。

苏洵虽未出任地方长官,但从其所盛赞的张方平治蜀事迹中可以看出,他欣赏此种爱民、养民的循吏:

> 公尝为我言,"人皆曰蜀人多变,于是待之以待盗贼之意,而绳之以绳盗贼之法,重足屏息之民,而以碪斧令,于是民始忍以其父母妻子之所仰赖之身,而弃之于盗贼,故每每大乱。夫约之以礼,驱之以法,惟蜀人为易。至于急之而生变,虽齐、鲁亦然。吾以齐、鲁待蜀人,而蜀人亦自以齐、鲁之人待其身。若夫肆意于法律之外,以威劫齐民,吾不忍为也"。呜呼!爱蜀人之深,待蜀人之厚,自公而前,吾未始见也。[1]

---

[1] 曾枣庄、金成礼笺注:《嘉祐集笺注》卷十五《张益州画像记》,上海古籍出版社1993年版,第394—396页。

通人情，因人情，顺人情，在多次出任地方守令的苏轼、苏辙身上，我们能识别出许许多多这样的事迹。可以说，苏洵虽未在居官为政上为二子现身说法、亲身示范，但从学问与政见等方方面面，对苏轼、苏辙的熏陶、引领作用都是不可磨灭的。

"二苏"苏轼、苏辙后来在神宗朝、哲宗朝经历的政治风波，较"老苏"苏洵更多[1]，"二苏"的为官经历也比父亲丰富得多，从中央到地方，他们的抱负与才干，有更多机会施展。在讨论"二苏"的吏治理论主张前，我们先对苏轼、苏辙为官的典型事迹加以探究，以观察他们学以致用的实干能力。

二、苏轼、苏辙的施政能力

苏轼、苏辙兄弟"二子皆天才"，且性格鲜明、各不相同，张方平初见便评论道"长者明敏尤可爱，然少者谨重，成就或过之"[2]。苏洵于其《名二子说》中，对苏轼、苏辙两兄弟的性格特点，曾有精准的把握。[3] 但学者也指出，苏辙其人，外柔内刚，其在政治上也曾几次比苏轼激进。[4]

---

[1] "三苏幸而产生在仁宗朝，如果延至神宗朝，像'三苏'这样有个性、直言不讳、敢说敢为，不愿随波逐流的人，可能早就被扼杀在萌芽状态，因此，也绝不可能有辉耀中国历史的'三苏'存在。苏轼、苏辙坎坷于神、哲两朝已经作了最好的注解。"潘殊闲：《论"三苏"产生的政治文化生态》，载《西华大学学报（哲学社会科学版）》2010年第6期。

[2] 丁传靖辑：《宋人轶事汇编》，中华书局2003年版，第591页。

[3] 参见曾枣庄、金成礼笺注：《嘉祐集笺注》卷十五《名二子说》，上海古籍出版社1993年版，第414—415页。

[4] "第一次是在登上仕途之始，第二次是面对变法而确定其党派立场之时，第三次是'旧党'在政治上得势的阶段，第四次则是苏氏兄弟掌握朝政的最后机会"，即在关键时刻均主动出击。参见朱刚：《唐宋"古文运动"与士大夫文学》，复旦大学出版社2019年版，第341—342页。

(一) 苏轼从政的榜样与轶事[1]

苏轼的文才,有目共睹。但作为文艺作品流传于世的"全才"或"通才",兼一生仕途坎坷、屡遭贬谪,其为官经验智慧往往为文名、轶事所掩。但士大夫苏轼的才能,确实在吏治方面有所体现。而且与其父官低而任短不同,苏轼一生,有不少实实在在的治理经验,其才干固然有家学渊源,从其"以吏能自任",自称"我于欧阳公及陈公弼处学来"来看,也得益于前辈的示范、点拨。

张舜民称苏轼吏能或许部分得自与陈希亮共事时的观摩体会。陈希亮嘉祐年间曾知凤翔府:"小大之狱,罔不经目。小则幕府,大则自操笔为之……理法皆备。"当时苏轼是他治下的签书判官,"其后子瞻亦自负吏事,人或诘之,乃曰'吾得之陈公也'"[2]。陈希亮对待身为后辈、同乡、下级的苏轼,看似打压,实则是将之视为晚辈,严格要求,希望他不要为年少盛名所误。[3] 陈希亮表面上的"苛待"与"冷遇",以及这位前辈老乡的严肃认真,应给苏轼留下了深刻印象。等到苏轼自己独当一面,为民父母,如《梁溪漫志》卷四"东坡西湖了官事"所记叙,他也体现出了不假手他人、驾轻就熟的治理能力:

> 苏轼镇余杭,遇游西湖,多令旌旗导从出钱塘门,坡则自涌金门从一二老兵,泛舟绝湖而来。饭于普安院,倘佯灵隐、天竺间。以吏

---

[1] 所谓"轶事",就是指在"正史"以外,得之于当时传闻和后世记载的材料和故事,这些比起"正史"来往往写得更为生动活泼,这有助于对历史人物的多方面的了解。丁传靖辑:《宋人轶事汇编》,中华书局2003年版,出版说明。

[2] (宋)张舜民:《画墁集》卷六《房州修城碑阴记》,载《景印文渊阁四库全书》第1117册,台湾商务印书馆1983年版,第35页。

[3] "东坡初擢制科,签书判官事,吏呼苏贤良。公弼怒曰:'府判官,何贤良也?'杖其吏不顾,或入谒不得见……东坡作府斋醮祷祈诸小文,公弼必涂墨改定,数往返。至为公弼作凌虚台记……公弼览之,笑曰:'吾视苏明允犹子也,某犹孙子也。平日故不以辞色假之者,以其年少暴得大名,惧夫满而不胜也。乃不吾乐耶?'不易一字,亟命刻之石。"参见(宋)邵博撰,刘德权、李剑雄点校:《邵氏闻见录后录》卷第十五,中华书局1983年版,第121页。

牍自随,至冷泉亭则据案判决,落笔如风雨,分争辨讼,谈笑而办。[1]

其"据案判决,落笔如风雨,分争辨讼,谈笑而办",或对前辈"操笔为之……理法皆备,出人意表"的干练之风,有所吸取。当然,苏轼临西湖胜景而处断共事,"已,乃与僚吏剧饮,薄晚则乘马以归",任人为官,自有其名士风流,这与严谨的陈希亮又是两样,但二者均办事有方,具备能使"讼简"的才干。[2]

至于苏轼如何究心政令,虽对王安石"新法"等朝政有所讽喻,但办事能力不弱,法律知识当然不弱,而其行事亦有不拘小节之处,这些,学者阐释已详,不再赘述。[3] 苏轼识大体、顺人情,不拘小节,不落窠臼,是以敢于为民请命,深得百姓爱戴,但也隐含政治上的风险隐患。[4]

苏轼身具北宋士大夫的家国情怀,"文以载道",为官亦是践行其道,并不隔绝"道德文章""吏事"为两途,这也是受到欧阳修"文学止于润身,政事可以及物"的影响:"我于欧阳公及陈公弼处学来。"欧阳修贬官夷陵时常"取架阁陈案观之,见其枉直乖错,违法徇情,无所不可"。清代名吏陈宏谋辑《从政遗规》据此论到:"可见士人平日随所见闻,细加体贴,触处推广,皆可为当官行善之助。"[5]苏轼早年"细加体贴",为吏更

---

[1] (宋)费衮撰,金圆点校:《梁溪漫志》,上海古籍出版社1985年版,第36页。
[2] "杭州有西湖,而颍亦有西湖,皆为游赏之胜,而东坡连首二州。其初得颍也,有颍人在坐云:'内翰只消游湖中,便可以了郡事。'盖言其讼简也。秦少章因作一绝献云:'十里荷花菡萏初,我公初置有西湖。欲将公事湖中了,见说官闲事已无。'"丁传靖辑:《宋人轶事汇编》卷十二引《王直方诗话》等,中华书局2003年版,第607页。
[3] 徐道隣先生、钱大群先生均有论及。具体而言,"苏轼对法律的熟练主要表现为以下几个方面:其一,在他向朝廷乞写状奏及札子奏中熟练地运用法律条文及历朝编敕,其二,向朝廷写的状奏或向上级长官写的书信中,对《宋刑统》条文了如指掌,其三,对法律概念的解释非常明确,文集中的策表、状奏,有许多内容与法律有关"。"读书万卷不读律,致君尧舜知无术"诗句"道出了一代文豪苏轼对法律的重视"。参见陈景良:《"文学法理咸精其能":试论两宋士大夫的法律素养》,载《南京大学法律评论》1996年秋季号、1997年春季号连载;张群:《也谈"读书万卷不读律"——兼及中国古代士大夫的法律观》,载《法史学刊》2019年卷。
[4] 至少,从居官的"清慎勤"角度,相比苏辙,苏轼于"慎"上未必尽善尽美。
[5] (清)陈宏谋:《从政遗规》卷上《宋贤事汇》,载《官箴书集成》编纂委员会编:《官箴书集成》(第4册),黄山书社1997版,第257页。

"触处推广",是以其事迹中,多见吏能的体现。

苏轼的个性,在以下两则轶事中有所体现。其一见于南宋《醉翁谈录》与明代余永麟著《北窗琐语》等话本小说,即以《踏莎行》一首"花判"和尚游娼案。[1] 和尚嫖妓,已坏修行,随手击毙妓女,更是罪重。苏轼大骂了然杀人之横暴,判其为死者抵命,其词作却又将行凶的因果细致描摹,"一从迷恋玉楼人,鹑衣百结浑无奈","空空色色今何在""这回还了相思债",将可怜、可恨刻画得淋漓尽致。判词未必可信[2],但不悖情法,文采风流,为人传诵。

下面一例来自生活在宋哲宗、徽宗、钦宗时期的何薳,其父何去非曾受苏轼赏识,何薳所著《春渚纪闻》卷六"东坡事实"中,"倾注了作者对东坡的仰慕,保存了宋代这位大作家在正史中所见不到的材料"[3]。《赝换真书》一则讲述如下故事:吴味道进京应考,以建阳纱充路费、生活费,为了避税,冒苏轼之名送纱进京给苏辙,事发,苏轼体恤吴味道所言"乡人集钱"被税关层层盘剥,"至都下不存其半",索性弄假成真,亲笔"换题新衔",给弟弟写信说明情况。吴味道果真及第,苏轼亦与之交,确实"负天下重名而爱奖士类"[4]。苏轼明显是"法外施仁",但情理上讲得通,且得到了弟弟苏辙的配合。"爱才"是其目的,"气象"更是不凡:"倘遇俗吏苛刻,必断治伪冒,没入其物,还有此气象乎?"[5] 幽默诙

---

[1] 参见(宋)罗烨:《醉翁谈录》庚集卷二《花判公案·子瞻判和尚游娼》,古典文学出版社1957年版,第129页。

[2] 《全宋词》(唐圭璋编,中华书局1965年版)编者按:"《事林广记》所载,多出附会或虚构,此首未必为苏轼所作。"曹树铭先生则认为"此首意境之荒谬,无与伦比。此书仅云'未必为苏轼所作',实则可以绝对肯定此非东坡所作"。《苏轼词编年校注》(邹同庆、王宗堂校注,中华书局2007年版)编者也认为"宋人话本小说所载诗词,多出依托,极不可信,今列存疑词类"。另,李之亮《苏轼文集编年笺注》(巴蜀书社2011年版)认为此词是苏轼任杭州通判时作,但《苏东坡轶事汇编》(颜中其编注,岳麓书社1984年版,第172页)则归入"出守杭、颍、杨、定四州"阶段。

[3] (宋)何薳撰,张明华点校:《春渚纪闻》,中华书局1983年版,点校说明。

[4] (宋)何薳撰,张明华点校:《春渚纪闻》卷六《赝换真书》,中华书局1983年版,第98页。

[5] (宋)周煇撰:《清波杂志附别志》,中华书局1985年版,第130页。

谐,举重若轻,"用法恒得法外意"[1],是苏公神韵。

(二) 苏辙"吏事精详""不曾忙"

苏辙为官,有其独特的过人之处,不逊于兄长,相似地展现了北宋"复合型士大夫"的真才实干。

首先是他办事风格上"不曾忙",谋而后动,有条不紊,这特适于理乱解纷。张耒(1054—1114年)于《明道杂志》中讲:"某平生见人多矣,惟见苏循州(按:子由曾贬循州)不曾忙,范丞相不曾疑。苏公虽事变纷纭至前,而举止安徐,若素有处置……此皆过人者。"[2] 又,据苏辙之孙苏籀在《栾城遗言》中记载:"公在谏垣论蜀茶……讲画纤悉,曲折利害昭炳,时小吕申公当轴,叹曰:'只谓苏子由儒学,不知吏事精详至于如此'。公论役法尤为详尽,识者韪之。"[3] 谏议"纤悉""详尽",既是苏辙"每句如珠圆"[4]的独特文风,亦以其精详庶政为基础,方能言之有物。

其次,苏辙于元祐元年(1086年)自中书舍人升任户部侍郎,此职"宜得强明练达之人",必须"精炼吏事、通知民情",而苏辙在任期间(1087—1089年),颇多称职表现。[5] 试举苏辙在《龙川略志》卷五中自叙的"辨人告户绝事"为例。[6]

---

〔1〕 "得法外意"是种玄妙境界,体现传统中国的哲学内涵与思想内涵,详见霍存福:《"用法恒得法外意"——魏晋玄学所追求的司法、执法境界》,载《法律文化论丛》(第一辑),法律出版社 2013 年版,第 15—46 页;张田田:《"致君尧舜"与"得法外意":"读书万卷不读律"辨》,载《法律文化论丛》(第十辑),知识产权出版社 2019 年版,第 19—36 页。

〔2〕 按:范当是忠宣(范纯仁),"范公见事,洞达情实,各有部分,未尝疑惑。"丁传靖辑:《宋人铁事汇编》,中华书局 2003 年版,第 642 页。

〔3〕 应指《栾城集》卷三十六《右司谏论时事十首》中"论蜀茶五害状"(元祐元年二月二十四日)。

〔4〕 (宋)苏籀:《栾城遗言》:"公曰:予少作文,要使心如旋床,大事大圆成,小事小圆转,每句如珠圆。"载《景印文渊阁四库全书》(第 864 册),台湾商务印书馆 1983 年版,第 175 页。

〔5〕 曾枣庄先生分析,苏辙虽自谦,但其言行表现出其胜任,"不仅表现在他对国家财政大计的处置上,而且还表现在他对一些具体问题的处理上","户绝"案便是其一。参见曾枣庄:《三苏评传》,上海书店出版社 2016 年版,第 239—242 页。

〔6〕 参见(宋)苏辙撰,俞宗宪点校:《龙川略志 龙川别志》,中华书局 1982 年版,第 28—29 页。

广州商人选择向户部投状,称居广州十余年的蕃商辛押陁罗已死,依法为户绝,其养子"主其家"占据陁罗之财产,于法不合。言之凿凿,兼户部郎官见利心喜,认为蕃商家资殷实,"不可失也",意在将死者定为户绝,使财产入官。

苏辙却不为利益所动,不为状词所惑,敏锐发现其中疑点,盘问告状人三个关键问题:

予呼而讯之曰:

(1)"陁罗死蕃国,为有报来广州耶?"曰:"否,传闻耳。"
(2)"陁罗养子所生父母、所养父母有在者耶?"曰:"无有也。"
(3)"法告户绝,必于本州县,汝何故告于户部?"曰:"户部于财赋无所不治。"[1]

前两问,着眼于查证告状人所述情节是否属实,且环环相扣,如蕃商未死,则自不存在"户绝",退一步即便陁罗已死,其"子"的来路,所生父母、所养父母"无有也",即告状者也举不出切实可靠的证据。于是就有了更直白的第三问,广州商人不在本州县举报蕃商户绝,却赴京师于户部告诉,方式的反常,是否告者有意为之、其意在何? 告者搪塞,其越级上告,是因为户绝无非也关乎钱财,而"户部于财赋无所不治",但苏辙不为所惑。更进一步说,苏辙正是根据这三方面精心设计环环相扣的问题,强化了自己的判断;而告者看似对答如流,实则在苏辙环环相扣的追问下,告状的理据已不攻自破。

苏辙接下来轻描淡写的两段话,便使得一开始振振有词的告者败下阵来,心服口服,不敢再作纠缠、狡辩:先点出"三不当",晓之以理,劝告者明白进退;告者还不舍弃,苏辙把话摆明:告者无凭,户部不理,难道"御史台、尚书省"会受其蒙蔽不成? 言外之意,若被查出诬告实情,告者定难全身而退。告者这才收手。苏辙再召诉状中被牵连的在京之"养子所遣"

──────────

[1] (宋)苏辙撰,俞宗宪点校:《龙川略志 龙川别志》,中华书局1982年版,第28—29页。

二人,说明情况,进行安抚,滴水不漏,从容不迫。

从与同僚的对比,如户部"郎中终以为疑",也可显示出苏辙切中肯綮,见识过人,并不停留在富商可能"户绝"留下大笔财产的表面,而是发现广州商人越诉这一漏洞的背后根由:"彼所告者,皆法所不许。其所以不诉于广州,而诉于户部者,自知难行,欲假户部之重,以动州县耳。"[1]告诉者意图以财帛动人心,以户部挟制州县,从侧面也说明了告者证据不足,甚至存心不良。不料被苏辙看破,诡计未得逞。

蕃商巨富,"树大招风",一旦身故,其在华的大宗遗产去向,引人注目,难保有人伺机妄告户绝,利用某些官员的逐利与盲目,假借官府之势,逞己私欲。"宋代广州的历任蕃长,见于文献的寥寥无几。就算名著一时的辛押陁罗,也只留下零散的片断记载"[2],是以,在苏辙明辨是非、令妄告者知难而退后,是否还有纷争、如何解纷等,我们均不得而知。但苏辙办案的手法精妙,已如前述,其思路与态度,还可以详加解析。

苏辙经手此案,不费笔墨,不费周折,也就不会轻信谣言而"妄摇撼"即动摇人心、滋扰被妄告之家,较能保全其商业利益,稳定局面。首先,其察民情、重民生之用心,与南宋"名公"合辙。《名公书判清明集》一则司法拟判于开篇即指出:"照得户婚讼牒,不一而足,使直笔者不能酌情据法,以平其事,则无厌之讼炽矣,家不破,未已也。事到本司,三尺俱在,只得明其是非,合于人情而后已。"[3]倘若中了奸人"无赖""妄告户绝"之计,会使百姓蒙冤,破财招灾,"官司亦惟微利是嗜,不顾义理,不照法令,便从而没夺之,几于上下交征"[4]。其次,苏辙自述中虽然未曾详言,但明辨广州商人妄告蕃商辛押陁罗户绝一事,也是其处事周全、顾全

---

[1] (宋)苏辙撰,俞宗宪点校:《龙川略志 龙川别志》,中华书局1982年版,第28—29页。

[2] 蔡鸿生:《宋代广州蕃长辛押陁罗事迹》,原载《澳门理工学报(人文社会科学版)》2011年第4期,后收入《广州海事录:从市舶时代到洋舶时代》,商务印书馆2018年版,第103—120页。

[3] 中国社会科学院历史研究所宋辽金元史研究室点校:《名公书判清明集》卷之七《户婚门·立继·立继有据不为户绝》,中华书局1987年版,第215页。

[4] 中国社会科学院历史研究所宋辽金元史研究室点校:《名公书判清明集》卷之八《户婚门·户绝·夫亡而有养子不得谓之户绝》,中华书局1987年版,第272—274页。

大局的表现。试想,如果办案人员贪利而轻举妄动,大张旗鼓调查,甚至查扣蕃商财产,惊动蕃商家人,甚或激起在广其他蕃商的反感、恐慌乃至抵制,弊害不可胜言。宋代商品经济发达,外商来华交易频繁,朝廷积极发展海外贸易,鼓励外商来华,相关法律较为系统完善。[1] 蕃商辛押陀罗,来自波斯湾的阿曼,在广州长期经营(推测为1056—1086年),他曾担任广州蕃长,深得朝廷信任与重用,蔡鸿生教授在《宋代广州蕃长辛押陀罗事迹》一文中指出,辛押陀罗"是一名亦贡亦贾、政教合一的华化蕃官……是宋代跨文化贸易的历史标本之一"[2]。有学者正是从维护通商环境与保护外商利益的角度分析此案。[3] 值得注意的是,苏辙明辨此案,从举重若轻的"三问"归结到无懈可击的"三不当",切中"证据"之要害,使妄告之人只得知难而退,这是执法持平,并无偏袒。

行事缜密,通览全局,熟谙政令,洞见人情,是苏辙"吏事精详"的表征。

三、苏轼、苏辙的吏治主张

"三苏"的吏治观点,不无相似,如主张赏罚公平、君臣之道宜开诚布公等,不再赘述。谨于"二苏"即苏轼、苏辙两兄弟文集中,再选取对苏洵观点有所拓展、延续性较强的几方面。

(一)为治务本

嘉祐八年苏轼在凤翔时作《思治论》,认为国家有三大患("无财""无兵""无吏"),"财之不丰,兵之不强,吏之不择,此三者,存亡之所从

---

[1] 参见张中秋、陈景良:《宋代吸引外商的法律措施叙论》,载《法学研究》1993年第4期。

[2] 蔡鸿生:《宋代广州蕃长辛押陀罗事迹》,原刊《澳门理工学报》人文社会科学版2011年第4期,后收入《广州海事录:从市舶时代到洋舶时代》,商务印刷馆2018年版,第103—120页。

[3] 参见刘永加:《看苏辙如何处理外商遗产纠纷》,载《廉政瞭望》2019年第2期。

出",而五六十年之间"变政易令"不可胜数,"而吏终不可择,财之不可丰,兵之不可强",根源在朝政"其始不立,其卒不成"[1]。"夫所贵于立者,以其规摹先定也",如今不然,"前之政未见其利害,而后之政复发矣。凡今之所谓新政者,听其始之论议,岂不甚美而可乐哉。然而布出于天下,而卒不知其所终"[2]。慎始方面,苏轼认为,应"见之明而策之熟","其人专,其政一,然而不成者,未之有也";善终方面,"好谋而不成,不如无谋",其基础在于"从众",非从天下之士的议论,而从其所不言而同然者。[3] 他针砭时弊,既反对因循守旧,"但同时对正在酝酿的王安石变法,无疑也是一个警告,强调要慎重"[4]。

苏轼所言"三患",苏辙称为"三事",解决之策,仍在立"为治之地",不可舍本逐末。

苏辙在《新论三首》中,较为系统地展现了苏辙论吏治的核心:务本为先,治天下不可以无术,政令举措应重点解决作为"治之地"的"祖宗之法"未尽善(不举、不备)与"三不立"(吏、兵、财)等问题上,而非片面追求"王霸""富强"的"治之具"[5]。亦如苏辙进策《君术》第一道所言:

> 善治天下者,必明于天下之情,而后得御天下之术。术者,所谓道也。得其道,而以智加焉,是故谓之术。古之圣人,惟其知天下之情,而以术制之也。[6]

《新论》上篇"言天下之诚势"即"治而不至于安,乱而不至于危,纪纲粗立而不举,无急变而有缓病",开宗明义,所谓"缓病"或"今世之弊,患

---

[1] (宋)苏辙:《栾城集》卷十九《新论三首》,载陈宏天、高秀芳点校:《苏辙集》,中华书局1990年版,第347—353页。
[2] 同上注。
[3] 参见孔凡礼点校:《苏轼文集》卷四《思治论》,中华书局1986年版,第115—119页。
[4] 曾枣庄:《三苏评传》,上海书店出版社2016年版,第115—116页。
[5] 参见(宋)苏辙:《栾城集》卷十九《新论三首》,载陈宏天、高秀芳点校:《苏辙集》,中华书局1990年版,第347—353页。
[6] (宋)苏辙:《栾城应诏集》卷六《进策五道·君术·第一道》,载陈宏天、高秀芳点校:《苏辙集》,中华书局1990年版,第1283—1285页。

在欲治天下而不立为治之地"[1]。

"为治之地"即"先为其所无有而补其所不足,使天下凡可以无患"的根本,这是为治的基础,"为治之地既立,然后从其所有而施之……是故施之以仁义,动之以礼乐,安而受之而为王;齐之以刑法,作之以信义,安而受之而为霸;督之以勤俭,厉之以勇力,安而受之而为强国"[2]。"欲治天下"的错误方案,是舍本而追求"王霸之略,富强之利",一味追求富国强兵的具体举措,仅仅是"为治之具,而非为治之地也"。

治理之"具"必当以"地"为本,"凡今世之所谓长幼之节、生养之道者,是上古为治之地也。至于尧舜三代之君,皆因其所阙而时补之……是故施之而无所龃龉"[3]。苏辙从史论出发,认为"子产用之于郑,大夫种用之于越,商鞅用之于秦,诸葛孔明用之于蜀,王猛用之于符坚,而其国皆以富强。是数人者,虽其所施之不同,而其所以为地者一也。夫惟其所以为地者一也,故其国皆以安存。惟其所施之不同,故王霸之不齐,长短之不一"[4]。苏辙以古为鉴,见今之弊,"祖宗之法具存而不举,百姓之患略备而未极",议论变法者计较"为治之具"的"施之不当、种之不生",是舍本逐末,"徘徊彷徨于治乱之间而不能自立,虽授之以贤才,无所为用,不幸而加之以不肖,天下遂败而不可治"[5]。

《新论》中篇则加以详述,圣人君子治国治家,均抓住根本,且这一"地"之根本,只能适应,不可违背,"享国之长短,致化之薄厚,其地能容之而不能使之也。地不能使之长短薄厚,然长不得地则无所效其长,厚不得地则无所致其厚,故夫有地而可以空,有所为者举而就之可也"[6]。今世"基不平","祖宗之法"尚未完全有效,"具存而不举,是有地而不耕也;

---

[1] (宋)苏辙:《栾城集》卷十九《新论三首》,载陈宏天、高秀芳点校:《苏辙集》,中华书局1990年版,第347—353页。
[2] 同上注。
[3] 同上注。
[4] 同上注。
[5] 同上注。
[6] 同上注。

简略而不备,是地有所废缺而不完也","凡今世之所恃以为安者,惟无强臣而已。然恃其一之粗安也,而尽忘其余"[1]。

具体而言,苏辙提出了"当今天下有三不立","故百患并起而百善并废"的判断。首当其冲的便是"天下之吏,偷堕苟且,不治其事,事日已败而上不知使,是一不立也";第二为"兵"不善,第三为"财"不足。三事不立,"兴一事而百弊作,动一役而天下困",内忧兼外患,牵一发而动全身,治本之策只有夯实"为治之地"即"三事立":"一岁之入不能供一岁之出,是非特纳赂之罪也,三事不立之过也。故三事立,为治之地既成,赂之则为汉文帝,不赂则为唐太宗。赂与不赂,非吾为国治乱之所在也,治乱之所在,在乎其地之立与不立而已矣"[2]。

《新论下》则更进一步指出,治国如修身,务本为先,功到自成,"君子修其身,无所施之则不立。治其政事,无以施之则不化","以不信之心,行日疏之道,以治无以为地之国,是以功不可成,而患日至。故莫若退而立其为治之地,为治之地既立,则身修而天下可化也"[3]。

苏辙在《上皇帝书》中,也表达了相似的以解决吏、兵、财"三事"为本的观点,虽不否认"丰财",但策略是"治本",与王安石一派的主张不同,"事之害财者三:一曰冗吏,二曰冗兵,三曰冗费","所谓丰财者,非求财而益之也,去事之所以害财者而已矣。夫使事之害财者未去,虽求财而益之,财愈不足。使事之害财者尽去,虽不求丰财,然而求财之不丰,亦不得也"[4]。

(二)兼听广览

苏辙认为,"天下之事,非宰相不可尽行,非谏官不可尽言"[5]。人

---

[1] (宋)苏辙:《栾城集》卷十九《新论三首》,载陈宏天、高秀芳点校:《苏辙集》,中华书局1990年版,第347—353页。

[2] 同上注。

[3] 同上注。

[4] (宋)苏辙:《栾城集》卷二十一《上皇帝书》,载陈宏天、高秀芳点校:《苏辙集》,中华书局1990年版,第367—380页。本章后文多次引用此篇,不再另行脚注。

[5] (宋)苏辙:《栾城应诏集》卷六《进策五道·君术·第一道》,载陈宏天、高秀芳点校:《苏辙集》,中华书局1990年版,第1283—1285页。

君应以此为基础,兼听明察,了解群臣。

元祐三年苏轼《转对条上三事状》之一,议论哲宗皇帝接见臣下的范围应扩大,举唐太宗例,"明主务广视听,深防蔽塞,虽无门籍人,犹得非时引见",北宋"祖宗之制,自两省两制近臣、六曹寺监长贰,有所欲言,及典大藩镇,奉使一路,出入辞见,皆得奏事殿上。其余小臣布衣亦时特赐召问。非独以通下情,知外事,亦以考察群臣能否情伪,非苟而已",但哲宗嗣位以来,"惟执政日得上殿外,其余独许台谏官及开封知府上殿,不过十余人",且"方今天下多事",应"开兼听广览之路,而避专断壅塞之嫌",建议"除台谏、开封知府已许上殿外,其余臣僚,旧制许请间奏事及出入辞见许上殿者,皆复祖宗故事"〔1〕。

苏辙曾任御史中丞,在台谏官员的人选与言事的赏罚方面,均有论述。

在《论用台谏札子》及此前诸多奏议中,苏辙申说台谏可广人君之耳目,选任不可不慎:"本朝故事。每当视朝,上有丞弼朝夕奏事,下有台谏更迭进见,内有两省侍从诸司官长以事奏禀,外有监司郡守走马承受,辞见入奏。凡所以为上耳目者,其众如此。然至于事有壅蔽,犹或不免。今自太皇太后陛下、皇帝陛下垂帘以来,每事重慎,群臣得对于前者,惟有执政及台谏官而已。"台谏的视角与执政不同,"天下之事,其是非可否,既决于执政,陛下欲于执政之外,特有所闻者,又独有台谏数人而已"。然而五名台谏官员,立场未必皆公,"其间非执政私人,特出圣意所用者,又不过一二人……陛下试取此五人言行之实而谛观之,则其邪正向背,概可见也"。台谏官应"公选正人而用之",若"听执政得自选择","恐天下安危大计无由得达于前,而朝廷之势殆矣"〔2〕。

慎重台谏人选,是为了使其良好履职。基于此,言事不当者亦应有所处分。《论言事不当乞明行黜降札子》中,苏辙认为,圣贤言论与祖宗朝做

---

〔1〕 孔凡礼点校:《苏轼文集》卷二十九《转对条上三事状》,中华书局1986年版,第819—822页。

〔2〕 (宋)苏辙:《栾城集》卷四十五《御史中丞论时事八首·论用台谏札子》,载陈宏天、高秀芳点校:《苏辙集》,中华书局1990年版,第794—795页。

法均"凡任台谏,言而见听,则居职;言而不用,则黜罢。理之必至,前后悉然",但近期的动向反常,"去年台谏论回河不当,言既不从,而言者皆获美迁","今年复论邓温伯不可任翰林承旨,言既不效,而言者亦并进职"。苏辙认为,赏罚紊乱,其弊不小,若论事是非不明,随意奖赏言官,"朝廷则负讳过便私之毁,臣下则被苟简怀禄之非。风俗渐成,士节陵替,载之史册,不为美事"。朝廷应明辨是非,朝廷偶有过举,台谏所见确当,则"闻善而改,适足以增开纳之光",反之,妄言当惩,"言者论事不当,据法罢免,亦足以示进退之公"[1]。

(三) 裁冗惩奸

"三苏"皆注意到"冗吏"问题。熙宁年间苏辙上书神宗,从人情"纾则乐易,乐易则有所不为;窘则懑乱,懑乱则无所不至"出发,揭示败坏风俗的冗官乱象何以难以禁绝,"法愈设而争愈甚"[2]。就冗官何以形成,他仍采取古今互鉴的论证方式。

古制(理想)	今制(弊病)
古之所以置吏之意,有是民也,而后有是官,有是官也,而后有是吏,量民而置官,量官而求吏,其本凡以为民而已,是以古者即其官以取人。郡县之职缺而取之于民,府寺之属缺而取之于郡县。出以为守令,久以为卿相。出入相受,中外相贯,一人去之,一人补之,其势不容有冗食之吏	近世以来,取人不由其官,士之来者无穷,而官有限极。于是兼守判知之法生,而官法始坏,浸淫分散,不复其旧。是以吏多于上,而士多于下,上下相窒
	布衣之士多方以求官,已仕之吏多方以求进,下慕其上,后慕其前,不愧诈伪,不耻争奋,礼义消亡,风俗败坏,势之穷极,遂至于此

苏辙建议神宗"以时救之","更立三法"。其一,择吏精,"使进士诸

---

[1] (宋)苏辙:《栾城集》卷四十三《御史中丞论时事一十二首·论言事不当乞明行黜降札子》,载陈宏天、高秀芳点校:《苏辙集》,中华书局 1990 年版,第 759—760 页。

[2] (宋)苏辙:《栾城集》卷二十一《书一首》,载陈宏天、高秀芳点校:《苏辙集》,中华书局 1990 年版,第 367—379 页。

科增年而后举,其额不增,累举多者无推恩"[1]。

古制(理想)	今制(弊病)
古之人其择吏也甚精,人知吏之不可以妄求,故不敢轻为士,为士者皆其修洁之人也	今世之取人,诵文书,习程课,未有不可为吏者也。其求之不难而得之甚乐,是以群起而趋之。凡今农工商贾之家,未有不舍其旧而为士者也。为士者日多,然而天下益以不治。举今世所谓居家不事生产,仰不养父母,俯不恤妻子,浮游四方,侵扰州县,造作诽谤者,农工商贾不与也
祖宗之世,士之多少,其比于今不能一二也。然其削平僭乱,创制立法,功业卓然见于后世,今世之士,不敢望其万一也	

"其额不增",从基数上限制,原因是"凡今之所以至于不可胜数者,以其取之之多也",削减后"取之至少,则人不敢轻为士",精选州郡之选人,"为是法,使人知上意之所向,十年之后,无实之士将不黜而自灭"[2]。

"累举多者无推恩",从次数上限制,原因一是"设科以待天下之士,盖将使其才者得之,不才者不可得也,吾则取之而彼则不能得,犹曰虽不能得而累举多者,必取无弃,则是以官徇人也",二是"累举之士,类非少年矣,耳目昏塞,筋力疲倦,而后得之,数日而计之,知其不能有所及也,则其为政无所赖矣"[3]。例外"遗才"则无妨采特殊办法。

其后,哲宗朝,苏轼《转对条上三事状》中亦曰,国家"当爱惜名器,慎重刑罚",赏罚公平无僭滥,是"安危之机,人主之操术"[4]。然而宋代"自祖宗以来,用刑至慎,习以成风",愈演愈烈,"自近世以来取人之多,得官之易,未有如本朝者也……官冗之弊,未有如今日者也",选官标准放宽,名额泛滥,"使之临政,其害民必矣",建议择吏精详,"以艺取

---

[1] (宋)苏辙:《栾城集》卷二十一《书一首》,载陈宏天、高秀芳点校:《苏辙集》,中华书局1990年版,第367—379页。
[2] 同上注。
[3] 同上注。
[4] 孔凡礼点校:《苏轼文集》卷二十九《转对条上三事状》,中华书局1986年版,第819—822页。

人,不行小惠以收虚誉"[1],不可行姑息之政。

苏辙上言之二,即改革任子之法,"使官至于任子者,任其子之为后者,世世禄仕于朝,袭簪绶而守祭祀,可以无憾矣。然而为是法也,则必始于二府。法行于贱而屈于贵,天下将不服。天下不服,而求法之行,不可得也。盖矫失以救患者,必有所过而后济"[2]。苏轼《转对条上三事状》也上言,在减少任子数量上,"欲减任子以救官冗之弊,此事行之,则人情不悦,不行,则积弊不去",考量到改革的必要性与人情的接受性,尽可能持平,"使国有去弊之实,人无失职之叹",目的仍是要激励"人人务学,不坠其家",虽"改元之初,不欲首行约损之政",但积弊至今,"官冗之病,有增而无损,财用之乏,有损而无增,数年之后当有不胜其弊者"[3]。这既体现了"三苏"对冗官问题的持续关注与改革决心,也体现出如"任子"等制虽有弊,但因牵涉多方利益,难以撼动。

苏辙裁冗官的第三策,强调自中央至地方,官吏队伍应精简整编,即"使百司各损其职掌,而多其出职之岁月",理由是"主大计者,必执简以御繁,以简自处,而以繁寄人"[4]。以三司案牍为例,"案牍既积,则吏不得不多。案牍积而吏多,则欺之者众,虽有大利害,不能察也",不妨简化流程,"天下之财,其详可分于转运使,而使三司岁揽其纲目,既使之得优游以治财货之源,又可颇损其吏,以绝乱法之弊。苟三司犹可损也,而百司可见矣"[5]。

苏辙也预料到,"此三法者,皆世之所谓拂世戾俗,召怨而速谤者也",因而晓以大义,"吏多而欲损者,天下之公义,其不欲者,天下之私计

---

[1] 孔凡礼点校:《苏轼文集》卷二十九《转对条上三事状》,中华书局1986年版,第819—822页。

[2] (宋)苏辙:《栾城集》卷二十一《书一首》,载陈宏天、高秀芳点校:《苏辙集》,中华书局1990年版,第367—379页。

[3] 孔凡礼点校:《苏轼文集》卷二十九《转对条上三事状》,中华书局1986年版,第819—822页。

[4] 同上注。

[5] 同上注。

也。以私计而怨公义,其为怨也不直矣。是以善为国者,循理而不恤怨"[1];明以利害,旧章本不尽如人意,隐患本已深重:

> 士之出身为吏者,损其生业,弃其田里,以尽力于王事,而今也以吏多之故,积劳者久而不得迁,去官者久而不得调,又多为条约以沮格之,灭罢其举官,破坏其考第,使之穷窘无聊,求进而不遂,此其为怨,岂灭于布衣之士哉! 均之二怨皆将不免,然使新进之士日益多,国力匮竭而不能支,十年之后,其患必有不可胜言者。[2]

苏辙还提出,为解决冗官积弊,在设法使"日增之吏渐于衰少"的基础上,以强化监督、职务连坐等手段"治其旧吏":

> 使诸道职司,每岁终任其所部郡守监郡,各任其属,曰:自今以前,未有以私罪至某,赃罪正入已至若干者,二者皆自上。钧其轻重而裁之,已而以他事发,则与之同罪,虽去官与赦不降也。夫以私罪至某,赃罪正入已至若干,其为恶也著矣,而上不察,则上之不明亦可知矣,故虽与之同罪而不过。

> 按察之吏,则亦不患其不知也,患其知而未必皆按,曰:"是无损于我,而徒以为怨云尔。"今使其罪及之,其势将无所不问。[3]

严格查处不法官吏,"择奉公疾恶之臣""厉精而察之",方可"去民之患如除腹心之疾",惩奸吏而去冗官。

综上,在际遇、政治、法律观点上,无论是对变法"舍本逐末""急功近利"的警惕,还是对冗官积弊的忧心,以及对人君应兼听广览的呼吁,当苏轼、苏辙同朝为官时,共性较多。

苏轼、苏辙均有变革旧制、严肃法纪的建议,但他们更深层的共鸣,则

---

[1] (宋)苏辙:《栾城集》卷二十一《书一首》,载陈宏天、高秀芳点校:《苏辙集》,中华书局1990年版,第367—379页。
[2] 同上注。
[3] 同上注。

是对天下乱"失在任人"、不近人情之"法"行之不远的判断。[1] 苏轼、苏辙与王安石政治观点亦不相协,冲突集中在是否将改革弊政的重心放在变革法度上。苏轼与王安石均求"变",即均反对仁宗朝因循苟且的潜伏危机,但在"变"的迟速、多少上,"议论素异",苏轼更重视渐变,而非以紧急之法求取速效;"在变革什么的问题上,苏轼同王安石的分歧就更大了",王安石自然是主张"变革天下之弊法",认为危机关键"患在不知法度",而苏轼则主张人法兼用。[2] 苏轼称"天下有二患,有立法之弊,有任人之失……当今之患,虽法令有所未安,而天下之所以不大治者,失在于任人,而非法制之罪也"[3]。

苏辙与苏轼虽同样反对王安石,但论法制则略有差异。如《栾城遗言》中记载:"先王议事以制,不为刑辟。东坡有人法兼用之说,公以为敕令不可不具。二公之论不同。"[4] 又如陈善则指出:"东坡兄弟文章议论大率多同,惟子由文字,晚年屡加刊定,故时有与子瞻相反处,盖以矫王氏尚同之弊耳。"[5] 苏辙的某些主张,看似与王安石更接近,如他主张"变法而任势","天下之事,任人不若任势,而变吏不如变法"[6]。这种重视法制的态度,虽"很可能是王安石后来把他安排在变法机构制置三司条例司的原因,以为他也力主变法",但其实也是苏辙反对王安石新法的理由,即在苏辙看来新法正是"弊法"[7]。苏辙晚年闲居颍昌著有《历代论》四十五篇,仍

---

[1] 在具体评议政令是否可行时,"人情"与"公议"是苏轼、苏辙基于民本思想,制约皇帝、权相的一件利器。王安石确实主张帝王不要顾忌人情,"为天下者如止欲任民情所愿而已,则何必为之立君而张置官吏也"。王安石用"流俗"来称呼反对新法的人,而反对者也以"公议"来制约王安石。"公议""人情"成了当时士大夫最常提到的两个词。参见叶平:《三苏蜀学的"人情为本"论》,载《河南理工大学学报(社会科学版)》2009年第3期。

[2] 参见曾枣庄:《三苏评传》,上海书店出版社2016年版,第84—85页。

[3] 孔凡礼点校:《苏轼文集》卷八《策略三》,中华书局1986年版,第231—234页。

[4] (宋)苏籀:《栾城遗言》,载《景印文渊阁四库全书》第864册,台湾商务印书馆1983年版,第179页。

[5] (宋)陈善:《扪虱新话》卷六《东坡兄弟议论相反》,上海书店出版社1990年版,第67—68页。

[6] (宋)苏辙:《栾城应诏集》卷八《臣事下·第二道》,载陈宏天、高秀芳点校:《苏辙集》,中华书局1990年版,第1306—1308页。

[7] 参见曾枣庄:《三苏评传》,上海书店出版社2016年版,第92页。

延续了以史论政的风格,其《周公》篇仍对"立法以强人"持不信任态度:"古之圣人,因事立法以便人者有矣,未有立法以强人者也。立法以强人,此迂儒所以乱天下也。"[1]可见,苏辙与苏洵、苏轼,仍是同一阵线。

四、结论

宋代大至国家立场、社会主流意识,具体至法官价值观,均具有儒家取向。"宋承汉唐余绪,开国之初,统治者便想通过儒家司法理念的灌输和对作奸犯科的法官的严惩,推动法官职业操守的塑造。一劝一惩,意图非常明显。"[2]另一方面,"据法"与"守正"是传统中国法官职业操守的核心,史家论赞云,"宋取士兼习律令,故儒者以经术润饰吏事,举能其官"[3],宋代士人的儒学与法律素养在一定程度上取得平衡、在观念与实践中得以集中展现。如《宋史·贾易传》中,贾易进士及第后,任常州司法参军,论刑"郡中称平",原因在于其"自以儒者不闲法令,岁议狱,唯求合于人情,曰'人情所在,法亦在焉'"[4]。又如黄庶为法曹刘昭远出具考评时称"礼之防也,其用之以当人情为得;刻者为之,则拘而少恩",以此标准,称许刘昭远"官以通经举进士,始掾于此,若老于为法者。每抱具狱,必傅之经义然后处,故无一不当其情"[5]。此类人才,将"儒者的担当、法家的责任意识交融于一身"[6]。

---

[1] (宋)苏辙:《栾城后集》卷七《历代论一·周公》,载陈宏天、高秀芳点校:《苏辙集》,中华书局1990年版,第960—962页。

[2] 霍存福:《宋代法官的职业操守:对府州司理参军、司法参军的履职考察》,载《北方论丛》2016年第6期。

[3] (元)脱脱等撰:《宋史》卷三百三十《列传第八十九》,中华书局1977年版,第10638页。

[4] (元)脱脱等撰:《宋史》卷三百五十五《贾易传》,中华书局1977年版,第11173页。

[5] (宋)洪迈撰,孔凡礼点校:《容斋随笔·容斋四笔》卷七《考课之法废》,中华书局2005年版,第717—718页。

[6] 霍存福:《宋代法官的职业操守:对府州司理参军、司法参军的履职考察》,载《北方论丛》2016年第6期。

"文章风云起,胸胆渤澥宽。不知身安危,俯仰道所存。"[1]无论在朝在野,"三苏"均具有强烈的现实关怀,积极用世,不苟且,不从众。

他们"议论"的中心是"古今成败得失",也就是研究治国安民的经验教训;写作目的是为了"施之人",是要为国为民"疗饥""伐病";这就决定了写作的内容:"言必中当世之过。"(苏轼《凫绎先生文集叙》)翻翻三苏的集子就不难发现他们确实是实践了自己理论的。苏洵名重当世而不得重用,苏轼兄弟一生仕途坎坷,都是他们"言必中当世之过"带来的。苏轼虽然为此吃尽了苦头,但他一生从未放弃这一"先君之遗训"。[2]

宋学的"怀疑精神"由士大夫政治生活中的批判精神发展而来,"这种对圣人所取的平等态度,与知识分子群体挟道自重的社会深层意识,即道尊于势的观念也有密切的联系"[3]。审时度势,尊重人情,"学""术"并重,"学以致用"的"三苏",尤其是长期为官的苏轼、苏辙兄弟,从吏治思想与实践方面体现出较高的综合素质,是北宋士大夫的典范。

---

[1] (宋)苏辙:《栾城集》卷七《初发彭城有感寄子瞻》,载陈宏天、高秀芳点校:《苏辙集》,中华书局1990年版,第130页。
[2] 曾枣庄:《三苏评传》,上海书店出版社2016年版,第339页。
[3] 陈植锷:《北宋文化史述论》,中华书局2019年版,第351页。

第四章 "三苏"的传统刑事法律观述略*

苏洵、苏轼、苏辙,被合称为"三苏",向有"一门父子三词客"的美誉,父子三人同列唐宋古文八大家,是中国文学史上举足轻重的人物;他们所处的时代,又属北宋变革的高潮期,尤其是苏轼、苏辙兄弟为政坛要角,处身历次政争的风口浪尖,也是北宋政治史研究所关注的核心人物。正因如此,"三苏"研究在文史领域积累了相当丰厚的学术成果。

从法律思想史的角度切入,以他们为研究对象的成果,应首推《中国法律思想通史》第六卷中"苏洵、苏轼、苏辙的法律思想"一节。该节从"礼以养人为本,任德任刑不可偏废""任法、任人综合运筹,吏道为治国之本""一赏罚,一号令,厉行法禁""对熙宁变法应'较量利害,参用所长'""使贫民有田以耕""据契而均税""放松管榷,利民便民""节用廉取"八个方面论述,颇为全面。[1]

---

* 作者:赵晶,中国政法大学法律古籍整理研究所副教授。

[1] 参见李光灿、张国华总主编:《中国法律思想通史》(第二册),山西人民出版社2000年版,第533—543页。

从上述列出的这些主张来看,许多都是关于制度设计、政策建议等"形而下"的看法,具有相当强的实用性,能否作为"思想",其实见仁见智。[1]为免有所争议,笔者以"法律观"作为代替。由于"法律观"涉及的范围相当广泛,以现代法学意识进行关照,至少包括法理、立法、司法、守法、民事、刑事、职官法等,笔者仅以刑事法律为论述对象,必要时也会稍加扩展,保证行文的完整性。

此外,就写作方法而言,尚有两点需要交代:

第一,笔者在阅读既往有关成果时,发现前人的部分讨论未能十分精准地抓取"三苏"论述中的具体指向,所征引的核心观点一旦脱离他们论述的语境和上下文,可能就会模糊原本聚焦的主题,使得一个相对微观或中观的看法被上升为宏观层面的意见。为免观点"失真",笔者采用大段征引、划出核心论点、略作解释发挥的方式。

第二,就"三苏"法律观的研究而言,学界此前对三人的关注度略有不同,即大量目光集中在苏轼身上,其次是苏洵,再次是苏辙,因此使得苏轼法律观的再讨论几近题无剩义。有鉴于此,笔者在安排行文结构时,采用"苏洵—苏辙—苏轼"的顺序,将对苏轼的讨论置于最后,侧重点在于厘析他与其父、其弟观点的异同,或许可使这一部分与既往研究有所不同。

一、苏洵的刑事法律观

苏洵作为"三苏"中的"老苏",颇受学界的重视[2],但与法制相关的

---

[1] 如葛兆光所言:"不是说古人意识中的任何活动都是思想,只有当古人的意识活动已经有了'某种非实用性',即超越了实际生活与生产的具体意味时,它才可能是'思想'。"参见葛兆言:《中国思想史》(第一卷),复旦大学出版社2010年,第5页。

[2] 相关成果可参见巩本栋、沈章明:《20世纪以来苏洵研究综述》,载《文学遗产》2007年第5期;周宇璇:《近十年苏洵研究综述》,载《乐山师范学院学报》2018年第6期。

成果，多流于泛泛。[1] 在笔者有限的阅读中，最有收获的，是夏露辨析苏洵思想与先秦法家关系之作。[2] 如前所述，笔者认为既往成果对于苏洵法律方面的观点摘述，略有模糊失焦，以下将以其刑事法律观为核心，分四大方面再行检论。需要先行说明者有二：

第一，苏洵"少独不喜学，年已壮犹不知书"[3]、"已冠，犹不知书"[4]，年二十七才发奋读书，先后举进士与茂材异等科，皆不中，于是闭门谢客，埋首经史，"大究六经百家之说，以考质古今治乱成败、圣贤穷达出处之际，得其精粹，涵蓄充溢，抑而不发"[5]。此后得张方平赏识，推荐给欧阳修，欧阳修又献其所著于朝，因此名动天下，先后得除试秘书省校书郎、霸州文安县主簿，修成《太常因革礼》一百卷。也就是说，苏洵本人涉足官场的时间极短，且所作所为皆与实际政务无关，他对于法律问题的思考基本立足于经史知识。如其作为进身之阶的《权书》《衡论》《几策》等著述，皆成稿于至和二年（1055 年）之前，其法律观皆已成形，即使此后被张方平荐为成都学官、被欧阳修荐于朝廷，其官场生涯、宦海交往似乎并未影响其主要观点。

第二，苏洵虽无官场经历，但对于四川社会乃至于北宋王朝所面临的种种问题，并非毫无观察。如《衡论·重远》称：

> 至于广南、川陕，则例以为远官，审官差除，取具临时；审谪量

---

[1] 如曾枣庄：《试论苏洵的革新主张》，载《西南师范学院学报》1981 年第 4 期；王锐：《苏洵政治思想述论》，载《经济与社会发展》2008 年第 2 期；韩鼎基：《苏洵社会控制思想研究》，重庆师范大学硕士学位论文；苏子营：《与王安石比较视角下苏轼的法制思想》，载《海南热带海洋学院学报》2016 年第 6 期。

[2] 参见夏露：《苏洵学术渊源辨析》，载《华中师范大学学报（哲学社会科学版）》1986 年第 5 期。

[3] （宋）欧阳修：《故霸州文安县主簿苏君墓志铭并序》，载（宋）苏洵著，曾枣庄、金成礼笺注：《嘉祐集笺注》"附录一"，上海古籍出版社 1993 年，第 520 页。以下有关苏洵的生平，若非另外出注者，皆引自该墓志铭及下注墓表。

[4] （宋）张方平：《文安先生墓表》，载（宋）苏洵著，曾枣庄、金成礼笺注：《嘉祐集笺注》"附录一"，上海古籍出版社 1993 年版，第 523 页。

[5] （宋）欧阳修：《故霸州文安县主簿苏君墓志铭并序》，载（宋）苏洵著，曾枣庄、金成礼笺注：《嘉祐集笺注》"附录一"，上海古籍出版社 1993 年版，第 520 页。

移,往往而至。凡朝廷稍有优异者,不复官之广南、川陕,而其人亦以广南、川陕之官为失职庸人,无所归,故常聚于此……淳化中,李顺窃发于蜀,州郡数十望风奔溃;近者智高乱广南,乘胜取九城如反掌。国家设城池,养士卒,蓄器械,储米粟以为战守备;而凶竖一起,若涉无人之地者,吏不肖也。[1]

《上文丞相书》称:

> 往年吴中复在犍为,一月而发二吏。中复去职,而吏之以罪免者,旷岁无有也。虽然,此特洵之所见耳,天下之大则又可知矣。国家法令甚严,洵从蜀来,见凡吏商者皆不征,非追胥调发皆得役天子之夫,是以知天下之吏犯法者甚众。[2]

这些都是吏治的现状,所以苏洵的刑事法律观大多都是针对治官治吏而发,可见其现实性。

(一)刑与势(威势)、术

1. 刑与势(威势)

苏洵在《几策·审势》中称:

> 今诚能一留意焉于用威,一赏罚,一号令,一举动,无不一切出于威,严用刑法而不赦有罪,力行果断而不牵于众人之是非,用不测之刑,用不测之赏,而使天下之人视之如风雨雷电,遽然而至,截然而下,不知其所从发而不可逃遁。朝廷如此,然后平民益务检慎,而奸民猾吏亦常恐恐然惧刑法之及其身而敛其手足,不敢辄犯法。此之谓强政。政强矣,为之数年,而天下之势可以复强。愚故曰:乘弱之惠以养威,则威发而天下震栗。然则以当今之势,求所谓万世为帝王

---

[1] 曾枣庄、金成礼笺注:《嘉祐集笺注》卷四《论衡》,上海古籍出版社1993年版,第100—101页。

[2] 曾枣庄、金成礼笺注:《嘉祐集笺注》卷十一《书》,上海古籍出版社1993年版,第314页。

而其大体卒不可革易者,其上威而已矣。[1]

相比于强调君主的仁政、德行,他的这一观点近乎法家,申言赏罚、号令皆源自君主之威势,而威势之维持也依赖于"严用刑法而不赦有罪""用不测之刑",使得官民士庶皆"恐恐然惧刑法之及其身"。

2.刑与术

他在《谏论下》中称:

> 夫君之大,天也;其尊,神也;其威,雷霆也。人之不能抗天、触神、忤雷霆,亦明矣。圣人知其然,故立赏以劝之,《传》曰"兴王赏谏臣"是也。犹惧其选耎阿谀,使一日不得闻其过,故制刑以威之,《书》曰"臣下不正,其刑墨"是也。人之情非病风丧心,未有避赏而就刑者,何苦而不谏哉?赏与刑不设,则人之情又何苦而抗天、触神、忤雷霆哉?自非性忠义,不悦赏,不畏罪,谁欲以言博死者?人君又安能尽得性忠义者而任之?今有三人焉:一人勇,一人勇怯半,一人怯。有与之临乎渊谷者,且告之曰:能跳而越,此谓之勇,不然为怯。彼勇者耻怯,必跳而越焉,其勇怯半者与怯者则不能也。又告之曰:跳而越者予千金,不然则否。彼勇怯半者奔利,必跳而越焉,其怯者犹未能也。须臾,顾见猛虎暴然向逼,则怯者不待告,跳而越之如康庄矣。然则人岂有勇怯哉?要在以势驱之耳。君之难犯,犹渊谷之难越也。所谓性忠义、不悦赏、不畏罪者,勇者也,故无不谏焉。悦赏者,勇怯半者也,故赏而后谏焉。畏罪者,怯者也,故刑而后谏焉。先王知勇者不可常得,故以赏为千金,以刑为猛虎,使其前有所趋,后有所避,其势不得不极言规失,此三代所以兴也。末世不然,迁其赏于不谏,迁其刑于谏,宜乎臣之噤口卷舌,而乱亡随之也。间或贤君欲闻其过,亦不过赏之而已。呜呼!不有猛虎,彼怯者肯越渊谷乎?此无他,墨刑之废耳。三代之后,如霍光诛昌邑不谏之臣者,不亦鲜哉!

---

[1] 曾枣庄、金成礼笺注:《嘉祐集笺注》卷一《几策》,上海古籍出版社1993年版,第4页。

> 今之谏赏，时或有之；不谏之刑，缺然无矣。苟增其所有，有其所无，则谀者直，佞者忠，况忠直者乎！诚如是，欲闻谠言而不获，吾不信也。[1]

这里除了强调刑罚使人产生畏惧、不敢冒犯君主之外，也进一步说明君主同样也要利用刑罚来促使臣下产生直言进谏的勇气，如设置"不谏之刑"，这就是御下之术了。

然而，君主多用严刑，有伤名望，因此臣下理应为君主分忧，勇于承担骂名，这同样也是一种"术"。相关论述见于《上韩枢密书》：

> 且夫天子者，天下之父母也；将相者，天下之师也。师虽严，赤子不以怨其父母；将相虽厉，天下不以咎其君，其势然也。天子者，可以生人、杀人，故天下望其生；及其杀之也，天下曰：是天子杀之；故天子不可以多杀。人臣奉天子之法，虽多杀，天下无以归怨，此先王所以威怀天下之术也。伏惟太尉思天下所以长久之道，而无幸一时之名；尽至公之心，而无卹三军之多言。夫天子推深仁以结其心，太尉厉威武以振其堕。彼其思天子之深仁，则畏而不至于怨；思太尉之威武，则爱而不至于骄。君臣之体顺，而畏爱之道立，非太尉吾谁望邪？[2]

天子不可以多杀，而将相可以用严刑，这既是"先王所以威怀天下之术"，也是人臣奉上之术。

3. 刑与义利

其《利者义之和论》称：

> 君子之耻言利，亦耻言夫徒利而已。圣人聚天下之刚以为义，其支派分裂而四出者为直、为断、为勇、为怒，于五行为金，于五声为商。

---

[1] 曾枣庄、金成礼笺注：《嘉祐集笺注》卷九《杂论》，上海古籍出版社1993年版，第251—252页。

[2] 曾枣庄、金成礼笺注：《嘉祐集笺注》卷十一《书》，上海古籍出版社1993年版，第303—304页。

> 凡天下之言刚者,皆义属也。是其为道决裂惨杀而难行者也。虽然,无之则天下将流荡忘反,而无以节制之也。故君子欲行之,必即于利;即于利,则其为力也易;戾于利,则其为力也艰。利在则义存,利亡则义丧。故君子乐以趋徒义,而小人悦怿以奔利义。必也天下无小人,而后吾之徒义始行矣。呜呼难哉!圣人灭人国,杀人父,刑人子,而天下喜乐之,有利义也。与人以千乘之富而人不奢,爵人以九命之贵而人不骄,有义利也。义利、利义相为用,而天下运诸掌矣……义必有利而义和。[1]

在苏洵看来,刑罚的运用之所以能够得到人民的拥护("天下喜乐之"),那是因为"有利义",并非仅仅出于"义"。

(二)违法犯罪的原因

1. 人的本性

苏洵在《六经论·诗论》中称:

> 人之嗜欲,好之有甚于生;而愤憾怨怒,有不顾其死,于是礼之权又穷……使人之情皆泊然而无思,和易而优柔,以从事于此,则天下固亦大治。而人之情又不能皆然,好色之心驱诸其中,是非不平之气攻诸其外,炎炎而生,不顾利害,趋死而后已。噫!礼之权止于死生,天下之事不至乎可以博生者,则人不敢触死以违吾法。今也,人之好色与人之是非不平之心勃然而发于中,以为可以博生也,而先以死自处其身,则死生之机固已去矣。死生之机去,则礼为无权。区区举无权之礼以强人之所不能,则乱益甚,而礼益败圣人忧焉,曰禁人之好色而至于淫,禁人之怨其君父兄而至于叛,患生于责人太详。好色之不绝,而怨之不禁,则彼将反不至于乱。故圣人之道,严于礼而通于诗。礼曰:

---

[1] 曾枣庄、金成礼笺注:《嘉祐集笺注》卷九《杂论》,上海古籍出版社1993年版,第277—278页。

> 必无好色,必无怨而君父兄。诗曰:好色而无至于淫,怨而君父
> 兄而无至于叛。严以待天下之贤人,通以全天下之中人……许
> 我以好色,不可淫也;不尤我之怨吾君父兄,则彼虽以虐遇我,我
> 明讥而明怨之,使天下明知之,则吾之怨亦得当焉,不叛
> 可也。[1]

在他看来,犯罪的原因在于人的好色之心与是非不平之气,一旦法禁太严,则会适得其反。因此对于大多数人("天下之中人"),不应科以极致之法,不该"责人太详",如属于不算过分的行为(不至于淫、不至于叛),则可以允许存在;但对于贤人而言,行为标准要比中人更加严格,这就是"严于礼而通于诗"。

2. 立法有失

他又在《衡论·议法》中称:

> 夫刑者,必痛之而后人畏焉,罚者不能痛之,必困之而后人惩焉。
> 今也,大辟之诛,输一石之金而免。贵人近戚之家,一石之金不可胜
> 数,是虽使朝杀一人而输一石之金,暮杀一人而输一石之金,金不可
> 尽,身不可困,况以其官而除其罪,则一石之金又不皆输焉,是恣其杀
> 人也。且不笞、不戮,彼已幸矣,而赎之又轻,是启奸也。夫罪固有
> 疑,今有人或诬以杀人而不能自明者,有诚杀人而官不能折以实
> 者,是皆不可以诚杀人之法坐。由是有减罪之律,当死而流,使彼为
> 不能自明者耶,去死而得流,刑已酷矣;使彼为诚杀人者耶,流而不
> 死,刑已宽矣,是失实也。故有启奸之衅,则上之人常幸,而下之人虽
> 死而常无告。有失实之弊,则无辜者多怨,而侥幸者易以免。今欲刑
> 不加重,赦不加多,独于法律之间变其一端,而能使不启奸、不失
> 实,其莫若重赎……古者以之赦疑罪而不及公族,今也贵人近戚皆
> 赎,而疑罪不与……今欲贵人近戚之刑举从于此,则非所以自尊之

---

[1] 曾枣庄、金成礼笺注:《嘉祐集笺注》卷六《六经论》,上海古籍出版社1993年版,第155—156页。

道,故莫若使得与疑罪皆重赎。[1]

因为北宋朝廷当时优待亲贵大臣,赎免、官当之罚太轻,而对于疑罪减刑,又有失实之虞,这些立法之失无疑是"启奸"之道。所以苏洵建议应制定重赎之法,同时适用于亲贵与疑罪。

3. 执法怠纵

他在《衡论·申法》中称:

> 然则,今之法不劣于古矣,而用法者尚不能无弊。何则?律令之所禁,画一明备,虽妇人孺子皆知畏避,而其间有习于犯禁而遂不改者,举天下皆知之而未尝怪也。先王欲杜天下之欺也,为之度,以一天下之长短;为之量,以齐天下之多寡;为之权衡,以信天下之轻重。故度、量、权衡、法必资之官,资之官而后天下同。今也庶民之家刻木比竹、绳丝缒石以为之,富商豪贾内以大、出以小,齐人适楚,不知其孰为斗、孰为斛,持东家之尺而校之西邻,则若十指然。此举天下皆知之而未尝怪者一也。先王恶奇货之荡民,且哀夫微物之不能遂其生也,故禁民采珠贝;恶夫物之伪而假真,且重费也,故禁民糜金以为涂饰。今也采珠贝之民溢于海滨,糜金之工肩摩于列肆。此又举天下皆知之而未尝怪者二也。先王患贱之凌贵,而下之僭上也,故冠服器皿皆以爵列为等差,长短大小莫不有制。今也工商之家曳纨锦、服珠玉,一人之身循其首以至足,而犯法者十九。此又举天下皆知之而未尝怪者三也。先王惧天下之吏负县官之势以侵劫齐民也,故使市之坐贾,视时百物之贵贱而录之,旬辄以上。百以百闻,千以千闻,以待官吏之私债;十则损三,三则损一以闻,以备县官之公籴。今也吏之私债而从县官公籴之法,民曰公家之取于民也固如是,是吏与县官敛怨于下。此又举天下皆知之而未尝怪者四也。先王不欲人之擅天下之利也,故仕则不商,商则有罚;不仕而商,商则有

───────────

[1] 曾枣庄、金成礼笺注:《嘉祐集笺注》卷五《衡论》,上海古籍出版社1993年版,第121—123页。

征。是民之商不免征,而吏之商又加以罚。今也吏之商既幸而不罚,又从而不征,资之以县官公籴之法,负之以县官之徒,载之以县官之舟,关防不讥,津梁不呵;然则为吏而商,诚可乐也。民将安所措手?此又举天下皆知之而未尝怪者五也。若此之类,不可悉数,天下之人耳习目熟,以为当然;宪官法吏目击其事,亦恬而不问。夫法者,天子之法也。法明禁之而人明犯之,是不有天子之法也,衰世之事也。而议者皆以为今之弊,不过吏胥执法以为奸,而吾以为吏胥之奸由此五者始。今有盗白昼持梃入室,而主人不知之禁,则踰垣穿穴之徒,必且相告而恣行于其家。其必先治此五者,而后诘吏胥之奸可也。[1]

由此可知,在苏洵看来,北宋中期至少有五种恶习风行,即度量衡不统一、崇尚奢侈奇异之货、贱商之策未能贯彻、平抑物价之策成为官府渔利的手段、胥吏经商以谋私利。这些恶行,原本皆有相关法律明令严禁,这并非立法有失。之所以风行,是因为官吏怠纵,并未严格执法、用刑。

而且执法不严,也并不仅仅是官吏之失,君主也有责任,如恩赦太多。如《上皇帝书》言道:

> 今之因郊而赦,使天下之凶民可以逆知而侥幸也。平时小民畏法,不敢趑趄,当郊之岁,盗贼公行,罪人满狱,为天下者将何利于此?……臣愚以为先郊之岁,可因事为词,特发大号,如郊之赦与军士之赐,且告之曰:吾于天下非有惜乎推恩也,惟是凶残之民,知吾当赦,辄以犯法,以贼害吾良民,今而后赦不于郊之岁,以为常制。天下之人喜乎非郊之岁而得郊之赏也,何暇虑其后?其后四五年而行之,七八年而行之,又从而尽去之,天下晏然不知,而日以远矣。[2]

---

[1] 曾枣庄、金成礼笺注:《嘉祐集笺注》卷五《衡论》,上海古籍出版社1993年版,第115—117页。

[2] 曾枣庄、金成礼笺注:《嘉祐集笺注》卷十《上书》,上海古籍出版社1993年版,第291页。

因为郊赦有一定之制,凶民因知有罪也可降免,所以就肆无忌惮地在赦前犯罪。苏洵为此建议停止郊赦。

(三)刑应因势(形势)而变

此"势"是指形势,而非上文所言"威势",因此苏洵强调的是制定刑罚标准应该因时制宜,适当调节轻重。如《几策·审势》称:

> 天下之势有强弱,圣人审其势而应之以权。势强矣,强甚而不已则折;势弱矣,弱甚而不已则屈。圣人权之,而使其甚不至于折与屈者,威与惠也……故威与惠者,所以裁节天下强弱之势也。然而不知强弱之势者,有杀人之威而下不惧,有生人之惠而下不喜,何者?威竭而惠亵故也。故有天下者,必先审知天下之势,而后可与言用威惠……是以善养身者,先审其阴阳;而善制天下者,先审其强弱以为之谋……秦自孝公,其势固已骎骎焉日趋于强大,及其子孙已并天下,而亦不悟,专任法制以斩挞平民。是谓以强政济强势,故秦之天下卒毙于强。周拘于惠而不知权,秦勇于威而不知本,二者皆不审天下之势也。吾宋制治……有可强之势如秦而反陷于弱者,何也?习于惠而怯于威也,惠太甚而威不胜也。夫其所以习于惠而惠太甚者,赏数而加于无功也;怯于威而威不胜者,刑弛而兵不振也。由赏与刑与兵之不得其道,是以有弱之实著于外焉。何谓弱之实?曰官吏旷惰,职废不举,而败官之罚,不加严也,多赎数赦,不问有罪,而典刑之禁,不能行也……然愚以为弱在于政,不在于势,是谓以弱政败强势……故用刑不必霸,而用德不必王,各观其势之何所宜用而已。然则今之势,何为不可用刑?用刑何为不曰王道?[1]

《衡论·申法》也言道:

> 古之法简,今之法繁。简者不便于今,而繁者不便于古。非今之

---

[1] 曾枣庄、金成礼笺注:《嘉祐集笺注》卷一《几策》,上海古籍出版社1993年版,第2—5页。

法不若古之法,而今之时不若古之时也。先王之作法也,莫不欲服民之心,服民之心,必得其情。情然耶,而罪亦然,则固入吾法矣。而民之情又不皆如其罪之轻重大小,是以先王愍其罪而哀其无辜,故法举其略,而吏制其详……若其轻重出入,求其情而服其心者,则以属吏。任吏而不任法,故其法简。今则不然。吏奸矣,不若古之良;民媮矣,不若古之淳。吏奸则以喜怒制其轻重而出入之,或至于诬执;民媮则吏虽以情出入,而彼得执其罪之大小以为辞。故今之法纤悉委备,不执于一,左右前后,四顾而不可逃。是以轻重其罪,出入其情,皆可以求之法,吏不奉法,辄以举劾。任法而不任吏,故其法繁……故其繁简则殊,而求民之情以服其心则一也。[1]

由上可推知三点:其一,法、刑因时因势而变化,若不依势用刑,刑罚虽重,而人不畏惧;其二,王霸与德刑并非一一对应的关系,王道亦可依势而用刑;其三,古法简约而今法繁复,原因在于如今执法、施刑的官吏已失古风、不再淳良,所以不能放任其自由裁量,为适应时势变迁,法律必然有所变化,但目的相同,即"求民之情以服其心"。

(四)治官之刑

如前所述,苏洵关于刑法上的论断大多针对官员群体,并不具有适用于一般百姓的普适性。以下分而论之。

1. 对待宰执应设范以宽、行罚以严

如果我们将法律规范的构成区分为行为模式与法律后果的话,那么苏洵认为在针对宰执群体的立法上,应该就两个部分分别制定宽严不同的标准。他在《衡论·任相》中言道:

> 古者相见于天子,天子为之离席起立;在道,为之下舆;有病,亲问;不幸而死,亲吊,待之如此其厚。然其有罪,亦不私也……夫接之

---

[1] 曾枣庄、金成礼笺注:《嘉祐集笺注》卷五《衡论》,上海古籍出版社1993年版,第114—115页。

以礼,然后可以重其责而使无怨言;责之重,然后接之以礼而不为过……故礼以维其心,而重责以勉其怠,而后为相者,莫不尽忠于朝廷而不卹其私……夫既不能接之以礼,则其罪之也,吾法将亦不得用。何者?不果于用礼而果于用刑,则其心不服。故法曰:有某罪而加之以某刑。及其免相也,既曰有某罪,而刑不加焉,不过削之以官而出之大藩镇,此其弊皆始于不为之礼。贾谊曰:"中罪而自弛,大罪而自裁。"夫人不我诛,而安忍弃其身,此必有大愧于其君。故人君者,必有以愧其臣,故其臣有所不为……然则必其待之如礼,而后可以责之如法也。[1]

君主对待宰相,应该先接之以礼,令其心悦诚服,然后才能授以重任,一旦违犯,则依法定罪科刑,予以重责,不应以削官、外放来取代刑罚。

当然,这只是强调应该在事后依法追责,不予宽贷,而并不是说要在事前设置大量的行为限制。如他在《上皇帝书》中称:

臣闻法不足以制天下,以法而制天下,法之所不及,天下斯欺之矣。且法必有所不及也。先王知其有所不及,是故存其大略,而济之以至诚。使天下之所以不吾欺者,未必皆吾法之所能禁,亦其中有所不忍而已。人君御其大臣,不可以用法,如其左右大臣而必待法而后能御也,则其疏远小吏当复何以哉?……君臣之道不同,人臣惟自防,人君惟无防之,是以欢欣相接而无间……古者,大夫出疆,有可以安国家,利社稷,则专之。今法令太密,使小吏执简记其旁,一摇足,辄随而书之。虽有奇才辩士,亦安所效用?……而亦稍宽其法,使得有所施。[2]

需要注意的是,这里强调宜宽法禁的对象是宰执(左右大臣)与外交

---

[1] 曾枣庄、金成礼笺注:《嘉祐集笺注》卷四《衡论》,上海古籍出版社1993年版,第94—96页。

[2] 曾枣庄、金成礼笺注:《嘉祐集笺注》卷十《上书》,上海古籍出版社1993年版,第288—291页。

使臣,在苏洵看来,大臣与小吏是有区别的,小吏应该御之以法,这在上引《衡论·申法》中就阐述得十分明白。

2. 以连坐责任应对边地选官之弊

《衡论·重远》称:

> 远方之民,虽使盗跖为之郡守,梼杌饕餮为之县令,郡县之民,群嘲而聚骂者虽千百为辈,朝廷不知也。白日执人于市,诬以杀人,虽其兄弟妻子闻之,亦不过诉之刺史。不幸而刺史又抑之,则死且无告矣……今夫以一身任一方之责者,莫若漕刑。广南、川峡既为天下要区,而其中之郡县又有为广南、川峡之要区者,其牧宰之贤否,实一方所以安危。幸而贤则已,其戕民黩货,的然有罪可诛者,漕刑固亦得以举劾……故莫若使漕刑自举其人而任之,他日有败事,则谓之曰:尔谓此人堪此职也,今不堪此职,是尔欺我也。责有所任,罪无所逃,然而择之不得其人者,盖寡矣。其余郡县,虽非一方之所以安危者,亦当诏审官,俾勿轻授。[1]

在苏洵看来,边远地区的人民一旦蒙冤,在上诉、寻求法律监督等方面,远不如天子脚下的京畿地区,因此不能轻易授官,而要将举荐之责委于路级监司,一旦被举荐之人有罪,举荐的漕刑则承担连坐责任。

二、苏辙的刑事法律观

在"三苏"之中,苏辙在仕宦经历与撰写作品的丰富性上远胜其父、不弱于兄[2],但在法律观的论述上,远不如其父、兄,所以有关他的法律观

---

[1] 曾枣庄、金成礼笺注:《嘉祐集笺注》卷四《衡论》,上海古籍出版社1993年版,第99—101页。

[2] 关于苏辙的生平,可参见孙汝听编:《苏颍滨年表》,载陈宏天、高秀芳点校:《苏辙集》,中华书局1990年版,第1372—1413页;(元)脱脱等撰《宋史》卷三三九《苏辙传》,中华书局1985年版,第10822—10835页。

的研究成果相对少见。[1] 以下将分三个方面具体进行阐述。

(一) 王霸与刑

相较于苏洵,苏辙对王道、霸道的位阶有明确的先后排序,以及具体政策的对应阐述。如《新论上》称:

> 是故施之以仁义,动之以礼乐,安而受之而为王;齐之以刑法,作之以信义,安而受之而为霸;督之以勤俭,厉之以勇力,安而受之而为强国……由此言之,幽厉之际天下乱矣,而文武之法犹在也。文武之法犹在,而天下不免于乱,则幽厉之所以施之者不仁也。施之者不仁而遗法尚在,故天下虽乱而不至于遂亡。及其甚也,法度大坏,欲为治者,无容足之地,泛泛乎如乘舟无楫而浮乎江湖,幸而无振风之忧,则悠然唯水之所漂,东西南北非吾心也,不幸而遇风,则覆没而不能止。故三季之极,乘之以暴君,加之以虐政,则天下涂地而莫之救。[2]

在他看来,王道为最优,以仁义、礼乐为治,而霸道其次,以刑法、信义为具。若统治者失于仁义,但"文武之法犹在",则"天下虽乱而不至于遂亡",这里表彰了法的作用。

但法并非万能,其作用不如德。他在《形势不如德论》中称:

> 天地之险,愚闻之矣,而人之险,愚未之闻也。或曰:王公设险,以守其国,此人之险,而高城深地之谓也。曰:非也。高城深池,此无以异于地之险。而人之险,法制之谓也。天下之人,其初盖均是人也,而君至于为君之尊,而民至于为民之卑。君上日享其乐而臣下日安其劳,而不敢怨者,是法制之力也。然犹未也,可以御小

---

[1] 部分研究成果的回顾,可参见李冬梅:《苏辙研究综述》,载《许昌师专学报》2002年第3期。
[2] (宋)苏辙:《栾城集》卷十九《新论三首》,载陈宏天、高秀芳点校:《苏辙集》,中华书局1990年版,第348—349页。

害,而未可以御大害也。大盗起,则城池险阻不可以固而留,众叛亲离,则法制不可以执而守。是必有非形之形,非势之势,而后可也……此岂非圣人知天下之不可以强服,而为是优柔从容之德,以和其刚强难屈之心,而作其愧耻不忍之意故耶?[1]

君民上下等级之别,有赖于法制之力予以保障。但法制只可以"御小害",若是遇到众叛亲离的情况,则不能"执而守"。所以君主赖以为根本的治国之道,还是"优柔从容之德"。

至于仁与刑的关系,他在《进策五道·君术》第三道中有详细论述:

夫天下之人,惟知不忍杀人之为仁也,是故不忍杀人以自取不仁之名;惟知果于杀人之为义也,是故不敢不杀以自取不义之名。是二者,其所以为仁者有形,而其所以为义者有状。其进也,有所执其规;而其退也,有所蹈其矩。故其为人也,不失为天下之善人,而终不至于君子。有所甚而不堪,有所蔽而不见,此其为人是自全之人也。今夫君子,有所杀人以为仁,而有所不杀以为义。义不在于杀人,而仁不在于不杀。其进也,无所依据;而其退也,无所底厉。故其成也,天下将皆安之;而其不成也,将使天下至于打乱……盖必有大臣救其已甚而补其不足,使义不在于杀人,而仁不在于不杀。方今天下之治,所不足者非仁也。吏闻有以入人之罪抵重罚,而未闻有以失人之罪抵深法者。民闻有以赦除其罪,而未闻有以不义得罪于法之外者。此亦足以见天子之用心矣……方今之制,易于行赏而重于用罚。天下之以狱上者,凡与死比,则皆蹙额而不悦,此其为意夫岂不善?然天下之奸人,无以深惩而切戒之者,此无乃为仁而至于不仁欤?[2]

天下之人以为仁就是不忍杀人,而义就是果于杀人,这个标准十分明

---

[1] (宋)苏辙:《栾城应诏集》卷十一《试论八首》,载陈宏天、高秀芳点校:《苏辙集》,中华书局1990年版,第1342—1343页。

[2] (宋)苏辙:《栾城应诏集》卷六《进策五道》,载陈宏天、高秀芳点校:《苏辙集》,中华书局1990年版,第1287—1289页。

确,易于操作,但严格执行者最终不能成为君子。君子应该为其当为,即使杀人,也可以是仁,即使不杀人,也可以是义,只要不过当即可。所以作为大臣,对于君主的杀人与不杀人,应该"救其已甚而补其不足"。在苏辙看来,当时朝廷在刑罚上的失当,在于"非义",即不敢"果于杀人",怕担"不仁"之名,所以官吏一旦"入人之罪"就要受到重罚,而"失人之罪"则相对可减轻其罚;百姓也多因赦降而得到法外减免,但从未因法外之罪而受到惩罚。这种耽于虚名、不敢用重罚的倾向,只会导致"为仁而至于不仁"的结果。之所以会如此,一定程度上是跟精英阶层惑于佛老之说相关,如苏辙在《进策五道·民政上》第三道中称:"严赏罚,敕官吏,明好恶,慎取予,不赦有罪,使佛老之福不得苟且而惑其生。"[1]

当然,君主用刑,还需要做到两点:其一是"至公""至刚""洁然无私",如其《进策五道·臣事上》第二道称:

> 夫为天下国家,惟刚者能守其法,而公者能以刚服天下……天下者,天子之天下也。赏罚之柄、予夺之事,其出于天子,本无敢言者。惟其不公,故有一人焉,受戮而去,虽其当罪,而亦勃然有不服之心。而上之人虽其甚公于此,而亦畏其不服,而不敢显然明斥其罪。故夫天下之不公,足以败天下之至刚,而天下之不刚,亦足以破天下之至公。二者相与并行,然后可以深服天下之众……今欲洁然无私而行吾法之所至,有罪而黜,黜而无所姑息,使天下皆知赏之为赏,罚之为罚。[2]

其二是"忠厚",如其《刑赏忠厚之至论》称:

> 古之君子立于天下,非有求胜于斯民也。为刑以待天下之罪戾,而唯恐民之入于其中以不能自出也;为赏以待天下之贤才,而唯

---

[1] (宋)苏辙:《栾城应诏集》卷九《进策五道》,载陈宏天、高秀芳点校:《苏辙集》,中华书局1990年版,第1321页。

[2] (宋)苏辙:《栾城应诏集》卷七《进策五道》,载陈宏天、高秀芳点校:《苏辙集》,中华书局1990年版,第1295—1297页。

恐天下之无贤而其赏之无以加之也。盖以君子先天下，而后有不得已焉。夫不得已者，非吾君子之所志也，民自为而召之也。故罪疑者从轻，功疑者从重，皆顺天下之所欲从……夫惟天下之罪恶暴著而不可掩，别白而不可解，不得已而用其刑。朝廷之无功，乡党之无义，不得已而爱其赏。如此，然后知吾之用刑，而非吾之好杀人也；知吾之不赏，而非吾之不欲富贵人也。使夫其罪可以推而纳之于刑，其迹可以引而置之于无罪；其功与之而至于可赏，排之而至于不可赏。若是二者而不以与民，则天下将有以议我矣。使天下而皆知其可刑与不可赏也，则吾犹可以自解。使天下而知其可以无刑、可以有赏之说，则将以我为忍人，而爱夫爵禄也。[1]

也就是说，刑罚之用在于迫不得已，并非是君主"好杀人"。

(二) 术与刑

与苏洵一样，苏辙也非常重视"术"。如《进策五道·君术》第一道称：

> 盖当今之所为大患者，不过曰：四夷强盛，而兵革不振；百姓凋敝，而官吏不饬；重赋厚敛，而用度不足；严法峻令，而奸宄不止。此数四者，所以使天子坐不安席、中夜太息而不寐者也，然臣皆以为不足忧。何者？天下必有能为天子出力而为之者。而臣之所忧，在乎天下之所不能如之何者也。臣闻善治天下者，必明于天下之情，而后得御天下之术。术者，所谓道也。得其道，而以智加焉，是故谓之术。古之圣人，惟其知天下之情，而以术制之也，万物皆可得而役其生，皆可得而制其死。[2]

---

[1] (宋)苏辙：《栾城应诏集》卷十一《试论八首》，载陈宏天、高秀芳点校：《苏辙集》，中华书局1990年版，第1347页。

[2] (宋)苏辙：《栾城应诏集》卷六《进策五道》，载陈宏天、高秀芳点校：《苏辙集》，中华书局1990年版，第1284页。

天下虽有四大患(包括法律对于作奸犯科的罪行失去禁止作用),但均不足忧,因为有相应的人才可以辅助君主解决这些困难,而君主所面对的问题是如何驾驭这些人才,这就是"术"。这种"术"在用刑上如何体现呢?

1. 对臣下应"少宽其法"

《进策五道·臣事上》第二道称:

> 抑臣闻之:今世之弊,弊在于法禁太密,一举足不如律令,法吏且以为言,而不问其意之所属。是以虽天子之大臣,亦安敢有所为于法律之外以安天下之大事?故为天子之计,莫若少宽其法,使大臣得有所守,而不为法之所夺。[1]

也就是说,法禁是必要的,"使大臣得有所守",但也不能太密,以免束缚臣下的手脚。

2. 严惩上位者,宽贷下位者

苏辙认为在治官之法中,应该严于惩上,而宽于贷下。如《乞罢左右仆射蔡确韩缜状》称:

> 上则大臣蔽塞聪明,逢君于恶;下则小臣贪冒荣利,奔竞无耻。二者均皆有罪,则大臣以任重责重,小臣以任轻责轻,虽三尺童子所共知也……陛下何不正确、缜之罪,上以为先帝分谤,下以慰天下之望。今独以法绳治小臣,而置确、缜,大则无以显扬圣考之遗意,小则无以安反侧之心。故臣窃谓大臣诚退,则小臣非建议造事之人可一切不治,使得革面从君,竭力自效,以洗前恶。[2]

苏辙不满于朝廷"抓大放小"的处置,"朝廷用法不平,掇拾蜂蚁,脱

---

[1] (宋)苏辙:《栾城应诏集》卷七《进策五道》,载陈宏天、高秀芳点校:《苏辙集》,中华书局1990年版,第1294—1295页。

[2] (宋)苏辙:《栾城集》卷三十六《右司谏论时事十首》,载陈宏天、高秀芳点校:《苏辙集》,中华书局1990年版,第636—637页。

遗鲸鲵,贻患后人,取笑千古。因此群恶小丑已得罪者亦皆不伏"[1],认为居高位者有过,理应被严惩,而居下位者,若非造意之人,则可"一切不治"。类似的主张,一再出现,如《乞罢章惇知枢密院状》称:

> 右臣闻朝廷进退大臣与小臣异。小臣无罪则用,有罪则逐。至于大臣不然,虽罪名未著,而意有不善,辄不可留。何者?朝廷大政出于其口,而行于其手,小有龃龉,贻患四方,势之必然,法不可缓。[2]

3. 重惩赃罪与强化连坐

与其父一样,苏辙也强调官吏之间的连带责任与按察之官的监督责任。如《上皇帝书》称:

> 苟日增之吏渐于衰少,则臣又将有以治其旧吏,使诸道职司,每岁终任其所部郡守监郡,各任其属,曰:自今以前,未有以私罪至某,赃罪正入已至若干者,二者皆自上。钧其轻重而裁之,已而以他事发,则与之同罪,虽去官与赦不降也。夫以私罪至某,赃罪正入已至若干,其为恶也著矣。而上不察,则上之不明亦可知矣,故虽与之同罪而不过。今世之法,任人者任其终身。苟其有罪,终身钧坐之。夫任人之终身,任其未然之不可知者也;任人之岁终而无过,任其已然之可知者也。臣请得以较之:任其未然之不可知,虽圣人有所不能。任其已然之可知,虽众人能之。今也任之以圣人之所不能既不敢辞矣,而况任之以众人之所能,顾不可哉!且按察之吏,则亦不患其不知也,患其知而未必皆按,曰:"是无损于我,而徒以为怨云尔。"今使其罪之,其势将无所不问。陛下诚能择奉公疾恶之臣而使行之,陛下厉精而察之,去民之患如除腹心之疾,则其以私罪至某,赃罪

---

[1] (宋)苏辙:《栾城集》卷三十九《右司谏论时事一十五首·再乞罪吕惠卿状》,载陈宏天、高秀芳点校:《苏辙集》,中华书局1990年版,第681页。

[2] (宋)苏辙:《栾城集》卷三十七《右司谏论时事一十八首》,载陈宏天、高秀芳点校:《苏辙集》,中华书局1990年版,第647页。

正入已至若干者,非复过误,适陷于深文者也。苟遂放归,终身不齿,使奸吏有所惩,则冗吏之弊可去矣。〔1〕

若下属有一定程度的私罪、贪赃到了某一数额,上级官员也须"与之同罪",且"虽去官与赦",都不能被降免。除了这种上下级之间的连带责任外,他还强调"按察之吏""漕刑之官"的责任,即他们只有被科以连带责任时,才会尽心竭力地去行使自己的职权,从而强化监督。这在《进策五道·臣事下》第二道中也有申说:"臣欲使两府大臣详察天下漕刑之官,唯其有所举按、不畏强御者,而后使得至于两制。"〔2〕

(三)消灭犯罪须治本

在苏辙看来,百姓为盗的直接原因是政府税敛重、官夺民利,所以治盗之本在于"薄赋敛"。如《乞招河北保甲充军以消盗贼状》称:

> 右臣闻薄赋敛,散蓄聚,若以致贫,而民安其生,盗贼不作,县官食租衣税,廪有余粟,帑有余布,久而不胜其富也;厚赋敛,夺民利,若以致富,而所入有限,所害无穷,大者亡国,小者致寇,寇盗一起,尽所得之利,不偿所费之十一,久而不胜其贫也。〔3〕

苏辙为此设想的办法是"乞三十万贯,为招军例物",将这些有可能成为盗贼的彪悍之民招入禁军,补充兵员缺额,这样可实现一举两得。

然而,朝廷及其言事者大多不知其本,往往采用火上浇油之法。如《请罢右职县尉劄子》称:

> 臣伏见旧法,县尉皆用选人。自近岁民贫多盗,言事者不知救之于本,遂请重法地分县尉并用武夫。自改法以来,未闻盗贼为之衰

---

〔1〕(宋)苏辙:《栾城集》卷二十一《书一首》,载陈宏天、高秀芳点校:《苏辙集》,中华书局1990年版,第372—373页。

〔2〕(宋)苏辙:《栾城应诏集》卷八《进策五道》,载陈宏天、高秀芳点校:《苏辙集》,中华书局1990年版,第1308页。

〔3〕(宋)苏辙:《栾城集》卷三十六《右司谏论时事十首》,载陈宏天、高秀芳点校:《苏辙集》,中华书局1990年版,第640页。

少。而武夫贪暴,不畏条法,侵鱼弓手,先失爪牙之心,搔扰乡村,复为人民之患。臣窃惟捕盗之术,要在先得弓手之情,次获乡村之助,耳目既广,网罗先具,稍知方略,易以成功。旧用选人,虽未能一一如此,而颇知畏法,则必爱人,使之出入民间,于势为便。不必亲习骑射,躬自格斗,然后能获贼也。今改用武夫,未必皆敢入贼,而不习法律,先已扰民。〔1〕

百姓多为贼盗的原因在于"贫",所以治盗的关键在于"救之于本",奈何言事者不知其道,反而修改旧制,规定重法地的县尉都起用"不畏条法"的武夫,成为"人民之患"。所以苏辙建议"复令吏部,依旧只差选人,所贵吏民相安,不至惊扰"。

与此类似,府史胥吏之所以"掌仓库者,得以为盗;而治狱讼者,得以为奸",也是因为他们没有俸禄之故,所以苏辙在《进策五道·臣事下》第五道中建议:

> 凡人之在官,不可以无故而用其力,或使以其税,而或使以其禄。故夫府史胥吏不可以无禄使也。然臣观之,方今天下苦财用之不给,而用度有所不足,其势必无以及此。而古者周官之法,民之为讼者入束矢,为狱者入钧金,视其不直者,而纳其所入。盖自秦汉以来,其法始废而不用。故臣亦欲使天下之至于狱者,皆有所入于官,以自见其直,而其不直者,亦皆没其所入,以为胥吏之俸禄。辨其等差而别其多少,以时给之,以足其衣食之用。其所以取之于民者不苛,而其所以为利者甚博。盖上之于民,常患其好讼而不直,以身试法而无所畏忌。刑之而又使之有入于官,此所以深惩其心,而又其所得止以厚吏。此有以见乎非贪民之财也,而为吏者可以无俟为奸,而有以自养,名正而言顺。虽其为奸,从而戮之,则亦无愧乎吾心。〔2〕

---

〔1〕 (宋)苏辙:《栾城集》卷四十《右司谏论时事一十七首》,载陈宏天、高秀芳点校:《苏辙集》,中华书局1990年版,第702—703页。

〔2〕 (宋)苏辙:《栾城应诏集》卷八《进策五道》,载陈宏天、高秀芳点校:《苏辙集》,中华书局1990年版,第1313—1314页。

向败诉之人("不直者")收取诉讼费,一则可以抑制"好讼而不直"的风气,二则可以用来支付胥吏的俸禄,同样也是一举两得。

由此可见,相比于苏洵的人性论,苏辙在犯罪原因上的讨论更加现实与具体。

三、苏轼的刑事法律观

父子兄弟之中,论及法律的文字最为丰富者,当推苏轼,学界相应的研究成果也最多[1],涉及他的法律见解和实务才干等,可谓相当全面。为免重复其他成果的论述,笔者在这部分尝试立足于跟苏洵、苏辙的比较,来讨论他的刑事法律观。

(一)王霸与刑

苏轼显然也受儒家观念的影响,如"夫法者,末也,又加以惨毒繁难,而天下常以为急。礼者,本也,又加以和平简易,而天下常以为缓"[2]之说,就为礼、法排定了相关位次。既然如此,他在王霸论上就与其父苏洵有所不同,而与其弟苏辙相近。如《书论》称:

> 愚读《史记·商君列传》,观其改法易令,变更秦国之风俗,诛秦

---

[1] 如徐道隣:《法学家苏东坡》《东坡,常州,和扬州题诗案》,均收入徐道隣:《中国法制史论集》,志文出版社 1975 年,第 309—326、327—337 页;杨胜宽:《苏轼的赏罚观及与其改革思想的内在联系》,载《四川文理学院学报》2008 年第 4 期;秦文:《因法便民 为民自重——苏轼人本法律理念的现代解读》,载《理论月刊》2009 年第 1 期;周奇仕:《论苏轼的法律思想》,西南政法大学 2013 年硕士学位论文;苏子营:《与王安石比较视角下苏轼的法制思想》,载《海南热带海洋学院学报》2016 年第 6 期;李文学:《法学家苏东坡法制思想初探》,载《文史杂志》2017 年第 1 期;冒志祥:《苏轼对宋代"海上丝路"贸易法规建设的贡献——以苏轼有关高丽的状文为例》,载《南京师范大学文学院学报》2017 年第 1 期;韩伟:《大文豪苏轼的刑法思想》,载《公民与法》2017 年第 12 期;何苗:《论苏轼的礼刑思想》,西南政法大学 2018 年硕士学位论文;张群:《苏轼的行政才干与法政思想——从惠州营房问题说起》,载张志铭主编:《师大法学》(第 4 辑),法律出版社 2019 年,第 105—123 页。

[2] (宋)苏轼著,傅成、穆俦标点:《苏轼全集·文集》卷二《论·礼以养人为本论》,上海古籍出版社 2000 年版,第 676 页。

> 民之议令者以数千人,黥太子之师,杀太子之傅,而后法令大行,盖未尝不壮其勇而有决也……然及观三代之书,至其将有以矫拂世俗之际,则其所以告谕天下者常丁宁激切,亹亹而不倦,务使天下尽知其君之心,而又从而折其不服之意,使天下皆信以为如此而后从事。其言回曲宛转,譬如平人自相议论而诘其是非……是以后世之论,以为三代之治柔懦不决。然此乃王霸之所以为异也。[1]

统治者在推行新政时,若行王道,则须反复申说、论辩,令百姓心悦诚服,然后实施;若行霸道,就如商鞅一般,"刑驱而势胁之",迫使天下之人服从。这并非是王道"柔懦不决",而是要"服其不然之心"、令"其民亲而爱之"。

既然要行王道,用刑必然需忠厚。与苏辙一样,苏轼也写过《省试刑赏忠厚之至论》。相比于其弟以用刑的"迫不得已"立论,他的切入点完全不同:

> 尧、舜、禹、汤、文、武、成、康之际,何其爱民之深,忧民之切,而待天下以君子长者之道也……有一不善,从而罚之,又从而哀矜惩创之,所以弃其旧而开其新……成、康既没,穆王立,而周道始衰。然犹命其臣吕侯,而告之以祥刑。其言忧而不伤,威而不怒,慈爱而能断,恻然有哀怜无辜之心,故孔子犹有取焉……当尧之时,皋陶为士,将杀人,皋陶曰"杀之三",尧曰"宥之三",故天下畏皋陶执法之坚,而乐尧用刑之宽……可以赏,可以无赏,赏之过乎仁。可以罚,可以无罚,罚之过乎义。过乎仁,不失为君子;过乎义,则流而入于忍人。故仁可过也,义不可过也。古者赏不以爵禄,刑不以刀锯。赏以爵禄,是赏之道,行于爵禄之所加,而不行于爵禄之所不加也。刑之以刀锯,是刑之威,施于刀锯之所及,而不施于刀锯之所不及也。先王知天下之善不胜赏,而爵禄不足以劝也,知天下之恶不胜刑,而刀

---

[1] (宋)苏轼著,傅成、穆俦标点:《苏轼全集·文集》卷二《论》,上海古籍出版社2000年版,第679页。

锯不足以裁也,是故疑则举而归之于仁,以君子长者之道待天下,使天下相率而归于君子长者之道,故曰忠厚之至也……《春秋》之义,立法贵严,而责人贵宽。因其褒贬之义以制赏罚,亦忠厚之至也。[1]

苏轼认为,先贤圣王在用刑之时,需要秉持哀矜之心,立法可以严而司法应该宽,毕竟天下罪行之多,罚不胜罚,必然有刑罚之威所不能及之处,还是应待天下以"君子长者之道"。

需要注意的是,苏轼并非始终持上述宽刑的主张。《省试刑赏忠厚之至论》作于嘉祐二年(1057年)正月,而在嘉祐六年(1061年)八月应制举而进策论时,他的态度就发生了变化。[2] 如《策别安万民六·去奸民》中称:

> 夫大乱之本,必起于小奸。惟其小而不足畏,是故其发也常至于乱天下。今夫世人之所忧以为可畏者,必曰豪侠大盗。此不知变者之说也。天下无小奸,则豪侠大盗无以为资……昔三代之圣王,果断而不疑,诛除击去,无有遗类,所以拥护良民而使安其居。及至后世,刑法日以深严,而去奸之法,乃不及于三代。何者?待其败露,自入于刑而后去也。夫为恶而不入于刑者,固已众矣。有终身为不义,而其罪不可指名以附于法者。有巧为规避,持吏短长而不可诘者。又有因缘幸会而免者。如必待其自入于刑,则其所去者盖无几耳……夫然后小恶不容于乡,大恶不容于国,礼乐之所以易化,而法禁之所以易行者,由此之故也。今天下久安,天子以仁恕为心,而士大夫一切以宽厚为称上意,而懦夫庸人,又有所侥幸,务出罪人,外以邀雪冤之赏,而内以待阴德之报。臣是以知天下颇有不诛之奸,将为子孙忧。宜明敕天下之吏,使以岁时纠察凶民,而徙其尤无良者,不必待其自入于刑,而间则命使出按郡县,有子不孝、有弟不悌、好讼而

---

[1] (宋)苏轼著,傅成、穆俦标点:《苏轼全集·文集》卷二《论》,上海古籍出版社2000年版,第665—666页。

[2] 相关篇什的系年,参考孔凡礼:《三苏年谱》,北京古籍出版社2004年版,第220、330—331页。

数犯法者,皆诛无赦。诛一乡之奸,则一乡之人悦。诛一国之之奸,则一国之人悦。要以诛寡而悦众,则虽尧舜亦如此而已矣。[1]

除了提倡使用法外之刑外,他还主张对于不孝、不悌、好讼而屡犯之人采用"诛无赦"的严惩,似与上述"宽厚之至"大悖。不过,与苏辙一样,他也指出了当时的弊政之一,是官吏往往为了邀誉与积攒阴德,而从轻用刑,导致罪罚失调。可见,随着对于官场、社会认识的加深,他的刑事法律观就发生了一些明显变化。又如作于熙宁七年(1074年)的《论河北京东贼盗状》称:

> 欲乞今后盗贼赃证未明,但已经考掠方始承认者,并不为按问减等。其灾伤地分,委自长吏,相度情理轻重,内情理重者,依法施行。所贵凶民稍有畏忌,而良民敢于捕告。臣所谓"衣食之门一开,骨髓之恩皆遍,然后信赏必罚,以威克恩,不以侥幸废刑,不以灾伤挠法"者,为此也。[2]

这就要求严格执法、用刑,实现赏罚必信,而不以"侥幸废刑""灾伤挠法",已无前述"哀矜""忠厚"之意。

当然,这并不意味着他主张苛刑峻法,在嘉祐六年(1061年)应制科而上策论的同时,他也进呈了史论二十五篇[3],其中《韩非论》称:

> 自老聃之死百余年,有商鞅、韩非著书,言治天下无若刑名之严。及秦用之,终于胜、广之乱,教化不足,而法有余,秦以不祀,而天下被其毒……商鞅、韩非求为其说而不得,得其所以轻天下而齐万物之术,是以敢为残忍而无疑。今夫不忍杀人而不足以为仁,而仁亦不足以治民;则是杀人不足以为不仁,而不仁亦不足以乱天下。如此,则举天下唯吾之所为,刀锯斧钺,何施而不可。昔者夫子未尝一日敢易

---

[1] (宋)苏轼著,傅成、穆俦标点:《苏轼全集·文集》卷八《策》,上海古籍出版社2000年版,第818—819页。

[2] (宋)苏轼著,傅成、穆俦标点:《苏轼全集·文集》卷二十六《奏议》,上海古籍出版社2000年版,第1150页。

[3] 参见孔凡礼:《三苏年谱》,北京古籍出版社2004年版,第331页。

其言。虽天下之小物,亦莫不有所畏。今其视天下眇然若不足为者,此其所以轻杀人欤![1]

又如《论始皇汉宣李斯》称:

> 自商鞅变法,以殊死为轻典,以参夷为常法。人臣狼顾胁息,以得死为幸,何暇复请。方其法之行也,求无不获,禁无不止,鞅自以为轶尧舜而驾汤武矣。及其出亡而无所舍,然后知为法之弊。夫岂独鞅悔之,秦亦悔之矣。荆轲之变,持兵者熟视始皇环柱而走莫之救者,以秦法重故也……商鞅立信于徙木,立威于弃灰,刑其亲戚师傅,积威信之极。以至始皇,秦人视其君如雷电鬼神,不可测也。古者,公族有罪,三宥然后寘刑。今至使人矫杀其太子而不忌,太子亦不敢请,则威信之过也。故夫以法毒天下者,未有不反中其身及其子孙者也。[2]

这是一种苛刑报应论,即推行苛刑者必然会祸及自身,甚至于子孙。由此可见,他虽然已放弃了宽刑的主张,甚至还提倡对小奸小恶进行法外量刑,但依然旗帜鲜明地反对苛刑。

既然如此,刑罚如何才算是不"苛"呢?最简单的标准就是罪刑相称,符合比例原则。如他在《论仓法札子》中言道:

> 自有刑罚已来,皆称罪立法,譬之权衡,轻重相报,未有百姓造铢两之罪,而人主报以钧石之刑也。今仓法不满百钱入徒,满十贯刺配沙门岛,岂非以钧石报铢两乎?天道报应,不可欺罔,当非社稷之利。[3]

其中,"刑罚称罪"就是核心所在。

---

[1] (宋)苏轼著,傅成、穆俦标点:《苏轼全集·文集》卷四《论》,上海古籍出版社2000年版,第714—715页。

[2] (宋)苏轼著,傅成、穆俦标点:《苏轼全集·文集》卷五《论》,上海古籍出版社2000年版,第750—751页。

[3] (宋)苏轼著,傅成、穆俦标点:《苏轼全集·文集》卷三十四《奏议》,上海古籍出版社2000年版,第1307页。

(二)术与刑

这里的"术",是指君主的御下之术,对象只是官僚,那么"刑"也只是治官之刑。

1. 严于惩上

与苏辙一样,苏轼也主张严惩位高者,以震慑位卑者。如《策别课百官一·厉法禁》称:

> 公卿大臣有毫发之罪,不终朝而罚随之,是以上之为不善者,亦足以知其无有不罚也……舜诛四凶而天下服,何也?此四族者,天下之大族也。夫惟圣人为能击天下之大族,以服小民之心,故其刑罚至于措而不用。周之衰也,商鞅、韩非峻刑酷法,以督责天下,然其所以为得者,用法始于贵戚大臣,而后及于疏贱,故能以其国霸。由此观之,商鞅、韩非之刑法,非舜之刑,而所以用刑者,舜之术也。后之庸人,不深原其本末,而猥以舜之用刑之术,与商鞅、韩非同类而弃之。法禁之不行,奸宄之不止,由此其故也……古之人君,责其公卿大臣至重,而待其士庶人至轻也。责之至重,故其所以约束之者愈宽;待之至轻,故其所堤防之者甚密。夫所贵乎大臣者,惟不待约束,而后免于罪戾也。是故约束愈宽,而大臣益以畏法。何者?其心以为人君之不我疑而不忍欺也……故曰:厉法禁自大臣始,则小臣不犯矣。[1]

他虽然贬斥商鞅、韩非之重刑,但认为他们也有可取之处,即"用法始于贵戚大臣"。

但相比于其弟,他在这里还提出了另一看法,即大臣虽然责任重、受罚重,但应受到的"约束"限制宜少,反过来,士庶百姓虽然责任轻、受罚也轻,但"堤防之者甚密"。对于前者,他在《徐州上皇帝书》中也有论述:

---

[1] (宋)苏轼著,傅成、穆俦标点:《苏轼全集·文集》卷八《策》,上海古籍出版社2000年版,第802—803页。

> 上有监司伺其过失,下有吏民持其长短,未及按问,而差替之命已下矣。欲督捕盗贼,法外求一钱以使人,且不可得。盗贼凶人,情重而法轻者,守臣辄配流之,则使所在法司覆按其状,劾以失入。惴惴如此,何以得吏士死力,而破奸人之党乎?由此观之,盗贼所以滋炽者,以陛下守臣权太轻故也。臣愿陛下稍重其权,责以大纲,阔略其小过。[1]

这是针对地方官权力太小、受到监督掣肘太多而发表的议论,其中"情重而法轻者"这部分更是要为地方官争取法外用刑的自由裁量权,与上述苏轼主张的法外用刑密切相关,且其本人也有类似司法实践,如《奏为法外刺配罪人待罪状》称"所有臣法外刺配颜章、颜益二人,亦乞重行朝典"[2],《乞赈济浙西七州状》称"欲乞朝廷指挥,应盗贼情理重者,及私盐结聚群党,皆许申钤辖司,权于法外行遣,候丰熟日依旧"[3]。

应当说,给予宰执大臣相当大的自由空间,这是苏轼与其父苏洵的共识;但对于地位相对低下的执法官吏,两人的观点就截然不同了,如上所述,苏洵认为当时的执法官吏品行不淳,理应以严密之法予以规制,而苏轼则积极提倡给地方官以相当大的自由裁量权。

2. 反对法密且察苛

苏轼认为当时的监察制度太过苛刻,产生了消极影响。如《上初即位论治道二首·刑政》称:

> 今《编敕》续降,动若牛毛,人之耳目所不能周,思虑所不能照,而法病矣。臣愚谓当熟议而少宽之。人主前疏蔽明,蛀纩塞耳,耳目所及,尚不敢尽,而况察人于耳目之外乎?今御史六察,专务钩考簿

---

[1] (宋)苏轼著,傅成、穆俦标点:《苏轼全集·文集》卷二十六《奏议》,上海古籍出版社2000年版,第1153页。
[2] (宋)苏轼著,傅成、穆俦标点:《苏轼全集·文集》卷二十九《奏议》,上海古籍出版社2000年版,第1210页。
[3] (宋)苏轼著,傅成、穆俦标点:《苏轼全集·文集》卷三十《奏议》,上海古籍出版社2000年版,第1217页。

书,责发细微,自三公九卿,救过不暇。夫详于小,必略于大,其文密者,其实必疏。故近岁以来,水旱盗贼,四民流亡,边鄙不宁,皆不以责宰相,而尚书诸曹,文牍繁重,穷日之力,书纸尾不暇,此皆苛察之过也。不可以不变。《易》曰:"理财正辞,禁民为非曰义。"先王之理财也,必继之以正辞,其辞正则其取之也义。三代之君食租衣税而已,是以辞正而民服。自汉以来,盐铁酒茗之禁,称贷榷易之利,皆心知其非而冒行之,故辞曲而民为盗。今欲严刑妄赏以去盗,不若捐利以予民,衣食足而盗贼自止。[1]

其中,对于法令过密的指摘、对于宽民以止盗的主张,皆与苏辙相同;但是关于御史六察充当君主耳目之官、"责发细微"的现状,苏轼是持否定态度的。

就"法密"而言,他的立场其实与上文所述法外用刑的自由裁量权密切相关。如《应制举上两制书》言道:

何谓用法太密而不求情?昔者天下未平而法不立,则人行其私意,仁者遂其仁,勇者致其勇,君子小人莫不以其意从事,而不因于绳墨之间,故易以有功,而亦易以乱。及其治也,天下莫不趋于法,不敢用其私意,而惟法之知。故虽贤者所为,要以如法而止,不敢于法律之外,有所措意。夫人胜法,则法为虚器。法胜人,则人为备位。人与法并行而不相胜,则天下安。今自一命以上至于宰相,皆以奉法循令为称其职,拱手而任法,曰,吾岂得自由哉。法既大行,故人为备位。其成也,其败也,其治也,其乱也,天下皆曰非我也,法也。法之弊岂不亦甚矣哉……今天下所以任法者,何也?任法生于自疑。自疑生于多私。惟天下之无私,则能于法律之外,有以效其智。何则?其自信明也。[2]

---

[1] (宋)苏轼著,傅成、穆俦标点:《苏轼全集·文集》卷四《论》,上海古籍出版社2000年版,第735页。

[2] (宋)苏轼著,傅成、穆俦标点:《苏轼全集·文集》卷四十八《书》,上海古籍出版社2000年版,第1633—1634页。

由此可知，这些认识与"人治"思想密切相关。在他看来，只要执政者"无私"，就可以在法律之外，有一定的自由空间，使得"人与法并行而不相胜"。当然，这种自由权也并非全无限制，毕竟法不能仅是"虚器"，而且权限大小也跟其职掌与品级高低相称。如他在《上文侍中论强盗赏钱书》中对于司农寺违规改法行为予以了强烈抨击：

> 常窃怪司农寺所行文书措置郡县事，多出于本寺官吏一时之意，遂与制敕并行。近者令诸郡守根究衙前重难应缘此毁弃官文书者，皆科违制，且不用赦降原免。考其前后，初不被旨。谨按律文，毁弃官文书重害者，徒一年。今科违制，即是增损旧律令也。不用赦降原免，即是冲改新制书也。岂有增损旧律令，冲改新制书，而天子不知，三公不与，有司得专之者！今监司郡县，皆恬然受而行之莫敢辨，此轼之所深不识也。[1]

可见，就罪刑的立法而言，苏轼认为司农寺并不具有修法的权限。

(三) 贼盗之罪的原因

与苏辙一样，苏轼也认为百姓之所以犯罪，根本原因在于生活所迫，所以为了止盗，朝廷理应"稍优其给"。如《关陇游民私铸钱与江淮漕卒为盗之由》中称：

> 是故法令日滋，而弊益烦，刑禁甚严，而奸不可止……夫乐生而恶死者，天下之至情也。我且以死拘之，然犹相继而赴于市者，饥寒驱其中，而无以自生也。曰：等死耳，而或免焉。漕卒之怨，生于穷乏而无告……不为盗贼，无所逞志。若稍优其给而代其劳，宜亦衰息耳……故夫廷尉、大农之所患者，非民之罪也，非兵之罪也，上之人之

---

〔1〕 （宋）苏轼著，傅成、穆俦标点：《苏轼全集·文集》卷四十八《书》，上海古籍出版社 2000 年版，第 1639 页。

过也。[1]

又如《论河北京东贼盗状》中称：

> 乃知上不尽利，则民有以为生，苟有以为生，亦何苦而为盗。其间凶残之党，乐祸不悛，则须敕法以峻刑，诛一以警百。今中民以下，举皆阙食，冒法而为盗则死，畏法而不盗则饥，饥寒之与弃市，均是死亡，而赊死之与忍饥，祸有迟速，相率为盗，正理之常。虽日杀百人，势必不止。[2]

因此，与苏辙一样，除了建议宽免税役、予以优给外，苏轼也为一些与"盗贼"处于毫厘之间的豪强之士设计了新的出路，如《代李琮论京东盗贼状》建议：

> 人之善恶，本无常性。若御得其道，则向之奸猾，尽是忠良……臣窃尝为朝廷计，以谓穷其党而去之，不如因其材而用之。何者？其党不可胜去，而其材自有可用……此等弃而不用，即作贼，收而用之，即捉贼。其理甚明……使阴求部内豪猾之士，或有武力，或多权谋，或通知术数而晓兵，或家富于财而好施，如此之类，皆召而权奖，使以告捕自效。[3]

从人性论的角度而言，苏轼所持即是"人之善恶，本无常性。若御得其道，则向之奸猾，尽是忠良"[4]，所以最关键的依然还是驭人之术。

---

[1]（宋）苏轼著，傅成、穆俦标点：《苏轼全集·文集》卷七《杂策》，上海古籍出版社2000年版，第791页。

[2]（宋）苏轼著，傅成、穆俦标点：《苏轼全集·文集》卷二十六《奏议》，上海古籍出版社2000年版，第1148页。

[3]（宋）苏轼著，傅成、穆俦标点：《苏轼全集·文集》卷三十七《奏议》，上海古籍出版社2000年版，第1367页。

[4] 同上书，第1366页。

四、结论

苏洵的刑事法律观源自对现实的观察,借鉴于经史所传理论与实践,不仅主儒家学说,还时而显现出先秦法家的基调,颇具特色。

由于苏洵好言兵事,在兵刑一体的思维之下,二者颇多共性。如无论是兵还是刑,皆是君主权威的依仗;用兵之道,在于不拘一格,因势而为。刑赏之用亦是如此,时势有变,无论是王霸、德刑,还是法律之繁简,皆需随之变化;用兵之道,还在术,这与君主御下以刑、赏一样。因此,在他看来,用刑之道也需与势、术结合。

至于犯罪之所以滋生,既是因为人性本身存在好色之心与是非不平之气,又在于立法与执法有失。在前者,与性善论有别,因此苏洵主张不宜过分地以礼法压制人性;在后者,他认为主要的责任在于官吏,因此提出了许多治官之法,如在行为模式上应该放宽对于宰执重臣的禁制,给予他们相对自由的空间,待之以礼、推之以诚,但在他们违法犯罪之后,应严惩不贷,以震慑天下;落实到具体措施上,如制定重赎之法、严惩亲贵与疑罪、由路级监司承担荐举之责、严行职务连坐等。

相比于苏洵的王霸论,苏轼、苏辙兄弟则显得更加儒家化,王霸、德刑有着先后次序,因此用刑需忠厚。对于何为忠厚,二人则有不同立论,苏轼认为应该立法从严、司法从宽,而苏辙认为刑罚之用应秉持"迫不得已"之心。当然,这仅仅是苏轼二十二岁时的看法,此后他逐渐放弃了司法从宽的主张,而改为依法严格用刑。此外,在用刑原则上,"三苏"父子无一例外地反对法外恩赦,苏轼还强调罪刑的设定需符合比例原则,且主张司法官有权法外用刑,苏辙则强调用刑应至公、至刚。

相比于苏洵从人性论的宏观角度讨论犯罪原因,苏轼、苏辙兄弟显得更为务实与具体,指出贼盗之罪的现实原因就是经济上的贫困,解决之道也应措意于纾解贫困。

或许是受到其父的影响，苏轼、苏辙兄弟在刑事法律观上极其强调君主的御下之术。如强化官吏之间的连坐，是父子三人的共通主张；放宽对重臣的行为限制，是苏洵与苏轼的共通主张；严惩位尊之臣是兄弟二人的共通主张。但是，在一些具体问题上，三人也有分歧，如是否放宽对于执法官吏的行为限制，苏洵与苏轼的见解不同；是否强化对官员违法的严密监察，苏辙支持而苏轼反对。

更值得我们注意的是，苏轼不仅在观念上非常强调"术"，而且在实践中也能一以贯之，即具备相当出色的"吏才"。如他在立法设计上注意可能存在的漏洞与缺陷，以下枚举二例予以说明。其在《乞医疗病囚状》中称：

> 臣愚欲乞军巡院及天下州司理院各选差衙前一名，医人一名，每县各选差曹司一名，医人一名，专掌医疗病囚，不得更充他役，以一周年为界。量本州县囚系多少，立定佣钱……独有一弊，若死者稍众，则所差衙前曹司医人，与狱子同情，使囚诈称疾病，以张人数。臣以谓此法责罚不及狱官、县令，则狱官、县令无缘肯与此等同情欺罔。欲乞每有病囚，令狱官、县令具保，明以申州，委监医官及本辖干系官吏觉察，如诈称病，狱官、县令皆科杖六十，分故失为公私罪。[1]

狱囚病死，狱官是否要为此承担刑责，当时朝廷上下有不同意见。苏轼提出解决之道，应选派专门的官员与医人专掌医疗病囚之事，根据狱囚人数，给付佣金酬劳以及相关罚则。而在这一建议之后，他考虑到根据人数决定赏罚标准，可能会导致相关责任人与狱囚的管理人员（"狱子"）联手作假，因此又建议由狱官、县令作为监督一环，承担连带刑事责任。又如《省试放榜后札子三首·乞裁减巡铺兵士重赏》中称：

> 近年缘练亨父为试官，非理凌忽举人，遂致喧竞，因此多差巡铺兵士，南省至一百人，诃察严细，如防盗贼。而恩赏至重，官员使

---

[1] （宋）苏轼著，傅成、穆俦标点：《苏轼全集·文集》卷二十六《奏议》，上海古籍出版社2000年版，第1156页。

臣,减年磨勘,指射差遣诸色人,支钱多至六百贯。若非理罗织,却无指定深重刑名。缘此小人贪功希赏,搜探怀袖,众证以成其罪,其间不免冤滥……欲乞下有司立法裁减重赏及减定巡铺兵士人数,如非理罗织举人,即重行责罚,以称朝廷待士之意。[1]

朝廷为防贡举作弊,派遣了诸多巡铺兵士,并对监考官吏重加恩赏。苏轼一方面认为这是"多辱士类"、非"朝廷待士之意",另一方面还指出了这一制度可能存在的漏洞与弊端,就是对于监考官吏没有设定"非理罗织"的罪名,无法遏制他们贪功诬赖的行径。由此可见,苏轼在立法设计上考虑周密,在献呈一策之后,又会假想出可能存在的弊端与漏洞,再提出弥补的配套之法。

不仅如此,他在司法上也颇有手段,苏辙在《亡兄子瞻端明墓志铭》中就提到,苏轼被除大理评事、签书凤翔府判官后,"长吏意公文人,不以吏事责之。公尽心其职,老吏畏服"[2]。这也表现在他知密州时对一件吏卒扰民案件的处理手腕上:

> 郡尝有盗窃发而未获,安抚转运司忧之,遣一二班使臣领悍卒数十人,入境捕之。卒凶暴恣行,以禁物诬民,入其家争斗至杀人,畏罪惊散,欲为乱。民诉之,公投其书不视曰:"必不至此。"溃卒闻之少安,徐使人招出,戮之。[3]

这种"术"道一旦被运用到极致,就会使司法浸染"权谋"的色彩,颇具表演性质,如他在《论行遣蔡确札子》中称:

> 窃闻臣寮有缴进蔡确诗言谤讟者……若朝廷薄确之罪,则天下必谓皇帝陛下见人毁谤圣母,不加忿疾,其于孝治,所害不浅。若深罪之,则议者亦或以谓太皇太后陛下圣量宽大,与天地等,而不能容

---

[1] (宋)苏轼著,傅成、穆俦标点:《苏轼全集·文集》卷二十八《奏议》,上海古籍出版社2000年版,第1189页。
[2] (宋)苏辙:《栾城后集》卷二十二《墓志铭一首》,载陈宏天、高秀芳点校:《苏辙集》,中华书局1990年版,第1118页。
[3] 同上书,第1119页。

受一小人谤怨之言,亦于仁政不为无累。臣欲望皇帝陛下降敕,令有司置狱,追确根勘,然后太皇太后内出手诏云:"吾之不德,常欲闻谤以自儆。今若罪确,何以来天下异同之言。刼确尝为辅臣,当知臣子大义,今所缴进,未必真是确诗。其一切勿问,仍榜朝堂。"如此处置,则二圣仁孝之道,实为两得。天下有识,自然心服。[1]

此事即著名的"车盖亭诗案"[2],蔡确作诗谤及太皇太后高氏,在苏轼看来,若哲宗不依法处理,则是不孝;若哲宗追究其刑责,又显现高氏作为太皇太后心胸不够宽广,因此折衷之法是先由哲宗下诏,依法审判蔡确诗案,再由高氏下诏,终结审理,免于追究,这样就能实现"仁孝之道,实为两得"的结果。由此再反观其父苏洵在《上韩枢密书》中有关大臣应勇于为天子承担杀人骂名的建议,可见父子在"术"道上的高度一致性。

综上所述,"三苏"父子在刑事法律观上既有相通之处,亦有不同特点,至于这些论述在当时士大夫中有多大程度的独特性,苏轼、苏辙的法律观在仕宦的不同阶段是否发生过更多变化等,还需今后继续加以研究。

---

[1] (宋)苏轼著,傅成、穆俦标点:《苏轼全集·文集》卷二十九《奏议》,上海古籍出版社 2000 年版,第 1207 页。

[2] 参见沈松勤:《北宋文人与党争——中国士大夫群体研究之一》,人民出版社 1998 年,第 137—145 页。

第五章 "三苏"法治思想的重点：重民生[*]

苏洵、苏轼、苏辙父子作为宋朝著名的文学家和官员，极负盛名。他们留下了大量的诗词和政论文章，广泛涉猎儒、法、道、释诸家及社会生活的各个方面。在政治法律方面，"三苏"也有较多的论述，李光灿等编著的《中国法律思想通史》[1]从"礼以养人为本，任德任人不可偏废""任法、任人综合运筹，吏道为治国之本""一赏罚，一号令，厉行法禁""对熙宁变法应'较量利害，参用所长'""使贫者有田耕""据契而均税""放松管榷，利用民便""节用廉取"八个方面对"三苏"的法治思想进行了叙述和分析，内容全面而详细，但从中我们不容易看出"三苏"法治思想的侧重及特点。

结合"三苏"的政治及法律实践看，他们的法律思想的基础仍然是儒家理论，而"重民生"则是其法律思想的重点，也是解读他们政治法律思想及实践的钥匙。

---

[*] 作者：吕志兴，西南政法大学行政法学院教授。
[1] 参见李光灿、张国华总主编：《中国法律思想通史》（第二册），山西人民出版社2000年版，第533—543页。

一、"三苏""重民生"法律思想的表现

"三苏""重民生"的法律思想在"三苏"政论文章中有体现,而更多的是反映在苏轼、苏辙的奏状中,在他们的政治法律实践中,主要有以下几个方面:

(一) 主张"贫者有田以耕",保障民生

在"三苏"的一些政论文中,表现出他们对与"民生"关系极为密切的土地问题的关注。

北宋由于实行"不立田制""不抑兼并"的土地政策,土地可自由买卖,土地兼并趋于严重,针对这一情况,苏洵在《田制》一文中系统论证了他对土地立法的意见。首先,他认为封建土地私有制及土地兼并造成贫富对立,"富民之家,地大业广,阡陌连接,募召浮客,分耕其中,鞭笞驱役,视为奴隶……而田之所入,己得其半,耕者得其半。有田者一人,但耕者十人,是以田主日累其半以至于富强,耕者日食其半以至于穷而无告"。苏洵把农民贫困的原因归结为地租的剥削,地主的"富强"是地租不断积累的结果,这种观察是很深刻的。其次,他认为缓解"贫民耕而不免于饥,富民坐而饱以嬉"的对立局面,关键在于使"贫者有田以耕,谷食粟米不分于富民,可以无饥;富民不得以多占田以锢贫民,其势无耕则无所得食"。那么,如何做到贫民有田可耕,对富民进行适当限制呢?苏洵认为只有在井田制度下才能实现,但他同时又认为井田制不可恢复,那么当前最好的解决办法是限制富豪占田。但占田超过限额的也不必追究,因为他们的子弟或因析产,或因贫困,终会使占田数量减少而不至于过限。这样就会实现"富民所占者少而余地多,余地多则贫民易取以为业","不惊民,不动众,不用井田之制,而获井田之利"。即不去触动土地兼并这一事实,听其自然,土地流动必然趋于均平。苏洵力图在不扰民的情况下解决

对民生有重要影响的土地问题,结论有些荒唐,最后落入空想。但由此可以看出其对作为民生最基本保障的土地问题是非常关注的。[1]

苏轼对土地问题也有论述,与其父不同的是,他是从户口这一视角来认识和解决问题的。苏轼在《策别安万民三·均户口》一文中指出:"夫中国之地,足以食中国之民有余也,而民常病于不足,何哉? 地无变迁,而民有聚散,聚则争于不足之中,而散则弃于有余之外,是故天下常有遗利而民用不足。"他认为"天下之民转徙无常"的原因是国家不合理的政治及经济政策,其解决方案是移民,即鉴于农民都安土重迁,不易离乡背井,而士大夫出身的官员,却习惯于"迁徙之乐而忘其乡"的生活,只要将官员们迁到人口稀少而土地广袤的"荆、襄、唐、邓、许、汝、陈、蔡之间",然后再吸引他们的同乡、佃户去依附他们,只要"授其田,贷其耘耕之具,而缓其租",移民的任务即可顺利完成,人口聚集与土地不足的矛盾就可得到有效的缓解。[2] 苏轼的观点及方法,具有空想的色彩,实际上用此法也不可能根本解决土地兼并问题,但其认识到的土地问题与人口聚散有关是有道理的,移民可以在一定程度上解决土地的占有和使用问题。[3] 对土地问题的关注,可以看出苏轼也极重视民生的基本保障。

苏辙对土地问题没有专门的理论论述,但在其为官时对现实中的土地问题则极为关注,比如他在元祐三年(1088年)针对前几年"宋用臣引洛水为清、汴,水源浅小,行运不足,遂于中牟、管城以西,强占民田潴蓄雨水,以备清、汴泛水之用。方用臣贵盛,州县皆不敢争,但中牟一县,占田八百五十余顷"的做法,就曾向朝廷上《乞给还京西水柜所占民田状》,首先哄着皇帝,说"陛下恤养小民过于赤子,无名侵夺,圣意不然",意即这种做法不会是皇帝的意思,然后请求皇帝"指挥汴口以东州县,各具水柜所

---

[1] 本段引文均出自(宋)苏洵撰,曾枣庄、金成礼笺注:《嘉祐集笺注》卷五《衡论·田制》,上海古籍出版社1993年版,第134—137页。

[2] 本段引文均出自孔凡礼点校:《苏轼文集》卷八《策别安万民三》,中华书局1986年版,第258—260页。

[3] 参见李光灿、张国华总主编:《中国法律思想通史》(第二册),山西人民出版社2000年版,第540—541页。

占顷亩数目及每岁有无除放二税,仍具水柜委实可与不可废罢,如决不可废,即当如何给还民田,以免怨望"[1]。奏状中没有什么高深的理论,但直接针对中牟、管城两地的失地农民的土地返还及两税免除问题,这对失地农民是最为有益的。

(二)重视赈灾,防民饥馑

自然灾害会给百姓带来灾难,特别是在古代,由于生产力水平较低,人们抗御灾害的能力也非常低下,遇到水旱灾害就会造成灾荒和饥馑,如果国家不能及时和有效地进行赈济,就会出现饿殍遍野的惨景。苏轼和苏辙的奏状有不少是关于赈灾的,特别是苏轼向朝廷所上的请求赈灾的奏状较多。

苏轼在哲宗元祐前期担任杭州知州时,杭州府所在的两浙西路多次发生暴雨灾害,苏轼因此多次上奏请求朝廷备灾或赈灾。其第一份奏状写于元祐四年(1089年)十一月初四日,他先是对来年发生饥荒表示担忧:"勘会浙西七州军,冬春积水,不种早稻,及五六月水退,方插晚秧,又遭干旱,早晚俱损,高下并伤,民之艰食,无甚今岁。见今米斗九十足钱,小民方冬已有饥者。两浙水乡,种麦绝少,来岁之熟,指秋为期,而熟不熟又未可知。深恐来年春夏之交,必有饥馑、盗贼之忧。"特别担心会出现神宗熙宁年间两浙那样的大饥荒,"是时米斗二百,人死大半,父老至今言之流涕",指出"今来米斗已及九十,日长炎炎,其势未已,深可忧虑",请求皇帝"圣仁哀怜,早行赈恤"[2]。

元祐五年(1090年)七月十五日,苏轼上奏,强调应早做准备,多储粮物,及时赈济。熙宁八年(1075年)的旱灾造成几十万人饿死的恶例殷鉴不远,地方官员未作预防、措施不当且赈灾不力是主要原因。相反,同样

---

[1] (宋)苏辙:《栾城集》卷二十八《乞给还京西水柜所占民田状》,载陈宏天、高秀芳点校:《苏辙集》,中华书局1990年版,第662页。

[2] 孔凡礼点校:《苏轼文集》卷三十《乞赈济浙西七州状》,中华书局1986年版,第849—851页。

是水旱灾害,国家积极备灾、赈灾,就不会发生大规模的饥馑,如前一年浙西数郡十一月、十二月两次截拨、宽减上供用作赈济,翻年之后"自正月开仓粜常平米,仍免数路税务所收五谷力胜钱,且赐度牒三百道,以助赈济","遂无一人饿殍者,此无它,先事处置之力也"。据上述正反两例,苏轼得出结论:"事豫则立,不豫则废,其祸福相绝如此。"最后,苏轼报告当年浙西的灾害情况,"(今年)五六月间,浙西数郡,大雨不止,太湖泛滥……米价复长,至七月初,斗及百钱足陌……臣已约度杭州合用二十万石,仍委逐司擘画"。这显然不够,苏轼请求朝廷多准备粮食,预防来年的饥荒。[1]

这之后的几年中,苏轼上疏十数道,从多个方面建议朝廷积极防备或赈济各地的灾荒,可谓喋喋不休。但其目的不在自身利益,而是广大民众的生死存亡。[2]

其中在《再论积欠六事四事札子》中,针对浙西饥疫大作,苏、湖、秀三州人死过半的惨状。苏轼请求皇帝下令减缓百姓所欠租税,并将皇帝手诏的内容拟好:"访闻淮浙积欠最多,累岁灾伤,流殍相属,今来淮南始获一麦,浙西未保丰凶,应淮南东西、浙西诸般欠负,不问新旧,有无官

---

[1] 参见孔凡礼点校:《苏轼文集》卷三十一《奏浙西灾伤第一状》,中华书局1986年版,第882—886页。
[2] 苏轼于元祐五年七月二十五日、八月二十五日、九月七日、九月十七日、十月二十一日、十一月二十一日,元祐六年三月二十三日、七月十二日、十一月某日、十二月二十五日,元祐七年六月十六日,还有绍圣元年正月某日、二月某日等时间,相继向朝廷或三省上《奏浙西灾伤第二状》(同上书,第887—888页)、《申明户部符节略赈济状》(第891—892页)、《相度准备赈济第一状》(第892—894页)、《相度准备赈济第二状》(第894—896页)、《相度准备赈济第三状》(第897—898页)、《相度准备赈济第四状》(第899—900页)、《再乞发运司应副浙西米状》(第909—911页)、《乞将上供封桩斛斗应副浙西诸郡接续粜米札子》(第931—933页)、《奏淮南闭粜状二首》(第944—947页)、《乞赐度牒粜斛斗备赈济淮浙流民状》(第947—950页)、《论积欠六事并乞检会应诏所论四事一处行下状》(第957—968页)、《再论积欠六事四事札子》(第970—972页)、《乞减价粜常平米赈济状》(第1034—1036页)、《乞将损弱米贷与上户令赈济佃客状》(第1036—1037页)及《论浙西闭粜状》(第1044—1045页)《再论闭粜状》(第1046页)。

本,并特与权住催理一年",请求皇帝立即发布,以"使久困之民,稍知一饱之乐"[1]。

苏辙于元祐元年(1086年)闰二月二十四日向朝廷上书,针对淮南久旱,"米斗直一百七十七以来,民间阙食,甚觉不易"的严峻形势,请求皇帝"指挥淮南官司,先将所管义仓米数,随处支与阙食人户,兼将常平米减价出卖,及取问监司、州、县,因何并不申请擘画。兼乞体访诸路,如有似此阙令却去处,一例施行"[2]。

苏辙还关注减轻灾荒地区百姓负担的问题,元祐元年(1086年)二月十五日,苏辙针对朝廷赦书只免除百姓所欠零散两税,而不及官本债负、出限役钱等,建议朝廷全面除放,"弃捐必不可得之债以收民心。民心悦附,甘泽可致"[3]。元祐元年(1086年)闰二月二十四日,苏辙再次建议朝廷免除百姓所欠官本债负、出限役钱等。[4]

生存是人类最基本的权利,也是最大的民生。苏氏兄弟如此密集、多次、反复地上奏状,请求朝廷积极备灾、赈灾,减轻百姓负担,足以说明他们重视百姓的最大、最基本的权利,关注民生。

(三)革除弊法,解民之厄

因国内外形势的变化及经济改革等原因,朝廷颁行了一些加重百姓负担的弊法,苏氏兄弟坚决反对并主张革除这些弊法。

1. 反对并要求废止"青苗法"

王安石变法时,推行青苗法,以见存常平、广惠仓的一千五百万石钱

---

[1] 孔凡礼点校:《苏轼文集》卷三十四《再论积欠六事四事札子》,中华书局1986年版,第971页。

[2] (宋)苏辙:《栾城集》卷三十七《乞赈救淮南饥民状》,载陈宏天、高秀芳点校:《苏辙集》,中华书局1990年版,第651—652页。

[3] (宋)苏辙:《栾城集》卷三十六《久旱乞放民间积欠状》,载陈宏天、高秀芳点校:《苏辙集》,中华书局1990年版,第624—625页。

[4] 参见(宋)苏辙:《栾城集》卷三十七《再乞放积欠状》,载陈宏天、高秀芳点校:《苏辙集》,中华书局1990年版,第652—654页。

各为本,如是粮谷,即与转运司兑换成现钱,以现钱贷给广大乡村民户,有剩余也可以贷给城市坊郭户。民户贷请时,须五户或十户结为一保,由上三等户作保,每年正月三十日以前贷请夏料,五月三十日以前贷请秋料,夏料和秋料分别于五月和十月随二税偿还,各收息二分。苏氏兄弟认为该法有很多弊端,如与民争利、强制借贷、强行催讨等,因而坚决反对。早在该法实施之初的熙宁年间,苏轼在《上神宗皇帝万言书》和《再上皇帝书》中都表示强烈反对。哲宗元祐年间,苏轼和苏辙又多次上书,要求朝廷废止该法。

元祐元年(1086年)六月十四日,苏辙向朝廷上《论青苗状》,指出实行青苗法的弊端:"无知之民急于得钱而忘后患,则虽情愿之法有不能止也。侵渔之吏利在给纳而恶无事,则虽无定额有不能禁也。"因此诸县施行的青苗法各有不同,"猾吏得依法为奸。监司虽知其不便,欲禁而不可得。天下既已病之矣"。熙宁以来,"吏行青苗,皆请重禄而行重法,受赇百钱,法至刺配",但如此仍不能禁。"今吏禄已除,重法亦罢",没有对营私舞弊的重罚,则民间所请钱物,"得至于其家者无几矣"。他请求皇帝"追寝近降青苗指挥,别下诏旨,天下青苗自今后不复支散"[1]。

其后,苏辙又于元祐元年(1086年)七月二十四日上《再论青苗状》,八月四日上《三乞罢青苗状》及《申三省请罢青苗状》[2]反对再散青苗钱,要求废止青苗法。

而苏轼于元祐元年(1086年)八月四日向朝廷上书,指出"因提举官速要见功,务求多散",所以青苗法的施行"名为情愿,其实抑配",还存在子弟瞒着尊长私借私用以及他人冒名借贷的情况。基于青苗法执行中出现的弊端,苏轼请求皇帝:"特降指挥,青苗钱斛,今后更不给散,所有已请过钱斛,候丰熟日分作五年十料随二税送纳。或乞圣慈念其累岁出息已

---

〔1〕 (宋)苏辙:《栾城集》卷三十九《论青苗状》,载陈宏天、高秀芳点校:《苏辙集》,中华书局1990年版,第681—682页。

〔2〕 参见陈宏天、高秀芳点校:《苏辙集》,中华书局1990年版,第698—700页。

多,自第四等以下人户,并与放免。庶使农民自此息肩,亦免后世有所讥议。"〔1〕

2. 反对并要求废除"五谷力胜钱"

纳税是百姓须向国家承担的义务。唐朝中期实行两税法,百姓根据家庭财产分夏、秋两季向国家缴纳税款。宋朝继承唐朝的税制,但后来又发展出一些新的税费,比如商家运输及经营粮食须缴纳"五谷力胜钱",这不仅增加了民众的经济负担,还影响了粮食的流通,造成各地粮食价格畸高或畸低,伤害农民或城市居民,从而严重影响民生。对宋朝政府征收这一税费,苏轼坚决反对,竭力要求废除。于是在元祐七年(1092年)十一月初七日,苏轼向朝廷上书,先详述了征收"五谷力胜钱"导致"商贾不行,农末皆病"的危害:"臣顷在黄州,亲见累岁谷熟,农夫连车载米入市,不了盐茶之费。而蓄积之家,日夜祷祠,愿逢饥荒。又在浙西,亲见累岁水灾,中民之家有钱无谷,被服珠金,饿死于市。此皆官收五谷力胜钱,致商贾不行之咎也。"〔2〕因此元祐以来,即使每逢灾伤,皇帝都"捐金帛,散仓廪",仍然"饿殍流亡,不为少衰"。〔3〕

基于以上分析,苏轼建议彻底废除"五谷力胜钱",恢复适用仁宗时的有关立法,只行《天圣附令》免税指挥。"虽目下稍失课利,而灾伤之地,不必尽烦陛下出捐钱谷,如近岁之多也。"〔4〕

朝廷对其建议未予采纳,苏轼于次年三月十三日又向朝廷上书,再次要求彻底废除"五谷力胜钱"这一极不合理的税费。他在贴黄中大胆拟诏:"祖宗旧法,本不收五谷力胜税钱,近乃著令许依例收税,是致商贾无利,有无不通,丰年则谷贱伤农,凶年则遂成饥馑,宜令今后不问有无旧

---

〔1〕 孔凡礼点校:《苏轼文集》卷二十七《乞不给散青苗钱斛状》,中华书局1986年版,第783—785页。

〔2〕 孔凡礼点校:《苏轼文集》卷三十五《乞免五谷力胜税钱札子》,中华书局1986年版,第990—992页。

〔3〕 同上注。

〔4〕 同上注。

例,并不得收五谷力胜税钱,仍于课额内除豁此一项。"[1]

3. 革除扬州花会例

苏轼在任扬州知州时,还革除了劳民伤财的扬州花会惯例。扬州本产芍药,蔡卞任扬州知州时效仿洛阳牡丹花会而办芍药花会,遂形成惯例,以后每年循例开办。但每会所用花朵达千万之巨,胥吏也借此谋私,芍药花会遂成弊政,被作为地方长官的知州苏轼即时废除。[2]

上述弊法,扬州花会例只是一种惯例,被苏轼所废当无疑问,"五谷力胜钱"确因苏轼的建议被部分和暂时地废除[3],而苏氏兄弟的建议对青苗法的废除到底起了多大的作用则难以考证。无论如何,从苏氏兄弟的态度和行为本身仍可看出其思想倾向——重视民生。

(四)改良制度,便利民生

由于各地的情况不同,宋朝的一些经济制度比如茶法、盐法在实施中凸显弊端,严重影响当地百姓的生产和生活。还有一些规定不合理,实施后对特定人员会产生危害。对此,苏氏兄弟都积极向朝廷建议改良或调整,以便利民生。

1. 改良茶法

宋代继承前代的禁榷即专卖制度,并将禁榷商品的范围扩大至盐、茶、贵重金属及外国进口的珊瑚、玛瑙、香料等。市场交易行为若与国家权力结合,会产生很多弊端,如官营机构会依恃权力,违反公平原则,强买强卖,任意抬高或压低价格,使交易相对方蒙受损失或承担额外的负担。

---

[1] 孔凡礼点校:《苏轼文集》卷三十五《缴进免五谷力胜税钱议札子》,中华书局1986年版,第1001页。

[2] 参见(宋)张邦基撰,孔凡礼点校:《墨庄漫录》卷九《东坡罢扬州万花会》,中华书局2002年版,第239页。

[3] "(元祐)八年,权罢商人载米入京粜卖力胜之税……苏轼言:'法不税五谷,请削去力胜钱之条,而行天圣免税之制。'既而尚书省亦言在京谷贵,欲平其直,复权罢之。后徽宗宣和中,以州县灾伤并赡给都下,亦一再免,旋复如旧。"参见(元)脱脱等撰:《宋史》卷一八六《食货下八·商税》,中华书局1977年版,第4544—4545页。

苏氏兄弟对此大多持反对态度,主张改良和调整。

苏氏兄弟家乡所在的眉州属于产茶区,宋朝对该地之茶实行禁榷,即专卖,其中就存在所有禁榷商品所共有的弊端,苏辙深知这些弊端,遂于元祐元年(1086年)向朝廷上《论蜀茶五害状》,指出蜀地榷茶制度有五害:一园户之害,二平民之害,三省课之害,四递铺之害,五陕西之害。他主张在包括眉州在内的蜀地废除对茶叶的禁榷制度,允许茶农自由生产和交易,官方根据交易情况征收茶税,并抽买足与少数民族换马的博马茶,保证国家武备不受影响即可。[1]

2. 调整盐税或榷盐制度

食盐与茶叶一样都是日常生活必需品,且需求量较大。宋朝对食盐在一些地区实行盐税制度,有些地区则实行禁榷制度,沿海产盐区的百姓受这些制度,特别是禁榷制度的剥削和压榨较重,不时有反抗。苏轼曾多次就盐榷上奏,陈说利害,主张根据具体情况对该制度进行调整。

熙宁七年(1074年),苏轼知密州,针对河北、京东两路"比年以来,蝗旱相仍,盗贼渐炽……窃料明年,寇攘为患,甚于今日"[2]的严峻形势,苏轼向朝廷上《论河北京东盗贼状》,主张减免税收,除减免夏秋两税外,还须减免盐税,因为盐税过重,使孤贫无业的贩盐者谋生无门,以致盗贼日滋。苏轼请求皇帝"特赦两路,应贩盐小客,截自三百斤以下,并与权免收税"[3]。为使皇帝采纳其建议,苏轼还算了一笔账:放免盐税的损失很少,河北、京东地区若发生盗贼等,国家为此付出的代价绝不是所放免的盐税这个数目。

> 苟朝廷捐十万贯钱,买此两路之人不为盗贼,所获多矣。今使朝廷为此两路饥馑,特出一二十万贯见钱,散与人户,人得一贯,只及

―――――――――

[1] 参见(宋)苏辙:《栾城集》卷三十六《论蜀茶五害状》,载陈宏天、高秀芳点校:《苏辙集》,中华书局1990年版,第627—632页。

[2] 孔凡礼点校:《苏轼文集》卷二十六《论河北京东盗贼状》,中华书局1986年版,第753—757页。

[3] 同上注。

二十万人。而一贯见钱,亦未能济其性命。若特放三百斤以下盐税半年,则两路之民,人人受赐,贫民有衣食之路,富民无盗贼之忧,其利岂可胜言哉!若使小民无以为生,举为盗贼,则朝廷之忧,恐非十万贯钱所能了办。又况所支捉贼赏钱,未必少于所失盐课。[1]

元丰八年(1085年),苏轼知登州,于十二月某日又向朝廷上《乞罢登州榷盐状》,非常细致地分析了榷盐制度的弊端:登州地瘠民贫,商贾不至,实行榷盐后造成以下问题:其一,"官买价钱,比之灶户卖与百姓三不及一,灶户失业,渐以逃亡",说明国家收购价格极端不合理。其二,"居民咫尺大海而令顿食贵盐,深山穷谷,遂至食淡",说明国家零售价格也极端不合理。其三,"商贾不来,盐积不散……若不配卖,即一二年间举为粪土"。说明销售渠道不通畅。请求朝廷"先罢登、莱两州榷盐,依旧令灶户卖与百姓,官收盐税,其余州军更委有司详讲利害施行"[2]。他主张改登、莱两州的食盐禁榷制度为盐税制度,依旧令煮盐的灶户直接卖与居民,国家只收盐税,以便利民生。

3. 完善病囚医疗制度

中国古代因为监狱设置及管理上存在的各种弊端,致使不少囚犯在关押时病死或受虐待后病死。五代时开始重视这一问题,并设立病囚院医治病囚,但问题仍未能较好地得以解决,宋朝进一步加强这方面的管理。英宗曾下手诏规定:"一岁内在狱病死及两人者,推司、狱子并从杖六十科罪,每增一名,加罪一等,至杖一百止……每至岁终,会聚死者之数以闻,委中书门下点检。或死者过多,官吏虽已行罚,当议更加黜责。"[3] 实际上是想通过加强对监狱管理人员的考核和惩罚以减少病囚的死亡。

苏轼认为该规定有不妥之处,因此向朝廷上《乞改医疗病囚状》,指出

---

[1] 孔凡礼点校:《苏轼文集》卷二十六《论河北京东盗贼状》,中华书局1986年版,第753—757页。

[2] 孔凡礼点校:《苏轼文集》卷二十六《乞罢登州榷盐状》,中华书局1986年版,第767—768页。

[3] 孔凡礼点校:《苏轼文集》卷二十六《乞改医疗病囚状》,中华书局1986年版,第763—766页。

英宗手诏规定得尚不具体,且只惩不奖也不利于调动狱官等的积极性,并产生新的弊端。因此他建议选人专掌医疗病囚:

> 量本州、县囚系多少,立定佣钱,以免役宽剩钱或坊场钱充,仍于三分中先给其一,俟界满比较,除罪人拒捕及斗致死者不计数外,每十人失一为上等,失二为中等,失三为下等,失四以上为下下。上等全支,中等支二分,下等不支,下下科罪,自杖六十至杖一百止,仍不分首从。其上、中等医人界满,愿再管勾者听。人给历子以书等第,若医博士助教有阙,则比较累岁等第最优者补充。[1]

这非常具体地设计了病囚医治管理的措施及奖惩办法。

苏轼还指出,实施上述制度时,要防止监狱管理人员间的通同作弊,并提出了应对办法:"每有病囚,令狱官、县令具保,明以申州,委医官及本辖干系官吏觉察。如诈称病,狱官、县令皆杖六十,分为故、失为公、私罪。"[2]

在中国古代,受"刑不上大夫"精神的影响,官员犯罪享有各种特权,一般犯罪大多可免予刑事处罚,更很少被关押,被关押且可能在狱中病死的主要是社会底层的民众,苏轼对该问题如此重视,且为之设计详细的制度方案,足见其关注社会底层的民生。

此外,苏氏兄弟还主张完善免役法,相关内容见下文。

(五)兴修水利,改善民生

在任何时代,水都是重要的自然资源,它不仅可以饮用、灌溉,还可用以交通运输等。但对水资源若不加以治理,它不仅不能造福人类,甚至有害,故兴修水利,可改善民生。苏轼无论在何地为官,都非常重视兴修水利,并积极筹划。

---

[1] 孔凡礼点校:《苏轼文集》卷二十六《乞改医疗病囚状》,中华书局1986年版,第763—766页。

[2] 同上注。

元祐五年(1090年),苏轼知杭州。杭州城边的西湖既是一方美景,又可防旱防涝,但由于长期未作疏浚,"遂埋塞其半","更二十年,无西湖矣"。苏轼遂于元祐五年(1090年)四月二十九日向朝廷上《杭州乞度牒开西湖状》,指出西湖有五不可废之状,建议对其进行清浚和整治,并请求皇帝"特出圣断,别赐臣度牒五十道,仍敕转运、提刑司,于前来所赐诸州度牒二百道内,契勘赈济不尽者,更拨五十道价钱与臣,通成一百道。使臣得尽力结与,半年之间,目见西湖复唐之旧"[1]。

六天后,苏轼又上《申三省起请开湖六条札子》,向中央三省汇报情况,衔接具体事宜。筹得资金,办完相关手续后,苏轼组织人员对西湖进行清浚和整治。[2]

苏轼知杭州时,了解到钱塘江上游石门等处山路险峻,江狭水急,交通不便等情形,于元祐六年(1091年)三月向朝廷上《乞相度开石门河状》,建议朝廷考虑并筹集资金开凿该运河,以利百姓生产和生活。[3]

元祐六年(1091年)七月,苏轼已回京担任翰林学士承旨兼侍读,得知苏州、湖州、常州地区常发大水,危害当地百姓生产和生活,遂于七月二日向朝廷上《进单锷吴中水利书状》,建议朝廷对该地区的水利进行整治,并将常州宜兴县进士单锷所著《吴中水利书》一卷代为奏上,以资有关部门参考。[4]

苏轼治理西湖时,以清浚的淤泥修筑了苏堤,既泽被附近民众,又成

---

[1] 孔凡礼点校:《苏轼文集》卷三十《杭州乞度牒开西湖状》,中华书局1986年版,第863—866页。

[2] 参见孔凡礼点校:《苏轼文集》卷三十《申三省起请开湖六条札子》,中华书局1986年版,第866—872页。

[3] 参见孔凡礼点校:《苏轼文集》卷三十二《乞相度开石门河状》,中华书局1986年版,第906—909页。

[4] 参见孔凡礼点校:《苏轼文集》卷三十二《进单锷吴中水利书状》《录进单锷吴中水利书》,中华书局1986年版,第915—927页。

就了西湖千年美景。后两处兴修水利的建议虽未获施行[1],但从中不难得见苏轼重视兴修水利来改善民生的理念。

(六)原情执法,令顺民心

苏氏兄弟在执法行政中,对民众的合理诉求,都尽量满足,有些时候哪怕是有违法律,都通过灵活执法,便利民众。

宋朝有官妓制度,遇公宴则令其佐酒,而官妓申请脱籍从良,知州有最终决定权。妓女属社会底层,属可怜之人,苏轼在为地方知州或有相关权力时,都尽力为这些底层之民除厄解困。苏轼在杭州通判任上,曾短期代管全州事务,有官妓以年老不堪侍奉为由,请求脱籍从良。苏轼以押韵对仗文体下判:"五日京兆,判状不难,以九尾狐狸,从良任便。"准予该官妓脱籍。[2]

哲宗元祐六年(1091年),苏轼回京时途经京口(今镇江),当地官员设宴款待,有官妓佐宴。趁着官员高兴,官妓郑容、高莹出示牒文申请脱籍从良。当地知州给苏轼面子,让其裁决,苏轼遂在牒文后面填了一首《减字木兰花》:"郑庄好客,容我楼前先堕帻。落笔生风,籍籍声名不负公。高山白早,莹骨球肌那解老。从此南徐,良夜清风月满湖。"此词看似与两人脱籍从良之事毫无关系,实为一首藏头诗词,"郑容落籍,高莹从良",准予了两人的申请。[3]

哲宗元祐四年(1089年),苏轼任杭州知州时,有一个叫吴味道的乡贡被逮到官府,罪名是逃税。苏轼审得案情为:吴味道为赴京赶考,筹钱

---

[1] "轼议自浙江上流地名石门,并山而东,凿为漕河……人以为便。奏闻,有恶轼者,力沮之,功以故不成。"(元)脱脱等撰:《宋史》卷三三八《苏轼传》,中华书局1977年版,第10813—10814页。"元祐六年,苏轼知杭州日,尝为状进於朝。会轼为李定、舒亶所劾,逮赴御史台鞫治,其议遂寝。"(宋)单锷撰:《吴中水利书》,载王云五主编:《丛书集成初编》(第3205册),商务印书馆1936年版,第1页,《四库全书提要》。

[2] 参见(宋)王辟之撰,吕友仁点校:《渑水燕谈录》卷十《谈谑》,中华书局1981年版,第126页。

[3] 参见胡仔纂集,廖德明点校:《苕溪渔隐丛话·后集》卷四十《丽人杂记》引《东皋杂录》,人民文学出版社1962年版,第336页。

购买二百匹建阳产的纱,带到京城变卖赚点钱补贴盘缠。但这些纱从建阳到京城一路必须缴纳相关税款,如果依法纳税,即无钱可赚。吴味道便假称这些纱是苏轼带给其在京城的弟弟苏辙的,携带私人物品不属商品,可以免税。不想在杭州遇到苏轼,事情败露。吴味道的做法显然是违法的,但苏轼从这件事看到了读书人的艰辛,以及其为改变现状所做的努力,决定帮助吴味道。便让人换去纱上伪造的封条,写上苏辙的真实地址,并写了一封信告知弟弟原委,请弟弟协助。得苏氏兄弟帮助,吴味道顺利到达京城,后一举高中进士。[1]

上述几例,苏轼在职权范围内,都积极为处于社会底层的小民解除困厄,特别是第三例,当事人的做法是违法的,但苏轼通过灵活执法,帮助其解决了难题。这些都反映出苏氏兄弟的原情执法、令顺民心的思想。

二、"三苏""重民生"法律思想的几点说明

在叙述"三苏""重民生"法律思想的内容和表现后,对该法律思想还须再作几点说明:

(一)"三苏"法律思想在"重民生"上有一致性

"三苏"父子的人生经历有较大的不同,比如苏洵为官时间不长,主要担任秘书省校书郎,编纂《太常因革礼》,未经历神宗、哲宗时的经济政治改革和政治斗争;苏轼、苏辙则全程经历神宗、哲宗时的经济政治改革和政治斗争,并于其中或得益或受害。就苏氏兄弟而言,苏轼虽曾在中央任职,但主要是担任府、州一级的地方长官;而苏辙也曾出任过地方官,但主要在中央政府为官,任司谏、御史中丞等。但"三苏"在"重民生"这一点上却具有一致性。比如他们三人都关注民生的根本问题——土地问题;

---

[1] 参见(宋)何薳撰,张明华点校:《春渚纪闻》卷六《赝换真书》,中华书局1983年版,第98页。

苏轼和苏辙都反对实施青苗法、均输法、与民争利、立法扰民;苏轼和苏辙都重视赈灾;苏轼和苏辙都反对改差役法为雇役法,在这一问题上,他们的反对意见在表述上都有较多的相同或相似之处。比如苏轼在《上神宗皇帝书》中针对役法指出:"自古役人,必用乡户,犹食之必用五谷",而汉武帝采用桑弘羊的均输法后,"商贾不行,盗贼滋炽,几至于乱。孝昭既立,学者争排其说,霍光顺民所欲,从而与之,天下归心,遂以无事"[1]。而苏辙在《制置三司条例司论事状》中论及役法时说:"役人之不可不用乡户,犹官吏之不可不用士人也。"认为均输法"法术不正,吏缘为奸,掊克日深,民受其病。孝昭既立,学者争排其说,霍光顺民所欲,从而与之,天下归心,遂以无事"[2]。两相比较,观点完全相同,文字表述也相差无几。

"三苏"都有很多诗文传世,但其中没有相互指责的,都是相互欣赏的。特别是哲宗后期,苏轼和苏辙都受到新党的排斥和打击,不断被贬官,但他们仍然是相互关心、相互鼓励的。这其中除了血缘亲情外,他们都具有"重民生"的法律思想、都有为民请命的精神也是重要原因。

(二) 免役法上更加彰显苏氏兄弟的"重民生"精神

王安石变法时,将差役法改为免役法,即将原主要由第三等户承担的衙前差役,改由各户等都出免役钱,加上政府筹措的资金,招募专门人员承担衙前差役。免役法实际上是由社会全体来承担主要由第三等户承担的义务,对均平赋役负担,特别是减轻了第三等户的负担有积极意义,但由于第一、二、四、五等户也要出免役钱,故受到多方面的反对。

苏氏兄弟最初对改差役法为免役法是坚决反对的,苏轼在《上神宗皇帝书》指出,首先,这一改革实施难度大,并可能带来各种弊端,比如州郡衙役因役钱减少而工作衰散,逃军因为罚轻而增多,等等。其次,社会各

---

〔1〕 孔凡礼点校:《苏轼文集》卷二十五《上神宗皇帝书》,中华书局1986年版,第733、735—736页。

〔2〕 (宋)苏辙:《栾城集》卷三十五《制置三司条例司论事状》,载陈宏天、高秀芳点校:《苏辙集》,中华书局1990年版,第609、611页。

阶层全面出免役钱,是另立一新的税种,加重了百姓的负担。最后,让城市居民和品官形势之家出免役钱不合古制,让下等户出免役钱是不体恤"天民之穷者"[1]。

不久,苏轼又上《再上皇帝书》,反对推行免役法等:"陛下自去岁以来,所行新政,皆不与治同道。立条例司,遣青苗使,敛助役钱,行均输法,四海骚动,行路怨咨……今日之政,小用则小败,大用则大败,若力行不已,则乱亡随之。"[2]语气非常之重,反对之意很强烈。

但到了元祐初年,高太后掌权,司马光为相,欲尽废神宗时所立新法,苏氏兄弟基于对新法实施效果的了解,认为有些新法具有合理性,应当保留或者加以完善后保留,反对司马光主张的一概废除,特别是反对废除免役法。"盖朝廷自行免役,至今仅二十年,官私久已习惯,今初行差役,不免有少龃龉不齐。"[3]鉴于所收的役钱尚有宽剩,他建议用半年到一年的时间,完善差役法后再予实施。

元祐元年(1086年)闰二月十五日,苏辙又向朝廷上《论差役五事状》,针对朝廷"罢免役钱行差役事",指出:"新法以来,减定诸色役人,皆是的确合用数目。行之十余年,并无阙事。""熙宁以前,散从、弓手、手力等役人常苦接送之劳,远者至四五千里,极为疲弊。自新法以来,官吏皆请雇钱,役人既以为便,官吏亦不阙事。"[4]认为新法合理,反对废除免役法而恢复差役法。

苏轼于元祐四年(1089年)十一月十日向朝廷上《论役法差雇利害起请画一状》,对免役法与差役法的特点及利弊进行比较,认为雇役之法,害上户与下户,独有利于中等人户。元祐年间恢复差役法,则对上户及下户

---

[1] 参见孔凡礼点校:《苏轼文集》卷二十五《上神宗皇帝书》,中华书局1986年版,第733—734页。

[2] 孔凡礼点校:《苏轼文集》卷二十五《再上皇帝书》,中华书局1986年版,第749页。

[3] (宋)苏辙:《栾城集》卷三十六《论罢免役钱行差役法状》,载陈宏天、高秀芳点校:《苏辙集》,中华书局1990年版,第626—627页。

[4] (宋)苏辙:《栾城集》卷三十七《论差役五事状》,载陈宏天、高秀芳点校:《苏辙集》,中华书局1990年版,第645页。

的二害皆除,独有第二等户而受其害。认为经过改良的免役法(即雇役法)是个良法,可以久行,不应废止,并建议朝廷责成有关官员妥为处理执行中的不公平:"将逐州逐县人户贫富,色役多少,预行品配,以一路六色钱通融分给,令州县尽用雇人,以本处色役轻重为先后,如此则事简而易行,钱均而无弊,雇人稍广,中外渐苏,则差役良法,可以久行而不变矣。"[1]

在免役法上,苏氏兄弟在神宗熙宁年间和哲宗元祐年间其态度前后有较大的变化,似乎让人难以理解。该态度也影响到其与执政者的关系,并在一定程度上影响到他们的仕途。但若结合本文的观点,即"三苏"法律思想的重点是"重民生",则这一疑虑即可冰释:苏氏兄弟无论其是前期反对实行免役法还是后期反对废除免役法,都是基于其"重民生"的思想,即看一项制度是否有利于民生。在王安石制定和推行免役法时,苏氏兄弟仅基于对免役法与古制不合和可能的扰民、加重百姓负担的抽象认识而提出反对,其依据是"重民生";免役法实施后,他们已有十多年的官场历练,特别是苏轼,长期在地方为官,更多地了解民间疾苦,从而认识到免役法有其合理性,即由社会各阶层包括品官形势之家一起来分担差役负担,确实有利于减轻社会底层民众的负担,有利于民生,因而他们不再反对,而是主张改良后予以保留,反对废除免役法的依据同样也是"重民生"。所以,苏氏兄弟在免役法上态度的前后矛盾,或者说前后变化,更加彰显了他们的"重民生"思想。

(三)"三苏""重民生"法律思想受时代精神激荡而成

"三苏""重民生"法律思想的形成,与他们熟读经史,服膺儒家精神有关,但也与宋代高扬的士大夫精神有关。

宋代科举制度的发展,使更多的出身中小地主的知识分子,得以"朝为田舍郎,暮登天子堂",出仕为官,参与国家管理。据陈义彦先生研

---

[1] 孔凡礼点校:《苏轼文集》卷三十《论役法差雇利害起请画一状》,中华书局1986年版,第856页。

究,宋代士大夫在《宋史》中有传的人约1953人,其中布衣入仕者占55.12%。[1]因为宋代士大夫大多来自民间,甚至本人都曾历经贫寒,对民间疾苦更为了解,也更关心民间疾苦。苏轼作《吴中田妇叹(和贾收韵)》,该诗描述由于秋雨成灾,农妇辛苦耕种的粮食不能及时收割,"眼枯泪尽雨不止,忍见黄穗卧青泥"。粮食终于收上来了,为了纳税,运到市场去售卖时,却"贱价乞与如糠秕",只好"卖牛纳税拆屋炊",明年日子怎么过已经无法顾及了。国家在西北用兵又需要交钱,而粮食又不值钱,农妇愁得几乎要投河自杀。苏轼作此诗,寄托了对农民悲惨生活的深切同情。[2]

苏轼另一首《陈季常所蓄朱陈村嫁娶图(其二)》写作于青苗法实施后。青苗法本身存在问题,如对放贷青苗钱米的抑勒和只收钱不收粮米等,以致借贷人无力偿还,形成"县吏催钱夜打门"[3]这种明显是扰民而又无奈的局面。该诗也表现出苏轼对民间疾苦的关注和同情。

在积极参与国家治理活动中,宋代士大夫不仅形成皇帝"与士大夫共天下"的观念,甚至提出天下"非陛下之天下"的观点。如监察御史方庭实在反对宋高宗对金朝议和投降的规谏疏中写道:"呜呼!谁为陛下谋此也?天下者,中国之天下,祖宗之天下,群臣、万姓、三军之天下,非陛下之天下……何遽欲屈膝于敌乎?陛下纵忍此,其如中国何?其如先王之礼何?其如百姓之心何?"[4]在这些观念的影响下,宋代士大夫将儒家"入世""救世"的精神继续高扬,形成"以天下为己任"的强烈救世情怀。名臣范仲淹即是宋代士大夫精神的代表,他所发出的"先天下之忧而忧,后天下之乐而乐"的倡言,则是宋代士大夫精神的写照。同时,科举制度所倡导的竞争意识砥砺了宋代士大夫的矫世变俗之志。《宋史·范仲淹传》称范仲淹"每感激论天下事,奋不顾身,一时士大

---

[1] 参见陈植锷:《北宋文化史述论》,中国社会科学出版社1992年版,第66页。
[2] 参见(宋)苏轼:《东坡集》,万卷出版公司2016年版,第186页。
[3] 同上书,第139页。
[4] 《皇宋中兴两朝圣政》卷二十四,北京图书馆出版社2007年版,第638页。

夫矫厉尚风节,自仲淹倡之"[1]。

在这种精神指导下,宋代士大夫若为民,则"身卑未敢忘国";若为官,则以天下为己任,勇于为国为民兴利除害,对于民不便之事,不管涉及谁,都敢慷慨上言。"三苏"如同宋代绝大多数士大夫一样,出身于中小地主家庭,通过科举入仕,成为政府官员,参与到国家管理活动中。他们受时代风气和精神的激荡,形成以"重民生"为重点的法律思想,在政治法律活动中努力践行这一思想,并成为其中最为活跃和优秀的人物。

---

[1] (元)脱脱等撰:《宋史》卷三一四《范仲淹传》,中华书局1977年版,第10268页。

第六章　苏轼的司法理念与实践*

一、引言

赵宋惩五代藩镇之弊,自太祖始,"以儒臣治州事"。同时,朝廷颇为重视司法官员的选任及其法律素养的养成。基于上述因素,宋代士大夫集汉以来的儒生、文吏于一身,成为通经术、明吏事、晓法律、重现实的复合型人才。进而,士大夫通法晓律、争言法令成为宋代风尚,"明习文法""明练法律"成为评价官员的重要标准。《宋史·曾巩传》赞曰:"宋之中叶,文学法理,咸精其能。"[1]诚哉,此言不虚。

在宋代士林中,苏轼为知法、懂法且极具法律自觉之典型。自台湾地区学者徐道隣先生开始,学界从法律角度对苏轼展开的考察未曾中断。[2]陈景良教

---

* 作者:陈景良,中南财经政法大学教授;喻平,中南财经政法大学法律史专业博士生。
〔1〕 相关研究参见陈景良:《"文学法理,咸精其能"——试论两宋士大夫的法律素养》(上、下),分别见载《南京大学法律评论》1996年秋季号、1997年春季号;陈景良:《试论宋代士大夫的法律观念》,载《法学研究》1998年第4期。
〔2〕 徐道隣在20世纪70年代发表了《法学家苏东坡》一文,在该文中,他列举并分析了苏轼《上文侍中论强盗赏钱书》《乞医疗病囚状》《与朱鄂州书》《缴李定词头奏状》《论每事降诏约束状》《上吕相公书》《奏为法外刺配罪人待罪状》《论仓法札子》《乞改居丧婚娶条法》等九篇奏状和书信,借此说明苏轼"相当喜欢谈法律,而且很懂法律",具有高度的法律素养。原文载于《东方杂志》复刊第四卷第九期,1971年3月。现可参见徐道隣:《徐道隣法政文集》,清华大学出版社2017年版,第389—416页。

授在其论述宋代士大夫法律素养和宋代司法传统的系列论文中，亦多次言及苏轼，且认为苏轼是娴熟朝廷法令、关心民间疾苦这一方面的典型人物。[1] 此后，可能囿于史料缺乏，学界研究主要以苏轼奏札、策论、书信以及他人有关记述为材料，关注苏轼法律思想与观念[2]，典型代表有何勤华、赵晓耕、彭林泉、张群等学者。[3] 而从苏轼的司法实践切入，考察其司法才能与法律理念的相关研究暂付阙如。苏轼虽然一生宦海浮沉，屡任州郡，先后在凤翔、杭州、密州、徐州、湖州等地任职地方官，但其亲自参与司法判决的史料留存并不多见。

孔子曰"听其言而观其行"。有鉴于此，笔者不揣浅陋，拟在学界关于苏轼法律表达研究的基础上，从《宋史》《长编》《苏轼文集》《全宋文》等史料中，查考出"密州盗窃案""杭州颜氏案""杭州高丽僧案"以及"杭州

---

[1] 在《试论宋代士大夫的法律观念》一文中，作者以苏轼任职杭州、扬州期间，针对朝廷开征"五谷力胜钱"之法令给老百姓造成的沉重负担，提出了"以法活人，法行无穷"的观点，认为应"尽削今日之弊法，专用《天圣令附令》指挥"，且在其奏状中尽列《天圣附令》《元丰令》《元祐敕》的有关规定。可见，苏轼不仅谙熟法律，且把法令的贯彻落实到减轻民间疾苦上，反映了他的法律素养和人文情怀。参见陈景良：《试论宋代士大夫的法律观念》，载《法学研究》1998年第4期。

[2] 笔者以"苏轼"分别与"法律""法制""法治""法政"等四个词条搭配作为主题词，在中国知网上共计检索出相关文章24篇（法律16篇，法制4篇，法治4篇，法政0篇），除去9篇并非专论苏轼或者与法律人苏轼主题无关的文章之外，在余下的15篇中，有8篇文章以苏轼的法律思想、法律理念为题。在余下的7篇文章中，也并未见从苏轼的司法实践出发之论。学界对于对法律人苏轼的研究多集中于法律思想层面，而较为忽视司法实践层面，由此可见一斑。

[3] 参见何勤华：《苏轼法律思想再探——以"较量利害，参用所长"之"术"为线索》，赵晓耕：《苏轼与北宋士人法律思维管窥》，彭林泉：《论苏轼的"以法活人"》，上述三篇论文参见眉山市法学会主编：《苏东坡法治思想与实践论文集》，四川大学出版社2017年版。张群：《苏轼的行政才干与法政思想——从惠州营房问题说起》，载《师大法学》2018年第2辑。

商人负债案"等苏轼亲自处理的司法案例[1],观察其在案情剖析、法律推断、法律适用、现实处置等过程中的具体做法,发掘其在司法实践中所体现的法律理念,与相关法律表达相配合,还原一个更为真切且全面的"法学家苏轼"。

二、密州盗窃案

熙宁八年(1075 年)秋,亦即苏轼到任密州知州的第二年,在祭祀常州庙返回途中举行会猎,初届不惑之年的苏轼写出了千古名篇《江城子·密州出猎》。据《苏轼年谱》载,在其赋《江城子》后,并令壮士歌之。[2]试想,壮士围猎于群山之中,迎着凛冽秋风,合着战马嘶鸣,齐唱:"酒酣胸胆尚开张。鬓微霜,又何妨!持节云中,何日遣冯唐?会挽雕弓如满月,西北望,射天狼。"[3]

此时,苏轼心中的雄浑豪迈是可以想见的。在创作《江城子》前后,密州城南牡丹反季盛开,以豪放著称的词人苏轼又吟出了"闻道城西,长廊古寺,甲第名园。有国艳带酒,天香染袂,为我留连"[4]这样清新婉约的词句。可见,作为文学家的苏轼的内心层次是复杂、细腻且丰富的,遇到不同的"情",笔意便也不同。作为行政司法官员的苏轼,亦是如此。

---

[1] 此外,文献记载有关苏轼亲自参与的"司法案例"尚有:"子瞻判和尚游娼""花判助官妓女从良"等。前者出自宋人罗烨撰《醉翁谈录》庚集卷二,参见上海师范大学古籍整理研究所编:《全宋笔记》(第九编第八册),大象出版社 2018 年版,第 260 页。该条史料有一定影响,林语堂先生的《苏东坡传》引用了这一段,参见林语堂:《苏东坡传》,群言出版社 2009 年版,第 98—99 页。《醉翁谈录》原为话本小说集,"子瞻判和尚游娼"亦为话本素材,其具有文学的真实,但难以说明苏轼确曾判过此类案件。"花判助官妓女从良"出自宋人王辟之撰《渑池燕谈录》卷十,参见傅璇琮主编:《全宋笔记》(第二编第四册),大象出版社 2006 年版,第 105 页。情况大抵类似于前者。故而,本文并未集中加以分析。

[2] 参见孔凡礼:《苏轼年谱》,中华书局 1998 年版,第 317 页。

[3] 邹同庆、王宗堂:《苏轼词编年校注》,中华书局 2002 年版,第 146 页。

[4] 同上书,第 143 页。

大致同样在熙宁八年(1075年)[1],密州发生了一起盗贼案件。《宋史·苏轼传》载:"有盗窃发,安抚司遣三班使臣领悍卒来捕,卒凶暴恣行,至以禁物诬民,入其家争斗杀人,且畏罪惊溃,将为乱。"[2]苏辙为苏轼所作《墓志铭》对此亦有较为详细的记载:"郡尝有盗窃发而未获,安抚、转运司忧之。遣一三班使臣领悍卒数千人,入境捕之。卒凶暴恣行,以禁物诬民,入其家争斗,至杀人,畏罪惊散,欲为乱。"[3]

史料中虽寥寥数语,仔细观之,此案颇为复杂,可以分为盗窃案和兵卒斗杀百姓案两个部分。

(一)密州案之盗窃部分

就盗窃部分而言,一方面,从盗窃标的来看,失窃之物恐非一般私人之财物,而可能是"禁物"[4]。围绕本案中失窃之"禁物",存在以下几个问题:

其一,在宋代司法语境中,何为"禁物"?

《宋刑统·名例律》"会赦不首故蔽匿及不改正征收"条:"……若诈死,私有禁物(谓非私所应有者及禁书之类)……"[5]南宋《庆元条法事类·榷禁门一》有详细的规定:"诸称禁物者,榷货同;称榷货者,谓盐、矾、茶、乳香、酒、曲、铜、铅、锡、铜矿、鍮石。"[6]另《宋刑统·卫禁律》"赍禁物度关"条:"【疏】诸赍禁物私度关者,坐赃论……【议曰】禁物者,为禁兵器及诸禁物,并私家不应有者,私将度关,各计赃数,从坐赃科罪……"[7]

---

[1] 据孔凡礼研究,苏辙为苏轼所作《墓志铭》及《宋史》本传也记载"捕盗悍卒扰民"一事,但未载具体时间,"今姑系如本年"(笔者按:即熙宁八年)。参见孔凡礼:《苏轼年谱》,中华书局1998年版,第325页。此外,《苏轼集·附录》亦未载明在何年,根据上下文,只知此事在到任密州之后,徙知徐州之前。故而,只能暂定此事发生在熙宁八年。

[2] (元)脱脱等撰:《宋史》卷三三八《苏轼传》,中华书局1977年版,第10808页。

[3] 转引自孔凡礼:《苏轼年谱》,中华书局1998年版,第325页。

[4] 从常识推理,既然悍卒能以"禁物诬民",至少证明失窃之物确为"禁物"。

[5] 薛梅卿点校:《宋刑统》卷四《名例律》,法律出版社1998年版,第75页。

[6] 《庆元条法事类》,台北新文丰出版股份有限公司1976年版,第253页。

[7] 薛梅卿点校:《宋刑统》卷八《卫禁律》,法律出版社1998年版,第156页。

又据《宋史·子崧传》:"上章论王时雍、徐秉哲、吴开、莫俦、范琼、胡思、王绍、王及之、颜博文、余大均等逼迁上皇,取太子,辱六宫,捕宗室,窃禁物,都人指国贼。"[1]宗室赵子崧所言为,靖康之后,王时雍等人在金人属意下,拥立张邦昌为伪楚皇帝之事,其中所言"窃禁物"应为宫中神御之物。

从上述史料可知,总体而言,"禁物"为私人不能拥有之物。细绎之,从国家专营的角度来看,可能是盐、矾、茶、酒以及铜、铅等贵重金属;从禁止走私角度来看,还包括兵器等;从礼制宫禁角度来看,也可能是皇室专属之物。

其二,苏轼将要处理的密州窃盗案所涉"禁物"是哪一种?

《宋史·曾公亮传》中记载了同样发生于密州,亦同为盗窃"禁物"的一则案例。

> 公亮明练文法,更践久,习知朝廷台阁典宪,首相韩琦每咨访焉……密州民田产银,或盗取之,大理当以强。公亮曰:"此禁物也,取之虽强,与盗物民家有间矣。"固争之,遂下有司议,比劫禁物法,盗得不死。初,东州人多用此抵法,自是无死者。[2]

大致在仁宗末年,密州就发生过盗窃禁物案,此处的"禁物",即民田中蕴藏的银矿,虽无确证表明苏轼所处理的禁物即银矿,但从安抚、转运司等路一级官府调派数千名悍卒入境捕之的情况看,这一禁物无论从涉及的地域还是涉嫌盗窃的人员都相对广泛,而并非指单人单事。且仁宗末年至熙宁间仅数年或十数年之隔者,因此苏轼熙宁八年(1075年)所处理的密州盗窃案中的禁物很有可能同为银矿。

其三,更为重要的是,宋廷对于盗窃"禁物"处罚的定性和量刑,存在一定的争议。

---

[1] (元)脱脱等撰:《宋史》卷二百四十七《宗室传四》,中华书局 1985 年版,第 8744 页。
[2] (元)脱脱等撰:《宋史》卷三百一十二《曾公亮传》,中华书局 1985 年版,第 8744 页。

从上一则史料可知,可能属涉及死刑的疑难案件,密州盗银案采用了刑案奏裁的程序[1],中央法司大理寺出具的意见是当以强盗罪论处。依宋律,强盗的处罚相对较重。据《宋刑统·贼盗律》:"诸强盗,谓以威若力而取其财,先强后盗,先盗后强等……不得财徒二年。一尺徒三年,二匹加一等;十匹及伤人者,绞;杀人者,斩。其持杖者,虽不得财,流三千里;五匹,绞;伤人者,斩。"[2]

依照太祖建隆三年(962年)十二月颁敕云:"今后应强盗计赃钱满三贯文足陌,皆处死。"该敕文后的"臣等参详"表明:"应持杖行动,一准旧敕,不问有赃、无赃,并处死。"[3]可见,宋初对于一般强盗罪,赃满三千即处死,持杖强盗,不论有无赃,也不论有无伤人,皆处死。

在建隆四年(963年)《宋刑统》颁行之后,宋廷对强盗罪的规定有所修改:"诏改强盗法,不持杖,不得财,徒二年;得财为钱万及伤人者,死。持杖而不得财,流三千里;得财为钱五千者,死;伤人者,殊死。不持杖得财为钱六千,若持杖罪不至死者,仍刺配千里外牢城。"[4]

景祐二年(1035年)的敕令,将赃计三千即处死改为得财万钱处死,持杖不得财由死改为流,对强盗罪的处罚有较大幅度的减轻,基本上回到了《宋刑统》律文的原意。即使如此,宋代对于强盗的处罚依然很重。大理寺认定以强盗论,且涉及盗银,得财的数目想必不少,故而,在量刑上应处以死罪。但是宰相曾公亮认为此案虽然用了强盗的手段,但是"与盗物民家有间",故而应定性为盗禁物。双方相持不下,皇帝令有司集议,意见为比照"劫禁物法",最后盗窃者未被处以死罪。此后,"东州人多用此抵法,自是无死者",这次的处理颇具影响,成

---

[1] 刑案奏裁是指有疑难的刑事案件上奏朝廷裁决。关于宋代刑案奏裁的适用范围、裁决原则等情况,可参见戴建国:《宋代刑法史研究》,上海人民出版社2008年版,第278—287页。

[2] 薛梅卿点校:《宋刑统》卷十九《贼盗律》,法律出版社1998年版,第342页。

[3] 同上书,第344—345页。

[4] (宋)李焘撰:《续资治通鉴长编》卷一百十七"景祐二年八月壬子朔条",中华书局1992年版,第2749页。

为某种"惯例",被当地之人沿袭。

另一方面,此次盗窃案的规模当属于宋代典型的"群盗"。从本案中路一级官府的反应[1]可知,如果是一般的盗窃案,路一级官府没有必要"忧之",且调兵遣将,派数千名官兵前来抓捕,俨然杀气腾腾,有军事镇压之态。

"盗贼"是传统社会刑事犯罪中最严重的一类,成为历代统治者重点打击的对象。李悝在制定《法经》时认为:"王者之政,莫急于盗贼。"[2]但是,"盗"与"贼"是两种性质不同的犯罪。所谓"盗",即"取非其物谓之盗",据取物方式不同,又可分为强盗和窃盗。所谓"贼",则指"杀人无忌"及"逆乱者"。据学者研究,随着阶级斗争的发展,"盗贼"的含意有所变化,逐步成为封建统治阶级诬称农民武装起义的代名词。宋代的所谓"群盗""妖贼""军贼"等,实际上是对农民起义和士兵暴动的诬称。因此说,封建社会的"盗贼"问题,实质上是民众进行反抗斗争的问题。[3]

作为一种刑事犯罪,"群盗"具有一定的特殊性。"群盗"即盗贼团伙,一般指啸聚山林、杀人越货,甚至具有对抗朝廷的目的,实质上即一种民众武装反抗斗争。北宋时期,由于各地阶级矛盾发展不平衡,所以自建国初,农民就不断掀起武装反抗斗争。数百次的农民起义和士兵暴动,成为中国农民起义史上的一个时代特征。神宗、仁宗年间,是"盗贼"案发生的高峰。[4]

对此,宋代采取高压态势,在常法外别立"盗罪"重法严加处置,且重

---

[1] 即上文所言的"有盗窃发而未获,安抚、转运司忧之",且"遣一三班使臣领悍卒数千人,入境捕之"。转引自孔凡礼:《苏轼年谱》,中华书局 1998 年版,第 325 页。

[2] 高潮、马建石主编:《中国历代刑法志注译》,吉林人民出版社 1994 年版,第 74 页。

[3] 参见郭东旭:《论北宋"盗贼"重法》,载《河北大学学报(哲学社会科学版)》2000 年第 5 期。

[4] 同上注。

法地不断扩大。[1] 以密州盗窃案所处的神宗熙宁间为例,熙宁四年(1071年)颁发《盗罪重法》规定,对于盗贼不仅较常法的量刑更重,且籍没其家产、编管其妻子,会赦仍就处罚。[2] 此外,对于重法地之外,但具有某些武装集团性质的犯罪或者活动范围广泛,创制了"重法之人"的罪名,同样依照重法地的量刑标准处罚。[3]

(二)密州案之兵卒杀人部分

就兵卒杀人而言,从上文可知,上一级衙门路安抚司介入了案件处理,可能由于处罚失当,致"卒凶暴恣行",在"悍卒"与百姓间显然爆发了冲突,导致有民众在争斗中被杀。其后果是兵卒由于畏罪溃逃,可能酿成哗变[4],百姓奔走,诉至知州苏轼处。

(三)苏轼的处理

由此可见,本案非常复杂。不仅涉及上级安抚司衙门的介入,还关系

---

[1] 据史载,"嘉祐中,始于开封府诸县,后稍及曹、濮、澶、滑等州,是年,以开封府东明、考城、长垣县,京西滑州,淮南宿州,河北澶州,京东应天府,濮、徐、济、单、兖、郓、沂州、淮阳军,亦立重法,著为令。至元丰时,河北、京东、淮南、福建等路,用重法郡县,浸亦广矣"。参见(宋)马端临著,上海师范大学古籍研究所、华东师范大学古籍研究所点校:《文献通考》卷一百六十七《刑考六》,中华书局2011年版,第5000页。可见,自仁宗嘉祐年,盗罪重法只适用于开封诸县,后重法地不断扩大。

[2] "盗贼、囊橐停宿之家立重法。凡窃盗罪当死者,籍其家资以赏告人,妻子编置千里;遇赦若灾伤减等者,配远恶地。罪当徒、流者,配岭表;流罪会降者,配三千里,籍其家资之半为赏,妻子递降有等差。应编配者,虽会赦,不移不释。囊橐之家,劫盗死罪,情重者斩,余皆配远恶地,籍其家资之半为赏……虽非重法之地,而囊橐重法之人,并以重法论……盗发十人以上者,限内捕不获半,劾罪取旨。若复杀官吏即累杀三人,焚舍屋百间,或群行于州县之间,掠劫于江海船筏之中,非重法之地,亦以重法论。"参见(宋)马端临著,上海师范大学古籍研究所、华东师范大学古籍研究所点校:《文献通考》卷一百六十七《刑考六》,中华书局2011年版,第4999—5000页。

[3] 关于盗贼重法的研究,可以参见郭东旭:《论北宋"盗贼"重法》,载《河北大学学报(哲学社会科学版)》2000年第5期;王晓勇:《略论北宋的"盗罪重法"制度》,载《中州学刊》2002年第6期;章深:《北宋"盗贼重法"解析——兼论"刑乱国用重典"的法律传统》,载《开放时代》2005年第1期。

[4] 据学者研究,"民贼"与"兵贼"交织在一起,是北宋"盗贼"的突出特点。参见郭东旭:《论北宋"盗贼"重法》,载《河北大学学报(哲学社会科学版)》2000年第5期。

到原本就有争议的盗窃禁物的认定。同时,兵卒斗杀百姓需要处置,一旦处置失当,还有可能酿成兵卒哗变的紧张局势。但是,苏轼的处理非常从容,据史载:"民奔诉轼,轼投其书不视,曰:'必不至此。'散卒闻之,少安,徐使人招出戮之。"〔1〕

苏轼的处理可归纳为两个步骤。第一步,对百姓的诉求佯装不理会,即"投其诉状于地",且言上差派来的官兵必不至于发生斗杀百姓之事,以此稳定了逃散的兵卒,不至于引起哗变;第二步,待局势稍安,再派人抓获斗杀百姓的兵卒,以正国法。

从苏轼对复杂案情的从容处置中可以看到,一方面,苏轼不仅是一位伟大的文学家,而且也通晓法律,尤其对司法实务成竹在胸,是一名善于把握复杂局面的非常成熟的地方官,诚可谓"文学法理、咸精其能"。另一方面,由于兵卒为上级官府所派,即使是依法处置,难免面临上级的压力,但苏轼仍然公正地处置了斗杀百姓的兵卒,体现了以苏轼为代表的宋代士大夫,即使在处置复杂司法案件当中,亦具有"挟道自重"的时代精神和关心民瘼的责任担当。

三、杭州颜氏案

元祐四年(1089年)三月,朝廷依照苏轼的请求,任命苏轼以龙图阁学士知杭州,自此告别为期数年的翰院京官生涯。是年七月三日,苏轼到任杭州。次月,即发生了杭州颜氏案。

(一)一场因税收新政引发的骚乱

本案的背景为苏轼欲改革杭州夏季税收积弊所引发的一场骚乱。杭州位于江南富庶之地,赋税关乎国家财政。宋有夏、秋两税之分,杭州民户以绸绢作为夏税予以交纳。苏轼到任杭州不久后发现,当地的赋税状

---

〔1〕 (元)脱脱等撰:《宋史》卷三三八《苏轼传》,中华书局1977年版,第10808页。

况堪忧,在写给朝廷的奏状中,苏轼言:"近年民间例织轻疏糊药绸绢以备送纳,和买夏税官吏,欲行拣择,而奸猾人户及揽纳人递相扇和,不纳好绢。致使官吏无由拣择,期限既迫,不免受纳。岁岁如此,习以成风。"〔1〕

可见,民户为减轻赋税压力,以劣质绸绢输纳官府,阻挠收税官吏挑选识别。官府迫于截止期限,不得不接受这些劣质绸绢。此弊在两浙之地蔚然成风,对朝廷税收产生了较大影响。朝廷赐予文武百官的衣服、绸缎但凡来源于两浙,其质量必是粗劣不堪。

苏轼想要革除此弊。他命令负责税收的官吏对百姓交纳的绸绢进行筛选,不允许交纳质量粗劣的绸绢。新举措引发了大规模的骚乱,据苏轼自述:"至七月二十七日,有百姓二百余人,于受纳场前,大叫数声,官吏军民,并皆辟易。遂相率入州衙,诣臣喧诉。"〔2〕

反抗百姓多达百人,不仅喧嚣于受纳场,更是奔涌至州衙前,官吏军民不敢阻拦。对此,苏轼并没有强力弹压,而是"以理喻遣",晓之以理、动之以情,婉言安抚。可见苏轼成熟的行政才干。

(二) 缜密分析与密行缉探

民众聚集数百人,在缴纳收税的当场啸聚,并奔走于街巷,喧诉于州衙,这原本就不是小事,且事关税收新举措的推行,而革除税收之弊,恐怕也是苏轼到任杭州后的新官上任第一把火,故而不得不妥善处理。

民众散去之后,苏轼对民众喧诉一事进行了分析,其认为:"此数百人,必非齐同发意,当有凶奸之人,为首纠率。"〔3〕也就是说,数百人的群体性事件背后,必定有凶奸之人的策动。

进而,苏轼对案件行了侦查,侦查分为三个环节。

其一,找当场见证人了解情况。当日受纳官仁和县丞陈皓陈述:"有

---

〔1〕 (宋)苏轼:《奏为法外刺配罪人待罪状》,载曾枣庄、刘琳主编:《全宋文》(第85册),上海辞书出版社2006年版,第334页。

〔2〕 同上注。

〔3〕 同上注。

人户颜巽男颜章、颜益纳和买绢五匹,并是轻疏糊药,丈尺短少,以此拣退。其逐人却将专典钳撮及与揽纳人等数百人,对监官高声叫唤,奔走前去。"[1]

可见,当日确有颜氏兄弟二人为始作俑者,有煽动众人之嫌。苏轼随即差人抓捕颜章、颜益二人,枷送右司理院禁勘。从次日"人户一时送纳好绢,更无一人敢行喧"的结果看,也从侧面证明了颜氏兄弟在反抗税收新举措中所起到的首要分子作用。

其二,对重点嫌疑人进行了审讯。据司理院[2]鞫推,颜氏兄弟招认:"若或拣退,即须钳撮专拣,扇摇众户,叫唤投州,吓胁官吏,令只依递年受纳不堪绸绢。"[3]可见,在交纳税收之前,兄弟二人预计到官府将拣退劣质绢绸,故而事前有所预谋,以达到其依旧以次充好交纳之目的。在交税过程中,颜氏兄弟交纳的绢多被拣退,故而挑起事端。

其三,查访嫌疑人的家庭背景及过往行迹。原来,颜氏本为杭州一等豪户,户主姓颜名巽,原是本地的书手,后因收人钱财、虚销赋税,而被刺配本州牢城,幸而勾连胥吏、医人,以患病为由得以放免。颜巽出狱后不思悔改,又以本家产业重复抵押当处官盐,被刺配滁州牢城,颜巽故技重施,仍以患病为由而免受囹圄之苦。二度获罪却又能转危为安,可见此人奸猾巨甚。颜巽有颜章、颜益二子,这对儿兄弟深得其父真传,父子三人奸恶凶煞,众人无不畏惧。故而,颜氏兄弟"下狱之日,闾里称快"[4]。

至此,通过收集的证人证言、嫌疑人供述,并查访嫌疑人家庭背景和过往行迹,颜氏兄弟因交纳劣质绢绸被官府拣退,进而鼓动在场百姓高声叫骂收税官吏,并率众强闯州府的事实已经查明。

---

[1] (宋)苏轼:《奏为法外刺配罪人待罪状》,载曾枣庄、刘琳主编:《全宋文》(第85册),上海辞书出版社2006年版,第334页。

[2] 此处的司理院应即知州属官之一的司理参军。按宋制,司法参军掌议法断刑,司理参军掌讼狱勘鞫。相关研究参见陈景良:《唐宋州县治理的本土经验. 从宋代司法职业化趋向说起》,载《法制与社会发展》2014年第1期。

[3] (宋)苏轼:《奏为法外刺配罪人待罪状》,载曾枣庄、刘琳主编:《全宋文》(第85册),上海辞书出版社2006年版,第335页。

[4] 同上注。

(三)法外处刑与上奏待罪

在完成审讯侦办环节之后,案件进入判决环节。苏轼在判词中言:"颜章、颜益家传凶狡,气盖乡间。故能奋臂一呼,从者数百。欲以摇动长吏,胁制监官。蠹害之深,难从常法。已刺配本州牢城去讫。"[1]

因颜氏兄弟犯罪情节严重,且给革除税收之积弊带来的损害,苏轼在常法[2]之外,判处其兄弟二人刺配本州牢城。结案之后,苏轼就其法外刺配问题,上《奏为法外刺配罪人待罪状》,在阐述颜氏二人"蠹害甚深,难从常法","庶几明年全革此弊……所贵今后京师及本路官吏军人,皆得堪好衣赐"[3]等理由之外,仍待罪乞朝廷"重行朝典"。虽被御史论为不法,屡章不已[4],朝廷仍放罪,并未追究苏轼法外刺配之事。

苏轼事后上《杭州谢放罪表》言:"臣近以法外刺配本州百姓颜章、颜益二人,上章符罪,奉圣旨特放罪者。职在承宣,当遵三尺之约束;事关利害,辄从一切之便宜。曲荷天慈,不从吏议。臣轼诚惶诚恐,顿首顿首。"[5]

从杭州颜氏案的处理中可知,其一,苏轼在司法实践中,非常重视调查研究。在本案中,除了询问作为现场见证人之一的受纳官仁和县丞陈皓,讯问犯罪嫌疑人颜氏兄弟,还调查了嫌疑人的家庭情况和过往行迹。其二,苏轼具有较高的法律自觉,在其法外刺配之后上书朝廷待罪。从侧面证明,苏轼认为,在常规情况下应断之以法,恰如其在《杭州谢放罪表》

---

[1] (宋)苏轼:《奏为法外刺配罪人待罪状》,载曾枣庄、刘琳主编:《全宋文》(第85册),上海辞书出版社2006年版,第335页。

[2] 苏轼并未交代应依据何种何条常法,当时台谏、朝臣对苏轼法外处刑亦有论列,但亦未指明,故而至于理应依据何种常法处置,尚待进一步查考。

[3] (宋)苏轼:《奏为法外刺配罪人待罪状》,载曾枣庄、刘琳主编:《全宋文》(第85册),上海辞书出版社2006年版,第335页。

[4] 参见(宋)陆游撰,李剑雄、刘德权点校:《老学庵笔记》,中华书局1979年版,第54—55页。

[5] (宋)苏轼:《杭州谢放罪表》,曾枣庄、刘琳主编:《全宋文》(第86册),上海辞书出版社2006年版,第153页。

言"职在承宣,当遵三尺之约束"[1]。其三,苏轼亦言"事关利害,辄从一切之便宜"[2]。可见,作为地方官员的苏轼,虽重法晓律,在一般情形下,力图做到断之以法,或"情法两平"。但在部分事关利害的情况下,"人情"成为"决定性事实"而存在,法的地位旁落,对案件起到决定作用的乃是外在因素。[3] 在本案中,"人情"即苏轼所言的"事关利害"之状,即税收积弊的亟待革除,以及颜氏在此过程中"蠹害甚深"。

四、杭州高丽僧案

元祐四年(1089年)十一月,到任杭州知州不久的苏轼,刚刚处理完上述颜氏案,又遇到了一起高丽僧团来中国祭奠并请求朝贡的案件,暂称其为"杭州高丽僧案"。

(一)案件背景

北宋东北海滨之地有一国名曰高丽。作为近邻,高丽常朝贡中国。高丽频繁朝贡的弊端主要有二:其一,高丽朝贡,朝廷需赏赐,两浙、淮南需接待应答,造成公私劳费。[4] 其二,高丽人频繁出入中国,有为辽国刺探情报之嫌。高丽是宋朝北方劲敌——辽国的臣属国。[5] 契丹对中国

---

[1] 其实从事后台谏御史对苏轼法外判决的论列,以及朝廷最终放免了颜氏,可见,在宋代,依法审判是一种基本的共识。台谏御史论列及颜氏放免等相关情况,参见(宋)陆游撰,李剑雄、刘德权点校:《老学庵笔记》,中华书局1979年版,第54—55页。
[2] (宋)苏轼:《杭州谢放罪表》,曾枣庄、刘琳主编:《全宋文》(第86册),上海辞书出版社2006年版,第153页。
[3] 相关研究参见[英]马若斐:《南宋时期的司法推理》,陈煜译,《中国古代法律文献研究》第七辑,社会科学文献出版社2013年版,第299—358页。
[4] 参见(宋)苏轼:《论高丽进奉状》,载曾枣庄、刘琳主编:《全宋文》(第86册),上海辞书出版社2006年版,第339页。
[5] 苏轼在《乞禁商旅过外国状》中提及"况高丽臣属契丹",参见(宋)苏轼:《乞禁商旅过外国状》,载曾枣庄、刘琳主编:《全宋文》(第87册),上海辞书出版社2006年版,第39页。

虎视眈眈,蓄谋跃马中原。高丽地理位置优越,契丹人便利用高丽人来中国通商贸易、朝贡拜佛之机,刺探中国情报,此弊端存在已久。恰如苏轼所言:"使者所至,图画山川,购买书籍,议者以为所得赐予,大半归之契丹。虽虚实不可明,而契丹之疆,足以祸福高丽;若不阴相计构,则高丽岂敢公然入朝中国?有识之士,以为深忧。"[1]

此外,苏轼在任时的杭州,正是高丽人由明州入中原各地游历的第一站。元祐四年(1089年),苏轼刚到任杭州不久,就碰上了一起高丽僧团要求朝贡的案子。

(二)案件起因

具体到本案的起因,可从一位刚刚故去的杭州僧人静源说起。此僧人旧居海滨,常与高丽人交易,在高丽享有一定声誉。[2] 元丰末年,高丽王子和尚义天来华时,二者曾有往来。

静源有一门徒徐戬,曾为高丽雕造夹注《华严经》板两千九百余片,公然运往高丽,并获利白银三千两。静源故去后,徐戬为继续与高丽人交易牟利,鼓动静源的其他门徒,乘船往高丽告知义天静源的死讯,并请他来华祭奠亡僧源。义天得知静源的死讯后,派他的门徒寿介、继常、颖流、院子金保、斐善等五人,携带本国礼宾省公文,来华祭奠杭州僧静源。祭奠完毕之后,寿介一行人便呈状称:"临发日,奉国母指挥,令赍金塔二所,祝延皇帝、太皇太后圣寿。"[3]对此,苏轼一面退还书状,告知"朝廷清严,守臣不敢专擅奏闻"[4],且派西湖下天竺的净慧禅师思义为馆伴,实则监管并探查寿介等人,一面奏报朝廷请旨。

---

〔1〕(宋)苏轼:《论高丽进奉状》,载曾枣庄、刘琳主编:《全宋文》(第86册),上海辞书出版社2006年版,第339页。

〔2〕参见苏(宋)轼墓志铭,转引自孔凡礼:《苏轼年谱》,中华书局1998年版,第896页。

〔3〕(宋)苏轼:《论高丽进奉状》,载曾枣庄、刘琳主编:《全宋文》(第86册),上海辞书出版社2006年版,第339页。

〔4〕同上注。

(三)案件的审理与立法建议

一方面,在案件的审理中,事关两国之间的交往,苏轼并没有擅自决断,而是将相关情况与处理意见上奏朝廷,请旨施行。

对于曾擅自与高丽贸易牟利,并策动高丽僧人来华的徐戬,苏轼将其枷送司理院根勘,在元祐四年(1089年)十一月三日的奏状中,建议"法外重刑,以戒一路奸民滑商次"[1]。据次年八月的奏状载:"奉圣旨,徐戬特送千里外州、军编管。"[2]从"特"字可知,朝廷采纳了苏轼"法外重刑"的建议,对徐戬进行了法外加重处理。

对于寿介等人提出的祝寿朝贡的请求,苏轼建议由他代表州一级地方政府拒绝将高丽僧提出的请求上奏朝廷。苏轼在向朝廷的奏状中解释如此处理的必要性:"臣料此僧势不肯已,必云本国遣其来献寿,今若不奏,归国得罪不轻。臣欲于此僧状后判云:'州司不奉朝旨,本国又无来文,难议投进。执状归国照会。'如此处置,只是臣一面指挥,非朝廷抗绝其献,颇似稳便。"[3]此外,苏轼建议:只许致奠,其余寻师学法出入游览之类,一概不许。并限日送至明州,令其搭附引便船只归国。朝廷应该也同意了苏轼关于寿介等人的处理,才有了之后苏轼进一步的举措,即就商贾与高丽的频繁沟通,提出立法建议。

另一方面,在处理完高丽僧案之后,杭州、明州等地又发生了王应升冒请往高丽却拨船入大辽,李球往高丽经纪致使高丽人李资义等269人来朝等事件。苏轼在元祐五年(1090年)的《乞禁商旅过外国状》中,洞察闽、浙商贩与高丽往来不绝,招致高丽人频繁来朝,导致公私劳费,且为契丹刺探情报等积弊。上述弊端的发生,与熙宁以来法律对边境规定逐渐

---

[1] (宋)苏轼:《论高丽进奉状》,载曾枣庄、刘琳主编:《全宋文》(第86册),上海辞书出版社2006年版,第340页。

[2] (宋)苏轼:《乞禁商旅过外国状》,载曾枣庄、刘琳主编:《全宋文》(第87册),上海辞书出版社2006年版,第39页。

[3] (宋)苏轼:《论高丽进奉状》,载曾枣庄、刘琳主编:《全宋文》(第86册),上海辞书出版社2006年版,第340页。

松弛有关。苏轼通过对庆历、嘉祐、熙宁、元丰诸编敕及敕令节文进行比对后,得出了"元丰九月十七日指挥,最为要害"的结论,其原因就在于指挥"将祖宗以来禁人往高丽、新罗条贯,一时削去,又许商贾得擅带诸藩附船入贡"[1]。他提出应删定熙宁以来敕令,对于商贩出国严加约束的建议。

从上述案件可知,苏轼作为地方官,熟稔法律,能掌握地方犯罪情况与司法实务,具有较高的法律素养。"宋法制因唐律、令、格、式,而随时损益则有编敕"。"敕令者,治世之经。"[2]熟悉敕令是宋代地方官员为政的一项基本要求。苏轼能够对庆历、嘉祐以来有关客旅通商的编敕信手拈来,并能发现其损益变化以及其弊端,依照立法原意和现实情况,提出立法建议,足见其对法律的娴熟。在对于徐戬的处理中,苏轼再次提到了"法外重刑",亦可见作为地方官的苏轼,在处理情理与国法的关系时,确有屈国法而伸人情的情形。此处的"情"则是指对国家安全的影响、国家利益的损失和对地方统治秩序的破坏等实际情况。

五、杭州商人负债案

在杭州知州任内,苏轼还处理了一件制扇商人负债案件。本案案情简单,但苏轼的处理颇为精彩,集中体现了擅长书画的苏轼精于理政的鲜明特点,流传甚广。[3]

---

[1] 参见(宋)苏轼:《乞禁商旅过外国状》,载曾枣庄、刘琳主编:《全宋文》(第87册),上海辞书出版社2006年版,第40页。

[2] 高潮、马建石主编:《中国历代刑法志注译》,吉林人民出版社1994年版,第373、377页。

[3] 此事见于宋人笔记《春渚纪闻》卷六《东坡事实》。参见朱易安、傅璇琮等主编:《全宋笔记》(第三编第三册),大象出版社2008年版,第244页。该卷所记基本为苏轼遗文轶事。作者何薳(1077—1145年)与苏轼为同时期人,从同卷《裕陵眷贤士》一文中"先生临钱塘日,先君以武学博士出为徐州学官,待次姑苏。公遣舟邀取至郡,留歇数日,约同刘景文泛舟西湖"可见,作者的父亲与苏轼交情匪浅,彼此熟悉,因此作者可能从其父亲处得知苏轼事迹。且本卷目之以"事实"。综合来看,此事虽具戏剧性,但有一定的可信度。

(一) 案件经过

一日,州府接到陈诉,有人拖欠绸缎款不还,数额达到两万钱。苏轼传唤被告询问,被告对于债务无异议,同时说明自己并非故意欠债不还,而是遇到了一些切实的困难。其一,生产经营上遇到困难。被告是一名生产经营扇子的商人,但是今春以来,阴雨连绵,天气寒冷,故而扇子滞销。其二,生活中遇到不幸,即自己的父亲近日亡故。

宋代对于负债不如期归还有较为详细的规定,据《宋刑统》卷二十六《杂律》"公私负债"条:"诸负债,违契不偿,一疋以上,违二十日笞二十,二十日加一等,罪止杖六十。三十疋加二等,百疋加三等。各令备偿。"[1]依折算标准,本案中的两万钱显然已经超过了最低的起刑点。故而,如果严格依照法律判决,作为被告的制扇商人将面临最少笞二十的刑罚。

(二) 苏轼的处理

若严格依法裁决,并不利于事情的妥善解决。一方面,被告商人的团扇可能依旧因为连绵阴雨卖不出去而无偿债能力;另一方面,被告可能因被责打而致伤致残。如此对债权人和债务人都没有好处,只会让简单的事情变得更为复杂。

经验丰富的苏轼显然意识到了这一点,他并没有简单地依照法律将被告责打一顿了事。他"熟视"被告"久之",显然在思考更为妥善的处理方法。最终,苏轼的处理可谓精彩。他让被告将自己所制团扇取来,在二十柄团扇上写了行书、草书,或画了枯木竹石。有了苏轼的题写,销路自然不成问题。"其人抱扇泣谢而出。始踰府门,而好事者争以千钱取一扇,所持立尽,后至而不得者,至懊恨不胜而去。遂尽偿所逋。"这一问题妥善地获得了解决。

---

[1] (宋)窦仪等详定,岳纯之校证:《宋刑统校证》,北京大学出版社2015年版,第350页。

六、结论

通过对上述苏轼亲自参与的司法实践的分析可知:其一,苏轼不仅是一位文学家和书法家,还是两宋士大夫中具有极高法律素养的一位,徐道隣先生所称"法学家苏东坡",此言不虚。他的法律素养体现在杭州高丽僧案中对于历年禁止客商出境的敕令的细致分析[1]所展现的对法律的熟稔和分析能力,在杭州颜氏案中因"法外刺配"颜氏兄弟而撰写待罪状所体现的高度法律自觉。其二,作为久历地方的司法官员,苏轼对于地方犯罪情况与司法实务具有深刻的洞察,突出表现在密州盗窃案中面对有争议的案件定性、群情激愤的民众、可能爆发的士兵暴动以及上级官府的介入等复杂情况,泰然处之,化解于无形,展现了高超的行政司法能力,同时也体现在杭州颜氏案中前期细致的侦查和杭州高丽僧案中对于客旅出境与高丽朝贡之间隐秘关联的掌握。其三,苏轼身上展现了宋代士大夫所共有的人文关怀,具有时代性。人文关怀体现在密州盗窃案中,苏轼顶住了多方压力,处决了斗杀百姓的暴卒,体现了对民间疾苦的关心和百姓遭遇的同情。最后,至少在本章所述的苏轼亲自参与的三个司法案例中,可以看出苏轼在法律表达与司法实践中存在一定的张力:一方面,在许多法律表达中,苏轼明确要求守法度,维护国法之权威[2];另一方面,在上述司法实践中,苏轼亦经常屈国法而伸人情[3]。例如,在密州盗

---

[1] 此案陈景良教授在《"文学法理,咸精其能"——试论两宋士大夫的法律素养(上)》中列举苏轼证明宋代士大夫善于决狱、通晓法律时,亦有论及。参见陈景良:《"文学法理,咸精其能"——试论两宋士大夫的法律素养(上)》,载《南京大学法律评论》1996年第2期。

[2] 例如,苏轼曾强调天子应效法天地,恭谨律己,正南面,守法度,不宜每事降诏,破坏法度,轻慢王言。参见苏轼:《论每事降诏约束状》,曾枣庄、刘琳主编:《全宋文》(第86册),上海辞书出版社2006年版,第275页。

[3] 此处所言的人情概指某种"事实"。它可表示"社会中普遍存在的现实情况",也可表示"行为举止合乎相应的伦常要求",参见〔英〕马若斐:《南宋时期的司法推理》,陈煜译,载《中国古代法律文献研究》第七辑,社会科学文献出版社2013年版,第313页。

窃案的处理中看不到苏轼适用盗贼重法的痕迹,而是从"人情"出发惩治了杀百姓的暴卒。在杭州商人负债案中并未"依法"处理制扇商人,而是亲自题写扇面,帮助商人偿还债务。在杭州颜氏案中"法外刺配"颜氏兄弟的判决以及杭州高丽僧案中对于徐戬"法外重刑"的奏请,由此可知,即使在宋代,"文学法理,咸精其能"的苏轼对法律仍抱有一定的实用主义心态,断之以法并非解决问题的终极目的。用苏轼自己的话说:"职在承宣,当遵三尺之约束;事关利害,辄从一切之便宜。"[1]

---

[1] (宋)苏轼:《杭州谢放罪表》,载曾枣庄、刘琳主编:《全宋文》(第86册),上海辞书出版社2006年版,第153页。

第七章 "三苏"法治故事解读*

"三苏"活跃的宋仁宗到宋徽宗五朝,正是北宋政治改革深入、统治危机加重的时代。面对现实政治的挑战,父子三人形成了一系列有所继承、相互影响又各有侧重的法制理念,反映在其科举文章、奏议政论和诗词唱和之中,也为其具体施政措施所印证,并留下了不少动人的故事,尤其是其中仕宦经历最丰富、文艺才能也最突出的苏东坡。以下分别从苏轼的司法理念、苏轼苏辙兄弟对与民争利经济政策的反对、"乌台诗案"、苏轼一些判案轶事以及苏轼死后其作品遭遇的查禁与解禁等角度出发,以"三苏"的故事为载体,展现宋代的法治风貌。

一、苏轼富有人文关怀的司法理念和实践

苏轼的门人李之仪曾经对比他的书法和文章,说东坡一生不同时期所作的书法放在一起看,就不像是一个人写的,书风变化很大,但东坡一生所作的文章,无论是早年间应付科举时所作,还是晚年从儋州放

---

* 作者:陈蔼婧,中国人民大学法学院博士后。

还归来所作,"略无增损",行文风格和水平并没有明显的差异。[1] 其实苏东坡对于法治的基本看法,也在其参加科举考试所作的策论中就体现无疑,贯彻其一生,极富人文关怀。

(一)考场编典故,现实行仁政

宋仁宗嘉祐二年(1057年),时年二十二岁的苏轼和弟弟苏辙一起在大宋东京汴梁参加了礼部主持的进士科考试。这次所考策论题目是《刑赏忠厚之至论》,出自《尚书·大禹谟》的注文"刑疑付轻,赏疑从众,忠厚之至",也即要求考生从赏罚宽严的角度来展开论述。

这是一道关乎司法根本政策的命题。北宋自开国以来,诸位君主都十分重视司法人才的选拔,几次开立明法科,在传统进士科的选拔之中也加入了对考生司法理念和知识的考察[2],这次考试的命题就体现了这一点。

苏轼的答题从儒家传统的仁政出发来论述,他引用了上古尧帝时期的例子。法官皋陶三次主张对一个罪犯判罚死刑,尧帝却三次都不同意,赦免了他。他主张"仁可过,义不可过",也就是奖赏可以过度,过度奖赏仍然不失为君子所为,但是刑罚不可以过度,过度则过于残忍,所以立法不妨从严,但实施刑罚一定要审慎,在审慎的基础上可以从宽。[3]

这篇文章立论并不新鲜,是十分符合当时主流价值观的,但他的论证技巧纯熟,谋篇布局老练,行文清爽,没有作晦涩险怪之论。他的父亲苏洵曾经用断案引用证人证言来比喻作文,认为如果一人之证言能充分说

---

[1] 参见(宋)李之仪:《姑溪居士文集》卷三十八《跋东坡帖》,载《景印文渊阁四库全书》第1120册,台湾商务印书馆1983年版,第572页。

[2] 参见《续资治通鉴长编》卷十四,"开宝六年三月辛酉"条;卷二十,"太平兴国四年十一月丙戌"条;卷二十六,"雍熙二年夏四月丙子"条。载(宋)李焘撰:《续资治通鉴长编》,中华书局1979年版,第297、464、595页。

[3] 参见孔凡礼点校:《苏轼文集》卷二《省试刑赏忠厚之至论》,中华书局1986年版,第33—34页。

明案件事实就引用一人之证言,若不能,就不免需要更多的证言。[1] 苏东坡的这次临场发挥无疑就是他父亲这一理论的一次成功实践,这很对当时主考官欧阳修的口味。欧阳修继承了唐代韩愈古文运动的精神,倡导改变当时华丽空洞的文风,推崇文辞平实而富有真知灼见的文章。当他成为科举主考官,无疑获得了通过选拔人才来贯彻这一主张的绝好机会,这一科取中的苏轼、苏辙兄弟,以及他的门人曾巩,都是这一文风的实践者乃至杰出代表,与唐代的韩愈等人被后世一起称"唐宋八大家"。

从宋真宗咸平二年(999年)开始,为了保证录取的公平,礼部试也要实行试卷的糊名。[2] 欧阳修见到苏轼的文章大喜,但怀疑是自己的门人曾巩的试卷,为了避嫌,就将这份卷子取作第二名。苏轼获得了欧阳修的青睐,却遗憾地与第一失之交臂。当他事后拜访欧阳修时,欧阳修问他皋陶"三杀"尧帝"三赦"的典故出于何处,苏轼回答说是在《三国志·孔融传》的注里。欧阳修翻查许久,并没有找到,他日再问苏轼,苏轼讲了自己的理由。《孔融传》讲当时曹操战胜袁熙之后,把他的妻子甄氏赐给了曹丕为妻,孔融道,昔日周武王曾经把妲己赐给了周公。曹操问典出何处,孔融答"以今日之事观之,意其如此",也就是讽刺曹操把甄氏赐给曹丕的行为就像武王把妲己赐给周公一样荒唐。苏轼承认没有皋陶"三杀"尧帝"三赦"的典故,乃是他根据当时的司法状况所构想出来的。欧阳修因此觉得他十分会读书,他日文章成就一定在自己之上。[3]

其实这个典故于古有征,只是苏轼记忆有误,毕竟古人核对古籍并不像今人一样方便,哪怕博闻强识如苏轼,也很难做到快速检索到出处。《礼记·文王世子》里就记载了司法官员三次上奏当杀("在辟")而周公三次"宥之"的故事。苏轼于考场临时发挥时记错了出处,所以移花接木

---

[1] 参见(元)陶宗仪纂:《说郛》卷十九下引《紫薇杂记》,载《景印文渊阁四库全书》第877册,台湾商务印书馆1983年版,第158页。

[2] 参见《续资治通鉴长编》卷四十四,"咸平二年春正月乙丑"条,载(宋)李焘撰:《续资治通鉴长编》,中华书局1979年版,第929页。

[3] 参见(宋)陆游撰,李剑雄、刘德权点校:《老学庵笔记》,中华书局1979年版,第102页。

将典故安在皋陶和尧帝身上,也才有了这一段科场的佳话。

不过苏轼所称他是根据当时的时事编造了这一典故也有他的道理,因为宋初司法定制本身就比较偏向宽大为怀。以"官司出入人罪"的制度与实践为例,建隆四年(963年)颁定的《宋刑统》继承唐律,在出入人罪的处罚上就已经实行"轻出重入"的审判责任归责。

官员如果出于过失将应当判处轻刑的犯人判处了重刑,"失入",也就是判重了,则就其所判的刑罚减去当罚的刑罚,所剩的刑罚再减去三等,就是过失官员应得的刑罚。反之,官员如果出于过失将应当判处重刑的犯人判处了轻刑,"失出",就是判轻了,则是在其当罚的刑罚减去所判的刑罚的基础上再减去五等,才是过失官员应得的刑罚。[1]

立法上"失入"比"失出"罚得更重,而在实践中,宋初如果死刑判罚有误,"失出大辟"也不为罪,失入则是要惩罚的,且不得以官阶减赎。宋代鞫谳分司,失入死刑案件的检法官和判官都要因此削一任官,长吏则要停任。宋仁宗认为"死者不可复生,而狱吏虽废,复得叙官"是荒唐的,所以失入死刑案件的判官不仅不能用官赎罪,遇到大赦也再不能起复,子女不予恩荫,"其重人命如此"。而到了苏轼活跃的神宗一朝,失入人罪尤其是失入死罪和官员的升迁勒停、降职、考核展期直接挂钩了。如果失入死罪并且已经判决三例,负责司法的正官要除名,谪放远方州郡,编入该地户籍,由地方官吏加以管束。他的助手要被除名,再次一级的官员要被免官、不许升迁,而参与其事的吏员则要发配千里。如果失入徒罪(劳役刑)以上有五例,无论是京官还是地方官,考核升迁的期限都要延长。[2]

以上策略从用人上就保证了"轻出重入"的落实,也在实践中树立了一种对宽仁司法的导向。这种导向也在一定程度上为初入朝堂的苏轼所认可。

---

〔1〕 参见薛梅卿点校:《宋刑统》卷第三十《断狱·官司出入人罪》,法律出版社1999年版,第552页。

〔2〕 参见(元)脱脱等撰:《宋史》卷二百《刑法二》,中华书局1977年版,第4988页。

(二)缓其狱与严执法:均为保民

宋神宗元祐五年(1090年),苏轼出任杭州太守,其治下曾经出了一桩科考舞弊案。有一个好酒的书生颜几,生性放荡不羁,代替一个姓刘的富人参加乡试并取得了好名次,被人告发下狱。颜几在狱中犯了酒瘾,写了一首诗托狱卒交给自己的酒友:"龟不灵兮祸有胎,刀从林甫笑中来。忧惶囚系二十日,辜负醺酣三百杯。病鹤虽甘低羽翼,罪龙尤欲望风雷。诸豪俱是知心友,谁遣尊罍向北开。"狱卒将这首诗上呈给了苏轼。现在的人很难揣测当时苏轼在阅读此诗的心境究竟如何,或者是这首诗令他想起自己因为"乌台诗案"下狱时写给弟弟苏辙的"绝笔",有同病相怜之感,或者是单纯因为诗才赏识颜几,苏轼在其权力范围延缓了案件的审理进程,最后颜几遇赦免罪。[1]

但对于湖北地区"不举子"的杀婴陋俗,苏轼是全力反对并要求依法予以严厉处罚的。苏轼因"乌台诗案"贬黄州团练副使,"不得签书公事",是没有司法权的。但是在得知这一地区的乡间小民,迫于生活压力形成了杀婴尤其是杀女婴的陋习,"例只养二男一女,过此辄杀之,尤讳养女,以故民间少女,多鳏夫",苏轼给当时的鄂州知州朱寿昌写了封信,劝诫他一定要赶紧遏制这一习俗。他在书信中指出:按照朝廷的法律,故杀子孙要判徒二年的刑罚,希望太守敦促治下的知县等属员严格执法,并让他们召集乡里的保正,对这些人进行普法,并指出杀婴损阴德,使他们首先树立不该杀婴的信念,回到乡里相互告诫。同时也将这一禁约晓谕乡民,并悬赏告发杀婴者,赏钱由犯此罪的家庭及没有告发他们家的邻居保人出,因为妇人怀孕数月,邻居不会不知道,发现其家杀婴而不告发,实在应该出此赏钱。如果能严格按照法律执行罚则,不消几个案例,这一风气就会改变。而因为朱知州这一执法举动而得活的婴儿则不可胜计。

当然苏轼也意识到这一陋俗的形成很大程度上是因为乡民家贫难以

---

[1] 参见(宋)何薳撰,张明华点校:《春渚纪闻》卷第七《颜几圣索酒友诗》,中华书局1983年版,第108页。

养活更多的婴儿,因此在建议知州依法执法的同时,他也提出号召,希望地主豪户适当捐献出一些财产来周济这些新生儿家庭。他举出自己当政密州(熙宁八年到九年,1075—1076年)时的先例,即愿意收养弃婴的家庭月给六斗米的补助,"所活亦数十人"[1]。

一缓一严,在两件事上苏轼采取了不同的执法策略,但其所秉承的司法理念是一致的,即以人为本,关注人的生命价值,尽量保全人的生命,这也是和开国以来历代帝王所提倡的、苏轼自己在科举考试中所陈述并为欧阳修所激赏的价值一脉相承。

现在已无从考察鄂州知州朱寿昌是否按照苏轼的建议严格执法。虽然苏轼认为这些事情对于知州来说易如反掌,于是他才不把自己当外人,详细周道地给出了建议,但是有宋一代,"不举子"即生下婴儿但并不养育,是一个贯穿王朝始终的社会现象,一直没有得到很好的遏制。究其原因,部分在于两宋繁重的丁税、与民争利的禁榷制度以及熙宁变法加剧的税负造成了百姓的普遍贫困。而这正是苏轼、苏辙两兄弟在其仕宦生涯中所一直反对的,并且为自己不得不执行相关的政策及相应的罚则而感到内心不平静,"平生所惭今不耻,坐对疲氓更鞭箠"[2],甚至在判罚私盐贩子时痛哭流涕。[3]

二、苏轼、苏辙对宋代与民争利政策的反对

自从政以来,苏轼、苏辙兄弟总会从百姓的利益出发去看待、衡量一项法令推行的利弊,时常就站在了法令与政策的反对面。

---

[1] 孔凡礼点校:《苏轼文集》卷四十九《与朱鄂州书》,中华书局1986年版,第1416—1418页。

[2] (清)王文诰辑注,孔凡礼点校:《苏轼诗集》卷七《戏子由》,中华书局1982年版,第325页。

[3] 参见孔凡礼点校:《苏轼文集》卷四十八《上韩丞相论灾伤手实书》,中华书局1986年版,第1395—1398页。

(一) 上疏皇帝反对政策与民争利

众所周知,王安石于宋神宗熙宁年间(1068—1077年)开始了一系列旨在富国强兵的变法,苏轼、苏辙兄弟迅速成为其反对党,尤其反对旨在聚敛财物、与民争利的青苗、均输之法以及日益严苛的盐法,对于在执行中变味儿为横征暴敛的方田均税法也很有微词。二人为此写作了大量的奏议,很快就被贬谪地方、退出中央政治舞台。苏轼于元丰年间遭遇"乌台诗案",在一定程度上是因为其在诗中对新政确有讽喻之词。

苏辙在变法之初任职制置三司条例司,王安石拿出"青苗法"的草案让他参与讨论。苏辙肯定青苗法将贷款发给农民、只收其二分利钱是为了救民,但他认为在贷款的发送和回收过程中很容易给胥吏留出上下其手的空间,百姓一旦还贷有困难,就会被施加非刑,反倒是害民乱政之举。建议借鉴唐代刘晏常平之法,结合实际,完善后再施行。[1] 王安石虽初觉有理,但很快就采纳吕惠卿的意见将青苗法推行地方。青苗法在执行中暴露出不少问题,比如借贷时可粮可钱,但还贷时实际上只收钱,再如还贷时间刻板,拖欠者将面临官府督责的压力。于是便有了苏轼在《陈季常所蓄朱陈村嫁娶图》一诗中感慨的"而今风物那堪画,县吏催钱夜打门"的情景,原来和煦的乡村风情为催钱县吏的恶形恶状所破坏。

王安石另一项大力推行的政策是"免役法",简而言之就是百姓出钱替代出人来服役,官府另行募人为役。[2] 苏辙在《制置三司条例司论事状》中极力反对免役法,就是预见到这项政策可能只能方便富人、反而为难穷户的前景,并认为如果藏富于城市居民,饥荒的年份可以劝他们拿钱出来助民,盗贼横行的年份,可以凭借他们的力量来对抗悍匪,如果组织

---

[1] 参见(元)脱脱等撰:《宋史》卷三三九《苏辙传》,中华书局1977年版,第10821—10835页。

[2] 参见(元)脱脱等撰:《宋史》卷一七七《食货上五》,中华书局1977年版,第4299页。

得当,让财富保留在人们手中和将财富聚拢到官府手中,并没有本质区别。[1] 但免役法依然迅速得到执行,施行有年就出现了苏轼在《吴中田妇叹》一诗中描写的"汗流肩赪载入市,价贱乞与如糠秕"谷贱伤农又不得不卖的结果,因为"官今要钱不要米,西北万里招羌儿"[2]。

针对北宋盗贼群起、社会动荡的现实,苏轼也建议对奸民"诛无赦"[3]。这与他一以贯之的人文精神并不矛盾,因为宽仁并不是一味地法令废弛。此时天下安宁已久,而宋代开国至今的皇帝确实也是以仁恕为本,上有所好,下必甚焉,士大夫为了让皇帝满意,往往一味宽大施刑,再加上之前提及的宋初对官员过失出入人罪的处罚上强力实行的"轻出重入"审判责任归责,为犯罪者预留了侥幸的空间。某些无良官员或者出于对洗雪冤情从而获得奖赏乃至升迁的期冀,或者出于佛家果报思想的熏陶,不惜借用公器来私自积累阴德,更是放大了宽仁司法的负面效应。[4] 苏轼希望能够对此能有所纠正。首先是要纠察平素行为不轨的人,其次对不孝顺父母、尊敬兄长的人,动辄打官司的人还有累次犯罪的人都要严惩不贷,"天下无小奸,则豪侠大盗无以为资",这样可以防微杜渐。在有一定的地方治理经验之后,熙宁七年(1074年),针对河北、京东两路连年遭受旱灾和蝗灾、盗贼越发猖狂的严重状况,苏轼仍然主张"不以侥幸废刑,不以灾伤挠法",严格司法、执法,严惩盗贼。[5]

但苏轼所主张的严格司法、执法,是建立在富民、教民的前提下的,因此建议在此地区缓行禁榷盐法,也就是盐的专卖制度,而日益增加的盐课也应该尽量少收。"煮海之利,天以养活小民",五六年前贫民依靠贩盐为

---

[1] 参见(宋)苏辙:《栾城集》卷三十五《制置三司条例司论事状》,载陈宏天、高秀芳点校:《苏辙集》,中华书局1990年版,第608—612页。

[2] (清)王文诰辑注,孔凡礼点校:《苏轼诗集》卷八《吴中田妇叹》,中华书局1982年版,第404页。

[3] 参见孔凡礼点校:《苏轼文集》卷八《策别安万民五》,中华书局1986年版,第265—267页。

[4] 同上。

[5] 参见孔凡礼点校:《苏轼文集》卷二十六《论河北京东盗贼状》,中华书局1986年版,第753—757页。

生,所以盗贼稀少。五六年来朝廷从盐税中获利越来越多,而保甲法的执行又使得对偷税的告发也越来越多,偷税会被告发,纳税则利润微薄,如果不当盗贼,就只能挨饿,所以盗贼的数量也越来越多。为今之计,在严惩盗贼的同时,更应"特放三百斤以下盐税半年",则两路的居民,每个人都可以从中获利,"贫民有衣食之路,富民无盗贼之忧",因此丧失的盐课,未必多于悬赏捉贼的赏钱。[1] 因此,苏轼的严格司法主张,是与其反对立法与民争利的主张一脉相承的,并且始终为其所坚持。哲宗元祐元年(1086年)他代吕公著所写的《上初即位论治道二首》也重申了这一观点:"今欲严刑妄赏以去盗,不若捐利以予民,衣食足而盗贼自止。"[2]

熙宁七年(1074年),新法引起的社会动荡已经因为郑侠所上《流民图》而为统治者所知,王安石第一次罢相,吕惠卿任参知政事,接掌变法大权,制定"手实法"推行全国。手实法是指由官署规定标准物价,令各户户主申报丁口和家产(田亩、屋宅、资货、畜产),以定户等。由此确定一县的物产和居民,从而可以确定该县应缴纳的役钱的本额。其可怕之处在于为防止有人少报或瞒报,可以以瞒报的三分之一的份额奖赏告其不实的人,即奖励告发。[3]

苏轼向当朝宰相韩绛上疏,力陈手实法鼓励告发,败坏社会风俗,增长奸人邪恶,引发民众相互攻讦,无端制造人与人之间的矛盾,弄得人心惶惶,增加了社会不安定因素,请求罢行。[4]

当时尚书省下的司农寺,负责青苗法、农田水利、免役、保甲等各种新法的具体推行[5],在推行手实法之时,对不予执行的州县官会科以违制

---

[1] 参见孔凡礼点校:《苏轼文集》卷二十六《论河北京东盗贼状》,中华书局1986年版,第753—757页。

[2] (宋)苏轼:《东坡全集》卷六十六《代吕申公上初即位论治道二首》,《景印文渊阁四库全书》第1108册,台湾商务印书馆1983年版,第96—98页。

[3] 参见(明)陈邦瞻撰:《宋史纪事本末》卷三十七《王安石变法》,中华书局1977年版,第362页。

[4] 参见孔凡礼点校:《苏轼文集》卷四十八《上韩丞相论灾伤手实书》,中华书局1986年版,第1395—1398页。

[5] 参见(元)脱脱等撰《宋史》卷一六五《职官五》,中华书局1977年版,第3094—3095页。

之刑。《宋刑统》继承唐律,在"违制罪",也就是"被制书施行而违者"一条,对于制书的含义有比较明确的规定,即制、敕、符、移之类都属于"制书",而违反制书和违反一般的官文书,科罪是有明显区别的。[1] 对此,苏轼非常尖锐地指出,违反制书是指违反皇帝的诏令,一个负责执行的机构没有这个权限擅自扩大它的适用范围,否则就是在擅自创造律令。苏轼的指责令负责的官员感到惊恐,请求他暂缓上疏。[2] 没多久,朝廷知道手实法对民众伤害颇多,就不再执行这一政策。[3]

(二) 出镇地方时"因法便民"

元祐四年(1089年)开始,苏东坡出任杭州太守。上任不久,当地的税务官员押解了一个名叫吴味道的乡贡进士到他面前。原来吴味道的乡亲们一起筹钱购买了二百匹建阳当地产的纱,由他带到京师变卖以补贴赴考盘缠。但从建阳一路上京,如果正常纳税,变卖这些纱所剩的钱估计也就不到一半。于是吴味道想,当今天下知名而又肯提携后进的文士,就属苏轼、苏辙二昆仲,即使事情败露,也不会被深责,于是将纱托名为苏轼带给苏辙的物品一路免税,没想到苏轼此时已经到杭州任太守,被抓了个正着。苏轼听说原委不禁大笑,让人换去纱上原来伪造的封条,改写自己和弟弟苏辙的真实身份地址,并给弟弟写了一封信交代事件的来龙去脉。

苏轼将这些交代给吴味道,请他将信带给苏辙,并且打趣他说这次即使要上天也是可以去得的,吴味道再三拜谢,来年果然得登高第,科场

---

[1] 《宋刑统》卷九《职制·制书稽缓错误》:"诸稽缓制书者,一日笞五十(誊制、敕、符、移之类皆是),一日加一等,十日徒一年。其官文书稽程者,一日笞十,三日加一等,罪止杖八十。"参见薛梅卿点校:《宋刑统》,法律出版社1998年版,第176页。

[2] 参见孔凡礼点校:《苏轼文集》卷四十八《上文侍中论强盗赏钱书》,中华书局1986年版,第1398—1399页。事实上,违制罪在宋代开国以来的适用中一直呈现一种扩大化的趋势("以违制论"),司农寺的这一举动并非毫无先例。参见李如钧:《简便之罚:宋代违制罪与"以违制论"》,载《史学汇刊》(台北)2017年12月刊(总36期)。

[3] 参见(元)脱脱等撰:《宋史》卷三三八《苏轼传》,中华书局1977年版,第10801—10821页。

丰收。[1]

苏轼此举其实是对违反关税政策的吴味道的包庇,其实并不符合其朝廷官员的身份立场,但是对于不合理的经济政策,苏氏兄弟辗转地方任职时期,往往都会做出"因法便民"甚至"阳奉阴违"之举,或者予以光明正大地撤销,或者以正当程序"拖延"。

比如元丰八年(1085年),苏辙为绩溪县令,当地并不出产马匹,而朝廷征伐需要贡马,要求各县上交,而地方小吏便借由这个政策大做文章,骚扰百姓。苏辙先是要求县尉提供"递马簿",然后要符合条件的"牙人"来负责审核马匹的质量,或者至少向他提供文书。通过种种程序上的"正当"拖延,苏辙最终成功避免了征马,保境安民。[2]

再比如元祐七年(1092年)苏轼知扬州,当时扬州有个叫万花会的地方节日,缘起于对西京河南府(今洛阳)的模仿。洛阳牡丹闻名天下,花开最盛时当地太守作万花会,在人们群聚、宴会的场所,用牡丹作为屏帐,梁柱斗拱也用竹筒贮水、簪花钉挂,目之所及全是盛放的鲜花。扬州是芍药的产地,到了南宋姜夔作词《扬州慢》,写战乱之后的扬州,仍有"二十四桥仍在,波心荡、冷月无声。念桥边红药,年年知为谁生"的佳句,北宋时开平盛景可想而知。因此在蔡卞知扬州时就效仿洛阳,也开了万花会,之后每年循例开办,地方百姓颇受其扰。苏轼三月十六日到任扬州,正值芍药花期,当地的吏员向他汇报了万花会的旧例。苏轼查检旧案之后发现花会用花达千万朵之巨,衙门胥吏因此也获得了可以借机谋私的机会,已经成为地方上的一大弊政,所以罢此旧例。"虽杀风景,免造业也。"[3]

我们可以发现,在苏辙废征马、苏轼罢扬州花会例的故事中,两人反

---

[1] 参见(宋)何薳撰,张明华点校:《春渚纪闻》卷六《赝换真书》,中华书局1983年版,第98页。

[2] 参见(宋)孙汝听编:《苏颍滨年表》,载陈宏天、高秀芳点校:《苏辙集》,中华书局1990年版,第1372—1413页。

[3] (宋)张邦基撰,孔凡礼点校:《墨庄漫录》卷九《东坡罢扬州万花会》,中华书局2002年版,第239页。

对新法的上疏中,都有对胥吏借此牟利的记载或担心。宋代的吏胥数量众多,名目庞杂。他们从事各种与公共事务相关的职役,参与司法、管理刑狱,参与籍账管理,督课赋税,可谓是全方位地介入行政管理之中。宋代有"居官者迁徙不拘岁月,而为吏者传袭及于子孙"[1]的记载,吏胥往往不像官员受任期制的约束,所以有长期盘踞、父子沿袭、把持衙门事务的可能。这些吏胥主要从民户中招募或轮差。宋神宗熙宁以前,州、县、乡役,差、募兼行。熙宁变法之后,州县基本是募役,乡役仍以差役为主。中央机构的吏胥或由地方吏胥升转,或由招募、保引,往往须经考试,基本也实行募役,也存在吏胥子弟的承袭替补以及官员及子弟充任、罚充吏职的情况。[2] 虽然说是"募役",但是部分胥役并不能直接从衙门支领工资,尤其是在熙宁年间设重禄之前。[3] 这也为胥役在地方事务中弄权创造了必要性。尤其自北宋至南宋,对吏胥出职,也即任官的官位、时限限制越来越严,吏员转为正官的可能性越来越小[4],这使得他们更专注于眼前的好处,百姓也因此蒙受更多的欺压。熙宁变法的变味儿,一定程度上也是由于胥吏在执行中的不恤民情所导致。而苏洵早在熙宁变法之前,针对胥吏不得升迁的状况,提出来要对这些长于琐政的胥吏"爵之、禄之、贵之"[5],这也是缓解他们和百姓之间极端的利益冲突的办法。

---

[1] (清)徐松辑:《宋会要辑稿·职官六十·久任》,载刘琳等点校:《宋会要辑稿》,上海古籍出版社 2014 年版,第 4686 页。

[2] 参见王曾瑜:《宋代阶级结构(增订版)》,中国人民大学出版社 2010 年版,第 239 页。

[3] 参见张富祥译注:《梦溪笔谈》卷十二《官政二·吏无常禄》,中华书局 2009 年版,第 147 页。

[4] 参见(元)马端临撰:《文献通考》卷三十五《选举八》,中华书局 1986 年版,第 333 页。

[5] (宋)苏洵撰,曾枣庄、金成礼笺注:《嘉祐集笺注》卷九《杂论·利者义之和论》,上海古籍出版社 1993 年版,第 104—106 页。

三、"乌台诗案"：苏轼所遭遇的牢狱之灾

元丰七年(1084年)，苏轼从黄州量移汝州，也就是从离东京开封较远的贬谪之地黄州(今属湖北省黄冈市)调往离开封更近一点儿的汝州(今河南汝州市)，途中又被授予登州(今山东文登、蓬莱一带)知州，因此途经泗州，逗留了一段时间。泗州是一个古地名，原来的泗州城在清康熙时由于黄河夺淮而淹没，其遗址在现在江苏省北部的盱眙县，当时是联通南北的重镇。

苏轼在时任知州的刘士彦的陪同下游览当地盛景，诗兴大发，作词《行香子》。词的末句如下："望长桥上，灯火乱，使君还。"刘知州得悉，十分着急，让苏轼千万别再向外宣扬这首词了。因为苏轼文名天下共知，一旦有了新作，没多久作品就会传播到京城去。在当地有这么一条规定，晚上过长桥要徒二年，百姓尚且要受此刑罚，苏轼为一州知州更不能知法犯法。这都被写到词里去了，简直是授人以柄。苏轼一听哈哈大笑，说自己这一生开口就是罪过，就没有在徒二年以下的。[1]

刘知州当然是好心，但苏轼的自嘲也是有理有据，前几年他被贬黄州，就是因为写作诗文被人告发所致。一开始告发苏轼的是监察御史，他被拘到京后所下的也是御史台的监狱。汉代的御史台附近种了很多柏树，据说有数千只乌鸦栖息在树上，所以御史台又被后人称为"乌台"[2]。因此苏轼这番牢狱之灾，就被称为"乌台诗案"。

(一)起因：讥切时事之言，争相传诵

事件起于元丰二年(1079年)苏轼调任湖州时所上的谢表中的一句话："愚不识时，难以追陪新进；老不生事，或能牧养小民。"苏轼把自己放

---

[1] 参见(宋)王明清撰：《挥麈录》后录卷七，中华书局1961年版，第168—169页。
[2] 参《汉书》卷八十三《朱博传》，中华书局1962年版，第3405页。

在了"新进""生事"的对立面,未尝没有指责熙宁变法新党所为多是"事不便民"之意。也是因为他文名太盛,不久文章就传遍京城,监察御史何正臣上疏,弹劾苏轼这两句是"愚弄朝廷,妄自尊大",充满了讥讽之意。[1]

七月初,监察御史舒亶也根据熙宁变法诸政策,对比苏轼所作诗文,一一指出他的不是。比如神宗熙宁四年(1071年)在科举考试时罢明经诸科,设置新的明法科,并且在吏部的选官考试中考核律义和断案,意在考察候任官员们对法律的掌握和运用能力。[2] 苏轼在同年写给弟弟苏辙的诗中称"读书万卷不读律,致君尧舜知无术"[3],认为光凭法律不足以恢复尧、舜那样的贤明之治,现在一味强调学习法律而不讲求诗书就更偏颇了,所以读书万卷而不应该读律。再比如神宗时加强对盐的专卖,加征盐税,前面已经论述了他在熙宁七年(1074年)上疏《论河北京东盗贼状》中对这些与民争利行为的反对,其实在此之前的熙宁五年(1072年)他就作诗讽刺了这一政策的后果是"岂是闻韶解忘味,迩来三月食无盐"[4]。这首七绝的前两句是"老翁七十自腰镰,惭愧春山笋蕨甜",讲的是山民贫苦,即使到了七十岁,还需要采集竹笋、蕨菜来充饥。《论语》中讲孔子在齐地听到《韶》乐,三月不知肉味,山民当然不是因为受到了雅乐的熏陶而满足于吃淡口的竹笋和蕨菜,而是因为买不起盐。[5]

逐条对比下来,舒亶称苏轼的诗文"无一不以讥谤为主",广为流

---

[1] 参见(宋)朋九万撰:《东坡乌台诗案·监察御史里行何大正札子》,载王云五主编:《丛书集成初编》(第785册),商务印书馆1935年版第1页。

[2] 参见(清)徐松辑:《宋会要辑稿·选举一四·新科明法》,载刘琳等点校:《宋会要辑稿》,上海古籍出版社2014年版,第5531—5534页。(元)脱脱等撰:《宋史》卷一五八《选举四》,中华书局1977年版,第3693—3718页。

[3] (清)王文诰辑注,孔凡礼点校:《苏轼诗集》卷七《戏子由》,中华书局1982年版,第325页。

[4] (清)王文诰辑注,孔凡礼点校:《苏轼诗集》卷九《山村五绝·其三》,中华书局1982年版,第438页。

[5] 参见(宋)朋九万撰:《东坡乌台诗案·监察御史里行舒亶札子》《东坡乌台诗案·供状·与王诜往来诗赋》,载王云五主编:《丛书集成初编》(第785册),商务印书馆1935年版,第1—2,7页。

布,影响恶劣,是犯了"大不恭"的罪名。宋代的"大不恭"就是唐律中的"大不敬",当时为了避太祖赵匡胤祖父赵敬的名讳改称"大不恭",是"十恶"之一,其所包含的罪状繁多,"责其所犯既大,皆无肃恭之心",涵盖了冒犯皇帝尊严、权威的各种罪行,即使遇到赦免也不原宥。[1] 舒亶明确指出苏轼所犯的正是其中的"指斥乘舆"。

皇帝乘坐车辆巡幸天下,因为不能直接指称他的尊号,所以用"乘舆"来代指皇帝[2],"指斥乘舆"就是指责皇帝。要被纳入"十恶"中的"大不恭",除了要有"指斥乘舆"这一客观行为,还必须具备"情理切害""情有觖望、发言谤毁"的条件,也即有对皇帝不满、心生怨恨从而进行诽谤的主观恶意并且情节严重,这样就应判处斩刑。如果只是议论政事有所偏颇并且语涉皇帝的话,应当上奏皇帝进行判决。如果"非切害",情节不严重,没有涉及皇帝,则只需要判徒二年。[3]

舒亶建议神宗将苏轼下狱严惩,"用治世之重典",以此可以告诫天下所有臣子。[4] 之后国子博士李宜之、御史中丞李定也上疏历数苏轼罪状,建议对他进行严惩。

(二) 从立案到审判

七月四日,神宗下令御史台将苏轼提来受审。[5] 而当时苏轼的友人、蜀国长公主的驸马王诜知道这一消息后,也迅速而秘密地派人告诉了时任南京(应天府,治所在今河南省商丘市)签书判官的苏辙,苏辙马上遣人前去通知在湖州任上的哥哥。皇帝的使者因为随行的儿子生病在路上

---

〔1〕 参见薛梅卿点校:《宋刑统》卷一《名例·十恶》,法律出版社1998年版,第10页。

〔2〕 参见《唐律疏议·名例·十恶》中"六曰大不敬"条疏议,载钱大群撰:《唐律疏义新注》,南京师范大学出版社2007年版,第29页。

〔3〕 参见薛梅卿点校:《宋刑统》卷十《职制·指斥乘舆》,法律出版社1998年版,第186页。

〔4〕 参见(宋)朋九万撰:《东坡乌台诗案·监察御史里行舒亶札子》,载王云五主编:《丛书集成初编》(第785册),商务印书馆1935年版,第1—2页。

〔5〕 参见《续资治通鉴长编》卷299,"元丰二年七月己巳"条,载(宋)李焘撰:《续资治通鉴长编》,中华书局1979年版,第7265—7266页。

耽搁了半天,反倒是苏辙的使者先到了湖州,苏轼立即请假,请副手通判祖无颇来替代主管州务。

皇帝的使者到达之日,苏轼认为难逃罪责,不能穿朝服见使者,但祖通判劝他既然不知道罪名,还是应该穿朝服见,苏轼听从了他的劝告。随行监督拘捕的宦官皇甫遵久久看着苏轼不说话,又加剧了他的惊恐,于是苏轼请求宽限自己一点儿时间,好在死前与家人诀别。使者这才开口表示不至于如此,开示所奉御史台牒文,不过是传唤其进京问询,一行人等于是启程。路过太湖的时候苏轼一度想要轻生,但又想到自己若死了弟弟肯定不会独活,所以也放弃了[1]。

苏轼到京师后被送进御史台的监狱,八月十八日被提讯,十月十八日神宗令御史台将审理的情况报奏,三日后批复,并下令对涉案的张方平等曾经收到苏轼讥讽朝政诗文却没有上报的官员待苏轼案审讯后再行处理,并将苏轼一案发三司度支副使陈睦再次审问,并没有翻案。[2]

宋代实行"鞫谳分司"的独有司法制度,即将司法中案件审理和检法驳正两个环节分为两个独立程序,分属两个机构,由两组官吏来进行。苏轼一案属于需要皇帝下诏审理、定案的诏狱,现在审讯已由御史台完成,接下来就交由大理寺来检法量刑。宋初设立审刑院,重大案件在大理寺论定之后,再由刑部复核、审刑院复议无误,最后报请皇帝定夺,再交由中书省颁下执行,这既是为了慎重刑狱,也是为了分权宰相。[3] 苏轼一案也经历了这一完整的程序。

苏轼在御史台被多次提讯,他在八月二十日招认除了前引《山村》诗外,"其余文字并无干涉时事"。二十二日、二十四日的招供都坚称自己没有写作"讥讽嘲咏"的文字,三十日他却招供"自来与人有诗赋往还人数、

---

〔1〕 参见(宋)孔平仲:《孔氏谈苑》卷一,载《景印文渊阁四库全书》第1037册,台湾商务印书馆1983年版,第123页。

〔2〕 参见戴建国:《"东坡乌台诗案"诸问题再考析》,载《福建师范大学学报(哲学社会科学版)》2019年第3期。

〔3〕 参见《续资治通鉴长编》卷32,"太宗淳化二年八月丁卯"条,载(宋)李焘撰:《续资治通鉴长编》,中华书局1979年版,第718—719页。

姓名"。三十日的"再勘方招",或许正是他的《狱中寄子由》小序中自白的"狱吏稍见侵,自度不能堪"[1],以及同时下诏狱的苏颂所作诗里所言"遥怜北户吴兴守,诟辱通宵不可闻"[2],种种曲折文字隐约透露出他曾遭受刑讯的结果。吴兴是湖州的古称,所以被"诟辱通宵"的指的就是湖州知州苏轼了。宋承唐制,对刑讯有了进一步的限制,比如刑讯中途不得换人[3],再比如对挟私报复故意刑打人至死的要科以故杀罪[4],但是"诸应、议、请、减……者并不合拷讯,皆据众证定罪"[5],即针对七品以上官员不予刑讯的保护规定并没有得到严格实施。[6] 苏轼作为从六品的知州,也可能受到了刑讯,从而改变了供词。

也有笔记记载苏轼那两首《狱中寄子由》的创作起于一段"乌龙"。苏轼从湖州被带走下狱,他的长子苏迈与他同行,负责为狱中的苏轼送衣送食。苏轼与苏迈约定,平时送饭只送菜和肉,如果有不好的消息则送鱼。苏迈认真遵守这一约定,但一个月过去吃食耗尽,他要出京去张罗,送饭的任务就交给了一个亲戚,却忘了嘱咐这一约定。结果这个亲戚有一日就送了一条腌鱼给苏轼。苏轼看到鱼大惊,觉得难逃一死,所以才写作了这两首,托狱吏转交苏辙。[7] 其中"是处青山可埋骨,他年夜雨独伤神。与君世世为兄弟,更结人间未了因"的句子,真是十分动人。传说

---

[1] (宋)苏轼:《东坡全集》卷二十九《狱中寄子由二首》,载《景印文渊阁四库全书》第1107册,台湾商务印书馆1983年版,第413—414页。

[2] (宋)周必大:《二老堂诗话·记东坡乌台诗案》,载《景印文渊阁四库全书》第1480册,台湾商务印书馆1983年版,第717页。

[3] 【准】狱官令:诸讯囚,非亲典主司,皆不得至囚所听闻消息。其拷囚及行罚者,皆不得中易人。"参见薛梅卿点校:《宋刑统》卷第二十九《断狱·不合拷讯者取众证为定》,法律出版社1998年版,第539页。

[4] 【准】刑部格敕节文:其有挟情托法枉打杀人者,宜科故杀罪。"参见薛梅卿点校:《宋刑统》卷第二十九《断狱·不合拷讯者取众证为定》,法律出版社1998年版,第541页。

[5] 薛梅卿点校:《宋刑统》,法律出版社1998年版,第536页。

[6] 参见戴建国:《"东坡乌台诗案"诸问题再考析》,载《福建师范大学学报(哲学社会科学版)》2019年第3期。

[7] 参见(宋)叶梦得:《避暑录话》卷下,载《景印文渊阁四库全书》第863册,台湾商务印书馆1983年版,第700页。

狱卒将这两首诗交由御史上呈给了神宗,神宗看了之后就有心宽贷他的罪过。[1]

(三) 定案

大理院对苏轼的初判是徒二年,并且遇到赦免可以原宥。[2] 这并不能让之前攻评他的御史满意,纷纷再次上奏要求严惩苏轼及其他涉案人员,因为都是攻击新政的旧党。但御史们并没有提出新的证据,在神宗的授意之下,审刑院的复议也没有加刑。

最后,针对苏轼本人定案如下[3]:

行为	定罪	量刑	执行
作《湖州谢上表》,讥讽用人生事扰民	不应得为而为/私罪	事理重者,杖八十	以现任祠部员外郎直史馆,并历太常博士,一官当徒一年,合追两官,勒停放,情重奏裁。圣旨:责授检校水部员外郎充黄州团练副使,不得签书公事
案件审理中屡次招供不实	报上不以实/私罪	徒一年,未奏减一等,合杖一百	
作诗赋等文字,讥讽朝政阙失	准律,作匿名文字,谤讪朝政及中外臣僚,徒二年/私罪	自首,减二等,合比附,徒一年	
作诗赋及诸般文字寄送王诜等,印刷行世,讥讽朝廷及谤讪中外臣僚	准敕,作匿名文字,嘲讪朝政,及中外臣僚	徒二年,情重奏裁	

由表中可以看出,定案时确立苏轼的罪行共有四条,最后的结果应该是数罪并罚。

罪行一就是一开始何正臣上疏弹劾他的所为,因为没有具体可以参

---

〔1〕 参见(宋)曾敏行:《独醒杂志》卷4,《景印文渊阁四库全书》第109册,台湾商务印书馆1983年版,第548页。

〔2〕 参见《续资治通鉴长编》卷301,"神宗元丰二年十二月庚申"条。载(宋)李焘撰:《续资治通鉴长编》,中华书局1979年版,第7333页。

〔3〕 本表参考了赵晶:《文书行政运作视角下的"东坡乌台诗案"再探》,载《福建师范大学学报(哲学社会科学版)》2019年第3期。

照比附来适用的罪名,所以检法官选择的是《宋刑统》所规定"不应得为而为"的口袋式罪名,处罚的是所有不应当做出的行为。这个罪名按情节的轻重有笞四十、杖八十等刑罚[1],苏轼因为情节较重判处了杖八十这较重的一等。

罪行二针对的是苏轼在一开始没有如实招供他在诗文中诽谤朝政的行为,属于《宋刑统·诈伪》律中应处罚的行为,本来应依律判处徒一年,但苏轼很快招供,一开始的供词并没有奏报上级,所以减原刑罚两等,应当判处杖一百。

罪行三和罪行四看似处罚的是同一种行为,稍有不同的就是罪行四处罚的情况包括诗文的刊布流行,而苏轼文集《元丰续添苏子瞻学士钱塘集》全册的风行,正是整个乌台诗案爆发的导火索。

当时的笔记小说记载,苏轼刚下狱,友人张方平想要上疏为其呼请,其所在的南京地方官员不敢替他上疏,所以张方平命自己的儿子张恕去开封登闻鼓院击鼓鸣冤。张恕胆小,徘徊很久不敢前去击鼓。后来苏轼出狱,见到张方平上疏的副本,连连吐舌,有人问他原因,苏轼不肯回答。后来苏辙也看到了张方平上疏的副本,解释这次苏轼能得赦免,是得张恕不敢替父亲上疏之力。苏轼得罪,正是因为其名气太大,与朝廷争胜,张疏中称苏轼"其文学实天下之奇才也",如果成功呈到御前,就是火上浇油,会激怒神宗的。[2]

罪行三、四都是比附律和敕定罪,对比之前御史的责难,会发现其所比附的,可能就是"指斥乘舆"中不属于"大不恭"的两种定刑,即如果只是议论政事有所偏颇并且语涉皇帝的话,应当上奏皇帝进行判决。如果"非切害",情节不严重,没有涉及皇帝,则只需要判徒二年。[3] 苏轼因

---

[1] 参见薛梅卿点校:《宋刑统》卷第二十七《杂律·违令及不应得为而为》,法律出版社1999年版,第507页。

[2] 参见胡仔纂集,廖德明点校:《苕溪渔隐丛话·后集》卷第三十《东坡五》引《元城先生语录》,人民文学出版社1962年版,第222页。

[3] 参见薛梅卿点校:《宋刑统》卷第十《职制·指斥乘舆》,法律出版社1999年版,第186页。

为文名太高,诗文风行全国,所以他在诗文中对朝政表达不满,所引起的传播效果是惊人的,最后定案也是上请神宗来裁决的。

宋承唐制,数罪并罚时是按照从一重的规则来处罚,也就是按第四项徒二年,但鉴于情节严重,所以奏请皇上定夺,而神宗其实排斥了在徒二年之外再对情节严重的进行加刑,实际判罚的结果就是徒二年,这也就是为什么苏轼在元丰七年(1084年)游览泗州城犯禁时自嘲这一生开口便是罪过,没有下于徒二年的。

在刑罚执行的时候,也还是继承唐代制度,宋代对于官员有特别的以官抵刑的制度,规定官员犯私罪的时候,五品以上官,一官可以抵徒二年,九品以下官的,一官可以抵徒一年。[1] 此处的私罪与公罪相对,是指官员在执行公务过程中为谋求自身私利而违法,或做出与职务无关而有违官吏道德的行为。而公罪则是指官员在执行公务过程中,主观上基于过失而非追求私利,客观上做出的行为。苏轼的罪行在确定时便是私罪,其所居是从六品知州,所以适用官当的第二种情形,一官当徒一年。这种抵罪由其任官来抵,也可以由其在馆阁所任之职来抵,于是苏轼的徒二年都被抵掉了,应该受"勒停"的处罚,也就是撤销职务,不过这些处罚措施及处罚力度最终都要由皇帝来决定。

神宗在最后裁决刑罚的执行时,不仅没有让苏轼适用情节严重的加刑,还同意其适用熙宁四年(1071年)到元丰三年(1080年)历次所颁布的赦书,最后直接对其予以赦免,授予其黄州团练副使的职位,只是不得签书公事,可谓十分宽大了。

据说苏轼刚到任黄州,就因为之前知徐州时没有察觉"妖贼"作乱的事情再度被调查,没多久神宗下旨宽免他,苏轼再度上表,表中有"无官可削,抚己知危"的说法。神宗看到后不禁笑着说:"这人怕被打板

---

[1] 参见薛梅卿点校:《宋刑统》卷第二《名例·以官当徒除名免官免所居官》,法律出版社1999年版,第29页。

子呀。"[1]

笔记小说在附会神宗之所以对这一案件宽大处理时,除了提到《狱中寄子由》打动了神宗,也记录了其祖母曹太后在其间发挥的作用。曹太后发现神宗闷闷不乐,问起来才知道苏轼诽谤朝政。曹太后很吃惊,问是否是苏轼、苏辙两兄弟,神宗也吃惊曹太后居然听说过兄弟俩。于是曹太后给神宗讲了她的丈夫、神宗的祖父在科举取中苏轼、苏辙两兄弟之后,曾经欣喜地回宫告诉曹太后:"我为子孙取中了两个宰相。"神宗也为之感动,因此有了宽贷苏轼的想法。[2]

苏轼因为文名太盛而招致牢狱之灾,有了"乌台诗案"。但也正是因为其文艺方面的天才,使得后世的御史台官员在南渡之时也要将御史台留存的保留苏轼真迹的《乌台诗案》随身携带,最后才能流传后世[3],为宋代诏狱的发起、审理、判决保留了一份最详尽的资料。

四、苏轼在杭州:文章太守和花判

仁宗虽然表示自己为后世子孙录取了两个宰相,但终苏氏兄弟一生,也只有弟弟苏辙做到了副相的职位,长期任职中央。哥哥苏轼的仕途大半是在多地辗转任职中度过的,因此他晚年才会在自己的画像上题诗"问汝平生功业,黄州、惠州、儋州"[4],表达对自己任职黄州、惠州(今广东惠州市)、儋州(今海南儋州市)所做事业的满意。虽然苏轼最满意自己政绩的地方之一是黄州,后世文学研究者公认其文学成就最高的人生

---

[1] (宋)徐度:《却扫编》卷下,载《景印文渊阁四库全书》第863册,1983年版,第788页。

[2] 参见(宋)方勺撰,许沛藻、杨立扬点校:《泊宅编》卷一,中华书局1983年版,第2页。

[3] 参见(宋)周必大:《二老堂诗话·记东坡乌台诗案》,载《景印文渊阁四库全书》第1480册,台湾商务印书馆1983年版,第717页。

[4] (清)王文诰辑注,孔凡礼点校:《苏轼诗集》卷四十八《自题金山画像》,中华书局1982年版,第2641页。

阶段也是在黄州的岁月,但留下其最多逸闻趣事,也是留下最多判案故事的,是他两度任职的杭州。

(一)写画白团扇

当然,苏轼出镇杭州时并非一味沉浸在当地的湖山盛景之中,他完成行政工作是极有效率的。据时人回忆,苏轼当时多将公牍随身携带,到了灵隐寺附近的冷泉亭,则在桌案旁剖决公事。他笔速很快,哪怕是关于户婚田宅的民事争讼也能在谈笑间办妥。公事完毕之后才和僚佐一起畅饮美酒,傍晚则策马而归。[1]

其中一个案件的处理利用到了苏轼书画的才能。

当时有原告告发被告拖欠自己的绸缎款不还,已经高达二万钱。苏轼将被告唤至堂前,被告陈述了自己还钱的困难。被告家是以做扇子为营生,不幸他的父亲近日亡故,而今春以来连连下雨,天气阴寒,所以做出的扇子无人来买,账上无钱还债,并非故意拖欠。

根据当时的法律,欠一匹绢以上的债务不还,在二十天以上则笞二十,每过二十日加一等,到杖六十为止。如果欠债在三十匹以上加二等论处,即欠二十日不还就笞四十;如果累计金额到了百匹,则要在欠三十匹的基础上又加三等,也即欠二十日就杖七十。在杖责之后,所欠债务仍然是要还的。如果欠债长达百天,则是要徒一年。当然债主也不能因为债务人欠债而自己强行私力救济,如果强拿债务人的财物而不告官,则是要以坐赃论罪。[2]

根据熙宁年间实行青苗法时所记录的物价,当时每一匹绢对应的价钱大概在一千三百钱到一千三百五十钱左右。[3] 参照这个物价,则这个

---

〔1〕 参见(宋)费衮撰,金圆点校:《梁溪漫志》卷四《东坡西湖了官事》,上海古籍出版社1985年版,第36页。

〔2〕 参见薛梅卿点校:《宋刑统》卷第二十六《杂律·公私债负》,法律出版社1999年版,第467页。

〔3〕 参见(清)徐松辑:《宋会要辑稿·食货四·青苗上》,载刘琳等点校:《宋会要辑稿》,上海古籍出版社2014年版,第6054—6055页。

案子中被告所欠的钱数,在十五匹绢左右。既然债主已经告上公堂,债务人又有"连雨天寒"的陈情,想必拖欠的时间也不会短于二十日,至少达到了笞二十的最低起刑标准。

如果苏轼严格依法裁判,无非就是将被告责打一番,勒令他赶快还钱。但这无助于案件真正的解决,因为被告的偿付能力不仅没有恢复,反而因为肢体受伤而要额外损失劳动力和医药费,更加重了他的负担,也无助于债权人的债权得偿,造成了一个双输的局面。

当然,苏轼也可以采取规劝双方再进行协商,从而息讼。毕竟天气总是会热起来,扇子理论上也还是能卖出去的,只要双方肯耐心等待,实在没有必要为这点儿"细故"闹上公堂。但这样一来债权人的资金不能尽快回笼,其利益还是蒙受了损失;二来连日阴雨,杭州气候潮湿,绢扇很可能发霉,这就更不好卖了。所以单纯地往后拖延也会增加这一笔债务不得偿付的风险。

而苏轼采用的办法十分高妙,他让被告把制作好的扇子拿到公堂来,他来帮助"开拓市场"。等到扇子拿到,苏轼就用他判案之笔,在二十柄团扇上题写,或者写行书、草书,或者画枯木竹石,没过多久就完成了。

苏轼是中国文人画理论的奠基者和最初的实践者,由于年代久远,现在存世的苏轼画作凤毛麟角,并且真伪难辨,但都是以枯木竹石为题材的,可见他在这一主题所作之多、所下功夫之深。比如2018年香港佳士得秋拍拍卖成功的一幅传为苏轼所作《木石图》就曾拍出4亿多的天价。而其书法很早就自成一体,被后世推为苏、黄、米、蔡"宋四家"之首。元祐初年苏轼任翰林学士时,当时统领禁军的将领姚麟特别喜欢他的书法,有一个老饕韩宗儒每次拿到了苏轼的回书,都去找姚麟换羊肉十数斤,黄庭坚因此笑称苏轼的书法是"换羊书"。有一次苏轼本人公务繁忙,而韩宗儒一天之内给他写了好几次便条,又遣人不停催索回执,苏轼索性大笑,让人回去告诉韩宗儒,"今日断屠",没有肉吃了。[1]

---

[1] 参见(宋)赵令畤撰,孔凡礼点校:《侯鲭录》卷一《东坡戏韩宗儒》,中华书局2002年版,第51页。

苏轼的书画水平本身十分高明，他又是杭州的父母官，所以其作品十分受当地人推崇。他将"加工"后的二十枚团扇交给被告，让他赶紧拿去售卖后偿还债务，被告捧着扇子一边哭一边叩谢出门。当时知道苏轼当场作书画的围观者争相以一千钱求购一扇，须臾扇子就卖光了，没买到的人十分后悔，而被告也终于得钱偿还了债务，大家皆大欢喜，真正做到了案结事了。[1]

(二) 花判公案

欧阳修曾在《朝中措·送刘仲原甫出守维扬》一词中将其送别的刘敞称为"文章太守，挥毫万字，一饮千钟"，既表彰刘敞在扬州的治绩，又赞美他的文学成就，"文章太守"一词因此风行。元丰七年（1084年）苏轼经过平山堂，也用这个词语来凭吊欧阳修："欲吊文章太守，仍歌杨柳春风。"[2] 其实苏轼自己，也是这一雅称的典型代表，并且能将作为文人的文采风流和作为司法官员的职责很好地结合在一起，这体现在他几道出名的花判中。

花判是对语带风趣、又用押韵的骈体文写成的判词的称呼。南宋洪迈指出唐人写作判词一定是骈四俪六的韵文，现在传世的《龙筋凤髓判》和白居易的《甲乙判》都是如此。这种判词的写作对于法官的文字功底要求极高。甚至宰臣写作一般公文，也会在文中有数十语的对仗。偶尔有些滑稽的因素也掺杂到写作中去，往往就把这种判词叫作"花判"。"国初尚有唐余波，久而革去之"，北宋初年还存留有唐代的影响，但随着欧阳修文体改革的提倡，这种风气也慢慢地淡去了。[3] 正因为写作难度较高，又带有喜剧的因素，一旦花判写成，很容易就传播开来，为人所铭记。

---

[1] 参见（宋）何蘧撰，张明华点校：《春渚纪闻》卷六《写画白团扇》，中华书局1983年版，第93页。

[2] 邹同庆、王宗堂：《苏轼词编年校注》，中华书局2002年版，第533页，《西江月·平山堂》。

[3] 参见（宋）洪迈撰，孔凡礼点校：《容斋随笔》卷十《唐书判》，中华书局2005年版，第129页。

杭州灵隐寺有个和尚名叫了然,他不遵守佛教的清规戒律,经常在妓女李秀奴家歇宿。天长日久,囊中羞涩,秀奴也就不再欢迎他,但了然对秀奴仍然迷恋有加。一日了然喝醉了酒,乘着酒兴又到秀奴门首,秀奴不肯再接待他,他就把秀奴杀了。县官审问得实,将情况报到州一级,苏轼作为知州知道此事,大骂了然,"秃驴居然敢如此横行霸道",将这个案件下到司理参军处复核。

前面提到宋代的司法制度非常有特色的就是"鞫谳分司",在县一级其实是不实行分司的,司法事务由知县统管。[1] 而在州一级,宋代新设司理参军作为州一级的专职司法官员,负责案件的审理,和州所属"诸曹官"中同样介入鞫狱的司户参军、录事参军一起,构成"鞫司",与负责检法、驳正的司法参军("谳司")相对。[2] 其职权是对属县移送来的案件和同级其他鞫司"移推"的案件进行"推正",即复审。了然杀秀奴的案件因此也从县一级交到了州一级来复审。期间发现了然的胳膊上刺有"但愿同生极乐国,免教今世苦相煎"之句,结合供状,了然的罪行昭然若揭。判词由知州苏轼来下,苏轼于是马上作了一首《踏莎行》:"这个秃奴,修行忒煞,云山顶上持斋戒。一从迷恋玉楼春,鹑衣百结浑无奈。毒手伤人,花容粉碎,空空色色今何在?臂间刺道苦相思,这回还了相思债。"[3] 在这道判词里,苏轼讽刺了了然身在空门却不遵守戒律的行为,简要表述了案件的经过,并且点明了了然将被执行死刑以命还命的结局。判词一下,了然就被押赴市曹处斩了。

宋代关于故意杀人的刑罚继承了唐代,即在斗殴中杀人判处绞刑。如果动用了兵刃,或者没有斗争,无事杀人,则判处斩刑。[4] 了然当场杀

---

〔1〕 参见(清)徐松辑:《宋会要辑稿·职官四八·县官》,载刘琳等点校:《宋会要辑稿》,上海古籍出版社2014年版,第4321页。

〔2〕 参见(清)徐松辑:《宋会要辑稿·职官四七·判知州府军监》,载刘琳等点校:《宋会要辑稿》,上海古籍出版社2014年版,第4271页。

〔3〕 (宋)罗烨:《醉翁谈录》庚集卷二《花判公案·子瞻判和尚游娼》,古典文学出版社1957年版,第129页。

〔4〕 参见薛梅卿点校:《宋刑统》卷二十一《杂律·斗讼·斗殴故殴故杀》,法律出版社1999年版,第373页。

死秀奴,虽然故事中并未言及是否用了兵刃,但言语争执是多半会有的。根据"因击秀奴,随手而毙"的描述,以秀奴的"武力值"完全无法对抗了然对她的碾压,所以也不构成斗殴杀人,应该是算其故意杀人成立的,因此被判处斩刑是合乎情理的。

但这个故事的记述中也有值得特别注意的地方,即在苏轼判处了然斩刑后就马上行刑,而不是申报中央或者提刑司,复核判决无误之后再执行斩刑。

在宋初,地方的确拥有普通死刑案件的终审权,中央及提点刑狱司是不对其进行事前监督的。只要州府认定审判无误,只需行刑后上报刑部复核。了然杀秀奴一案事情清楚,供证明白,就是属于这样普通而非存疑的案件。元丰改制,各路提点刑狱司负责地方死刑案件的复核[1],根据宋徽宗时期的材料,这种复核是在行刑之前进行。[2]

苏轼出任杭州是在元丰改制之后、宋徽宗当政之前的哲宗元祐四年到六年(1089—1091年),如果笔记小说中记载属实,则此时的提刑司虽然掌握了死刑案件的复核权,但就如同之前刑部的复核一样,是在行刑之后进行。而至迟到宣和六年(1124年),这一复核权已是行刑前的复核,真正起到了慎重死刑的作用。但这又与《文献通考》中记载元丰改制之后,地方的刑事案件并非需要"奏谳",都是由提点刑狱"主焉",似乎存在一定的矛盾。[3]

(三) 花判助官妓从良

宋代有公使钱专门用于州郡官吏的公宴,也蓄养官妓佐酒公宴。对

---

[1] 参见《续资治通鉴长编》卷377,"元祐元年五月甲子"条,载(宋)李焘撰:《续资治通鉴长编》,中华书局1979年版,第9163页。

[2] (清)徐松:《宋会要辑稿·刑法三·勘狱》:"(宣和六年四月二十五日)诏今后大辟已经提刑司详覆,临赴刑时翻异,令本路不干碍监司别推。"载刘琳等点校:《宋会要辑稿》,上海古籍出版社2014年版,第8431—8432页。

[3] 参见(元)马端临撰:《文献通考》卷一百六十七《刑六》,中华书局1986年版,第1450页。

于官妓脱籍从良,知州掌握最终的决定权。[1]

　　对于这些身份和身世多有可怜之处的女子,苏轼往往予以善待,抱有怜悯之心。他任杭州通判,在新旧太守交接时,曾一度暂行代管全州事务。有营妓在此时以自己年老不堪侍奉为理由,申请出籍从良,苏轼即刻下判,也是押韵对仗的文体:"五日京兆,判状不难;九尾野狐,从良任便。"[2]

　　"五日京兆"出自《汉书》,讲的张敞即将去职京兆尹时发生的故事,后来用来比喻任职时间不长,因而不用作长远打算。苏轼此处用作自嘲,表示自己作为知州的副职,管理一州事务只是暂时的,因此不用考虑判决老妓从良是否会给自己带来什么影响。下一句便是表示听凭老妓所请,放她从良。

　　这件事被另一名姓周的妓女知道了,也写具申请,要求从良。周姓妓女的色艺为一州之最,情况与老妓有所区别。苏轼非常惋惜,同样用对仗的文体拒绝了她的从良请求:"慕《周南》之化,此意虽可嘉;空冀北之群,所请宜不允。"[3]

　　《周南》是《诗经·国风》中采集自周公统治的南部区域(今河南西南部、湖北西北部)诗歌的合称,包括大家所熟知的《关雎》《汉广》《桃夭》等作品,传统经学上认为这些作品包含了周公教化之义。苏轼此处用《周南》来示意周姓妓女的姓,也表示了他对她渴望从良的嘉许。

　　《左传·昭公四年》记载冀北是产良马的所在,韩愈曾在《送温处士赴河阳军序》一文中表示,如果善于相马的伯乐经过冀北,良马就会被他条奏,冀北就再无好马了。苏轼指出周姓妓女如果从良,带来的效果就如同伯乐挑走了好马,公宴再无名妓佐酒,这是他所不能接受的,所

---

[1] 参见柳雨春:《宋代妓女若干问题研究》,武汉大学 2011 年博士论文,第三章第三节"对官妓的行政管理"。

[2] (宋)王辟之撰,吕友仁点校:《渑水燕谈录》卷十《谈谑》,中华书局 1981 年版,第 126 页。

[3] 同上注。

以婉拒了她从良的申请。苏轼这一判词其实也表达了对周姓妓女色艺的赏识。

元丰七年(1084年),苏轼移汝州,途经京口(今属江苏省镇江市),当地地方官设宴作陪,席上也有官妓。趁着官员们的酒兴,官妓郑容出牒文要求落籍,高莹要求从良。本地的知州索性把这件事的决定权交于苏轼。苏轼于是在牒文后面填了一首《减字木兰花》:"郑庄好客,容我楼前先堕帻。落笔生风,籍籍声名不负公。高山白早,莹骨冰肌那解老。从此南徐,良夜清风月满湖。"[1]

这首词乍一看并无特别之处,也没说究竟同不同意两名官妓的请求。其实这是一首藏头词,将每一句第一个字连起来看,就是"郑容落籍,高莹从良",同意了她们的请求,实在是极尽巧思,令人叹服。

五、"苏文熟,吃羊肉":苏轼文章的禁与开禁

元符三年(1100年),宋哲宗去世,其弟宋徽宗赵佶继位,向太后摄政。如同哲宗初年一样,旧党又重新得到任用,谪居儋州的苏轼也获诏北归,此时已经是他生命中最后的时光。一年后苏轼在常州逝世,此时朝政又有变化,徽宗启用蔡京、曾布,希望恢复其父神宗熙宁新法,开始打击旧党,苏轼死后也不得安宁。

崇宁元年(1102年)五月,徽宗下令,"异议害政"的苏辙不得在京为官。九月,中书省进呈元祐中反对新法大臣的名单,徽宗亲自书写其姓名,立石碑于端礼门外,即"元祐奸党碑",苏轼的名字赫然在列。党人的子孙不得参加科考,不得留居京城。[2] 然而打击到此并未停止。

崇宁、大观年间,虽然庙堂风云变幻,元祐党人及其子孙被各种污名

---

[1] 胡仔纂集,廖德明点校:《苕溪渔隐丛话·后集》卷四十《丽人杂记》引《东皋杂录》,人民文学出版社1962年版,第336页。《丛话》对《东皋杂录》记载进行了纠正。

[2] 参见(元)脱脱等撰:《宋史》卷十九《徽宗本纪一》,中华书局1977年版,第365页。

化,但这并不能完全扭曲民间和士大夫群体对于苏轼的评价。苏轼的诗歌当时仍然极为流行,朝廷虽然禁止其传播,乃至告发的赏钱增至八十万,但是"禁越严而传越多"。士大夫如果不能背诵苏轼的诗词,自己就觉得自卑,旁人也认为这个人不够有气质、有文化。[1]

宣和六年(1124年)冬十月,徽宗下诏令所有收藏、习用苏轼、黄庭坚文章的人,将文章毁去,否则以"大不恭"论处。[2] "乌台诗案"时没有被安到苏轼头上的罪名,终于在死后被安到了他诗文的传播上。但是"乌台诗案"中所显示的民众对于收藏、传播苏轼作品的热情,并没有随着严禁而消弭,从而也诞生出许多执法与知法犯法的故事,展现出当时士大夫群体"灵活"的法制观念。

曾经有士人偷偷带着苏轼的文集出城,被守门的士兵抓住,送到了有司衙门。负责的官员看到文集后题了一首诗:"文星落处天地泣,此老已亡吾道穷。才力谩超生仲达,功名犹忌死姚崇。人间便觉无清气,海内何曾识古风。平日万篇谁爱惜,六丁收拾上瑶宫。"诗中充满了对苏轼文才和气节的极度褒扬。官员为这位士人的义气所感动,也担心真的收缴文集上交,自己会落下查抄不严的罪名,索性将这人放了。[3]

当然宣宗并不是第一个要禁苏轼诗文的人,他的哥哥哲宗在将苏轼流放到岭南之后,也曾下诏"除其所为之文"。那些藏于士大夫家中的文集只需要收起来秘不示人即可,但暴露于光天化日之下的石刻就遭殃了,往往被惧祸的官吏销毁。苏东坡在徐州时修建了黄楼来纪念他到任抗洪的壮举,楼前有一大石碑,碑上有弟弟苏辙撰写的赋,赋文由苏轼亲笔书成。时任徐州太守不忍心将这一艺术精品毁去,就将碑沉于濠水之中。在宣和末年,针对苏黄文章的禁令执行得没有那么严了,就有人偷偷

---

[1] 参见(宋)朱弁:《风月堂诗话》卷上,载《景印文渊阁四库全书》第1479册,台湾商务印书馆1983年版,第21页。

[2] 参见(元)脱脱等撰:《宋史》卷二十二《徽宗本纪四》,中华书局1977年版,第414页。

[3] 参见(宋)费衮撰,金圆点校:《梁溪漫志》卷七《禁东坡文》,上海古籍出版社1985年版,第36页。

在水中摹写碑文及上面的书法。当时徐州太守是一个叫苗仲先的人,此人索性将石碑从水里捞起,拓印了数千本拓本,然后突然对着幕僚作恍然大悟状,表示自己刚刚想起针对苏轼的文章和书法的禁令没有废除,此碑不能留,所以就将原石碑毁去。大家听说原石碑被毁,墨本的价格自然就越来越高,苗从中获利甚多。[1]

靖康元年(1126年)二月元祐党人的学术禁止被废除,旋即北宋灭亡,但是对于苏轼为文为学的传播则随着宋人南渡被继承了下来。陆游曾经入蜀地为官,他记录了建炎(1127—1130年)以来蜀地文士对苏轼这一乡贤的推崇:"苏文熟,吃羊肉;苏文生,吃菜羹。"[2]对于苏轼文章的熟悉与否直接与在当地受到的礼遇乃至生活待遇挂钩,熟悉苏轼文章的文人就可以过上有羊肉吃的日子,这不禁让人想到之前提及的苏轼在世时就有人拿他的便条换羊肉吃的故事,真是"苏中自有千钟粟"。

高宗一朝恢复了苏轼所有的官职,并提拔他的孙子苏符当了尚书。孝宗尤其喜爱苏轼的文章,于乾道(1165—1173年)末年为苏轼御制文集,并写了《赞》,命有司广为刊刻。苏轼的谥号"文忠"也是此时获得的。[3]

从徽宗严禁传播苏轼文集,到孝宗亲自为苏轼文集题赞,短短不到一百年间,北宋灭亡,南宋苟安于江南,苏轼的文名、诗名丝毫没有因为朝代的更替和统治者政策的更替而有所减损,他的作品更是一直广为传播,为人所敬仰、学习,直到千载之后的现在。

---

[1] 参见(宋)徐度:《却扫编》卷下,载《景印文渊阁四库全书》第863册,台湾商务印书馆1983年版,第783页。

[2] (宋)陆游撰,李剑雄、刘德权点校:《老学庵笔记》,中华书局1979年版,第100页。

[3] 参见(宋)陈岩肖:《庚溪诗话》卷上,载《景印文渊阁四库全书》第1479册,台湾商务印书馆1983年版,第61页。

六、余论:法制史上的箭垛式人物

胡适曾在《〈三侠五义〉序》中发明了"箭垛式人物"这一称呼,包公就是他所认为的法制史上的箭垛式人物。

千年以降,苏轼以其在文艺方面几乎全能的形象以及丰富的地方工作经验,也成为这样一位箭垛式人物,许多特别能够彰显司法者智慧与幽默的案子也被移花接木,安到了他身上。前文所引笔记小说记载的苏东坡的"花判",未必都是历史事实。

再比如《苏东坡在江苏》一书收录了如下的判案故事:苏轼在徐州任太守时,法号怀远的和尚告乡民无端殴打出家人。经查,此僧身在佛门,心恋红尘,某日喝得酩酊大醉调戏少妇被众乡民痛打一顿。怀远为免遭寺规惩处,谎称"乡民欺负出家人",告到徐州府。苏东坡了解情况后写下两句话:"并州剪子苏州绦,扬州草鞋芜湖刀。"让怀远回去自悟。怀远回寺后想了几日,仍不解其中之意,后请教塾馆先生,先生说:"这歇后语的谜底是'打得好'。"[1]因为这几样东西,都是当地手工业制品中的翘楚,久为闻名。

这在传世文献中难觅出处,但是却有几个孪生兄弟一般的"案例"散见于明以后的笔记小说,比如明天启年间初刻的《露书》中就记载了当地易姓太守判处家庭纠纷的一个故事。甲看见有丈夫打妻子的,看不过去,上去打了其夫,妻子和丈夫一起殴打甲。甲言道,我是为你出气,你反倒来打我,实在气不过,拉着夫妻俩一同去见官。易太守在了解详情之后,在其状纸上批了如下语句,"福州剪子云南刀,广东茶铫苏州绦",把状纸掷还了两造。原被告都不理解这句批词的意思,易太守只好取回状

---

〔1〕 苏泽明:《苏东坡在江苏》,江苏人民出版社1997年版,第208页。

纸,大声表示"打得好",原被告一见就明白了,于是含笑散去,不再执讼。[1]

此一故事后为清褚人获《坚瓠集》(康熙刻本)收录。对比苏轼判决的"怀远和尚被打",故事的结构还有包袱基本一致,《露书》中的记载很有可能就是苏轼判案故事的原型。

这种移花接木,将苏轼包装成了法制史上的"箭垛"的做法,连弟弟苏辙也没有逃过。三苏祠里苏辙的塑像没有右臂,故老相传是苏辙知汝州时没有详查,错判案件,导致真犯逃逸、无辜被戮,为惩罚自己而自断右臂。这些带有奇思妙想的司法故事广为传播,其实都反映了民间对于"三苏"父子的喜爱之情,而这些喜爱之情,来源于他们实际的惠民之举,是另一种意义上的"法律真实",自有其价值。

苏轼曾经说自己"上可陪玉皇大帝,下可以陪卑田院乞儿",眼中无一个不是好人。苏氏父子广泛地热爱着世间人,所以也被世间人长久、热烈地喜爱着。

---

[1] 参见(明)姚旅撰,刘彦捷点校:《露书》卷十二《谐篇》,福建人民出版社2008年版,第290页。

下 编

"三苏"法治史料辑录

第八章　苏洵法治史料[*]

一、至和年间

《衡论·任相》

【简介】

《衡论》写作于《权书》之后,是苏洵在至和二年(1055年)第一次在成都拜见张方平时所呈上的十篇论文的总称,其写作时间当在此之前。《任相》是其中论述加强吏治思想的一篇,收录在其文集《嘉祐集》卷四,本书上编第四章也有详细分析。本文针对宋代君主对大臣猜忌、不信任的态度,论述了君主在治国理政时,任用宰相比任用将帅更重要。任用了节廉好礼的宰相,首先要以礼待之,才能用法律严格地要求他,让他肩负重要的职责,对宰执当设范以宽、行罚以严。

---

* 整理者:彭林泉,眉山市人民检察院高级检察官。下编史料发表的时间顺序主要参考了孔凡礼撰《三苏年谱》(北京古籍出版社2004年版),具体版本参考了曾枣庄、舒大刚主编《三苏全书》(语文出版社2001年版),曾枣庄、金成礼笺注《嘉祐集笺注》(上海古籍出版社1993年版),孔凡礼点校《苏轼文集》(中华书局1986年版),陈宏天、高秀芳点校《苏辙集》(中华书局1990年版),四川大学古籍整理研究所编纂《全宋文》(上海辞书出版社2006年版)以及中华书局"唐宋史料笔记丛刊"和台湾商务印书馆《景印四库全书》等。在收录过程中,整理者对古籍重新进行了点校,因此不再在具体篇目标注版本出处。

【原文】

　　古之善观人之国者,观其相何如人而已。议者常曰:将与相均。将特一大有司耳,非相侔也。国有征伐,而后将权重。有征伐无征伐,相皆不可一日轻。相贤耶,则群有司皆贤,而将亦贤矣。将贤耶,相虽不贤,将不可易也。故曰:将特一大有司耳,非相侔也。

　　任相之道与任将不同。为将者大概多才而或顽钝无耻,非皆节廉好礼,不可犯者也。故不必优以礼貌,而其有不羁不法之事,则亦不可以常法御。何则?豪纵不趋约束者,亦将之常态也。武帝视大将军,往往踞厕,而李广利破大宛,侵杀士卒之罪则寝而不问。此任将之道也。若夫相,必节廉好礼者为也,又非豪纵不趋约束者为也,故接之以礼而重责之。

　　古者相见于天子,天子为之离席起立;在道,为之下舆;有病,亲问;不幸而死,亲吊。待之如此其厚,然其有罪,亦不私也。天地大变,天下大过,而相以不起闻矣,相不胜任,策书至而布衣出府免矣。相有他失,而栈车牝马归以思过矣。夫接之以礼,然后可以重其责而使无怨言。责之重,然后接之以礼而不为过。礼薄而责重,彼将曰:主上遇我以何礼,而重我以此责也,甚矣。责轻而礼重,彼将遂弛然不肯自饬。故礼以维其心,而重责以勉其怠,而后为相者,莫不尽忠于朝廷而不恤其私。

　　吾观贾谊书,至所谓"长太息者",常反覆读不能已。以为谊生文帝时,文帝遇将相大臣不为无礼,独周勃一下狱,谊遂发此。使谊生于近世,见其所以遇宰相者,则当复何如也?

　　夫汤、武之德,三尺竖子皆知其为圣人,而犹有伊尹、太公者为师友焉。伊尹、太公非贤于汤、武也,而二圣人者,特不顾以师友之,以明有尊也。噫!近世之君姑勿责于此,天子御坐,见宰相而起者有之乎?无矣。在舆而下者有之乎?亦无矣。天子坐殿上,宰相与百官趋走于下,掌仪之官名而呼之,若郡守召胥吏耳。虽臣子为此亦不为过,而尊尊贵贵之道,不若是衰也。

　　夫既不能接之以礼,则其罪之也,吾法将亦不得用。何者?不果于用礼而果于用刑,则其心不服。故法曰:有某罪则加之以某刑。及其免相也,既曰有某罪,而刑不加焉,不过削之以官而出之大藩镇。此其弊皆始于不为之礼。贾谊曰:"中罪而自弛,大罪而自裁。"夫人不我诛,而安忍弃其身,此必有大愧于其君。故人君者,必有以愧其臣,故其臣有所不为。武帝尝以不冠见平津侯,故当天下多事,朝廷忧惧之际,使石庆得容于其间而无怪焉。然则必其待之如礼,而后可以责之如法也。

且吾闻之,待以礼,而彼不自效以报其上;重其责,而彼不自勉以全其身,安其禄位,成其功名者,天下无有也。彼人主傲然于上,不礼宰相以自尊大者,孰若使宰相自效以报其上之为利。宰相利其君之不责而丰其私者,孰若自勉以全其身,安其禄位,成其功名之为福。吾又未见去利而就害、远福而求祸者也。

《衡论·广士》

【简介】

《广士》也是《衡论》十篇中的一篇,收录在苏洵文集《嘉祐集》卷四。本文针对宋代胥吏晋升途径狭窄、待遇低下的状况,指出古代取士途径很多,汉代尤其善于从胥吏中选拔人才,张敞、王尊等都是杰出的例子。胥吏长期在实践中学习、运用法律,对于其间情弊了解清楚,如果能选拔其中的能者授官,那么豪强和奸吏把持的地方政治则可以得到更好的治理。这样也可以做到野无遗贤。

【原文】

古之取士,取于盗贼,取于夷狄。古之人非以盗贼、夷狄之事可为也,以贤之所在而已矣。夫贤之所在,贵而贵取焉,贱而贱取焉。是以盗贼下人,夷狄异类,虽奴隶之所耻,而往往登之朝廷,坐之郡国,而不以为怍。而绳趋尺步、华言华服者,往往反摈弃不用。何则?天下之能绳趋而尺步,华言而华服者众也,朝廷之政,郡国之事,非特如此而可治也。彼虽不能绳趋而尺步,华言而华服,然而其才果可用于此,则居此位可也。古者,天下之国大而多士大夫者,不过曰齐与秦也。而管夷吾相齐,贤也,而举二盗焉;穆公霸秦,贤也,而举由余焉。是其能果于是非而不牵于众人之议也,未闻有以用盗贼、夷狄而鄙之者也。今有人非盗贼、非夷狄,而犹不获用,吾不知其何故也。

夫古之用人,无择于势,布衣寒士而贤则用之,公卿之子弟而贤则用之,武夫健卒而贤则用之,巫医方技而贤则用之,胥史贱吏而贤则用之。今也,布衣寒士持方尺之纸,书声病剽窃之文,而至享万钟之禄;卿大夫之子弟饱食于家,一出而驱高车、驾大马,以为民上;武夫健卒有洒扫之力,奔走之旧,久乃领藩郡、执兵柄;巫医方技一言之中,大臣且举以为吏。若此者,皆非贤也,皆非功也,是今之所以进之之途多于古也。而胥史贱吏,独弃而不录,使老死于敲榜趋走,而贤与功者不获一施,吾甚惑也。不知胥吏之贤,优而养之,则儒生武士或所不若。

昔者汉有天下,平津侯、乐安侯辈皆号为儒宗,而卒不能为汉立不世大功。而其卓绝隽伟、震耀四海者,乃其贤人之出于吏胥中者耳。夫赵广汉,河间之郡吏也;尹翁归,河东之狱吏也;张敞,太守之卒史也;王尊,涿郡之书佐也。是皆雄隽明博,出之可以为将,而内之可以为相者也,而皆出于吏胥中者,有以也。夫吏胥之人,少而习法律,长而习狱讼,老奸大豪畏惮慑伏,吏之情状、变化、出入无不谙究,因而官之,则豪民猾吏之弊,表里毫末毕见于外,无所逃遁。而又上之人择之以才,遇之以礼,而其志复自知得自奋于公卿,故终不肯自弃于恶以贾罪戾,而败其终身之利。故当此时,士君子皆优为之,而其间自纵于大恶者,大约亦不过几人,而其尤贤者,乃至成功如是。

今之吏胥则不然,始而入之不择也,终而遇之以犬彘也。长吏一怒,不问罪否,袒而笞之;喜而接之,乃反与交手为市。其人常曰:长吏待我以犬彘,我何望而不为犬彘哉? 是以平民不能自弃为犬彘之行,不肯为吏矣,况士君子而肯俛首为之乎! 然欲使之谨饬可用如两汉,亦不过择之以才,待之以礼,恕其小过,而弃绝其大恶之不可贯忍者,而后察其贤有功而爵之、禄之、贵之,勿弃之于冗流之间。则彼有冀于功名,自尊其身,不敢匀夺,而奇才绝智出矣。

夫人固有才智奇绝而不能为章句名数声律之学者,又有不幸而不为者。苟一之以进士、制策,是使奇才绝智有时而穷也。使吏胥之人,得出为长吏,是使一介之才无所逃也。进士、制策网之于上,此又网之于下,而曰天下有遗才者,吾不信也。

《衡论·养才》

【简介】

《养才》也是《衡论》十篇中的一篇,收录在苏洵文集《嘉祐集》卷五,本书上编第三章对此篇也有讨论。本文所指的"才"是具有治国安天下的大才能的人,而不是只具备可以靠学习和修身就能做到的仁、义、礼、廉等道德的人。苏洵认为用人者都喜欢将后一种道德要求加诸前一种大才之上,这是不对的,应该给他们足够的发挥才能的空间,宽恕他们对规则的冒犯。这也是针对宋代君主用人过于提防、分割臣下事权而言的。

【原文】

夫人之所为,有可勉强者,有不可勉强者。煦煦然而为仁,孑孑然而为义,不食片言以为信,不见小利以为廉,虽古之所谓仁与义、与信、与廉者,不止若是,而天下之人亦不曰是非仁人,是非义人,是非信人,是非廉人,此则无诸己而可勉强以到者也。在朝廷而百官肃,在边鄙而四夷惧,坐之于繁剧纷扰之中而不乱,投之于羽檄奔走之地而不惑,为吏而吏,为将而将,若是者,非天之所与,性之所有,不可勉强而能也。道与德可勉以进也,才不可强揠以进也。今有二人焉,一人善揖让,一人善骑射,则人未有不以揖让贤于骑射矣。然而揖让者,未必善骑射,而骑射者,舍其弓以揖让于其间,则未必失容。何哉?才难强而道易勉也。

吾观世之用人,好以可勉强之道与德,而加之不可勉强之才之上,而曰我贵贤贱能。是以道与德未足以化人,而才有遗焉。然而为此者,亦有由矣。有才者而不能为众人所勉强者耳。何则?奇杰之士,常好自负,疏隽傲诞,不事绳检,往往冒法律,触刑禁,叫号欢呼,以发其一时之乐而不顾其祸,嗜利酗酒,使气傲物,志气一发,则倜然远去,不可羁束以礼法。然及其一旦翻然而悟,折而不为此,以留意于向所谓道与德可勉强者,则何病不至?奈何以朴樕小道加诸其上哉。

夫其不肯规规以事礼法,而必自纵以为此者,乃上之人之过也。古之养奇杰也,任之以权,尊之以爵,厚之以禄,重之以恩,责之以措置天下之务,而易其平居自纵之心,而声色耳目之欲又已极于外,故不待放肆而后为乐。今则不然,奇杰无尺寸之柄,位一命之爵,食斗升之禄者过半,彼又安得不越法、逾礼而自快耶。我又安可急之以法,使不得泰然自纵耶。今我绳之以法,亦已急矣。急之而不已,而随之以刑,则彼有北走胡,南走越耳。

噫!无事之时既不能养,及其不幸,一旦有边境之患,繁乱难治之事,而后优诏以召之,丰爵重禄以结之,则彼已憾矣。夫彼固非纯忠者也,又安肯默然于穷困无用之地而已耶。周公之时,天下号为至治,四夷已臣服,卿大夫士已称职。当是时,虽有奇杰无所复用,而其礼法风俗尤复细密,举朝廷与四海之人无不遵蹈,而其八议之中犹有曰议能者。况当今天下未甚之治,四夷未尽臣服,卿大夫士未皆称职,礼法风俗又非细密如周之盛时,而奇杰之士复有困于簿书米盐间者,则反可不议其能而怒之乎?所宜哀其才而贳其过,无使为刀笔吏所困,则庶乎尽其才矣。

或曰:奇杰之士有过得以免,则天下之人孰不自谓奇杰而欲免其过者,是终亦溃法乱教耳。曰:是则然矣。然而奇杰之所为,必挺然出于众人之上,苟指其已成之功以晓天下,俾得以赎其过;而其未有功者,则委之以难治之事,而责其成绩,则天下之人不敢自谓奇杰,而真奇杰者出矣。

《衡论·议法》

【简介】

《议法》也是《衡论》十篇中的一篇,收录在苏洵文集《嘉祐集》卷五,是苏洵关于司法问题的集中讨论,本书上编第二、三、四章对此都有论及。"罪疑从赎"和贵戚犯罪从赎的恤刑之法继承自前代,苏洵认为现行赎金太轻,起不到惩罚和警诫的作用,建议施行"重赎","使有罪者不免于困,而无辜者不至陷于笞戮,一举而两利"。

【原文】

古者以仁义行法律,后世以法律行仁义。夫三代之圣王,其教化之本出于学校,蔓延于天下,而形见于礼乐。下之民被其风化,循循翼翼,务为仁义,以求避法律之所禁。故其法律虽不用,而其所禁亦不为不行于其间。下而至于汉、唐,其教化不足以动民,而一于法律。故其民惧法律之及其身,亦或相勉为仁义。唐之初,大臣房、杜辈为《刑统》,毫厘轻重,明辨别白,附以仁义,无所阿曲,不知周公之刑何以易此?但不能先使民务为仁义,使法律之所禁不用而自行如三代时,然要其终亦能使民勉为仁义。而其所以不若三代者,则有由矣,政之失,非法之罪也。是以宋有天下,因而循之,变其节目而存其大体,比间小吏奉之以公,则老奸大猾束手请死,不可漏略。然而狱讼常病多,盗贼常病众,则亦有由矣,法之公而吏之私也。夫举公法而寄之私吏,犹且若此,而况法律之间又不能无失,其何以为治?

今夫天子之子弟、卿大夫与其子弟,皆天子之所优异者。有罪而使与氓隶并笞而偕戮,则大臣无耻而朝廷轻,故有赎焉,以全其肌肤而厉其节操。故赎金者,朝廷之体也,所以自尊也,非与其有罪也。夫刑者,必痛之而后人畏焉,罚者不能痛之,必困之而后人惩焉。今也,大辟之诛,输一石之金而免。贵人近戚之家,一石之金不可胜数,是虽使朝杀一人而输一石之金,暮杀一人而输一石之金,金不可尽,身不可困,况以其官而除其罪,则一石之金又不皆输焉,是恣其杀人也。且不笞、不戮,彼已幸矣,而赎之又轻,是启奸也。

夫罪固有疑,今有人或诬以杀人而不能自明者,有诚杀人而官不能折以实者,是皆不可以诚杀人之法坐。由是有减罪之律,当死而流。使彼为不能自明者耶,去死而得流,刑已酷矣。使彼为诚杀人者耶,流而不死,刑已宽矣,是失实也。故有启奸之衅,则上之人常幸,而下之人虽死而常无告;有失实之弊,则无辜者多怨,而侥幸者易以免。

今欲刑不加重,赦不加多,独于法律之间变其一端,而能使不启奸,不失实,其莫若重赎。然则重赎之说何如?曰:士者五刑之尤轻者止于墨,而墨之罚百锾。逆而数之,极于大辟,而大辟之罚千锾。此穆王之罚也。周公之时,则又重于此。然千锾之重,亦已当今三百七十斤有奇矣。方今大辟之赎,不能当其三分之一。古者以之赦疑罪而不及公族,今也贵人近戚皆赎,而疑罪不与。《记》曰:公族有死罪,致刑于甸人。虽君命宥,不听。今欲贵人近戚之刑举从于此,则非所以自尊之道,故莫若使得与疑罪皆重赎。且彼虽号为富强,苟数犯法而数重困于赎金之间,则不能不敛手畏法。彼罪疑者,虽或非其辜,而法亦不至残溃其肌体,若其有罪,则法虽不刑,而彼固亦已困于赎金矣。夫使有罪者不免于困,而无辜者不至陷于笞戮,一举而两利,斯智者之为也。

《衡论·申法》

【简介】

《申法》也是《衡论》十篇中的一篇,收录在苏洵文集《嘉祐集》卷五,也有版本题作《用法》,是苏洵关于立法和执法的重要论述,本书上编多章都有引用和讨论。本文对古今之法进行了对比,认为古代的法简明,北宋的法繁密。因为古代任吏不任法,司法、执法全由官吏掌握尺度,立法只规定其大要。而北宋的是任法不任吏,因此法繁。这是古今情况不同造成的。古代民众淳朴,官吏忠良,而北宋民众不如古时淳朴,官吏则更奸猾。如果任吏不任法,官吏就会轻重其法,如果法律只列举大要,民众就据之狡辩。苏洵认为,北宋当时的立法并不比古代差,但执法用法存在弊病,就是执法不严、违法不究,"有习于犯禁而遂不改者",尤其体现在度量衡的不统一、违禁采集海中珠贝、不按服制穿衣、官吏私人交易按政府采购低价进行、官员违规从事商业贸易等五个方面,这些必须予以严惩和根治。

【原文】

　　古之法简，今之法繁。简者不便于今，而繁者不便于古，非今之法不若古之法，而今之时不若古之时也。先王之作法也，莫不欲服民之心。服民之心，必得其情。情然耶，而罪亦然，则固入吾法矣。而民之情又不皆如其罪之轻重大小，是以先王愍其罪而哀其无辜，故法举其略，而吏制其详。杀人者死，伤人者刑，则以著于法，使民知天子之不欲我杀人、伤人耳。若其轻重出入，求其情而服其心者，则以属吏。任吏而不任法，故其法简。今则不然，吏奸矣，不若古之良；民偷矣，不若古之淳。吏奸，则以喜怒制其轻重而出入之，或至于诬执。民偷，则吏虽以情出入，而彼得执其罪之大小以为辞。故今之法纤悉委备，不执于一，左右前后，四顾而不可逃。是以轻重其罪，出入其情，皆可以求之法。吏不奉法，辄以举劾。任法而不任吏，故其法繁。古之法若方书，论其大概，而增损剂量则以属医者，使之视人之疾，而参以己意。今之法若鬻屦，既为其大者，又为其次者，又为其小者，以求合天下之足。故其繁简则殊，而求民之情以服其心则一也。

　　然则今之法不劣于古矣，而用法者尚不能无弊。何则？律令之所禁，画一明备，虽妇人孺子皆知畏避，而其间有习于犯禁而遂不改者，举天下皆知之而未尝怪也。先王欲杜天下之欺也，为之度，以一天下之长短，为之量，以齐天下之多寡，为之权衡，以信天下之轻重。故度、量、权衡，法必资之官，资之官而后天下同。今也，庶民之家刻木比竹、绳丝缒石以为之，富商豪贾内以大，出以小，齐人适楚，不知其孰为斗，孰为斛，持东家之尺而校之西邻，则若十指然。此举天下皆知之而未尝怪者，一也。先王恶奇货之荡民，且哀夫微物之不能遂其生也，故禁民采珠贝，恶夫物之伪而假真，且重费也，故禁民糜金以为涂饰。今也，采珠贝之民溢于海滨，糜金之工肩摩于列肆。此又举天下皆知之而未尝怪者，二也。先王患贱之凌贵，而下之僭上也，故冠服器皿皆以爵列为等差，长短大小莫不有制。今也，工商之家曳纨锦、服珠玉，一人之身循其首以至足，而犯法者十九。此又举天下皆知之而未尝怪者，三也。先王惧天下之吏负县官之势,以侵劫齐民也,故使市之坐贾,视时百物之贵贱而录之,旬辄以上。百以百闻,千以千闻,以待官吏之私债。十则损三,三则损一以闻,以备县官之公籴。今也,吏之私债而从县官公籴之法,民曰公家之取于民也固如是,是吏与县官敛怨于下。此又举天下皆知之而未尝怪者,四也。先王不欲人之擅天下之利也,故仕则不商,商则有罚;不仕而商,商则有征。是民之商不免征,而吏之商又加以罚。今也,吏之商既幸而不罚,又从而不征,资之以县官公籴之法,负之以县官之徒,载之以县官之舟,关防不讥,津梁不呵。然则,为吏而商诚可乐也,民将安所措手?此又举天下皆知之而未尝怪者,五也。若此之类,不可悉数,天下之人,耳习目熟以为当然。宪官法吏目击其事,亦恬而不问。

夫法者,天子之法也。法明禁之,而人明犯之,是不有天子之法也,衰世之事也。而议者皆以为今之弊,不过吏胥骩法以为奸,而吾以为吏胥之奸由此五者始。今有盗白昼持梃入室,而主人不知之禁,则逾垣穿穴之徒,必且相告而恣行于其家。其必先治此五者,而后诘吏胥之奸可也。

二、在嘉祐间的法治轶事、故事

《张益州画像记》

【简介】

嘉祐元年(1056年),苏洵作《张益州画像记》,颂扬张方平"以静治蜀"的政绩。本文收录在《嘉祐集》卷十五,本书上编第三章曾有讨论。苏洵虽然没有实际的执政经验,但是通过此文不难看出他对于爱民、养民的循吏的推崇,而这一执政理念确实在苏轼、苏辙两兄弟的仕宦经历中始终得以贯彻。

【原文】

至和元年秋,蜀人传言有寇至,边军夜呼,野无居人,妖言流闻,京师震惊。方命择帅,天子曰:"毋养乱,毋助变。众言朋兴,朕志自定。外乱不作,变且中起。不可以文令,又不可以武竞,惟朕一二大吏,孰为能处兹文武之间,其命往抚朕师?"乃推曰:"张公方平其人。"天子曰:"然。"公以亲辞,不可,遂行。冬十一月至蜀。至之日,归屯军,撤守备,使谓郡县:"寇来在吾,无尔劳苦。"明年正月朔旦,蜀人相庆如他日,遂以无事。

又明年正月,相告留公像于净众寺,公不能禁。眉阳苏洵言于众曰:"未乱,易治也。既乱,易治也。有乱之萌,无乱之形,是谓将乱。将乱难治,不可以有乱急,亦不可以无乱弛。是惟元年之秋,如器之欹,未坠于地。惟尔张公,安坐于其旁,颜色不变,徐起而正之。既正,油然而退,无矜容,为天子牧小民不倦。惟尔张公,尔繄以生,惟尔父母。且公尝为我言:'民无常性,惟上所待。人皆曰蜀人多变,于是待之以待盗贼之意,而绳之以绳盗贼之法,重足屏息之民,而以礁斧令。于是民始忍以其父母妻子之所仰赖之身,而弃之于盗贼,故每每大乱。夫约之以礼,驱之以法,惟蜀人为易。至于急之而生变,虽齐、鲁亦然。吾以齐、鲁待蜀人,而蜀人亦自以齐、鲁之人待其身。若夫肆意于法律之外,以威劫齐民,吾不忍为也。'呜呼!爱蜀人之深,待蜀人之厚,自公而前,吾未始见也。"皆再拜稽首曰:"然。"苏洵又曰:"公之恩在尔心,尔死在尔子孙,其功业在史官,无以像为也。且公意不欲,如何?"皆曰:"公则何事于斯?虽然,于我心有不释焉。今夫平居闻一善,必问其人之姓名与乡里之所在,以至于其长短大小美恶之状,甚者或诘其平生所嗜好,以想见其为人,而史官亦书之于其传。意使天下之人,思之于心,则存之于目。存之于目,故其思之于心也固。由此观之,像亦不为无助。"苏洵无以诘,遂为之记。公,南京人,为人慷慨有大节,以度量容天下。天下有大事,公可属。系之以诗曰:

天子在祚,岁在甲午。西人传言,有寇在垣。庭有武臣,谋夫如云。天子曰嘻,命我张公。公来自东,旗纛舒舒。西人聚观,于巷于途。谓公暨暨,公来于于。公谓西人:安尔室家,无敢或讹。讹言不祥,往即尔常。春尔条桑,秋尔涤场。西人稽首,公我父兄。公在西囿,草木骈骈。公宴其僚,伐鼓渊渊。西人来观,祝公万年。有女娟娟,闺闼闲闲。有童哇哇,亦既能言。昔公未来,期汝弃捐。禾麻芃芃,仓庾崇崇。嗟我妇子,乐此岁丰。公在朝廷,天子股肱。天子曰归,公敢不承?作堂严严,有庑有庭。公像在中,朝服冠缨。西人相告,无敢逸荒。公归京师,公像在堂。

《上皇帝书》

【简介】

《上皇帝书》是嘉祐三年(1058年)苏洵给当时皇帝宋仁宗的上书,收录在苏洵文集《嘉祐集》卷十,又作《上皇帝十事书》。苏洵不满于科举制度,以年老多病推辞皇帝的征召,于是写作了本文以阐明他的政治主张,本书上编多章都有引用和讨论。

本文主要讲了十项政治改革的建议,其中除了第九项之外谈论的都是官吏的选拔、考核和管理。而其中除了第十项建议皇帝疏远宦官未切中时弊外,其余八项都是围绕北宋冗官冗员、猜忌大臣、过度分权的政治现实而发议论,具有极强的针对性。

第一项是针对当时三年无大过一迁官的官吏升迁制度,苏洵指出这养成了官吏因循守旧的风气,加剧了冗官的现象和财政负担。建议只升迁有实政、做到了兴利除弊的官吏,对于庸人则不妨让其"老于州县",唯有如此才能激发官吏的进取心,避免重蹈西汉成帝、元帝久安无变、风气不振的覆辙。

第二项是建议罢黜贵族官僚的子孙可以由恩荫得官的制度。这样可以激励官员子弟向学,不至于沦为庸人,更能减轻冗官的弊病。

第三项是建议严格考课,议定考课之法,"于御史台别立考课之司",使人专职负责。

第四项是建议州县事太守无须通名赞拜,这样既可以保全士大夫的气节,又可以警示封疆大吏不要违法。

第五项是建议恢复武举,但不要像过去一样只考核弓马或者策试章句,而是要选拔有勇有谋之人,要弓马娴熟又要有权略,要皇帝亲自督考,选拔人数每次一到二人即可,给予其高位,令其担负守卫边疆的职责。

第六项是建议信任臣僚,过度防范官吏交通的法律应废除,给大臣留出有所作为的空间。

第七项是建议朝廷爱惜名器,不轻易授人高官,"馆阁台省,非举不入"。

第八项是建议对于出使北国的外交使节更不可防范太密,"稍宽其法",使其能有施为的空间。

第九项是建议停郊赦。郊赦是指国家每逢重大祭祀活动就会举行大赦。苏洵认为这给潜在的犯罪者以侥幸逃脱处罚的空间,不利于国家治理。

第十项是建议皇帝疏远宦官,不让其有机会专权,以免重蹈东汉末年的覆辙。

苏洵在《衡论·申法》中就已明确提出"政之失,非法之罪",也即政治得失不全是立法用法的责任,而《上皇帝十事书》全篇所贯彻的也是"法不足以制天下,以法而制天下,法之所不及,天下斯欺之"的思想。王安石强调法治,苏洵则更强调吏治,"徒法不足以自行"。

【原文】

嘉祐三年十二月一日,眉州布衣臣苏洵,谨顿首再拜冒万死上书皇帝阙下。臣前月五日蒙本州录到中书札子,连牒臣:以两制议上翰林学士欧阳修奏臣所著《权书》《衡论》《几策》二十二篇,乞赐甄录。陛下过听,召臣试策论舍人院,仍令本州发遣臣赴阙。臣本田野匹夫,名姓不登于州间,今一旦卒然被召,实不知其所以自通于朝廷,承命悸恐,不知所为。以陛下躬至圣之资,又有群公卿之贤与天下士大夫之众,如臣等辈,固宜不少,有臣无臣,不加损益。臣不幸有负薪之疾,不能奔走道路,以副陛下搜扬之心。忧惶负罪,无所容处。臣本凡才,无路自进,当少年时,亦尝欲侥幸于陛下之科举,有司以为不肖,辄以摈落,盖退而处者十有余年矣。今虽欲勉强扶病戮力,亦自知其疏拙,终不能合有司之意,恐重得罪,以辱明诏。且陛下所为千里召臣者,其意以臣为能有所发明,以庶几有补于圣政之万一。而臣之所以自结发读书至于今兹,犬马之齿几已五十,而犹未敢废者,其意亦欲效尺寸于当时,以快平生之志耳。今虽未能奔伏阙下,以累有司，而犹不忍默默卒无一言而已也。天下之事，其深远切至者，臣自惟疏贱，未敢遽言，而其近而易行，浅而易见者，谨条为十通，以塞明诏。

其一曰：臣闻利之所在，天下趋之。是故千金之子欲有所为，则百家之市无宁居者。古之圣人执其大利之权，以奔走天下，意有所向，则天下争先为之。今陛下有奔走天下之权而不能用，何则？古者赏一人而天下劝，今陛下增秩拜官动以千计，其人皆以为己所自致，而不知戮力以报上之恩。至于临事，谁当效用。此由陛下轻用其爵禄，使天下之士积日持久而得之。譬如佣力之人，计工而受直，虽与之千万，岂知德其主哉？是以虽有能者，亦无所施，以为谨守绳墨，足以自取高位。官吏繁多，溢于局外，使陛下皇皇汲汲求以处之，而不暇择其贤不肖，以病陛下之民，而耗竭大司农之钱谷。此议者所欲去而未得也。臣窃思之，盖今制，天下之吏，自州县令录幕职而改京官者，皆未得其术，是以若此纷纷也。今虽多其举官而远其考，重其举官之罪，此适足以隔贤者而容不肖。且天下无事，虽庸人皆足以无过，一旦改官，无所不为。彼其举者曰：此廉吏，此能吏。朝廷不知其所以为廉与能也。幸而未有败事，则长为廉与能矣。虽重其罪未见有益。上下相蒙，请托公行。苟官六七考，求举主五六人，此谁不能者？臣愚以为，举人者当使明著其迹曰：某人廉吏也，尝有某事以知其廉；某人能吏也，尝有某事以知其能。虽不必有非常之功，而皆有可纪之状。其特曰廉能而已者不听。如此，则夫庸人虽无罪而不足称者，不得入其间，老于州县，不足甚惜。而天下之吏必皆务为可称之功，与民兴利除害，惟恐不出诸己。此古之圣人所以驱天下之人，而使争为善也。有功而赏，有罪而罚，其实一也。今降官罢任者，必奏曰某人有某罪，其罪当然，然后朝廷举而行之。今若不著其所犯之由，而特曰此不才贪吏也，则朝廷安肯以空言而加之罪？今又何独至于改官而听其空言哉？是不思之甚也。或以为，如此则天下之吏，务为可称，用意过当，生事以为己功，渐不可长。臣以为不然。盖圣人必观天下之势而为之法。方天下初定，民厌劳役，则圣人务为因循之政，与之休息。及其久安而无变，则必有不振之祸。是以圣人破其苟且之心，而作其怠惰之气。汉之元、成，惟不知此,以至于乱。今天下少惰矣,宜有以激发其心,使踊跃于功名,以变其俗。况乎冗官纷纭如此,不知所以节之,而又何疑于此乎?且陛下与天下之士相期于功名而毋苟得,此待之至深也。若其宏才大略,不乐于小官而无闻焉者,使两制得以非常举之,此天下亦不过几人而已。吏之有过而不得迁者,亦使得以功赎,如此亦以示陛下之有所推恩,而不惟艰之也。

其二曰:臣闻古者之制爵禄,必皆孝弟忠信,修絜博习,闻于乡党,而达于朝廷以得之。及其后世不然,曲艺小数皆可以进。然其得之也,犹有以取之,其弊不若今之甚也。今之用人最无谓者,其所谓任子乎?因其父兄之资以得大官,而又任其子弟,子将复任其孙,孙又任其子,是不学而得者常无穷也。夫得之也易,则其失之也不甚惜。以不学之人,而居不甚惜之官,其视民如草芥也固宜。朝廷自近年始有意于裁节,然皆知损之而未得其所损,此所谓制其末而不穷其源,见其粗而未识其精。侥幸之风少衰而犹在也。夫圣人之举事,不唯曰利而已,必将有以大服天下之心。今欲有所去也,必使天下知其所以去之之说,故虽尽去而无疑。何者,恃其说明也。夫所谓任子者,亦犹曰信其父兄而用其子弟云尔。彼其父兄固学而得之也,学者任人,不学者任于人,此易晓也。今之制,苟幸而其官至于可任者,举使任之,不问其始之何从而得之也。且彼任于人不暇,又安能任人?此犹借资之人,而欲从之丐贷,不已难乎?臣愚以为父兄之所任而得官者,虽至正郎,宜皆不听任子弟。唯其能自修饰,而越录躐次,以至于清显者,乃听。如此,则天下之冗官必大衰少,而公卿之后皆奋志为学,不待父兄之资。其任而得官者,知后不得复任其子弟,亦当勉强,不肯终老自弃于庸人,此其为益岂特一二而已?

其三曰:臣闻自设官以来,皆有考绩之法。周室既亡,其法废绝。自京房建考课之议,其后终不能行。夫有官必有课,有课必有赏罚。有官而无课,是无官也。有课而无赏罚,是无课也。无官无课,而欲求天下之大治,臣不识也。然更历千载而终莫之行,行之则益以纷乱,而终不可考,其故何也?天下之吏不可以胜考,今欲人人而课之,必使入于九等之中,此宜其颠倒错谬而不若无之为便也。臣观自昔考课者,皆不得其术。盖天下之官皆有所属之长,有功有罪,其长皆得以举刺。如必人人而课之于朝廷,则其长为将安用?惟其大吏无所属,而莫为之长也,则课之所宜加。何者?其位尊,故课一人而其下皆可以整齐;其数少,故可以尽其能否而不谬。今天下所以不大治者,守令丞尉贤不肖混淆,而莫之辨也。夫守令丞尉贤不肖之不辨,其咎在职司之不明。职司之不明,其咎在无所属而莫为之长。陛下以无所属之官,而寄之以一路,其贤不肖,当使谁察之。古之考绩者,皆从司会,而至于天子。古之司会,即今之尚书。尚书既废,唯御史可以总察中外之官。臣愚以为可使朝臣议定职司考课之法,而于御史台别立考课之司。中丞举其大纲,而属官之中,选强明者一人,以专治其事。以举刺多者为上,以举刺少者为中,以无所举刺者为下。因其罢归而奏其治,要使朝廷有以为之赏罚。其非常之功,不可掩之罪,又当特有以偿之,使职司知有所惩劝。则其下守令丞尉不容复有所依违,而其所课者又不过数十人,足以求得其实。此所谓用力少而成功多,法无便于此者矣。今天下号为太平,其实远方之民穷困已甚,其咎皆在职司。臣不敢尽言,陛下试加采访,乃知臣言之不妄。

其四曰:臣闻古有诸侯,臣妾其境内,而卿大夫之家亦各有臣。陪臣之事其君,如其君之事天子。此无他,其一境之内,所以生杀予夺、富贵贫贱者,皆自我制之,此固有以臣妾之也。其后诸侯虽废,而自汉至唐,犹有相君之势。何者,其署置辟举之权,犹足以臣之也。是故太守、刺史坐于堂上,州县之吏拜于堂下,虽奔走顿伏,其谁曰不然。自太祖受命,收天下之尊归之京师,一命以上皆上所自署,而大司农衣食之。自宰相至于州县吏,虽贵贱相去甚远,而其实皆所与比肩而事主耳。是以百余年间,天下不知有权臣之威,而太守、刺史犹用汉、唐之制,使州县之吏事之如事君之礼。皆受天子之爵,皆食天子之禄,不知其何以臣之也。小吏之于大官,不忧其有所不从,唯恐其从之过耳。今天下以贵相高,以贱相诟,奈何使州县之吏,趋走于太守之庭,不啻若仆妾,唯唯不给。故大吏常恣行不忌其下,而小吏不能正,以至于曲随谄事,助以为虐。其能中立而不挠者,固已难矣。此不足怪,其势固使然也。夫州县之吏,位卑而禄薄,去于民最近，而易以为奸。朝廷所恃以制之者，特以厉其廉隅，全其节概，而养其气，使知有所耻也。且必有异材焉，后将以为公卿，而安可薄哉？其尤不可者，今以县令从州县之礼。夫县令官虽卑，其所负一县之责，与京朝官知县等耳。其吏胥人民，习知其官长之拜伏于太守之庭，如是之不威也，故轻之。轻之，故易为奸。此县令之所以为难也。臣愚以为州县之吏事太守，可恭逊卑抑，不敢抗而已，不至于通名赞拜，趋走其下风。所以全士大夫之节，且以儆大吏之不法者。

其五曰：臣闻为天下者，必有所不可窥。是以天下有急，不求其素所不用之人，使天下不能幸其仓卒，而取其禄位。唯圣人为能然。何则，其素所用者，缓急足以使也。临事而取者，亦不足用矣。《传》曰："宽则宠名誉之人，急则用介胄之士。"今者所用非所养，所养非所用。国家用兵之时，购方略，设武举，使天下屠沽健儿，皆能徒手攫取陛下之官；而兵休之日，虽有超世之才，而惜斗升之禄，臣恐天下有以窥朝廷也。今之任为将帅，卒有急难而可使者，谁也？陛下之老将，曩之所谓战胜而善守者，今亡矣。臣愚以为可复武举，而为之新制，以革其旧弊。昔之所谓武举者盖疏矣，其以弓马得者，不过挽强引重，市井之粗材；以策试中者，亦皆记录章句，区区无用之学。又其取人太多，天下之知兵者不宜如此之众；而待之又甚轻，其第下者不免于隶役。故其所得皆贪污无行之徒，豪杰之士耻不忍就。宜因贡士之岁，使两制各得举其所闻，有司试其可者，而陛下亲策之。权略之外，便于弓马，可以出入险阻，勇而有谋者，不过取一二人，待以不次之位，试以守边之任。文有制科，武有武举，陛下欲得将相，于此乎取之，十人之中，岂无一二？斯亦足以济矣。

其六曰：臣闻法不足以制天下，以法而制天下，法之所不及，天下斯欺之矣。且法必有所不及也。先王知其有所不及，是故存其大略，而济之以至诚，使天下之所以不吾欺者，未必皆吾法之所能禁，亦其中有所不忍而已。人君御其大臣，不可以用法，如其左右大臣而必待法而后能御也，则其疏远小吏当复何以哉？以天下之大而无可信之人，则国不足以为国矣。臣观今两制以上，非无贤俊之士，然皆奉法供职无过而已，莫肯于绳墨之外,为陛下深思远虑,有所建明。何者,陛下待之于绳墨之内也。臣请得举其一二以言之。夫两府与两制,宜使日夜交于门,以讲论当世之务,且以习知其为人,临事授任,以不失其才。今法不可以相往来,意将以杜其告讦之私也。君臣之道不同,人臣惟自防,人君惟无防之,是以欢欣相接而无间。以两府、两制为可信邪,当无所请属;以为不可信邪,彼何患无所致其私意,安在其相往来邪。今两制知举,不免用封弥誊录,既奏而下御史,亲往莅之,凛凛如鞫大狱,使不知谁人之辞,又何其甚也。臣愚以为如此之类,一切撤去,彼稍有知,宜不忍负。若其犹有所欺也,则亦天下之不才无耻者矣。陛下赫然震威,诛一二人,可以使天下奸吏重足而立,想闻朝廷之风,亦必有倜傥非常之才,为陛下用也。

其七曰:臣闻为天下者可以名器授人,而不可以名器许人。人之不可以一日而知也久矣。国家以科举取人,四方之来者如市,一旦使有司第之,此固非真知其才之高下大小也,特以为姑收之而已。将试之为政,而观其悠久,则必有大异不然者。今进士三人之中,释褐之日,天下望为卿相,不及十年,未有不为两制者。且彼以其一日之长,而擅终身之富贵,举而归之,如有所负。如此则虽天下之美才,亦或怠而不修;其率意恣行者,人亦望风畏之,不敢按。此何为者也,且又有甚不便者。先王制其天下,尊尊相高,贵贵相承,使天下仰视朝廷之尊,如太山乔岳,非扳援所能及。苟非有大功与出群之才,则不可以轻得其高位。是故天下知有所忌,而不敢觊觎。今五尺童子,斐然皆有意于公卿,得之则不知愧,不得则怨。何则,彼习知其一旦之可以侥幸而无难也。如此,则匹夫轻朝廷。臣愚以为三人之中,苟优与一官,足以报其一日之长。馆阁台省,非举不入。彼果不才者也,其安以从入为?彼果才者也,其何患无所举。此非独以爱惜名器,将以重朝廷耳。

其八曰:臣闻古者敌国相观,不观于其山川之险,士马之众,相观于人而已。高山大江,必有猛兽怪物,时见其威,故人不敢亵。夫不必战胜而后服也。使之常有所忌,而不敢发;使吾常有所恃,而无所怯耳。今以中国之大,使夷狄视之不甚畏,敢有烦言以渎乱吾听。此其心不有所窥,其安能如此之无畏也。故国有事,相待以将;无事,相观以使。今之所谓使者亦轻矣。曰此人也,为此官也,则以为此使也。今岁以某,来岁当以某,又来岁当以某,如县令署役,必均而已矣。人之才固有所短,而不可强,其专对、捷给、勇敢,又非可以学致也。今必使强之,彼有仓惶失次,为夷狄笑而已。古者,大夫出疆,有可以安国家、利社稷,则专之。今法令太密,使小吏执简记其旁,一摇足,辄随而书之。虽有奇才辩士,亦安所效用?彼夷狄观之,以为樽俎谈燕之间,尚不能办,军旅之际,固宜其无人也。如此将何以破其奸谋而折其骄气哉!臣愚以为奉使宜有常人,唯其可者,而不必均。彼其不能者,陛下责之以文学政事,不必强之于言语之间,以败吾事。而亦稍宽其法,使得有所施。且今世之患,以奉使为艰危,故必均而后可。陛下平世使人,而皆得以辞免;后有缓急,使之出入死地,将皆逃邪。此臣又非独为出使而言也。

其九曰:臣闻刑之有赦,其来远矣。周制八议,有可赦之人而无可赦之时。自三代之衰,始闻有肆赦之令,然皆因天下有非常之事,凶荒流离之后,盗贼垢污之余,于是有以沛然洗濯于天下,而犹不若今之因郊而赦,使天下之凶民,可以逆知而侥幸也。平时小民畏法,不敢趑趄,当郊之岁,盗贼公行,罪人满狱,为天下者将何利于此?而又糜散帑廪,以赏无用冗杂之兵,一经大礼,费以万亿。赋敛之不轻,民之不聊生,皆此之故也。以陛下节用爱民,非不欲去此矣。顾以为所从来久远,恐一旦去之,天下必以为少恩,而凶豪无赖之兵,或因以为词而生乱。此其所以重改也。盖事有不可改而遂不改者,其忧必深,改之,则其祸必速。惟其不失推恩,而有以救天下之弊者,臣愚以为先郊之岁,可因事为词,特发大号,如郊之赦与军士之赐,且告之曰:吾于天下非有惜乎推恩也,惟是凶残之民,知吾当赦,辄以犯法,以贼害吾良民,今而后赦不于郊之岁,以为常制。天下之人喜乎非郊之岁而得郊之赏也,何暇虑其后?其后四五年而行之。七八年而行之,又从而尽去之,天下晏然不知,而日以远矣。且此出于五代之后兵荒之间,所以姑息天下而安反侧耳。后之人相承而不能去,以至于今法令明具,四方无虞,何畏而不改?今不为之计,使奸人猾吏,养为盗贼,而后取租赋以啖骄兵,乘之以饥馑,鲜不及乱矣。当此之时,欲为之计,其犹有及乎!

其十曰:臣闻古者所以采庶人之议,为其疏贱而无嫌也。不知爵禄之可爱,故其言公,不知君威之可畏,故其言直。今臣幸而未立于陛下之朝,无所爱惜顾念于其心者。是以天下之事,陛下之诸臣所不敢尽言者,臣请得以僭言之。陛下擢用俊贤,思致太平,今几年矣。事垂立而辄废,功未成而旋去,陛下知其所由乎?陛下知其所由,则今之在位者,皆足以有立;若犹未也,虽得贤臣千万,天下终不可为。何者?小人之根未去也。陛下遇士大夫有礼,凡在位者不敢用褻狎戏嫚以求亲媚于陛下。而谗言邪谋之所由至于朝廷者,天下之人皆以为陛下不疏远宦官之过。陛下特以为耳目玩弄之臣,而不知其阴贼险诈,为害最大。天下之小人,无由至于陛下之前,故皆通于宦官,珠玉锦绣所以为赂者络绎于道,以间关龃龉贤人之谋。陛下纵不听用,而大臣常有所顾忌,以不得尽其心。臣故曰小人之根未去也。窃闻之道路,陛下将有意乎去而疏之也。若如所言,则天下之福。然臣方以为忧,而未敢贺也。古之小人,有为君子之所抑,而反激为天下之祸者,臣每痛伤之。盖东汉之衰,宦官用事,阳球为司隶校尉,发愤诛王甫等数人,磔其尸道中,常侍曹节过而见之,遂奏诛阳球,而宦官之用事,过于王甫之未诛。其后窦武、何进又欲去之,而反以遇害。故汉之衰至于扫地而不可救。夫君子之去小人,惟能尽去乃无后患。惟陛下思宗庙社稷之重,与天下之可畏,既去之,又去之,既疏之,又疏之。刀锯之余必无忠良,纵有区区之小节,不过闹阆扫洒之勤,无益于事。惟能务绝其根,使朝廷清明,而忠言嘉谟易以入,则天下无事矣。惟陛下无使为臣之所料,而后世以臣为知言,不胜大愿。

曩臣所著二十二篇,略言当世之要。陛下虽以此召臣,然臣观朝廷之意,特以其文采词致稍有可嘉,而未必其言之可用也。天下无事,臣每每狂言,以迂阔为世笑,然臣以为必将有时而不迂阔也。贾谊之策不用于孝文之时,而使主父偃之徒得其余论,而施之于孝武之世。夫施之于孝武之世,固不如用之于孝文之时之易也。臣虽不及古人,惟陛下不以一布衣之言而忽之。不胜越次忧国之心,效其所见。且非陛下召臣,臣言无以至于朝廷。今老矣,恐后无由复言,故云云之多至于此也,惟陛下宽之。臣洵诚惶诚惧顿首顿首,谨书。

《自尤(并叙)》

【简介】

嘉祐四年(1059年)五月,苏洵作《自尤》诗,哀其幼女八娘之死,收录于《嘉祐集》补遗卷。此幼女卓有才华,或为后世"苏小妹"的原型,可惜所嫁非人,明珠暗投于"笃于声色而父子杂处"的母舅程家。婚后不久,八娘归来向苏洵来哭诉程家无礼,苏洵却教育女儿独善其身,这招致了程家的怨恨("咎汝不肯同其尘")。一年后八娘产子,身染重病,程家却不为她延医治病。苏洵夫妇把女儿接回家精心疗养,病情开始好转,但程家却抢走婴儿,八娘旧病复发而死。苏家上下悲痛万分,知情的乡邻也十分气愤。但苏洵有位朋友指出,这件事归根究底,在苏洵不该把女儿许配程家。根据苏洵在诗中的描述,八娘在婚后受到了非常严重的虐待,但当时法律制度很难对此有所作为,苏辙感叹"此虽法律所无奈,尚可仰首披苍昊",唯有在诗歌结尾希望自己和家人这一悲惨遭遇,"当使天下重结婚"。

【原文】

予生而与物无害。幼居乡间,长适四方,万里所至,与其君子而远其不义。是以年五十有一,而未始有尤于人,而人亦无以我尤者。盖壬辰之岁而丧幼女,始将以尤其夫家,而卒以自尤也。女幼而好学,慷慨有过人之节,为文亦往往有可喜。既适其母之兄程濬之子之才,年十有八而死。而濬本儒者,然内行有所不谨,而其妻子尤好为无法。吾女介乎其间,因为其家之所不悦。适会其病,其夫与其舅姑遂不之视而急弃之,使至于死。始其死时,余怨之,虽吾之乡人亦不直濬。独余友闻而深悲之,曰:"夫彼何足尤者!子自知其贤,而不择以予人,咎则在子,而尚谁怨?"予闻其言而深悲之。其后八年,而予乃作自尤之诗。

五月之日兹何辰？有女强死无由伸。嗟余为父亦不武，使汝孤冢埋冤魂。生死寿夭固无定，我岂以此辄尤人？当时此事最惊众，行道闻者皆酸辛。余家世世本好儒，生女不独治组紃。读书未省事华饰，下笔亹亹能属文。家贫不敢嫁豪贵，恐彼非偶难为亲。汝母之兄汝叔舅，求以厥子来结姻。乡人皆嫁重母族，虽我不肯将安云？生年十六亦已嫁，日负忧责无欢欣。归宁见我拜且泣，告我家事不可陈。舅姑叔妹不知道，弃礼自快纷如纭。人多我寡势不胜，只欲强学非天真。昨朝告以此太甚，捩耳不听生怒嗔。余言如此非尔事，为妇何不善一身？嗟哉尔夫任此责，可奈狂狼如痴麏。忠臣汝不见泄冶，谏死世不非陈君。谁知余言果不妄，明年会汝初生孙。一朝有疾莫肯视，此意岂尚求尔存？忧怛百计惟汝母，复有汝父惊且奔。此时汝舅拥爱妾，呼卢握槊如隔邻。狂言发病若有怪，里有老妇能降神。呼来问讯岂得已，汝舅责我学不纯。急难造次不可动，坚坐有类天王尊。导其女妻使为孽，就病索汝襦与裙。衣之出看又汝告，谬为与汝增殷勤。多多扰乱莫胜记，咎汝不肯同其尘。经旬乳药渐有喜，移病余舍未绝根。喉中喘息气才属，日使勉强餐肥珍。舅姑不许再生活，巧计窃发何不仁！婴儿盈尺未能语，忽然夺取词纷纷。传言姑怒不归觐，急抱疾走何暇询。病中忧恐莫能测，起坐无语涕满巾。须臾病作状如故，三日不救谁缘因？此惟汝甥汝儿妇，何用负汝漫无恩？嗟予生女苟不义，虽汝手刃我何言？俨然正直好礼让，才敏明辨超无伦。正应以此获尤谴，汝可以手心自扪。此虽法律所无奈，尚可仰首披苍旻。天高鬼神不可信，后世有耳尤或闻。只今闻者已不服，恨我无勇不复冤。惟余故人不责汝，问我此事久叹呻。惨然谓我子无恨，此罪在子何尤人？虎咆牛触不足怪，当自为计免见吞。深居高堂闭重键，牛虎岂能逾墙垣？登山入泽不自爱，安可侥幸遭麒麟？明珠美玉本无价，弃置沟上多缁磷。置之失地自当尔，既尔何咎荆与榛？嗟哉此事余有罪，当使天下重结婚！

第九章　苏轼法治史料

一、中举应制时期

《刑赏忠厚之至论》

【简介】

宋仁宗嘉祐二年(1057年),苏轼和弟弟苏辙一起参加礼部主持的进士科考试。这次所考策论题目是《刑赏忠厚之至论》,出自《尚书·大禹谟》的注文"刑疑付轻,赏疑从众,忠厚之至",即要求考生从赏罚宽严的角度来展开论述。苏轼写作了本文,被取作第二名,收录在《东坡全集》卷四十,本书上编多章都对此文有所探讨。苏轼的答题从儒家传统的仁政出发来论述,他杜撰了上古尧帝时期的典故:法官皋陶三次主张对一个罪犯判罚死刑,尧帝却三次都不同意,赦免了他。他主张"仁可过,义不可过",也就是奖赏可以过度,过度奖赏仍然不失为君子所为,但是刑罚不可以过度,过度则过于残忍,所以立法不妨从严,但实施刑罚一定要审慎,在审慎的基础上可以从宽。

【原文】

论曰:尧、舜、禹、汤、文、武、成、康之际,何其爱民之深,忧民之切,而待天下以君子长者之道也。有一善,从而赏之,又从而咏歌嗟叹之,所以乐其始而勉其终。有一不善,从而罚之,又从而哀矜惩创之,所以弃其旧而开其新。故其吁俞之声,欢休惨戚,见于虞、夏、商、周之书。成、康既没,穆王立,而周道始衰。然犹命其臣吕侯,而告之以祥刑。其言忧而不伤,威而不怒,慈爱而能断,恻然有哀怜无辜之心,故孔子犹有取焉。《传》曰:"赏疑从与,所以广恩也。罚疑从去,所以慎刑也。"当尧之时,皋陶为士,将杀人,皋陶曰"杀之三",尧曰"宥之三",故天下畏皋陶执法之坚,而乐尧用刑之宽。四岳曰"鲧可用",尧曰"不可,鲧方命圮族",既而曰"试之"。何尧之不听皋陶之杀人,而从四岳之用鲧也?然则圣人之意,盖亦可见矣。《书》曰:"罪疑惟轻,功疑惟重,与其杀不辜,宁失不经。"呜呼,尽之矣。可以赏,可以无赏,赏之过乎仁。可以罚,可以无罚,罚之过乎义。过乎仁,不失为君子;过乎义,则流而入于忍人。故仁可过也,义不可过也。古者赏不以爵禄,刑不以刀锯。赏以爵禄,是赏之道,行于爵禄之所加,而不行于爵禄之所不加也。刑之以刀锯,是刑之威,施于刀锯之所及,而不施于刀锯之所不及也。先王知天下之善不胜赏,而爵禄不足以劝也,知天下之恶不胜刑,而刀锯不足以裁也,是故疑则举而归之于仁,以君子长者之道待天下,使天下相率而归于君子长者之道,故曰忠厚之至也。《诗》曰:"君子如祉,乱庶遄已。君子如怒,乱庶遄沮。"夫君子之已乱,岂有异术哉?时其喜怒,而无失乎仁而已矣。《春秋》之义,立法贵严,而责人贵宽。因其褒贬之义以制赏罚,亦忠厚之至也。谨论。

考场杜撰"三杀""三宥"典故

【简介】

本文第一则收录于陆游《老学庵笔记》卷八,第二则收录于杨万里《诚斋诗话》,是关于苏轼于宋仁宗嘉祐二年(1057年)进士科考试考场现编"三杀""三宥"典故的不同记载,可见此事在南宋就已经流传颇广。这个典故于古有征,只是苏轼记忆有误,可参见上编第七章的相关论述。苏轼后来曾向苏洵问为政之方,苏洵表示就像你写《刑赏忠厚之至论》一样,"得一论题时,即有处置,方敢下笔",为政也是,遇事要尽量了解事件全貌再进行处置,不要匆忙下手。可见此文为时人所推崇,除了文章写得漂亮,也和观点符合主流的宽仁司法的政策倾向不无关系。

【原文】

东坡先生省试《刑赏忠厚之至论》,有云:"皋陶为士,将杀人;皋陶曰'杀之'三,尧曰'宥之'三。"梅圣俞为小试官,得之,以示欧阳公。公曰:"此出何书?"圣俞曰:"何须出处。"公以为皆偶忘之,然亦大称叹,初欲以为魁,终以此不果。及揭榜,见东坡姓名,始谓圣俞曰:"此郎必有所据,更恨吾辈不能记耳。"及谒谢,首问之,东坡亦对曰:"何必出处。"乃与圣俞语合。公赏其豪迈,太息不已。

欧公知举,得东坡之文惊喜,欲取为第一人;又疑为门人曾子固之文,恐招物议,抑为第二。坡来谢,欧公问:"'皋陶曰"杀之"三,尧曰"宥之"三',见何书?"坡曰:"事在《三国志·孔融传》注。"欧阅之无有。他日再问坡,坡云:"曹操以袁熙妻赐子丕,孔融曰:'昔武王以妲己赐周公。'操问:'何经见?'融曰:'以今日之事观之,意其如此。'尧、皋陶之事,某亦意其如此。"欧退而大惊曰:"此人可谓善读书,善用书,他日文章必独步天下。"

《策别课百官一·厉法禁》

【简介】

宋代制科考试非常设,由皇帝下诏临时举行,用以选拔"贤良方正能直言极谏"等各类特殊的人才。嘉祐五年(1060年)苏轼被任命为河南福昌县(今河南伊阳西)主簿,未赴任,寓居怀远驿,准备制科考试。试前,苏轼向两制呈送平时所作策、论五十篇,被推荐参加次年的秘阁考试,最后考中第三等,是宋朝开国以来名次最高者。《策别》十七篇就来自当时呈送的文章,集中阐述了苏轼的政治思想,收录在《东坡全集》卷四十七。这十七篇策可归类在四个主题下:"一曰课百官,二曰安万民,三曰厚货财,四曰训兵旅。"每个主题下又提出细分的对策予以探讨。本书上编有多个章节引用、讨论这十七篇策和同时呈送的《策略》系列、《韩非论》。本篇是劝诫皇帝要"课百官",而且要从高官开始严格要求。他指出所谓"刑不上大夫"只是不按照平常的司法程序对其"讯鞫论报",并非不对其论罪。只有严格约束高官显贵,才能"厉法禁自大臣始,则小臣不犯矣"。

【原文】

臣闻为治有先后,有本末,向之所论者,当今之所宜先,而为治之大凡也。若夫事之利害,计之得失,臣请得列而言之。盖其总四,其别十七。一曰课百官,二曰安万民,三曰厚货财,四曰训兵旅。课百官者,其别有六。一曰厉法禁。

昔者圣人制为刑赏,知天下之乐乎赏而畏乎刑也,是故施其所乐者,自下而上。民有一介之善,不终朝而赏随之,是以下之为善者,足以知其无有不赏也。施其所畏者,自上而下。公卿大臣有毫发之罪,不终朝而罚随之,是以上之为不善者,亦足以知其无有不罚也。《诗》曰:"刚亦不吐,柔亦不茹。"夫天下之所谓权豪贵显而难令者,此乃圣人之所借以徇天下也。舜诛四凶而天下服,何也?此四族者,天下之大族也。夫惟圣人为能击天下之大族,以服小民之心,故其刑罚至于措而不用。

周之衰也,商鞅、韩非峻刑酷法,以督责天下。然其所以为得者,用法始于贵戚大臣,而后及于疏贱,故能以其国霸。由此观之,商鞅、韩非之刑法,非舜之刑,而所以用刑者,舜之术也。后之庸人,不深原其本末,而猥以舜之用刑之术,与商鞅、韩非同类而弃之。法禁之不行,奸宄之不止,由此其故也。

今州县之吏,受赇而鬻狱,其罪至于除名,而其官不足以赎,则至于婴木索,受笞箠,此亦天下之至辱也。而士大夫或冒行之。何者?其心有所不服也。今夫大吏之为不善,非特簿书米盐出入之间也,其位愈尊,则其所害愈大;其权愈重,则其下愈不敢言。幸而有不畏强御之士,出力而排之,又幸而不为上下之所抑,以遂成其罪,则其官之所减者,至于罚金,盖无几矣。夫过恶暴著于天下,而罚不伤其毫毛;卤莽于公卿之间,而纤悉于州县之小吏。用法如此,宜其天下之不心服也。用法而不服其心,虽刀锯斧铖,犹将有所不避,而况于木索、笞箠哉!

方今法令至繁,观其所以堤防之具,一举足且入其中,而大吏犯之,不至于可畏,其故何也?天下之议者曰:古者之制,"刑不上大夫,"大臣不可以法加也。嗟夫!"刑不上大夫"者,岂曰大夫以上有罪而不刑欤?古之人君,责其公卿大臣至重,而待其士庶人至轻也。责之至重,故其所以约束之者愈宽;待之至轻,故其所堤防之者甚密。夫所贵乎大臣者,惟不待约束,而后免于罪戾也。是故约束愈宽,而大臣益以畏法。何者?其心以为人君之不我疑而不忍欺也。苟幸其不疑而轻犯法,则固已不容于诛矣。故夫大夫以上有罪,不从于讯鞫论报,如士庶人之法。斯以为"刑不上大夫"而已矣。

天下之吏,自一命以上,其莅官临民苟有罪,皆书于其所谓历者,而至于馆阁之臣出为郡县者,则遂罢去。此真圣人之意,欲有以重责之也。奈何其与士庶人较罪之轻重,而又以其爵减耶?夫律有罪而得以首免者,所以开盗贼小人自新之途。而今之卿大夫有罪亦得以首免,是以盗贼小人待之欤?天下惟其无罪也,是以罚不可得而加。如知其有罪而特免其罚,则何以令天下?今夫大臣有不法,或者既已举之,而诏曰勿推,此何为者也?圣人为天下,岂容有此暧昧而不决?故曰:厉法禁自大臣始,则小臣不犯矣。

《策别课百官二·抑侥幸》

【简介】

本篇中苏轼认为今之弊端在于"任法"太过,应该多讲求"任人"。任人并非一味放任,他建议皇帝严格执行考课制度,"使吏六考以上,皆得以名闻于吏部,吏部以其资考之远近,举官之众寡,而次第其名,然后使一二大臣杂治之,参之以其才器之优劣而定其等,岁终而奏之,以诏天子废置",完善优胜劣汰的进废机制,"度天下之吏,每岁以物故罪免者几人,而增损其数,以所奏之等补之,及数而止"。

【原文】

其二曰抑侥幸。夫所贵乎人君者,予夺自我,而不牵于众人之论也。天下之学者莫不欲仕,仕者莫不欲贵。如从其欲,则举天下皆贵而后可。惟其不可从也,是故仕不可以轻得,而贵不可以易致。此非有所吝也。爵禄,出乎我者也,我以为可予而予之,我以为可夺而夺之,彼虽有言者,不足畏也。天下有可畏者,赋敛不可以不均,刑罚不可以不平,守令不可以不择,此诚足以致天下之安危而可畏者也。我欲慎爵赏,爱名器,而嚚嚚者以为不可,是乌足恤哉?

国家自近岁以来,吏多而阙少,率一官而三人共之,居者一人,去者一人,而伺之者又一人,是一官而有二人者无事而食也。且其莅官之日浅,而闲居之日长,以其莅官之所得,而为闲居仰给之资,是以贪吏常多而不可禁,此用人之大弊也。

古之用人者,取之至宽,而用之至狭。取之至宽,故贤者不隔;用之至狭,故不肖者无所容。《记》曰:"司马辨论官材,论进士之贤者,以告于王,而定其论。论定然后官之,任官然后爵之,位定然后禄之。"然则是取之者未必用也。今之进士,自二人以下者皆试官。夫试之者,岂一定之谓哉?固将有所废置焉耳。国家取人,有制策,有进士,有明经,有词科,有任子,有府史杂流,凡此者,虽众无害也。其终身进退之决,在乎召见改官之日,此尤不可以不爱惜慎重者也。今之议者,不过曰多其资考,而责之以举官之数。且彼有勉强而已,资考既足,而举官之数亦以及格,则将执文墨以取必于我,虽千百为辈,莫敢不尽与。臣窃以为今之患,正在于任法太过。是以为一定之制,使天下可以岁月必得,甚可惜也。

方今之便,莫若使吏六考以上,皆得以名闻于吏部,吏部以其资考之远近,举官之众寡,而次第其名,然后使一二大臣杂治之,参之以其才器之优劣而定其等,岁终而奏之,以诏天子废置。度天下之吏,每岁以物故罪免者几人,而增损其数,以所奏之等补之,及数而止,使其予夺亦杂出于贤不肖之间,而无有一定之制。则天下之吏,不敢有必得之心,将自奋厉磨淬，以求闻于时。而向之所谓用人之大弊者，将不劳而自去。

然而议者必曰：法不一定，而以才之优劣为差，则是好恶之私有以启之也。臣以为不然。夫法者，本以存其大纲，而其出入变化，固将付之于人。昔者唐有天下，举进士者，群至于有司之门。唐之制，惟有司之信也。是故有司得以搜罗天下之贤俊，而习知其为人。至于一日之试，则固已不取也。唐之得人，于斯为盛。今以名闻于吏部者，每岁不过数十百人，使二三大臣得以访问参考其才，虽有失者，盖已寡矣。如必曰任法而不任人，天下之人，必不可信。则夫一定之制，臣亦未知其果不可以为奸也。

《策别课百官三·决壅蔽》

【简介】

本篇继续讨论任法与任人的关系，认为现在"法令明具，而用之至密"，之所以看上去"事繁而官不勤"，事务都为胥吏所把持，问题主要出在用人上。宋代冗官的症结乃是皇帝对于官员的不信任，所以分散事权，隔绝上下。苏轼要求自皇帝开始勤政，树立上下信息交流的良好榜样，上下交付信任，各自履行好自己的职责，才能"决壅蔽"。

【原文】

其三曰决壅蔽。所贵乎朝廷清明而天下治平者，何也？天下不诉而无冤，不谒而得其所欲，此尧舜之盛也。其次不能无诉，诉而必见察；不能无谒，谒而必见省。使远方之贱吏，不知朝廷之高，而一介之小民，不识官府之难，而后天下治。

今夫一人之身，有一心两手而已。疾痛苛痒，动于百体之中，虽其甚微不足以为患，而手随至。夫手之至，岂其一一而听之心哉？心之所以素爱其身者深，而手之所以素听于心者熟，是故不待使令而卒然以自至。圣人之治天下，亦如此而已。百官之众，四海之广，使其关节脉理，相通为一。叩之而必闻，触之而必应。夫是以天下可使为一身。天子之贵，士民之贱，可使相爱。忧患可使同，缓急可使救。

今也不然。天下有不幸而诉其冤,如诉之于天。有不得已而谒其所欲,如谒之于鬼神。公卿大臣不能究其详悉,而付之于胥吏,故凡贿赂先至者,朝请而夕得,徒手而来者,终年而不获。至于故常之事,人之所当得而无疑者,莫不务为留滞,以待请属。举天下一毫之事,非金钱无以行之。

昔者汉唐之弊,患法不明,而用之不密,使吏得以空虚无据之法而绳天下,故小人以无法为奸。今也法令明具,而用之至密,举天下惟法之知。所欲排者,有小不如法,而可指以为瑕。所欲与者,虽有所乖戾,而可借法以为解。故小人以法为奸。

今天下所为多事者,岂事之诚多耶?吏欲有所鬻而未得,则新故相仍,纷然而不决,此王化之所以壅遏而不行也。昔桓文之霸,百官承职,不待教令而办,四方之宾至,不求有司。王猛之治秦,事至纤悉,莫不尽举,而人不以为烦。盖史之所记:麻思还冀州,请于猛。猛曰:"速装,行矣。"至暮而符下。及出关,郡县皆已被符。其令行禁止而无留事者,至于纤悉,莫不皆然。苻坚以戎狄之种,至为霸王,兵强国富,垂及升平者,猛之所为,固宜其然也。

今天下治安,大吏奉法,不敢顾私,而府史之属招权鬻法,长吏心知而不问,以为当然。此其弊有二而已。事繁而官不勤,故权在胥吏。欲去其弊也,莫如省事而厉精。省事莫如任人,厉精莫如自上率之。

今之所谓至繁,天下之事,关于其中,诉者之多,而谒者之众,莫如中书与三司。天下之事,分于百官,而中书听其治要。郡县之钱币制于转运使,而三司受其会计。此宜若不至于繁多。然中书不待奏课以定其黜陟而关预其事,则是不任有司也。三司之吏,推析赢虚至于毫毛以绳郡县,则是不任转运使也。故曰:省事莫如任人。

古之圣王,爱日以求治,辨色而视朝,苟少安焉而至于日出,则终日为之不给。以少而言之,一日而废一事,一月则可知也。一岁,则事之积者不可胜数矣。欲事之无繁,则必劳于始而逸于终。晨兴而晏罢,天子未退,则宰相不敢归安于私第。宰相日昃而不退,则百官莫不震悚尽力于王事,而不敢宴游。如此,则纤悉隐微莫不举矣。天子求治之勤过于先王,而议者不称王季之晏朝而称舜之无为,不论文王之昃而论始皇之量书。此何以率天下之怠耶?臣故曰:厉精莫如自上率之,则壅蔽决矣。

《策别课百官四·专任使》

【简介】

本篇要求"专任使",是苏轼建议对省府官员这样的重要地方官员职位,选择人选必须精心,一旦任命则要给其足够长的施政时间,不要动辄更换,否则"朝廷既以汲汲而去之,而其人亦莫不汲汲而求去"。

【原文】

其四曰专任使。夫吏之与民,犹工人之操器。易器而操之,其始莫不龃龉而不相得。是故虽有长材异能之士,朝夕而去,则不如庸人之久且便也。自汉至今,言吏治者,皆推孝文之时,以为任人不可以仓卒而责其成效。又其三岁一迁,吏不可为长远之计,则其所施设一切出于苟简。此天下之士,争以为言,而臣知其未可以卒行也。夫天下之吏,惟其病多而未有以处也,是以扰扰在此。如使五六年或七八年而后迁,则将有十年不得调者矣。朝廷方将减任子,清冗官,则其行之当有所待。而臣以为当今之弊,有甚不可者。

夫京兆府,天下之所观望而化,王政之所由始也。四方之冲,两河之交,舟车商贾之所聚,金玉锦绣之所积,故其民不知有耕稼织纴之劳。富贵之所移,货利之所眩,故其不知有恭俭廉退之风。以书数为终身之能,以府史贱吏为乡党之荣,故其民不知有儒学讲习之贤。夫是以狱讼繁滋而奸不可止,为治者益以苟且,而不暇及于教化,四方观之,使风俗日以薄恶,未始不由此也。今夫为京兆者,戴星而出,见烛而入,案牍笞箠,交乎其前。拱手而待命者,足相蹑乎其庭。持词而求诉者,肩相摩乎其门。憧憧焉不知其为谁,一讯而去,得罪者不知其得罪之由,而无罪者亦不知其无罪之实。如此则刑之不服,赦之不悛,狱讼之繁,未有已也。

夫大司农者,天下之所以赢虚,外计之所从受命也。其财赋之出入,簿书之交错,纵横变化,足以为奸,而不可推究。上之人不能尽知而付吏。吏分职乎其中者,以数十百人,其耳目足以及吾之所不及,是以能者不过粗知其大纲,而不能惟吏之听。贿赂交乎其门,四方之有求者,聚乎其家。天下之大弊,无过此二者。

臣窃以为今省府之重,其择人宜精,其任人宜久。凡今之弊,皆不精不久之故。何则?天下之贤者不可以多得。而贤者之中,求其治繁者,又不可以人人而能也。幸而有一人焉,又不久而去。夫世之君子,苟有志于天下,而欲为长远之计者,则其效不可以朝夕见,其始若迂阔,而其终必将有所可观。今期月不报政,则朝廷以为是无能为者,不待其成而去之。而其翕然见称于人者,又以为有功而擢为两府。然则是为省府者,能与不能,皆不得久也。夫以省府之繁,终岁不得休息,朝廷既以汲汲而去之,而其人亦莫不汲汲而求去。夫吏胥者,皆老于其局,长子孙于其中。以汲汲求去之人,而御长子孙之吏,此其相视,如客主之势,宜其奸弊不可得而去也。

省府之位,不为卑矣。苟有能者而老于此,不为不用矣。古之用人者,知其久劳于位,则时有以赐予劝奖之,以厉其心,不闻其骤迁以夺其成效。今天下之吏,纵未能一概久而不迁,至于省府,亦不可以仓卒而去。吏知其久居而不去也,则其欺诈固已少衰矣。而其人亦得深思熟虑周旋于其间,不过十年,将必有卓然可观者也。

《策别课百官五·无责难》

【简介】

本篇要求"无责难"。苏轼认为人性难测,举荐官员之人不可能在明察被举荐对象终身都能保持廉洁之后才举荐他,被举荐对象一旦东窗事发,就连坐举荐人,这太苛责举荐人了。应"苟以其罪罪职司守令,彼其势诚有以督察之",即将监察的责任交给任官的上司。

【原文】

其五曰无责难。无责难者,将有所深责也。昔者圣人之立法,使人可以过，而不可以不及。何则？其所求于人者，众人之所能也。天下有能为众人之所不能者，固无以加矣，而不能者不至于犯法。夫如此而犹有犯者，然后可以深惩而决去之。由此而言，则圣人之所以不责人之所不能者，将以深责乎人之所能也。后之立法者异于是。责人以其所不能，而其所能者，不深责也。是以其法不可行，而其事不立。

夫事不可以两立也，圣人知其然，是故有所取，必有所舍；有所禁，必有所宽。宽之则其禁必止，舍之则其取必得。今夫天下之吏不可以人人而知也，故使长吏举之。又恐其举之以私而不得其人也，故使长吏任之。他日有败事，则以连坐。其过重者其罚均。且夫人之难知，自尧舜病之矣。今日为善，而明日为恶，犹不可保，况于十数年之后，其幼者已壮，其壮者已老，而犹执其一时之言，使同被其罪，不已过乎！天下之人，仕而未得志也，莫不勉强为善以求举。惟其既已改官而无忧，是故荡然无所不至。方其在州县之中，长吏亲见其廉谨勤干之节，则其势不可以不举，彼又安知其终身之所为哉？故曰今之法责人以其所不能者，谓此也。

一县之长，察一县之属。一郡之长，察一郡之属。职司者，察其属郡者也。此三者，其属无几耳。其贪其廉，其宽猛，其能与不能，不可谓不知也。今且有人牧牛羊者，而不知其肥瘠，是可复以为牧人欤？夫为长而属之不知，则此固可以罢免而无足惜者。今其属官有罪，而其长不即以闻，他日有以告者，则其长不过为失察。而去官者，又以不坐。夫失察，天下之微罪也。职司察其属郡，郡县各察其属，此非人之所不能，而罚之甚轻，亦可怪也。

今之世所以重发赃吏者，何也？夫吏之贪者，其始必诈廉以求举，举者皆王公贵人，其下者亦卿大夫之列，以身任之。居官者莫不爱其同类等夷之人，故其树根牢固而不可动。连坐者常六七人，甚者至十馀人，此如盗贼质劫良民以求苟免耳。为法之弊，至于如此，亦可变矣。

如臣之策，以职司守令之罪罪举官，以举官之罪罪职司守令。今使举官与所举之罪均，纵又加之，举官亦无如之何，终不能逆知终身之廉者而后举，特推之于幸不幸而已。苟以其罪罪职司守令，彼其势诚有以督察之。臣知贪吏小人无容足之地,又何必于举官焉难之。

《策别课百官六·无沮善》

【简介】

本篇要求"无沮善",即"绝之则不用,用之则不绝"。苏氏父子都主张从胥吏中选拔人才。苏轼认为,如果并非犯了极大的错过,应该给胥吏以改过自赎的机会。"府史贱吏"既然是"不可阙"者,就要"岁久则补以外官",不绝其晋升的希望,免得使之将注意力由升官转向发财,鱼肉百姓。

【原文】

其六曰无沮善。昔者先王之为天下,必使天下欣欣然常有无穷之心,力行不倦,而无自弃之意。夫惟自弃之人,则其为恶也,甚毒而不可解。是以圣人畏之,设为高位重禄以待能者。使天下皆得踊跃自奋,扳援而来。惟其才之不逮,力之不足,是以终不能至于其间,而非圣人塞其门、绝其途也。夫然,故一介之贱吏,闾阎之匹夫,莫不奔走于善,至于老死而不知休息,此圣人以术驱之也。

天下苟有甚恶而不可忍也,圣人既已绝之,则屏之远方,终身不齿。此非独不仁也。以为既已绝之,彼将一旦肆其愤毒,以残害吾民。是故绝之则不用,用之则不绝。既已绝之,又复用之,则是驱之于不善,而又假之以其具也。无所望而为善,无所爱惜而不为恶者,天下一人而已矣。以无所望之人,而责其为善,以无所爱惜之人,而求其不为恶,又付之以人民,则天下知其不可也。世之贤者,何常之有?或出于贾竖贱人,甚者至于盗贼,往往而是。而儒生贵族,世之所望为君子者,或至于放肆不轨,小民之不若。圣人知其然,是故不逆定于其始进之时,而徐观其所试之效,使天下无必得之由,亦无必不可得之道。天下知其不可以必得也,然后勉强于功名而不敢侥幸。知其不至于必不可得而可勉也,然后有以自慰其心,久而不懈。嗟夫!圣人之所以鼓舞天下,天下之人日化而不自知者,此其为术欤?

后之为政者则不然。与人以必得,而绝人以必不可得。此其意以为进贤而退不肖。然天下之弊,莫甚于此。今夫制策之及等,进士之高第,皆以一日之间,而决取终身之富贵。此虽一时之文辞,而未知其临事之否,则其用之不已太遽乎!

天下有用人而绝之者三。州县之吏,苟非有大过而不可复用,则其他犯法,皆可使竭力为善以自赎。而今世之法,一陷于罪戾,则终身不迁,使之不自聊赖而疾视其民,肆意妄行而无所顾惜。此其初未必小人也,不幸而陷于其中,途穷而无所入,则遂以自弃。府史贱吏,为国者知其不可阙也,是故岁久则补以外官。以其所从来之卑也,而限其所至,则其中虽有出群之才,终亦不得齿于士大夫之列。夫人出身而仕者,将以求贵也,贵不可得而至矣,则将惟富之求,此其势然也。如是,则虽至于鞭笞戮辱,而不足以禁其贪。故夫此二者,苟不可以遂弃,则宜有以少假之也。入赀而仕者,皆得补郡县之吏,彼知其终不得迁,亦将逞其一时之欲,无所不至。夫此,诚不可以迁也,则是用之之过而已。臣故曰:绝之则不用,用之则不绝。此三者之谓也。

《策别安万民一·敦教化》

【简介】

本篇中苏轼指出,要安天下之民,就必须实行教化,而教化的首要之法就是富民,也就是"与民也优,其取利也缓",不能与民争利。政府求利过多,法网过密,就会让民众斤斤计较,趋向贪婪。这是与教化百姓背道而驰的,而这正是王安石变法在执行中所呈现的状态。

【原文】

安万民者,其别有六。一曰敦教化。夫圣人之于天下,所恃以为牢固不拔者,在乎天下之民可与为善,而不可与为恶也。昔者三代之民,见危而授命,见利而不忘义。此非必有爵赏劝乎其前,而刑罚驱乎其后也。其心安于为善,而忸怩于不义,是故有所不为。夫民知有所不为,则天下不可以敌,甲兵不可以威,利禄不可以诱,可杀可辱、可饥可寒而不可与叛,此三代之所以享国长久而不拔也。

及至秦、汉之世,其民见利而忘义,见危而不能授命。法禁之所不及,则巧伪变诈,无所不为,疾视其长上而幸其灾。因之以水旱,加之以盗贼,则天下枵然无复天子之民矣。世之儒者常有言曰:"三代之时,其所以教民之具,甚详且密也。学校之制,射飨之节,冠婚丧祭之礼,粲然莫不有法。及至后世,教化之道衰,而尽废其具,是以若此无耻也。"然世之儒者,盖亦尝试以此等教天下之民矣,而卒以无效,使民好文而益偷,饰诈而相高,则有之矣,此亦儒者之过也。臣愚以为若此者,皆好古而无术,知有教化而不知名实之所存者也。实者所以信其名,而名者所以求其实也。有名而无实,则其名不行。有实而无名,则其实不长。凡今儒者之所论,皆其名也。

昔武王既克商,散财发粟,使天下知其不贪;礼下贤俊,使天下知其不骄;封先圣之后,使天下知其仁;诛飞廉、恶来,使天下知其义,如此,则其教化天下之实,固已立矣。天下耸然皆有忠信廉耻之心,然后文之以礼乐,教之以学校,观之以射飨,而谨之以冠婚丧祭,民是以目击而心谕,安行而知得也。及至秦、汉之世,专用法吏以督责其民,至于今千有馀年,而民日以贪冒嗜利而无耻。儒者乃始以三代之礼所谓名者而绳之!彼见其登降揖让盘辟俯偻之容,则掩口而窃笑;闻钟鼓管磬希夷 啴缓之音,则惊顾而不乐。如此,而欲望其迁善远罪,不已难乎?

臣愚以为宜先其实而后其名,择其近于人情者而先之。今夫民不知信,则不可与久居于安。民不知义,则不要与同处于危。平居则欺其吏,而有急则叛其君。此教化之实不至,天下之所以无变者,幸也。欲民之知信,则莫若务实其言。欲民之知义,则莫若务去其贪。往者河西用兵,而家人子弟皆籍以为军。其始也,官告以权时之宜,非久役者,事已当复尔业。少焉皆刺其额,无一人得免。自宝元以来,诸道以兵兴为辞而增赋者,至今皆不为除去。夫如是,将何以禁小民之诈欺哉!

夫所贵乎县官之尊者,为其恃于四海之富,而不争于锥刀之末也。其与民也优,其取利也缓。古之圣人,不得已而取,则时有所置,以明其不贪。何者?小民不知其说,而惟贪之知。今鸡鸣而起,百工杂作,匹夫入市,操挟尺寸,吏且随而税之,扼吭拊背,以收丝毫之利。古之设官者,求以裕民,今之设官者,求以胜民。赋敛有常限,而以先期为贤。出纳有常数,而以羡息为能。天地之间,苟可以取者,莫不有禁。求利太广,而用法太密,故民日趋于贪。臣愚以为难行之言,当有所必行。而可取之利,当有所不取。以教民信,而示之义。若曰"国用不足而未可以行",则臣恐其失之多于得也。

《策别安万民二·劝亲睦》

【简介】

本篇中苏轼指出,要安天下之民,富民之外,要劝民亲睦,发挥宗族的力量,从而使民移孝作忠。他给出的具体措施是"复小宗",尊重宗族秩序,严格执行族法和礼仪,这样就可以安宗睦族,使得百姓免于讼累。

【原文】

其二曰劝亲睦。夫民相与亲睦者,王道之始也。昔三代之制,画为井田,使其比闾族党,各相亲爱,有急相周,有喜相庆,死丧相恤,疾病相养。是故其民安居无事,则往来欢欣,而狱讼不生;有寇而战,则同心并力,而缓急不离。自秦、汉以来,法令峻急,使民乖其亲爱欢欣之心,而为邻里告讦之俗。富人子壮则出居,贫人子壮则出赘。一国之俗,而家各有法。一家之法,而人各有心。纷纷乎散乱而不相属,是以礼让之风息,而争斗之狱繁。天下无事,则务为欺诈相倾以自成。天下有变,则流徙涣散相弃以自存。嗟夫!秦、汉以下,天下何其多故而难治也!此无他,民不爱其身,则轻犯法。轻犯法,则王政不行。欲民之爱其身,则莫若使其父子亲、兄弟和、妻子相好。夫民仰以事父母,旁以睦兄弟,而俯以恤妻子。则其所赖于生者重,而不忍以其身轻犯法。三代之政,莫尚于此矣。

今欲教民和亲,则其道必始于宗族。臣欲复古之小宗,以收天下不相亲属之心。古者有大宗、有小宗。故《礼》曰:"别子为祖,继别为宗。继祢者为小宗。"有百世不迁之宗,有五世则迁之宗。百世不迁者,别子之后也。宗其继别子之所自出者,百世不迁者也。宗其继高祖者,五世则迁者也。古者诸侯之子弟,异姓之卿大夫,始有家者,不敢祢其父,而自使其嫡子后之,则为大宗。族人宗之,虽百世而宗子死,则为之服齐衰九月。故曰:"宗其继别子之所自出者,百世不迁者也。"别子之庶子,又不得祢别子,而自使其嫡子为后,则为小宗。小宗五世之外则无服。其继祢者,亲兄弟为之服。其继祖者,从兄弟为之服。其继曾祖者,再从兄弟为之服。其高祖者,三从兄弟为之服。其服大功九月。而高祖以外亲尽则易宗。故曰:"宗其继高祖者,五世则迁者也。"小宗四,有继高祖者,有继曾祖者,有继祖者,有继祢者,与大宗为五,此所谓五宗也。古者立宗之道,嫡子既为宗,则其庶子之嫡子又各为其庶子之宗。其法止于四,而其实无穷。自秦、汉以来,天下无世卿。大宗之法,不可以复立。而其可以收合天下之亲者,有小宗之法存,而莫之行,此甚可惜也。

今夫天下所以不重族者,有族而无宗也。有族而无宗,则族不可合。族不可合,则虽欲亲之而无由也。族人而不相亲,则忘其祖矣。今世之公卿大臣贤人君子之后,所以不能世其家如古之久远者,其族散而忘其祖也。故莫若复小宗,使族人相率而尊其宗子。宗子死,则为之加服,犯之则以其服坐。贫贱不敢轻,而富贵不敢以加之。冠婚必告,丧葬必赴。此非有所难行也。今夫良民之家,士大夫之族,亦未必无孝弟相亲之心,而族无宗子,莫为之纠率,其势不得相亲。是以世之人,有亲未尽而不相往来,冠婚不相告,死不相赴,而无知之民,遂至于父子异居,而兄弟相讼,然则王道何从而兴乎!

呜呼!世人之患,在于不务远见。古之圣人合族之法,近于迂阔,而行之期月,则望其有益。故夫小宗之法,非行之难,而在乎久而不怠也。天下之民,欲其忠厚和柔而易治,其必曰自小宗始矣。

《策别安万民六·去奸民》

【简介】

本篇中苏轼主张"去奸民",依法严惩小恶,防微杜渐。要纠察平素行为不轨的人,对不孝顺父母、不尊敬兄长的人,动辄打官司的人,还有累次犯罪的人,都要严惩不贷。

【原文】

其六曰去奸民。自昔天下之乱,必生于治平之日,休养生息,而奸民得容于其间,蓄而不发,以待天下之衅。至于时有所激,势有所乘,则溃裂四出,不终朝而毒流于天下。圣人知其然,是故严法禁,督官吏,以司察天下之奸民而去之。

夫大乱之本,必起于小奸。惟其小而不足畏,是故其发也常至于乱天下。今夫世人之所忧以为可畏者,必曰豪侠大盗。此不知变者之说也。天下无小奸,则豪侠大盗无以为资。且以治平无事之时,虽欲为大盗,将安所容其身?而其残忍贪暴之心无所发泄,则亦时出为盗贼,聚为博弈,群饮于市肆,而叫号于郊野。小者呼鸡逐狗,大者椎牛发冢,无所不至,捐父母,弃妻孥,而相与嬉游。凡此者,举非小盗也。天下有衅,锄櫌棘矜相率而剽夺者,皆向之小盗也。

昔三代之圣王,果断而不疑,诛除击去,无有遗类,所以拥护良民而使安其居。及至后世,刑法日以深严,而去奸之法,乃不及于三代。何者?待其败露,自入于刑而后去也。夫为恶而不入于刑者,固已众矣。有终身为不义,而其罪不可指名以附于法者。有巧为规避,持吏短长而不可诘者。又有因缘幸会而免者。如必待其自入于刑,则其所去者盖无几耳。昔周之制,民有罪恶未丽于法而害于州里者,桎梏而坐诸嘉石,重罪役之期,以次轻之。其下罪三月役,使州里任之,然后宥而舍之。其化之不从,威之不格,患苦其乡之民,而未入于五刑者,谓之罢民。凡罢民,不使冠带而加明刑,任之以事,而不齿于乡党。由是观之,则周之盛时,日夜整齐其人民,而锄去其不善。譬如猎人,终日驰驱践踩于草茅之中,搜求伏兔而搏之,不待其自投于纲罗而后取也。夫然后小恶不容于乡,大恶不容于国,礼乐之所以易化,而法禁之所以易行者,由此之故也。

今天下久安,天子以仁恕为心,而士大夫一切以宽厚为称上意,而懦夫庸人,又有所侥幸,务出罪人,外以邀雪冤之赏,而内以待阴德之报。臣是以知天下颇有不诛之奸,将为子孙忧。宜明敕天下之吏,使以岁时纠察凶民,而徙其尤无良者,不必待其自入于刑,而间则命使出按郡县,有子不孝、有弟不悌、好讼而数犯法者,皆诛无赦。诛一乡之奸,则一乡之人悦。诛一国之奸,则一国之人悦。要以诛寡而悦众,则虽尧舜亦如此而已矣。

天下有三患,而蛮夷之忧不与焉。有内大臣之变,有外诸侯之叛,有匹夫群起之祸,此三者其势常相持。内大臣有权,则外诸侯不叛。外诸侯强,则匹夫群起之祸不作。今者内无权臣,外无强诸侯,而万世之后,其尤可忧者,奸民也。臣故曰去奸民。以为安民之终云。

《韩非论》

【简介】

本文收录于《东坡全集》卷四十三,表达了苏轼推崇孔孟之道而不喜法家之论的价值取向,他认为推行苛刑者必然会祸及自身。

【原文】

圣人之所为恶夫异端尽力而排之者,非异端之能乱天下,而天下之乱所由出也。昔周之衰,有老聃、庄周、列御寇之徒,更为虚无淡泊之言,而治其猖狂浮游之说,纷纭颠倒,而卒归于无有。由其道者,荡然莫得其当,是以忘乎富贵之乐,而齐乎死生之分,此不得志于天下,高世远举之人,所以放心而无忧。虽非圣人之道,而其用意,固亦无恶于天下。自老聃之死百余年,有商鞅、韩非著书,言治天下无若刑名之贤,及秦用之,终于胜、广之乱,教化不足,而法有余,秦以不祀,而天下被其毒。后世之学者,知申、韩之罪,而不知老聃、庄周之使然。

何者？仁义之道,起于夫妇、父子、兄弟相爱之间；而礼法刑政之原,出于君臣上下相忌之际。相爱则有所不忍,相忌则有所不敢。夫不敢与不忍之心合,而后圣人之道得存乎其中。今老聃、庄周论君臣、父子之间,泛泛乎若萍浮于江湖而适相值也。夫是以父不足爱,而君不足忌。不忌其君,不爱其父,则仁不足以怀,义不足以劝,礼乐不足以化。此四者皆不足用,而欲置天下于无有。夫无有,岂诚足以治天下哉！商鞅、韩非求为其说而不得,得其所以轻天下而齐万物之术,是以敢为残忍而无疑。

今夫不忍杀人而不足以为仁,而仁亦不足以治民；则是杀人不足以为不仁,而不仁亦不足以乱天下。如此,则举天下唯吾之所为,刀锯斧钺,何施而不可？昔者夫子未尝一日敢易其言。虽天下之小物,亦莫不有所畏。今其视天下眇然若不足为者,此其所以轻杀人欤！

太史迁曰："申子卑卑,施于名实。韩子引绳墨,切事情,明是非,其极惨核少恩,皆原于道德之意。"尝读而思之,事固有不相谋而相感者,庄、老之后,其祸为申、韩。由三代之衰至于今,凡所以乱圣人之道者,其弊固已多矣,而未知其所终,奈何其不为之所也。

二、凤翔签判时期

苏轼修订衙规

【简介】

本文节选自苏辙《亡兄子瞻端明墓志铭》,收录在《栾城后集》卷二十二,《宋史·苏轼传》亦有简略记载。嘉祐六年(1061年),苏轼制科入三等后不久,就按进士第一的级别授予官职,被任命为大理评事签书凤翔府(今陕西省宝鸡市境内)判官。他根据察访的地方经验修改衙前役法的执行方案,让衙前自行选水工按时进送或停止投梳,避免木栿被黄河中的砥柱石撞破,减轻了百姓的负担。

【原文】

除大理评事,签书凤翔府判官。长吏意公文人,不以吏事责之,公尽心其职,老吏畏服。关中自元昊叛命,人贫役重,岐下岁以南山木栰,自渭入河,经底柱之险,衙前以破产者相继也。公遍问老校,曰:"木栰之害,本不至此,若河、渭未涨,操栰者以时进止,可无重费也,患其乘河、渭之暴,多方害之耳。"公即修衙规,使衙前得自择水工,栰行无虞。乃言于府,使得系籍,自是衙前之害减半。

苏轼减决囚犯

【简介】

本则故事收录于刘寅所作《苏轼全传·初试凤翔》,略作删节。嘉祐七年(1062年)二月,苏轼奉命前往凤翔府的属县减决囚禁,他有首五百言的长诗《壬寅二月,有诏令郡吏分往属县减决囚禁。自十三日受命出府至宝鸡、虢、郿、鳌厔四县。既毕事,因朝谒太平宫而宿于南溪溪堂,遂并南山而西,至楼观、大秦寺、延生观、仙游潭。十九日乃归。作诗五百言以记凡所经历者寄子由》,完整记述了这一时期的游览经历。此诗首句"远人罹水旱,王命释俘囚",解释了这一录囚起因是这些县遭遇了水灾。故事中所载虽然可能只是"小说家言",但结合苏轼历来对民生的体恤和对治狱的谨慎,也是另一种意义上的真实。

【原文】

六年二月,苏轼被派往诸县减决囚犯。这是例行的公事,算是朝廷对民间恩威并施的一种体现。一般官员行此公务,多有敷衍了事只顾交差的,胡乱放几个,也没人会来过问。不过苏轼往往做得挺认真,自凤翔开始,后至各地皆如此。牢狱在很大程度上呈现出民间灰暗的一面,除了凶恶之人,大抵也有被世间疾苦逼来触法的。后者一贯是苏轼关注的重点,减刑放免之外,他常能看出许多别的东西,也就是民间的症疾所在。苏轼在牢里设下公堂,仔细查看了罪状单子,又抽点了不少犯人。那牢里犯人多有苦衷,苏轼细细观察,发现因贫极而触法的不在少数。破产的商户、欠债的农人、走投无路的小偷小摸,肚子都填不饱,还如何守规矩?苏轼从不以法压人,他看见的多是些人之常情。如牢里有一老一少母女两个,看上去都不是什么坏人。苏轼问来,方知是家里男人欠了衙前赔款,没法还,索性自个儿藏了起来。官府来捉,老母妻子护着他,不肯交人。衙门便拿了这母女两个顶罪。类似的事情不少,于法有理,于情则无,苏轼酌情点了一长串名字,凡有些冤情的,或是欠债难还的,或是穷极了偷摸些钱粮的,一并都要放了。狱吏对着这长长的一张单子,心里多有些不悦,眼见苏轼是个年轻的新官儿,也便大着胆子说:"只怕是签判今日放了,明日我又得抓回来,白费了多少力气。"苏轼斜眼瞧着狱吏,只冷冷地说:"这些人你只管放,要能抓一半回来,我自去向太守请罪。"狱吏耷拉个脑袋,纵有百般不悦,也只得照办。苏轼转而也叮嘱那些囚徒:"你们回去好生劳作,没田的便往官府去请,都生着一双手,如何不能养活自己。"囚徒们自是千言万谢,对着苏轼拜了又拜,然而颇有几个心里还有些担忧,只道:"出去还要受那衙前役,或比这儿强不了多少。"苏轼反问他们:"若我解了那些衙前之害又如何?"囚徒们拍拍胸脑道:"莫说解了,只消让我们有条活路,鬼才会被抓连来。"苏轼见状,便激他们:"那咱们记下今日的话,且看谁先食言。""若真如签判所说,咱们决不食言!"众人齐声道,脸上显出兴奋之色。

一连走了十来天,沿途各县,苏轼如法炮制,放了许多囚犯。各处牢狱皆有些杂音,谓:"这新来的签判动作太大,怕是要出乱子。"但苏轼全然不管这些,回程路上心情舒畅,就着春色遍访太白山诸景,看上去颇为轻松。而梦得尚有些担忧,终于忍不住问了:"这一路各县您合着放了几百个囚徒,可真有把握?"苏轼捋捋胡子笑言:"问题在官而不在民。百姓若非走投无路,必不至于铤而走险。我料定这衙前役必有不公之处,你可随我同上终南山,去探个究竟。"

苏轼的自信是有理由的。几年前在眉州丁忧时,他也并未闲着,两眼盯着民间百态,也看出了许多端倪。北宋民间徭役颇多,且常有些不公的地方，官府懒于细思，也便使得许多东西将错就错。这其中大有可为之处。苏轼丁忧期间便仔细调查过家乡的民生问题，他亦拜访过益州太守王素，求他为蜀人减免赋税，言"有田者不敢望以为饱，有财者不敢望以为富"。所谓民间疾苦，大多逃不出这两句话。蜀地富饶尚且如此，而凤翔自不必多说。苏轼为官一贯朝着这个方向努力，故而他能积累下许多这方面的经验，并用之于民。

苏轼敢批山神

【简介】

本则故事收录于"苏门六君子"之一的李廌的《师友谈记》。治平二年（1065年），苏轼归京途中经过华山，随行士兵突然犯病，围观的当地人告诉苏轼这是山神发怒，让苏轼一行给山神上供，否则会有更严重的后果。苏轼去山神庙对着山神讲理，指责他不敢向位高权重的奸徒逞威，却对一个可能只有小错无伤大雅的小兵耍横，欺软怕硬。苏轼说完出门，没想到突然飞沙走石，苏轼冒风而行，有人劝苏轼给山神道歉，苏轼拒绝，认为祸福由天，自己问心无愧。不一会儿风就停了。从故事中不难看出苏轼对权贵的不屈，主张严于惩上，这在他稍后几年写作的《策别课百官一·厉法禁》中有比较清晰的表达，可参见本书上编第四章。这种态度也一直贯彻其整个为官生涯之中。

【原文】

公在凤翔罢官来京师，道自华岳，忽随行一兵遇祟甚狂，自褫衣巾。公使束缚之，而其巾自坠。人皆曰："此岳神之怒也。"公因谒祠，且曰："某昔之去无祈，今之回无祷，特以道出祠下，不敢不谒而已。随行一兵，狂妄遇祟，而居人曰'神之怒也'，未知果然否？此一小人如蚍虱耳，何足以烦神之威灵？纵此人有隐恶，则不可知；不然，以其懈怠失礼，或盗服御饮食等，小罪尔，何足责也，当置之度外。窃谓岳镇之重，所隶者广，其间强有力富贵者，盖有公为奸慝，神不敢往彼肆其威灵，而乃加怒一卒，无乃不可。某小官,一人病则一事缺,愿恕之可乎?非某愚直,谅神不闻此言。"出庙,马前一旋风突而出,忽作大风,震鼓天地,沙石惊飞。公曰:"神愈怒乎?吾不畏也!"冒风即行。风愈大,惟趁公行李,人马皆辟易,不可移足。或劝曰:"祷谢之。"公曰:"祸福,天也。神怒即怒,吾行不止,其如余何?"已而风止,竟无别事。

三、熙宁初年京中任职时期

《议学校贡举状》

【简介】

本文是苏轼于神宗熙宁二年(1069年)五月向神宗进言所作,收录于《东坡全集》卷五十一。书首写作熙宁四年(1071年),从《续资治通鉴长编拾补》改。苏轼认为,得人之道在于知人,而知人之法在于责实,即"君相有知人之才,朝廷有责实之政"。他针对当时所提倡的立学之说,认为庆历实行的新政已经实行,现在仅存空名,如果大率更改则劳民伤财,如果无大变动则将如庆历时的新政一样没有成效,因此建议因循旧制。苏轼也不赞成贡举改诗赋为策论、经义,因为"自政事言之,则诗赋、策论均为无用",无用之学还用来考试举子,自古就是这样实行的。从开始设立科举的隋唐至当时,"以诗赋为名臣者,不可胜数",所以从结果而言,没有必要改变现有的考试内容。苏轼此状表达了他一贯讲求的"任人"而非"变法",也提到当时佛老之说盛行,对士人的蛊惑不小,希望能在科举取士上做到"博通经术者,虽朴不废;稍涉浮诞者,虽工必黜"。神宗见此状颇有触动。

【原文】

熙宁四年正月日,殿中丞直史馆判官告院苏轼状奏:准敕讲求学校贡举利害,令臣等各具议状闻奏者。

右臣伏以得人之道,在于知人,知人之法,在于责实。使君相有知人之才,朝廷有责实之政,则胥史皂隶,未尝无人,而况于学校贡举乎?虽因今之法,臣以为有余。使君相无知人之才,朝廷无责实之政,则公卿侍从,常患无人,况学校贡举乎?虽复古之制,臣以为不足矣。

夫时有可否,物有废兴。方其所安,虽暴君不能废。及其既厌,虽圣人不能复。故风俗之变,法制随之。譬如江河之徙移,顺其所欲行而治之,则易为功;强其所不欲行而复之,则难为力。使三代圣人复生于今,其选举养才,亦必有道矣,何必由学?且天下固尝立学矣。庆历之间,以为太平可待,至于今日,惟有空名仅存。今陛下必欲求德行道艺之士,责九年大成之业,则将变今之礼,易今之俗,又当发民力以治宫室,敛民财以食游士,百里之内,置官立师,狱讼听于是,军旅谋于是,又当以时简不率教者,屏之远方,终身不齿,则无乃徒为纷乱,以患苦天下耶?若乃无大变改,而望有益于时,则与庆历之际何异?故臣以谓今之学校,特可因循旧制,使先王之旧物不废于吾世,足矣。

至于贡举之法,行之百年,治乱盛衰,初不由此。陛下视祖宗之世贡举之法,与今为孰精?言语文章,与今为孰优?所得文武长才,与今为孰多?天下之事,与今为孰办?较比四者,而长短之议决矣。今议者所欲变改,不过数端。或曰乡举德行而略文章;或曰专取策论而罢诗赋;或欲举唐室故事,兼采誉望,而罢封弥;或欲罢经生朴学,不用贴、墨,而考大义。此数者皆知其一,不知其二者也。

臣请历言之。夫欲兴德行,在于君人者修身以格物,审好恶以表俗,孟子所谓"君仁莫不仁,君义莫不义"。君之所向,天下趋焉。若欲设科立名以取之,则是教天下相率而为伪也。上以孝取人,则勇者割股,怯者庐墓。上以廉取人,则弊车羸马,恶衣菲食。凡可以中上意,无所不至矣。德行之弊,一至于此乎!自文章而言之,则策论为有用,诗赋为无益;自政事言之,则诗赋、策论均为无用矣。虽知其无用,然自祖宗以来莫之废者,以为设法取士,不过如此也。岂独吾祖宗,自古尧舜亦然。《书》曰:"敷奏以言,明试以功。"自古尧舜以来,进人何尝不以言,试人何尝不以功乎?议者必欲以策论定贤愚、决能否,臣请有以质之。近世士大夫文章华靡者，莫如杨亿。使杨亿尚在，则忠清鲠亮之士也，岂得以华靡少之？通经学古者，莫如孙复、石介，使孙复、石介尚在，则迂阔矫诞之士也，又可施之于政事之间乎？自唐至今，以诗赋为名臣者，不可胜数，何负于天下，而必欲废之！近世士人纂类经史，缀缉时务，谓之策括。待问条目，搜抉略尽，临时剽窃，窜易首尾，以眩有司，有司莫能辨也。且其为文也，无规矩准绳，故学之易成；无声病对偶，故考之难精。以易学之士，付难考之吏，其弊有甚于诗赋者矣。唐之通榜，故是弊法。虽有以名取人，厌伏众论之美，亦有贿赂公行，权要请托之害，至使恩去王室，权归私门，降及中叶，结为朋党之论。通榜取人，又岂足尚哉？诸科举取人，多出三路。能文者既已变而为进士，晓义者又皆去以为明经，其余皆朴鲁不化者也。至于人才，则有定分，施之有政，能否自彰。今进士日夜治经传，附之以子史，贯穿驰骛，可谓博矣。至于临政，曷尝用其一二？顾视旧学，已为虚器，而欲使此等分别注疏，粗识大义，而望其才能增长，亦已疏矣。

臣故曰：此数者皆知其一，而不知其二也。特愿陛下留意其远者大者。必欲登俊良，黜庸回，总览众才，经略世务，则在陛下与二三大臣，下至诸路职司与良二千石耳，区区之法何预焉！然臣窃有私忧过计者，敢不以告。昔王衍好老庄，天下皆师之，风俗凌夷，以至南渡。王缙好佛，舍人事而修异教，大历之政，至今为笑。故孔子罕言命，以为知者少也。子贡曰："夫子之文章，可得而闻也。夫子之言性与天道，不可得而闻也。"夫性命之说，自子贡不得闻，而今之学者，耻不言性命，此可信也哉！今士大夫至以佛老为圣人，鬻书于市者，非庄老之书不售也。读其文，浩然无当而不可穷；观其貌，超然无著而不可挹，岂此真能然哉？盖中人之性，安于放而乐于诞耳。使天下之士，能如庄周齐死生，一毁誉，轻富贵，安贫贱，则人主之名器爵禄，所以砺世摩钝者，废矣。陛下亦安用之？而况其实不能，而窃取其言以欺世者哉？臣愿陛下明敕有司，试之以法言，取之以实学。博通经术者，虽朴不废；稍涉浮诞者，虽工必黜。则风俗稍厚，学术近正，庶几得忠实之士，不至蹈衰季之风，则天下幸甚。谨录奏闻，伏候敕旨。

制策登科者不得与馆职

【简介】

本则故事收录于南宋胡仔纂集的《苕溪渔隐丛话·后集》卷十九。熙宁二年(1069年)八月中,苏轼为试官,命题隐隐有讽刺神宗专任王安石(字介甫)的意思,而后其弟苏辙任职条例司时对变法政策的反对更加剧了王安石对兄弟俩的不满。苏轼制科考取第三等,当时任职史馆,司马光称王安石制定"制策登科者不得与馆职"的规定就是针对他们兄弟的。事实上,神宗想任命苏轼来修起居注也确实被王安石阻挠,苏轼很快就领职事任开封府推官。

【原文】

《司马文正公日录》云:"介甫初为政,每赞上以独断,上专信任之。苏轼为开封试官,策问进士以'晋武平吴以独断而克,苻坚伐晋以独断而亡,齐桓专任管仲而霸,燕哙专任子之而败,事同而功异,何也'。介甫见之不悦。轼弟辙辞条例司,言青苗不便,介甫尤怒,乃定制策登科者不得与馆职,皆送审官与合入差遣,以轼、辙兄弟故也。"

《上皇帝书》

【简介】

本文又称《上神宗皇帝万言书》,是苏轼于神宗熙宁二年(1069年)十二月向神宗进言所作,收录于《东坡全集》卷五十一,上编多章都曾加以讨论。书首写作熙宁四年(1071年),从《续资治通鉴长编拾补》改。

本文全面地阐释了苏轼对王安石变法策略的反对和担忧,表达了自己希望神宗能够深思熟虑,"徐为之图"地渐进改革,"欲去积弊而立法,必使宰相熟议而后行"。对于总览改革事宜的新设机构"制置三司条例司",苏轼对参与其中并无太多政治经历的人能制定可行改革措施表示怀疑,"招来新进勇锐之人,以图一切速成之效,未享其利,浇风已成"。

并且认为其行事程序不够正当,容易引起混乱,"事若不由中书,则是乱世之法",无法达到兴利除弊的初衷,建议罢制。而针对均输、保甲、青苗、免役等具体的改革措施,苏轼参照史实,认为或者得不偿失,或者难免流于空文,请皇帝谨慎施行。

当然苏轼也不是一味地完全反对变革,对于能解决北宋冗官的措施,如裁减皇族恩例、刊定任子条式等符合其父与他本人一贯主张的变革,他在文中也表示了支持。

【原文】

熙宁四年二月某日,殿中丞直史馆判官告院权开封府推官臣苏轼,谨昧万死,再拜上书皇帝陛下。臣近者不度愚贱,辄上封章言买灯事。自知渎犯天威,罪在不赦,席藁私室,以待斧钺之诛,而侧听逾旬,威命不至。问之府司,则买灯之事,寻已停罢。乃知陛下不惟赦之,又能听之,惊喜过望,以至感泣。何者?改过不吝,从善如流,此尧舜禹汤之所勉强而力行,秦汉以来之所绝无而仅有。顾此买灯毫发之失,岂能上累日月之明?而陛下翻然改命,曾不移刻,则所谓智出天下,而听于至愚;威加四海,而屈于匹夫。臣今知陛下可与为尧舜,可与为汤武,可与富民而措刑,可与强兵而伏戎虏矣。有君如此,其忍负之!惟当披露腹心,捐弃肝脑,尽力所至,不知其它。乃者,臣亦知天下之事,有大于买灯者矣,而独区区以此为先者。盖未信而谏,圣人不与;交浅言深,君子所戒。是以试论其小者,而其大者固将有待而后言。今陛下果赦而不诛,则是既已许之矣。许而不言,臣则有罪,是以愿终言之。

臣之所欲言者三,愿陛下结人心、厚风俗、存纪纲而已。

人莫不有所恃,人臣恃陛下之命,故能役使小民;恃陛下之法,故能胜服强暴。至于人主所恃者谁与?《书》曰:"予临兆民,凛乎若朽索之驭六马。"言天下莫危于人主也。聚则为君民,散则为仇雠,聚散人间,不容毫厘。故天下归往谓之王,人各有心谓之独夫。由此观之,人主之所恃者,人心而已。人心之于人主也,如木之有根,如灯之有膏,如鱼之有水,如农夫之有田,如商贾之有财。木无根则槁,灯无膏则灭,鱼无水则死,农夫无田则饥,商贾无财则贫,人主失人心则亡。此必然之理,不可逭之灾也。其为可畏,从古以然。苟非乐祸好亡,狂易丧志,则孰敢肆其胸臆,轻犯人心?昔子产焚《载书》以弭众言,赂伯石以安巨室,以为众怒难犯,专欲难成。而子夏亦曰:"信,而后劳其民;未信,则以为厉己也。"唯商鞅变法,不顾人言,虽能骤致富强,亦以召怨天下,使其民知利而不知义,见刑而不见德,虽得天下,旋踵而失也。至于其身,亦卒不免,负罪出走,而诸侯不纳,车裂以徇,而秦人莫哀。君臣之间,岂愿如此?宋襄公虽行仁义,失众而亡。田常虽不义,得众而强。是以君子未论行事之是非,先观众心之向背。谢安之用诸桓未必是,而众之所乐,则国以义安。庾亮之召苏峻未必非,而势有不可,则反为危辱。自古及今,未有和易同众而不安,刚果自用而不危者也。

今陛下亦知人心之不悦矣。中外之人,无贤不肖,皆言祖宗以来,治财用者不过三司使副判官,经今百年,未尝阙事。今者无故又创一司,号曰制置三司条例。使六七少年日夜讲求于内,使者四十余辈,分行营干于外,造端宏大,民实惊疑,创法新奇,吏皆惶惑。贤者则求其说而不可得,未免于忧;小人则以其意而度朝廷,遂以为谤。谓陛下以万乘之主而言利,谓执政以天子之宰而治财,商贾不行,物价腾踊。近自淮甸,远及川蜀,喧传万口,论说百端。或言京师正店,议置监官,夔路深山,当行酒禁,拘收僧尼常住,减刻兵吏廪禄,如此等类,不可胜言。而甚者至以为欲复肉刑。斯言一出,民且狼顾。陛下与二三大臣,亦闻其语矣。然而莫之顾者,徒曰我无其事,又无其意,何恤于人言。夫人言虽未必皆然,而疑似则有以致谤。人必贪财也,而后人疑其盗。人必好色也,而后人疑其淫。何者?未置此司,则无此谤,岂去岁之人皆忠厚,而今岁之人皆虚浮?孔子曰:"工欲善其事,必先利其器。"又曰:"必也正名乎。"今陛下操其器而讳其事,有其名而辞其意,虽家置一喙以自解,市列千金以购人,人必不信,谤亦不止。夫制置三司条例司,求利之名也。六七少年与使者四十余辈,求利之器也。驱鹰犬而赴林薮,语人曰,我非猎也。不如放鹰犬而兽自驯。操网罟而入江湖,语人曰,我非渔也,不如捐网罟而人自信。故臣以为消谗慝以召和气，复人心而安国本，则莫若罢制置三司条例司。

夫陛下之所以创此司者，不过以兴利除害也。使罢之而利不兴，害不除，则勿罢。罢之而天下悦，人心安，兴利除害，无所不可，则何苦而不罢？陛下欲去积弊而立法，必使宰相熟议而后行。事若不由中书，则是乱世之法，圣君贤相，夫岂其然？必若立法不免由中书，熟议不免使宰相，则此司之设，无乃冗长而无名。智者所图，贵于无迹。汉之文、景，《纪》无可书之事；唐之房、杜，《传》无可载之功，而天下之言治者与文、景，言贤者与房、杜。盖事已立而迹不见，功已成而人不知。故曰：善用兵者，无赫赫之功。岂惟用兵，事莫不然。今所图者，万分未获其一也，而迹之布于天下，已若泥中之斗兽，亦可谓拙谋矣。陛下诚欲富国，择三司官属与漕运使副，而陛下与二三大臣，孜孜讲求，磨以岁月，则积弊自去而人不知。但恐立志不坚，中道而废。孟子有言："其进锐者其退速。"若有始有卒，自可徐徐，十年之后，何事不立？孔子曰："欲速则不达，见小利则大事不成。"使孔子而非圣人，则此言亦不可用。《书》曰："谋及卿士，至于庶人。翕然大同，乃底元吉。"若违多而从少，则静吉而作凶。今上自宰相大臣，既已辞免不为，则外之议论，断亦可知。宰相，人臣也，且不欲以此自污，而陛下独安受其名而不辞，非臣愚之所识也。君臣宵旰，几一年矣，而富国之效，茫如捕风，徒闻内帑出数百万缗，祠部度五千余人耳。以此为术，其谁不能。

且遣使纵横，本非令典。汉武遣绣衣直指，桓帝遣八使，皆以守宰狼籍，盗贼公行，出于无术，行此下策。宋文帝元嘉之政，比于文、景，当时责成郡县，未尝遣使。及至孝武，以为郡县迟缓，始命台使督之，以至萧齐，此弊不革。故景陵王子良上疏，极言其事，以为此等朝辞禁门，情态即异，暮宿村县，威福便行，驱追邮传，折辱守宰，公私劳扰，民不聊生。唐开元中，宇文融奏置劝农判官使裴宽等二十九人，并摄御史，分行天下，招携户口，检责漏田。时张说、杨玚、皇甫璟、杨相如皆以为不便，而相继罢黜。虽得户八十余万，皆州县希旨，以主为客，以少为多。及使百官集议都省，而公卿以下，惧融威势，不敢异辞。陛下试取其《传》而读之，观其所行,为是为否? 近者均税宽恤,冠盖相望,朝廷亦旋觉其非,而天下至今以为谤。曾未数岁,是非较然。臣恐后之视今,亦犹今之视昔。且其所遣,尤不适宜。事少而员多,人轻而权重。夫人轻而权重,则人多不服,或致侮慢以兴争。事少而员多,则无以为功,必须生事以塞责。陛下虽严赐约束,不许邀功,然人臣事君之常情,不从其令而从其意。今朝廷之意,好动而恶静,好同而恶异,指趣所在,谁敢不从? 臣恐陛下赤子,自此无宁岁矣。

至于所行之事,行路皆知其难。何者? 汴水浊流,自生民以来,不以种稻。秦人之歌曰:"泾水一石,其泥数斗。且溉且粪,长我禾黍。"何尝言长我粳稻耶? 今欲陂而清之,万顷之稻,必用千顷之陂,一岁一淤,三岁而满矣。陛下遽信其说,即使相视地形,万一官吏苟且顺从,真谓陛下有意兴作,上糜帑廪,下夺农时,堤防一开,水失故道,虽食议者之肉,何补于民。天下久平,民物滋息,四方遗利,盖略尽矣。今欲凿空访寻水利,所谓即鹿无虞,岂惟徒劳,必大烦扰。凡有擘画利害,不问何人,小则随事酬劳,大则量才录用。若官私格沮,并重行黜降,不以赦原。若材力不办兴修,便许申奏替换,赏可谓重,罚可谓轻。然并终不言诸色人妄有申陈或官私误兴工役,当得何罪。如此,则妄庸轻剽,浮浪奸人,自此争言水利矣。成功则有赏,败事则无诛。官司虽知其疏,岂可便行抑退? 所在追集老少,相视可否,吏卒所过,鸡犬一空。若非灼然难行,必须且为兴役。何则? 格沮之罪重,而误兴之过轻。人多爱身,势必如此。且古陂废堰,多为侧近冒耕,岁月既深,已同永业,苟欲兴复,必尽追收,人心或摇,甚非善政。又有好讼之党,多怨之人,妄言某处可作陂渠,规坏所怨田产,或指人旧业,以为官陂,冒佃之讼,必倍今日。臣不知朝廷本无一事,何苦而行此哉。

自古役人,必用乡户,犹食之必用五谷,衣之必用丝麻,济川之必用舟楫,行地之必用牛马,虽其间或有以他物充代,然终非天下所可常行。今者徒闻江浙之间,数郡雇役,而欲措之天下,是犹见燕晋之枣栗,岷蜀之蹲鸱,而欲以废五谷,岂不难哉! 又欲官卖所在坊场,以充衙前雇直,虽有长役,更无酬劳。长役所得既微,自此必渐衰散,则州郡事体,憔悴可知。士大夫捐亲戚,弃坟墓,以从宦于四方者,宣力之余,亦欲取乐,此人之至情也。若凋弊太甚,厨传萧然,则似危邦之陋风,恐非太平之盛观。陛下诚虑及此,必不肯为。且今法令莫严于御军,军法莫严于逃窜,禁军三犯,厢军五犯,大率处死。然逃军常半天下,不知雇人为役,与厢军何异? 若有逃者,何以罪之? 其势必轻于逃军,则其逃必甚于今日,为其官长,不亦难乎? 近者虽使乡户颇得雇人,然而所雇逃亡,乡户犹任其责。今遂欲于两税之外,别立一科,谓之庸钱,以备官雇。则雇人之责,官所自任矣。自唐杨炎废租庸调以为两税,取大历十四年应干赋敛之数,以定两税之额,则是租调与庸,两税既兼之矣。今两税如故,奈何复欲取庸? 圣人之立法,必虑后世,岂可于两税之外,别出科名哉! 万一不幸,后世有多欲之君,辅之以聚敛之臣,庸钱不除,差役仍旧,使天下怨谤,推所从来,则必有任其咎者矣。又欲使坊郭等第之民,与乡户均役,品官形势之家,与齐民并事。其说曰:"《周礼》田不耕者出屋粟,宅不毛者有里布。而汉世宰相之子,不免戍边。"此其所以藉口也。古者官养民,今者民养官。给之以田而不耕,劝之以农而不力,于是乎有里布屋粟夫家之征。今民无以为生,去为商贾,事势当尔,何名役之? 且一岁之戍,不过三日,三日之雇,其直三百。今世三大户之役,自公卿以降,毋得免者,其费岂特三百而已。大抵事若可行,不必皆有故事。若民所不悦,俗所不安,纵有经典明文,无补于怨。若行此二者,必怨无疑。女户单丁,盖天民之穷者也。古之王者,首务恤此。而今陛下首欲役之,此等苟非户将绝而未亡,则是家有丁而尚幼。若假之数岁,则必成丁而就役,老死而没官。富有四海,忍不加恤?

孟子曰:"始作俑者,其无后乎?"《春秋》书"作丘甲""用田赋",皆重其始为民患也。青苗放钱,自昔有禁。今陛下始立成法,每岁常行,虽云不许抑配,而数世之后,暴君污吏,陛下能保之欤? 异日天下恨之,国史记之曰:青苗钱自陛下始,岂不惜哉! 且东南买绢,本用见钱,陕西粮草,不许折兑。朝廷既有著令,职司又每举行。然而买绢未尝不折盐,粮草未尝不折钞,乃知青苗不许抑配之说,亦是空文。只如治平之初,拣刺义勇,当时诏旨慰谕,明言永不戍边,著在简书,有如盟约。于今几日,议论已摇,或以代还东军,或欲抵换弓手,约束难恃,岂不明哉。纵使此令决行,果不抑配,计其间愿请之户,必皆孤贫不济之人。家若自有赢余,何至与官交易?此等鞭挞已急,则继之逃亡,逃亡之余,则均之邻保。势有必至,理有固然。且夫常平之为法也,可谓至矣,所守者约,而所及者广。借使万家之邑,止有千斛,而谷贵之际,千斛在市,物价自平。一市之价既平,一邦之食自足,无操瓢乞丐之弊,无里正催驱之劳。今若变为青苗,家贷一斛,则千户之外,孰救其饥?且常平官钱,常患其少,若尽数收籴,则无借贷,若留充借贷,则所籴几何?乃知常平青苗,其势不能两立,坏彼成此,所丧愈多,亏官害民,虽悔何逮?臣窃计陛下欲考其实,则必亦问人,人知陛下方欲力行,必谓此法有利无害。以臣愚见,恐未可凭。何以明之?臣顷在陕西,见刺义勇,提举诸县,臣尝亲行,愁怨之民,哭声振野。当时奉使还者,皆言民尽乐为。希合取容,自古如此。不然,则山东之盗,二世何缘不觉?南诏之败,明皇何缘不知?今虽未至于此,亦望陛下审听而已。

昔汉武之世,财力匮竭,用贾人桑弘羊之说,买贱卖贵,谓之均输。于时商贾不行,盗贼滋炽,几至于乱。孝昭既立,学者争排其说,霍光顺民所欲,从而予之,天下归心,遂以无事。不意今者此论复兴。立法之初,其说尚浅,徒言徙贵就贱,用近易远。然而广置官属,多出缗钱,豪商大贾,皆疑而不敢动,以为虽不明言贩卖,然既已许之变易,变易既行,而不与商贾争利者,未之闻也。夫商贾之事,曲折难行,其买也先期而与钱,其卖也后期而取直,多方相济,委曲相通,倍称之息,由此而得。今官买是物,必先设官置吏,簿书廪禄,为费已厚。非良不售,非贿不行,是以官买之价,比民必贵。及其卖也,弊复如前,商贾之利,何缘而得?朝廷不知虑此,乃捐五百万缗以予之。此钱一出,恐不可复。纵使其间薄有所获,而征商之额,所损必多。今有人为其主牧牛羊,不告其主,而以一牛易五羊。一牛之失,则隐而不言,五羊之获,则指为劳绩。陛下以为坏常平而言青苗之功,亏商税而取均输之利,何以异此?

陛下天机洞照,圣略如神,此事至明,岂有不晓？必谓已行之事,不欲中变,恐天下以为执德不一,用人不终,是以迟留岁月,庶几万一,臣窃以为过矣。古之英主,无出汉高。郦生谋挠楚权,欲复六国,高祖曰善,趣刻印。及闻留侯之言,吐哺而骂之曰:"趣销印。"夫称善未几,继之以骂,刻印、销印,有同儿戏。何尝累高祖之知人？适足明圣人之无我。陛下以为可而行之,知其不可而罢之,至圣至明,无以加此。议者必谓民可与乐成,难与虑始,故劝陛下坚执不顾,期于必行。此乃战国贪功之人,行险侥幸之说。陛下若信而用之,则是徇高论而逆至情,持空名而邀实祸,未及乐成,而怨已起矣。臣之所愿结人心者,此之谓也。

士之进言者,为不少矣,亦尝有以国家之所以存亡、历数之所以长短告陛下者乎？夫国家之所以存亡者,在道德之浅深,不在乎强与弱；历数之所以长短者,在风俗之厚薄,不在乎富与贫。道德诚深,风俗诚厚,虽贫且弱,不害于长而存。道德诚浅,风俗诚薄,虽强且富,不救于短而亡。人主知此,则知所轻重矣。是以古之贤君,不以弱而忘道德,不以贫而伤风俗,而智者观人之国,亦以此而察之。齐至强也,周公知其后必有篡弑之臣。卫至弱也,季子知其后亡。吴破楚入郢,而陈大夫逢滑知楚之必复。晋武既平吴,何曾知其将乱。隋文既平陈,房乔知其不久。元帝斩郅支,朝呼韩,功多于武、宣矣,偷安而王氏之衅生。宣宗收燕赵,复河湟,力强于宪、武矣,消兵而庞勋之乱起。故臣愿陛下务崇道德而厚风俗,不愿陛下急于有功而贪富强。使陛下富如隋,强如秦,西取灵武,北取燕蓟,谓之有功可也,而国之长短,则不在此。夫国之长短,如人之寿夭,人之寿夭在元气,国之长短在风俗。世有尫羸而寿考,亦有盛壮而暴亡。若元气犹存,则尫羸而无害。及其已耗,则盛壮而愈危。是以善养生者,慎起居,节饮食,导引关节,吐故纳新。不得已而用药,则择其品之上、性之良,可以久服而无害者,则五脏和平而寿命长。不善养生者,薄节慎之功,迟吐纳之效,厌上药而用下品,伐真气而助强阳,根本已空,僵仆无日。天下之势,与此无殊。故臣愿陛下爱惜风俗,如护元气。

古之圣人,非不知深刻之法可以齐众,勇悍之夫可以集事,忠厚近于迂阔,老成初若迟钝。然终不肯以彼而易此者,知其所得小而所丧大也。曹参,贤相也,曰慎无扰狱市。黄霸,循吏也,曰治道去泰甚。或讥谢安以清谈废事,安笑曰,秦用法吏,二世而亡。刘晏为度支,专用果锐少年,务在急速集事,好利之党,相师成风。德宗初即位,擢崔祐甫为相。祐甫以道德宽大,推广上意,故建中之政,其声翕然,天下想望,庶几贞观。及卢杞为相,讽上以刑名整齐天下,驯致浇薄,以及播迁。我仁祖之驭天下也,持法至宽,用人有叙,专务掩覆过失,未尝轻改旧章。然考其成功,则曰未至,以言乎用兵,则十出而九败,以言乎府库,则仅足而无余。徒以德泽在人,风俗知义。是以升遐之日,天下如丧考妣,社稷长远,终必赖之。则仁祖可谓知本矣。今议者不察,徒见其末年吏多因循,事不振举,乃欲矫之以苛察,齐之以智能,招来新进勇锐之人,以图一切速成之效,未享其利,浇风已成。且大时不齐,人谁无过?国君贪垢,至察无徒。若陛下多方包容,则人材取次可用。必欲广置耳目,务求瑕疵,则人不自安,各图苟免,恐非朝廷之福,亦岂陛下所愿哉?汉文欲拜虎圈啬夫,释之以为利口伤俗。今若以口舌捷给而取士,以应对迟钝而退人,以虚诞无实为能文,以矫激不仕为有德,则先王之泽,遂将散微。

自古用人,必须历试。虽有卓异之器,必有已成之功,一则使其更变而知难,事不轻作,一则待其功高而望重,人自无辞。昔先主以黄忠为后将军,而诸葛亮忧其不可,以为忠之名望,素非关、张之伦,若班爵遽同,则必不悦,其后关羽果以为言。以黄忠豪勇之姿,以先主君臣之契,尚复虑此,况其他乎?世常谓汉文不用贾生,以为深恨。臣尝推究其旨,窃谓不然。贾生固天下之奇才,所言亦一时之良策。然请为属国欲以系单于,则是处士之大言,少年之锐气。昔高祖以三十万众困于平城,当时将相群臣,岂无贾生之比?三表五饵,人知其疏,而欲以困中行说,尤不可信矣。兵,凶器也,而易言之,正如赵括之轻秦,李信之易楚。若文帝亟用其说,则天下殆将不安。使贾生尝历艰难,亦必自悔其说,施之晚岁,其术必精,不幸丧亡,非意所及。不然,文帝岂弃材之主?绛、灌岂蔽贤之士?至于晁错,尤号刻薄,文帝之世,止于太子家令,而景帝既立,以为御史大夫,申屠嘉贤相,发愤而死,纷更政令,天下骚然。及至七国发难,而错之术亦穷矣。文、景优劣,于斯可见。大抵名器爵禄,人所奔趋,必使积劳而后迁,以明持久而难得,则人各安其分,不敢躁求。今若多开骤进之门,使有意外之得,公卿侍从,跬步可图,其得者既不肯以侥幸自名,则其不得者必皆以沉沦为恨。使天下常调,举生妄心,耻不若人,何所不至? 欲望风俗之厚,岂可得哉。选人之改京官,常须十年以上,荐更险阻,计析毫厘。其间一事聱牙,常至终身沦弃。今乃以一言之荐,举而与之,犹恐未称,章服随至。使积劳久次而得者,何以厌服哉? 夫常调之人,非守则令,员多阙少,久已患之,不可复开多门以待巧进。若巧者侵夺已甚,则拙者迫怵无聊,利害相形,不得不察。故近岁朴拙之人愈少,而巧佞之士益多。惟陛下重之惜之,哀之救之。如近日三司献言,使天下郡选一人,催驱三司文字,许之先次指射以酬其劳,则数年之后,审官吏部,又有三百余人得先占阙,常调待次,不其愈难? 此外勾当发运均输,按行农田水利,已振监司之体,各怀进用之心,转对者望以称旨而骤迁,奏课者求为优等而速化,相胜以力,相高以言,而名实乱矣。惟陛下以简易为法,以清净为心,使奸无所缘,而民德归厚。臣之所愿厚风俗者,此之谓也。

古者建国,使内外相制,轻重相权。如周如唐,则外重而内轻。如秦如魏,则外轻而内重。内重之弊,必有奸臣指鹿之患。外重之弊,必有大国问鼎之忧。圣人方盛而虑衰,常先立法以救弊。我国家租赋籍于计省,重兵聚于京师,以古揆今,则似内重。恭惟祖宗所以深计而预虑,固非小臣所能臆度而周知。然观其委任台谏之一端,则是圣人过防之至计。历观秦、汉以及五代,谏诤而死,盖数百人。而自建隆以来,未尝罪一言者,纵有薄责,旋即超升。许以风闻,而无官长。风采所系,不问尊卑。言及乘舆,则天子改容;事关廊庙,则宰相待罪。故仁宗之世,议者讥宰相但奉行台谏风旨而已。圣人深意,流俗岂知? 台谏固未必皆贤,所言亦未必皆是,然须养其锐气而借之重权者,岂徒然哉? 将以折奸臣之萌,而救内重之弊也。夫奸臣之始,以台谏折之而有余,及其既成,以干戈取之而不足。今法令严密,朝廷清明,所谓奸臣,万无此理。然而养猫所以去鼠,不可以无鼠而养不捕之猫。畜狗所以防奸,不可以无奸而畜不吠之狗。陛下得不上念祖宗设此官之意,下为子孙立万一之防,朝廷纪纲,孰大于此?

臣自幼小所记,及闻长老之谈,皆谓台谏所言,常随天下公议。公议所与,台谏亦与之;公议所击,台谏亦击之。及至英庙之初,始建称亲之议,本非人主大过,亦无礼典明文,徒以众心未安,公议不允,当时台谏,以死争之。今者物论沸腾,怨讟交至,公议所在,亦可知矣,而相顾不发,中外失望。夫弹劾积威之后,虽庸人亦可奋扬;风采消委之余,虽豪杰有所不能振起。臣恐自兹以往,习惯成风,尽为执政私人,以致人主孤立。纪纲一废,何事不生?孔子曰:"鄙夫可与事君也欤?其未得之也,患得之;既得之,患失之。苟患失之,无所不至矣。"臣始读此书,疑其太过,以为鄙夫之患失,不过备位而苟容。及观李斯忧蒙恬之夺其权,则立二世以亡秦;卢杞忧李怀光之数其恶,则误德宗以再乱。其心本生于患失,而其祸乃至于丧邦。孔子之言,良不为过。是以知为国者,平居必常有忘躯犯颜之士,则临难庶几有徇义守死之臣。若平居尚不能一言,则临难何以责其死节?人臣苟皆如此,天下亦曰殆哉。君子和而不同,小人同而不和。和如和羹,同如济水。孙宝有言:"周公上圣,召公大贤,犹不相悦,著于经典。两不相损。"晋之王导,可谓元臣,每与客言,举坐称善,而王述不悦,以为人非尧舜,安得每事尽善,导亦敛衽谢之。若使言无不同,意无不合,更唱迭和,何者非贤?万一有小人居其间,则人主何缘知觉?臣之所愿存纪纲者,此之谓也。

臣非敢历诋新政,苟为异论。如近日裁减皇族恩例、刊定任子条式、修完器械、阅习鼓旗,皆陛下神算之至明,乾刚之必断,物议既允,臣安敢有词。至于所献之三言,则非臣之私见,中外所病,其谁不知?昔禹戒舜曰:"无若丹朱傲,惟慢游是好。"舜岂有是哉!周公戒成王曰:"毋若商王,受之迷乱,酗于酒德。"成王岂有是哉!周昌以汉高为桀、纣,刘毅以晋武为桓、灵,当时人君,曾莫之罪,而书之史册,以为美谈。使臣所献三言,皆朝廷未尝有此,则天下之幸,臣与有焉。若有万一似之,则陛下安可不察？然而臣之为计，可谓愚矣。以蝼蚁之命，试雷霆之威，积其狂愚，岂可数赦？大则身首异处，破坏家门，小则削籍投荒，流离道路。虽然，陛下必不为此。何也？臣天赋至愚，笃于自信。向者与议学校贡举，首违大臣本意，已期窜逐，敢意自全。而陛下独然其言，曲赐召对，从容久之，至谓臣曰："方今政令得失安在？虽朕过失，指陈可也。"臣即对曰："陛下生知之性，天纵文武，不患不明，不患不勤，不患不断，但患求治太速，进人太锐，听言太广。"又俾具述所以然之状。陛下颔之曰："卿所献三言，朕当熟思之。"臣之狂愚，非独今日，陛下容之久矣。岂其容之于始而不赦之于终？恃此而言，所以不惧。臣之所惧者，讥刺既众，怨仇实多，必将诋臣以深文，中臣以危法，使陛下虽欲赦臣而不可得，岂不殆哉！死亡不辞，但恐天下以臣为戒，无复言者，是以思之经月，夜以继书，表成复毁，至于再三。感陛下听其一言，怀不能已，卒吐其说。惟陛下怜其愚忠而幸赦之，不胜俯伏待罪忧恐之至。

《再上皇帝书》

【简介】

熙宁三年（1070年）二月，苏轼再向神宗进言时作本文，收录于《东坡全集》卷五十一。苏轼在书中谈及去年新法施行后民怨沸腾，希望神宗罢条例司。后文主要针对免役法和青苗法，认为这无助于民生，也不建议神宗皇帝在三路暂时试行新法。

【原文】

熙宁四年三月某日，殿中丞直史馆判官告院权开封府推官臣苏轼，谨昧万死再拜上书皇帝陛下。臣闻之，益戒于禹曰："任贤勿贰，去邪勿疑。"仲虺言汤之德曰："用人惟己，改过不吝。"秦穆丧师于殽，悔痛自誓，孔子录之。自古聪明豪杰之主，如汉高帝、唐太宗，皆以受谏如流，改过不惮，号为秦汉以来百王之冠也。孔子曰："君子之过，如日月之食焉。过也，人皆见之；更也，人皆仰之。"圣贤举动，明白正直，不当如是耶？所用之人，有邪有正。所作之事，有是有非。是非邪正，两言而足，正则用之，邪则去之，是则行之，非则破之。此理甚明，犹饥之必食，渴之必饮，岂有别生义理，曲加粉饰，而能欺天下哉！《书》曰："与治同道，罔不兴；与乱同事，罔不亡。"陛下自去岁以来，所行新政，皆不与治同道。立条例司，遣青苗使，敛助役钱，行均输法，四海骚动，行路怨咨。自宰相以下，皆知其非而不敢争。臣愚蠢不识忌讳，乃者上疏论之详矣，而学术浅陋，不足以感动圣明。近者故相旧臣，藩镇侍从，杂然争言不便，以至台谏二三人者，本其所与缔交唱和表里之人也，然犹不免一言其非者，岂非物议沸腾，事势迫切，而不可止欤？自非见利忘义居之不疑者，孰肯终始胶固，不自湔洗？如吴师孟乞免提举，胡宗愈不愿检详，如逃垢秽，惟恐不脱。人情畏恶，一至于此。近者中外喧言，陛下已有悔悟意，道路相庆，如蒙大赉，实望陛下于旬日之间，涣发德音，洗荡乖僻，追还使者，而罢条例司。今者侧听所为，盖不过使监司体量抑配而已，比之未悟，所较几何。此孟子所谓知兄臂之不可紾，而姑劝以徐。知邻鸡之不可攘，而月取其一。帝王改过，岂如是哉？

　　臣又闻陛下以为此法且可试之三路。臣以为此法，譬之医者之用毒药，以人之死生，试其未效之方。三路之民，岂非陛下赤子，而可试以毒药乎！今日之政，小用则小败，大用则大败，若力行而不已，则乱亡随之。臣非敢过为危论，以耸动陛下也。自古存亡之所寄者，四人而已，一曰民，二曰军，三曰吏，四曰士，此四人者一失其心，则足以生变。今陛下一举而兼犯之。青苗、助役之法行，则农不安；均输之令出，则商贾不行，而民始忧矣。并省诸军，迫逐老病，至使戍兵之妻，与士卒杂处其间，贬杀军分，有同降配，迁徙淮甸，仅若流放，年近五十，人人怀忧，而军始怨矣。内则不取谋于元臣侍从，而专用新进小生，外则不责成于守令监司，而专用青苗使者，多置闲局，以摈老成，而吏始解体矣。陛下临轩选士，天下谓之龙飞榜，而进士一人首削旧恩，示不复用。所削者一人而已，然士莫不怅恨者，以陛下有厌薄其徒之意也。今用事者，又欲渐消进士，纯取明经，虽未有成法，而小人招权，自以为功，更相扇摇，以谓必行，而士始失望矣。

今进士半天下,自二十以上,便不能诵记注义为明经之学,若法令一更,则士各怀废弃之忧,而人材短长,终不在此。昔秦禁挟书,而诸生皆抱其业以归胜、广相与出力而亡秦者,岂有它哉?亦徒以失业而无所归也。故臣愿陛下勿复言此。民忧而军怨,吏解体而士失望,祸乱之源,有大于此者乎?今未见也,一旦有急,则致命之士必寡矣。方是之时,不知希合苟容之徒,能为陛下收板荡而止土崩乎?去岁诸军之始并也,左右之人,皆以士心乐并告陛下。近者放停军人李兴,告虎翼吏率钱行赂以求不并,则士卒不乐可知矣。夫谄谀之人,苟务合意,不惮欺罔者,类皆如此。故凡言百姓乐请青苗钱,乐出助役钱者,皆不可信。陛下以为青苗抑配果可禁乎?不惟不可禁,乃不当禁也。何以言之?若此钱放而不收,则州县官吏,不免责罚。若此钱果不抑配,则愿请之户,后必难收索。前有抑配之禁,后有失陷之罚,为陛下官吏,不亦难乎!故臣以为既行青苗钱,则不当禁抑配,其势然也。人皆谓陛下圣明神武,必能徙义修愿,以致太平,而近日之事,乃有文过遂非之风,此臣所以愤懑太息而不能已也。

昔贾充用事,天下忧恐,而庾纯、任恺,戮力排之。及充出镇秦凉,忠臣义士,莫不相庆,屈指数日,以望维新之化。而冯忱之徒,更相告语曰:"贾公远放,吾等失势矣。"于是相与献谋而充复留。则晋氏之乱,成于此矣。自古惟小人为难去。何则?去一人而其党莫不破坏。是以为之计谋游说者众也。今天下贤者,亦将以此观陛下,为进退之决。或再失望,则知几之士,相率而逝矣。岂皆如臣等辈,偷安怀禄而不忍去哉?狷狂不逊,忤陛下多矣,不敢复望宽恩,俯伏引领,以待诛殛。臣轼诚惶诚恐,顿首顿首。谨言。

被诬丁忧归蜀贩卖私盐

【简介】

本文节选自《续资治通鉴长编》卷二百十三,神宗熙宁三年(1070年)七月丁酉条。谢景温建议以后荐官都要经过御史台审查,被神宗采纳,根据林希的记载,这项建议的提出可能仍是出于帮助王安石整治苏轼的初衷。熙宁三年(1070年)五月,苏轼被范镇举荐为谏官,八月五日谢景温乘机弹劾苏轼在父丧后扶棺归蜀途中贩卖私盐,经调查完全是无稽之谈。这条记载完整地记录了对此弹劾案的调查过程。苏轼此次未被诬陷,次年六月外放任杭州通判。

【原文】

侍御史知杂事谢景温言:"嘉祐以来,朝廷数下诏书,两制及外任监司而上,各举所知。其间被举者,多非其人。盖自来举官,不报御史台,虽或妄荐,无由审知,弹劾之法亦由此废。欲应受诏特举官者,发奏日具所举官姓名报台。"从之。(林希《野史》云:王安石恨怒苏轼,欲害之,未有以发。会诏近侍举谏官,谢景温建言,凡被举官移台考劾,所举非其人,即坐举者。人固疑其意有所在也。范镇荐轼,景温即劾轼向丁父忧归蜀,往还多乘舟载物货、卖私盐等事。安石大喜,以三年八月五日奏上。六日,事下八路,案问水行及陆行所历州县,令具所差借兵夫及柂工,询问卖盐,卒无其实。眉州兵夫乃迎候新守,因送轼至京。既无以坐轼,会轼请外,例当作州,巧抑其资,以为杭倅,卒不能害轼。士论无不薄景温云。)

四、通判杭州时期

《戏子由》

【简介】

此诗收录于《东坡全集》卷三,由苏轼在熙宁五年(1072年)四月作于杭州通判任上,因此诗中自称"余杭别驾"。此诗是诗人写给弟弟苏辙(子由)的,苏辙时任陈州(古名宛丘,今河南省淮阳县)州学教授,因此以"宛丘先生"戏称。

此诗在戏谑之间表达了对王安石新法的不满,广为传播而成为"乌台诗案"时的定罪证据。神宗熙宁四年(1071年)科举考试罢明经诸科,设置新的明法科,并且在吏部的选官考试中考核律义和断案,意在考察候任官员们对法律的掌握和运用能力。苏轼在诗中称"读书万卷不读律,致君尧舜知无术",认为光凭法律不足以恢复尧、舜那样的贤明之治,现在一味强调学习法律而不讲求诗书就更偏颇了,所以读书万卷而不应该读律。

【原文】

宛丘先生长如丘,宛丘学舍小如舟。常时低头诵经史,忽然欠伸屋打头。
斜风吹帷雨注面,先生不愧傍人羞。任从饱死笑方朔,肯为雨立求秦优。
眼前勃蹊何足道,处置六凿须天游。读书万卷不读律,致君尧舜知无术。
劝农冠盖闹如云,送老齑盐甘似蜜。门前万事不挂眼,头虽长低气不屈。
余杭别驾无功劳,画堂五丈容旗旄。重楼跨空雨声远,屋多人少风骚骚。
平生所惭今不耻,坐对疲氓更鞭箠。道逢阳虎呼与言,心知其非口诺唯。
居高志下真何益,气节消缩今无几。文章小技安足程,先生别驾旧齐名。
如今衰老俱无用,付与时人分重轻。

《监试呈诸试官》

【简介】

熙宁五年(1072年)八月,苏轼任杭州通判时监考贡举,作五古长篇《监试呈诸试官》,此诗收录于《东坡全集》卷三。"缅怀嘉祐初,文格变已甚"是指欧阳修倡导改变当时华丽空洞的文风,推崇文辞平实而富有真知灼见的文章,他任考官时就贯彻了这一评判标准,取中了苏轼、苏辙兄弟。"尔来又一变,此学初谁谂",指的则是熙宁三年(1070年)开始施行的王安石关于科举内容的改制(罢诗赋、专考经义),苏轼在诗中对此多有讽刺。

【原文】

我本山中人,寒苦盗寸廪。文辞虽少作,勉强非天禀。既得旋废忘,懒惰今十稔。麻衣如再著,墨水真可饮。每闻科诏下,白汗如流渖。此邦东南会,多士敢题品。乌莵尽兰荪,香不数葵荏。贫家见珠贝,眩晃自难审。缅怀嘉祐初,文格变已甚。千金碎全璧,百衲收寸锦。调和椒桂醲,咀嚼沙砾碜。广眉成半额,学步归踸踔。维时老宗伯,气压群儿凛。蛟龙不世出,鱼鲔初惊淰。至音久乃信,知味犹食椹。至今天下士,微管几左衽。谓当千载后,石室祠高朕。尔来又一变,此学初谁谂。权衡破旧法,乌橐笑凡饪。高言追卫乐,篆刻鄙曹沈。先生周孔出,弟子渊骞寝。却顾老钝躯,顽朴谢镌镂。诸君况才杰,容我懒且喑。聊欲废书眠,秋涛喧午枕。

东坡判官妓一从良一不允

【简介】

本则讲的是苏轼在熙宁五年(1072年)八月两任知州交接时暂时代理知州事务,对两名官妓从良的不同判罚,上编第五、七章都有讨论。这个故事有两个版本,题目取自前者,载于时人赵令畤《侯鲭录》卷八,后者载于时人王辟之撰写《渑水燕谈录》卷十《谈谑》。

【原文】

钱唐一官妓,性善媚惑,人号曰九尾野狐。东坡先生适是邦,阙守权摄。九尾野狐者一日下状解籍,遂判云:"五日京兆,判断自由;九尾野狐,从良任便。"复有一名娼亦援此例,遂判云:"敦召南之化,此意诚可佳;空冀北之群,所请宜不允。"

子瞻通判钱塘,尝权领郡事,新太守将至,养妓陈状,以年老乞出籍从良。公即判曰:"五日京兆,判状不难;九尾野狐,从良任便。"有周生者,色艺为一郡之最,闻之亦陈状乞嫁。公惜其去,判云:"慕《周南》之化,此意诚可嘉;空冀北之群,所请宜不允。"其敏捷善谑如此。

《吴中田妇叹(和贾收韵)》

【简介】

此诗收录于《东坡全集》卷四,熙宁五年(1072年)十一月苏轼奉转运司檄檄湖州时所作。此诗前面几句描绘了农民靠天吃饭,艰辛种田的场景。王安石变法大力推行"免役法",就是百姓出钱替代出人来服役,官府另行募人为役。这项政策在执行中很容易变味儿,反而为难穷户。苏轼在诗中后半段感叹,"汗流肩赪载入市,价贱乞与如糠秕",谷贱伤农又不得不卖,正是因为免役法施行,官家不收米要收钱去募役,"官今要钱不要米,西北万里招羌儿"。

【原文】

今年粳稻熟苦迟,庶见霜风来几时。霜风来时雨如泻,杷头出菌镰生衣。
眼枯泪尽雨不尽,忍见黄穗卧青泥。茅苫一月垅上宿,天晴获稻随车归。
汗流肩赪载入市,价贱乞与如糠秕。卖牛纳税拆屋炊,虑浅不及明年饥。
官今要钱不要米,西北万里招羌儿。龚黄满朝人更苦,不知却作河伯妇。

除夜哀叹囚系皆满

【简介】

此诗收录于《东坡全集》卷十八,为元祐时期知杭州所见题壁旧作,后诗诗题"熙宁中,轼通守此郡,除夜直都厅,囚系皆满,日暮不得返舍,因题一诗于壁,今二十年矣",即熙宁五年(1072年)除夕时所作。苏轼奉转运司檄檄湖州时所作。诗中所言"小人营糇粮,堕网不知羞",应该是榷盐法实行之后的后果,即"轼在余杭时,见两浙之民以犯盐得罪者,一岁至万七千人而莫能止"(熙宁七年《上文侍中论榷盐书》)"轼在钱塘,每执笔断犯盐者,未尝不流涕也"(熙宁七年《上韩丞相论灾伤手实书》)的前情,从中不难得见苏轼对此法与民争利、陷民于罗网之中的不满。

【原文】

除日当蚤归,官事乃见留。执笔对之泣,哀此系中囚。
小人营糇粮,堕网不知羞。我亦恋薄禄,因循失归休。
不须论贤愚,均是为食谋。谁能暂纵遣。闵默愧前修。

《山村五绝(其三)》

【简介】

此诗收录于《东坡全集》卷四,由苏轼在熙宁六年(1073年)初作于杭州通判任上。神宗时加强对盐的专卖、加征盐税,苏轼、苏辙兄弟都非常反对这种与民争利的政策,此诗就表达了不满,广为传播而成为"乌台诗案"时的定罪证据。这首七绝讲的是山民贫苦,即使到了七十岁,还需要采集竹笋、蕨菜来充饥。《论语》中讲孔子在齐地听到《韶》乐,三月不知肉味,山民当然不是因为受到了雅乐的熏陶而满足于吃淡口的竹笋和蕨菜,而是因为买不起盐。

【原文】

老翁七十自腰镰,惭愧春山笋蕨甜。
岂是闻韶解忘味,迩来三月食无盐。

五、知密州时期

《上韩丞相论灾伤手实书》

【简介】

熙宁七年(1074年)九月,苏轼移知密州(治所今山东诸城)。十二月到任,未几向当朝宰相韩绛上书,文章收录于《东坡全集》卷七十三,上编第七章亦有论及。

苏轼首先描述其到任密州所见地方受灾情况,其次力陈手实法鼓励告发,败坏社会风俗,增长奸人邪恶,引发民众相互攻讦,无端制造人与人之间的矛盾,弄得人心惶惶,增加了社会不安定因素,请求罢行。苏轼认为手实法的执行主要是为了落实免役法,免役法施行已久,可以选择"其简易为害不深者"继续贯彻,建议采用简单易行的"五等古法"定役钱。次年十月,手实法罢。

【原文】

史馆相公执事。轼到郡二十余日矣。民物椎鲁,过客稀少,真愚拙所宜久处也。然灾伤之余,民既病矣。自入境,见民以蒿蔓裹蝗虫而瘗之道左,累累相望者,二百余里,捕杀之数,闻于官者几三万斛。然吏皆言蝗不为灾,甚者或言为民除草。使蝗果为民除草,民将祝而来之,岂忍杀乎?轼近在钱塘,见飞蝗自西北来,声乱浙江之涛,上翳日月,下掩草木,遇其所落,弥望萧然。此京东余波及淮浙者耳,而京东独言蝗不为灾,将以谁欺乎?郡已上章详论之矣。愿公少信其言,特与量蠲秋税,或与倚阁青苗钱。疏远小臣,腰领不足以荐斧钺,岂敢以非灾之蝗上罔朝廷乎?若必不信,方且重复检按,则饥羸之民,索之于沟壑间矣。且民非独病旱蝗也。方田均税之患,行道之人举知之。税之不均也久矣,然而民安其旧,无所归怨。今乃用一切之法,成于期月之间,夺甲与乙,其不均又甚于昔者,而民之怨始有所归矣。

今又行手实之法,虽其条目委曲不一,然大抵恃告讦耳。昔之为天下者,恶告讦之乱俗也,故有不干己之法,非盗及强奸不得捕告。其后稍稍失前人之意,渐开告讦之门。而今之法,揭赏以求人过者,十常八九。夫告讦之人,未有非凶奸无良者。异时州县所共疾恶,多方去之,然后良民乃得而安。今乃以厚赏招而用之,岂吾君敦化、相公行道之本意欤?

凡为此者,欲以均出役钱耳。免役之法,其经久利病,轼所不敢言也。朝廷必欲推而行之,尚可择其简易为害不深者。轼以为定簿便当,即用五等古法,惟第四等、五等分上、中、下。昔之定簿者为役,役未至,虽有不当,民不争也,役至而后诉耳。故簿不可用。今之定簿者为钱,民知当户出钱也,则不容有大缪矣。其名次细别,或未尽其详,然至于等第,盖已略得其实。轼以为如是足矣。但当先定役钱所须几何,预为至少之数,以赋其下五等。(下五等,谓第四等上、中、下,第五等上、中也。此五等旧役至轻,须令出钱至少乃可,第五等下,更不当出分文。)其余委自令佐,度三等以上民力之所任者而分与之。夫三等以上钱物之数,虽其亲戚,不能周知。至于物力之厚薄,则令佐之稍有才者,可以意度也。借如某县第一等凡若干户,度其力共可以出钱若干,则悉召之庭,以其数予之,不户别也。令民自相差择,以次分占,尽数而已。第二等则逐乡分之,凡某乡之第二等若干户,度其力可以共出钱若干,召而分之,如第一等。第三等亦如之。彼其族居相望,贫富相悉,利害相形,不容独有侥幸者也。相推相诘，不一二日自定矣。若析户则均分役钱，典卖则著所割役钱于契要，使其子孙与买者各以其名附旧户供官，至三年造簿，则不复用，举从其新，如此，而朝廷又何求乎？所谓浮财者，决不能知其数。凡告者，亦意之而已。意之而中，其赏不赀。不中，杖六十至八十，极矣。小人何畏而不为乎？近者军器监须牛皮，亦用告赏。农民丧牛甚于丧子，老弱妇女之家，报官稍缓，则挞而责之钱数十千，以与浮浪之人，其归为牛皮而已，何至是乎！

轼在钱塘，每执笔断犯盐者，未尝不流涕也。自到京东，见官不卖盐，狱中无盐囚，道上无迁乡配流之民，私窃喜幸。近者复得漕檄，令相度所谓王伯瑜者欲变京东、河北盐法置市易盐务利害，不觉慨然太息也。密州之盐，岁收税钱二千八百余万，为盐一百九十余万秤，此特一郡之数耳。所谓市易盐务者，度能尽买此乎？苟不能尽，民肯舍而不煎，煎而不私卖乎？顷者两浙之民，以盐得罪者，岁万七千人，终不能禁。京东之民，悍于两浙远甚，恐非独万七千人而已。纵使官能尽买，又须尽卖而后可，苟不能尽，其存者与粪土何异，其害又未可以一二言也。愿公救之于未行。若已行，其孰能已之？

轼不敢论事久矣，今者守郡，民之利病，其势有以见及。又闻自京师来者，举言公深有拯救斯民为社稷长计远虑之意。故不自揆，复发其狂言。可则行之，否则置之。愿无闻于人，使孤危衰废之踪，重得罪于世也。干冒威重，不用战栗。

《论河北京东盗贼状》

【简介】

熙宁七年（1074年）十二月，针对河北、京东两路连年遭受旱灾和蝗灾、盗贼越发猖狂的严重状况，苏轼写作了此文，收录于《东坡全集》卷五十二。文章开头之"十一月"当为"十二月"之误。

苏轼在文中主张"不以侥幸废刑，不以灾伤挠法"，严格司法、执法，严惩盗贼，"今后盗贼赃证未明，但已经考掠方始承认者，并不为按问减等。其灾伤地分，委自长吏，相度情理轻重。内情理重者，依法施行"。但苏轼所主张的严格司法、执法,是建立在富民、教民的前提下的,因此建议在此地区缓行禁榷盐法,也就是盐的专卖制度,而日益增加的盐课也应该尽量少收。"煮海之利,天以养活小民",五六年前贫民依靠贩盐为生,所以盗贼稀少。五六年来朝廷从盐税中获利越来越多,而保甲法的执行又使得对偷税的告发也越来越多,偷税会被告发,纳税则利润微薄,如果不当盗贼,就只能挨饿,所以盗贼的数量也越来越多。为今之计,在严惩盗贼的同时,更应"特放三百斤以下盐税半年",则两路的居民,每个人都可以从中获利,"贫民有衣食之路,富民无盗贼之忧"。因此丧失的盐课,未必多于悬赏捉贼的赏钱。因此苏轼的严格司法主张,是与其反对立法与民争利的主张一脉相承的,并且始终为其所坚持。

【原文】

熙宁七年十一月日,太常博士直史馆权知密州军州事苏轼状奏:臣伏见河北、京东比年以来,蝗旱相仍,盗贼渐炽。今又不雨,自秋至冬,方数千里,麦不入土,窃料明年春夏之际,寇攘为患,甚于今日。是以辄陈狂瞽,庶补万一。谨按山东自上世以来,为腹心根本之地,其与中原离合,常系社稷安危。昔秦并天下,首取三晋,则其余强敌,相继灭亡。汉高祖杀陈余,走田横,则项氏不支。光武亦自渔阳、上谷发突骑,席卷以并天下。魏武帝破杀袁氏父子,收冀州,然后四方莫敢敌。宋武帝以英伟绝人之资,用武历年,而不能并中原者,以不得河北也。隋文帝以庸夫穿窬之智,窃位数年而一海内者,以得河北也。故杜牧之论以为山东之地,王者得之以为王,霸者得之以为霸,猾贼得之以乱天下。自唐天宝以后,奸臣僭峙于山东,更十一世,竭天下之力,终不能取,以至于亡。近世贺德伦挈魏博降后唐,而梁亡。周高祖自邺都入京师,而汉亡。由此观之,天下存亡之权,在河北无疑也。陛下即位以来,北方之民,流移相属,天灾谴告,亦甚于四方,五六年间,未有以塞大异者。至于京东,虽号无事,亦当常使其民安逸富强,缓急足以灌输河北。瓶竭则罍耻,唇亡则齿寒。而近年以来,公私匮乏,民不堪命。

今流离饥馑,议者不过欲散卖常平之粟,劝诱蓄积之家。盗贼纵横,议者不过欲增开告赏之门,申严缉捕之法。皆未见其益也。常平之粟,累经赈发,所存无几矣,而饥寒之民,所在皆是。人得升合,官费丘山。蓄积之家,例皆困乏,贫者未蒙其利,富者先被其灾。昔季康子患盗,问于孔子。对曰:"苟子之不欲,虽赏之不窃。"乃知上不尽利,则民有以为生,苟有以为生,亦何苦而为盗?其间凶残之党,乐祸不悛,则须敕法以峻刑,诛一以警百。今中民以下,举皆阙食,冒法而为盗则死,畏法而不盗则饥,饥寒之与弃市,均是死亡,而赊死之与忍饥,祸有迟速。相率为盗,正理之常。虽日杀百人,势必不止。苟非陛下至明至圣,至仁至慈,较得丧之孰多,权祸福之孰重,特于财利少有所捐。衣食之门一开,骨髓之恩皆遍,然后信赏必罚,以威克恩,不以侥幸废刑,不以灾伤挠法,如此而人心不革,盗贼不衰者,未之有也。谨条其事,画一如左。

一、臣所领密州,自今岁秋旱,种麦不得,直至十月十三日,方得数寸雨雪,而地冷难种,虽种不生,比常年十分中只种得二三。窃闻河北、京东,例皆如此。寻常检放灾伤,依法须是检行根苗,以定所放分数。今来二麦元不曾种,即无根苗可检,官吏守法,无缘直放。若夏税一例不放,则人户必至逃移。寻常逃移,犹有逐熟去处,今数千里无麦,去将安往?但恐良民举为盗矣。且天上无雨,地下无麦,有眼者共见,有耳者共闻。决非欺罔朝廷,岂可坐观不放?欲乞河北、京东逐路选差臣僚一员,体量放税,更不检视。若未欲如此施行,即乞将夏税斛斗,取今日以前五年酌中一年实直,令三等已上人户,取便纳见钱或正色,其四等以下,且行倚阁。缘今来麦田空闲,若春雨调匀,却可以广种秋稼。候至秋熟,并将秋色折纳夏税。若是已种苗麦,委有灾伤,仍与依条检放。其阙麦去处,官吏诸军请受,且支白米或支见钱。所贵小民不致大段失所。

一、河北、京东,自来官不榷盐,小民仰以为生。近日臣僚上章,辄欲禁榷,赖朝廷体察,不行其言,两路官民,无不相庆。然臣勘会近年盐课日增,元本两路祖额三十三万二千余贯,至熙宁六年,增至四十九万九千余贯,七年亦至四十三万五千余贯,显见刑法日峻,告捕日繁,是致小民愈难兴贩。朝廷本为此两路根本之地,而煮海之利,天以养活小民,是以不忍尽取其利,济惠鳏寡,阴销盗贼。旧时孤贫无业,惟务贩盐,所以五六年前,盗贼稀少。是时告捕之赏,未尝破省钱,惟是犯人催纳,役人量出。今盐课浩大,告讦如麻,贫民贩盐,不过一两贯钱本,偷税则赏重,纳税则利轻。欲为农夫,又值凶岁。若不为盗,惟有忍饥。所以五六年来,课利日增,盗贼日众。臣勘会密州盐税,去年一年,比祖额增二万贯,却支捉贼赏钱一万一千余贯,其余未获贼人尚多,以此较之,利害得失,断可见矣。欲乞特敕两路,应贩盐小客,截自三百斤以下,并与权免收税,仍官给印本空头关子,与灶户及长引大客,令上历破使逐旋书填月日姓名斤两与小客,限十日内更不行用。如敢借名为人影带,分减盐货,许诸色人陈告,重立赏罚,候将来秋熟日仍旧,并元降敕榜,明言出自圣意,令所在雕印,散榜乡村。人非木石,宁不感动,一饮一食,皆诵圣恩,以至旧来贫贱之民,近日饥寒之党,不待驱率,一归于盐,奔走争先,何暇为盗?人情不远,必不肯舍安稳衣食之门,而趋冒法危亡之地也。议者必谓今用度不足,若行此法,则盐税大亏,必致阙事。臣以为不然。凡小客本少力微,不过行得三两程。若三两程外,须藉大商兴贩,决非三百斤以下小客所能行运,无缘大段走失。且平时大商所苦,以盐迟而无人买。小民之病,以僻远而难得盐。今小商不出税钱,则所在争来分买。大商既不积滞,则轮流贩卖,收税必多。而乡村僻远,无不食盐,所卖亦广。损益相补,必无大亏之理。纵使亏失,不过却只得祖额元钱,当时官司,有何阙用?苟朝廷捐十万贯钱,买此两路之人不为盗贼,所获多矣。今使朝廷为此两路饥馑,特出一二十万贯见钱,散与人户,人得一贯,只及二十万人。而一贯见钱,亦未能济其性命。若特放三百斤以下盐税半年,则两路之民,人人受赐,贫民有衣食之路,富民无盗贼之忧,其利岂可胜言哉!若使小民无以为生,举为盗贼,则朝廷之忧,恐非十万贯钱所能了办。又况所支捉贼赏钱,未必少于所失盐课。臣所谓"较得丧之孰多,权祸福之孰重"者,为此也。

一、勘会诸处盗贼,大半是按问减等灾伤免死之人,走还旧处,挟恨报雠,为害最甚。盗贼自知不死,既轻犯法,而人户亦忧其复来,不敢告捕。

是致盗贼公行。切详按问自言,皆是词穷理屈,势必不免,本无改过自新之意,有何可愍,独使从轻!同党之中,独不免死。其灾伤,敕虽不下,与行下同,而盗贼小民,无不知者,但不伤事主,免死无疑。且不伤事主,情理未必轻于偶伤事主之人,或多聚徒众,或广置兵仗,或标异服饰,或质劫事主,或驱虏平人,或略诱贫民,令作耳目,或书写道店,恐动官私,如此之类,虽偶不伤人,情理至重,非止阙食之人,苟营糇粮而已。欲乞今后盗贼赃证未明,但已经考掠方始承认者,并不为按问减等。其灾伤地分,委自长吏,相度情理轻重。内情理重者,依法施行。所贵凶民稍有畏忌,而良民敢于捕告。臣所谓"衣食之门一开,骨髓之恩皆遍,然后信赏必罚,以威克恩,不以侥幸废刑,不以灾伤挠法"者,为此也。

右谨具如前。自古立法制刑,皆以盗贼为急。盗窃不已,必为强劫。强劫不已,必至战攻。或为豪杰之资,而致胜、广之渐。而况京东之贫富,系河北之休戚,河北之治乱,系天下之安危!识者共知,非臣私说。愿陛下深察!此事至重,所捐小利至轻,断自圣心,决行此策。臣闻天圣中,蔡齐知密州。是时东方饥馑,齐乞放行盐禁,先帝从之,一方之人,不觉饥旱。臣愚且贱,虽不敢望于蔡齐,而陛下圣明,度越尧禹,岂不能行此小事,有愧先朝?所以越职献言,不敢自外,伏望圣慈察其区区之意,赦其狂僭之诛。臣无任悚栗待罪之至。谨录奏闻,伏候敕旨。

《寄刘孝叔》

【简介】

此诗收录于《东坡全集》卷七,由苏轼在熙宁八年(1075年)四月作于密州太守任上,刘孝叔即刘述,也反对王安石的新法。

保甲法和方田均税法都是王安石变法的重要组成部分,手实法是吕惠卿当政时的新政。根据"乌台诗案"中苏轼的自述,"南山伐木作车轴"到"吏能浅薄空劳苦",都在讥讽朝廷屡屡更改法度,事目繁多,官吏都不能通晓。手实法是指由官署规定标准物价,令各户户主申报丁口和家产(田亩、屋宅、资货、畜产),以定户等,所以苏轼才有"抉剔根株"的感叹。

而诗歌后半部分描写蝗灾、饥荒,又被视为是对朝廷实施新法导致政事阙失上干天怨的讥讽。

【原文】

君王有意诛骄虏,椎破铜山铸铜虎。联翩三十七将军,走马西来各开府。
南山伐木作车轴,东海取鼍漫战鼓。汗流奔走谁敢后,恐乏军兴污质斧。
保甲连村团未遍,方田讼牒纷如雨。尔来手实降新书,抉剔根株穷脉缕。
诏书恻怛信深厚,吏能浅薄空劳苦。平生学问止流俗,众里笙竽谁比数。
忽令独奏凤将雏,仓卒欲吹那得谱。况复连年苦饥馑,剥啮草木啖泥土。
今年雨雪颇应时,又报蝗虫生翅股。忧来洗盏欲强醉,寂寞虚斋卧空甒。
公厨十日不生烟,更望红裙踏筵舞。故人屡寄山中信,只有当归无别语。
方将雀鼠偷太仓,未肯衣冠挂神武。吴兴丈人真得道,平日立朝非小补。
自从四方冠盖闹,归作二浙湖山主。高踪已自杂渔钓,大隐何曾弃簪组。
去年相从殊未足,问道已许谈其粗。逝将弃官往卒业,俗缘未尽那得睹。
公家只在雪溪上,上有白云如白羽。应怜进退苦皇皇,更把安心教初祖。

洒涕循城拾弃孩

【简介】

熙宁八年(1075年)八月,苏轼写作《次韵刘贡父李公择见寄二首》,收录于《东坡全集》卷七。其中第二首提到他在密州任上所做几件惠民之举,即治理蝗灾、治寇、收养弃儿。正是蝗灾引发人祸,百姓养活不了新生儿,才多弃儿。苏轼因"乌台诗案"被贬黄州团练副使后,见到湖北杀婴尤其是杀女婴的陋习,在给当地朱知州的书信中曾经详细描绘了自己当年在密州执行的政策:亲自盘量州衙库存之劝诱米,得剩余米数百石,月给收养弃婴的家庭六斗米的补助。据他自己描述"所活亦数十人"。

【原文】

《次韵刘贡父李公择见寄二首》(其二)
何人劝我此间来,弦管生衣甑有埃。绿蚁濡唇无百斛,蝗虫扑面已三回。

磨刀入谷追穷寇,洒涕循城拾弃孩。为郡鲜欢君莫叹,犹胜尘土走章台。

《与朱鄂州书》(节选)

轼向在密州,遇饥年,民多弃子,因盘量劝诱米,得出剩数百石别储之,专以收养弃儿,月给六斗。比期年,养者与儿,皆有父母之爱,遂不失所,所活亦数十人。

《上文侍中论强盗赏钱书》

【简介】

熙宁八年(1075年)冬,苏轼向时任侍中的文彦博上书,文章收录于《东坡全集》卷七十三,上编第七章亦有论及。苏轼首先指出,自己所管理的密州是偏远州县,民风彪悍,"特好强劫",但自己严格执行了抓拿强盗就给赏钱五十千的法令,当地的盗贼行迹也有所收敛。但当下因为灾伤,捕盗赏钱减半再减半,无助于捕盗,希望不要随意变更有益的旧法。当时尚书省下的司农寺,负责青苗法、农田水利、免役、保甲等各种新法的具体推行,在推行手实法之时,对不予执行的州县官会科以违制之刑。《宋刑统》继承唐律,在"违制罪",也就是"被制书施行而违者"一条,对于制书的含义有比较明确的规定,即制、敕、符、移之类都属于"制书",而违反制书和违反一般的官文书科罪是有明显区别的。对此,苏轼非常尖锐地指出,违反制书是指违反皇帝的诏令,一个负责执行的机构没有权限擅自扩大它的适用范围,否则就是在擅自创造律令,这个口子不能开。

【原文】

轼再拜。轼备员偏州,民事甚简。但风俗武悍,特好强劫,加以比岁荐饥,椎剽之奸,殆无虚日。自轼至此,明立购赏,随获随给,人用竞劝,盗亦敛迹。

准法,获强盗一人,至死者给五十千,流以下半之。近有旨,灾伤之岁,皆降一等。既降一等,则当复减半,自流以下,得十二千五百而已。凡获一贼,告与捕者,率常不下四五人,不胜则为盗所害。幸而胜,则凡为盗者举仇之。其难如此,而使四五人者分十二千五百以捐其躯命,可乎?朝廷所以深恶强盗者,为其志不善,张而不已,可以驯致胜、广之资也。由此言之,五十千岂足道哉!夫灾伤之岁,尤宜急于盗贼。今岁之民,上户皆阙食,冬春之交,恐必有流亡之忧。若又纵盗而不捕,则郡县之忧,非不肖所能任也。欲具以闻上,而人微言轻,恐不见省。向见报明公所言,无不立从,东武之民,虽非所部,明公以天下为度,必不间也。故敢以告。比来士大夫好轻议旧法,皆未习事之人,知其一不知其二者也。

常窃怪司农寺所行文书措置郡县事,多出于本寺官吏一时之意,遂与制敕并行。近者令诸郡守根究衙前重难应缘此毁弃官文书者,皆科违制,且不用赦降原免。考其前后,初不被旨。谨按律文,毁弃官文书重害者,徒一年。今科违制,即是增损旧律令也。有用赦降原免,即是冲改新制书也。岂有增损旧律令,冲改新制书,而天子不知,三公不与,有司得专之者!今监司郡县,皆恬然受而行之莫敢辨,此轼之所深不识也。

昔袁绍不肯迎天子,以谓若迎天子以自近,则每事表闻,从之则权轻,不从则拒命,非计之善也。夫不请而行,袁绍之所难也。而况守职奉上者乎?今圣人在上,朝廷清明,虽万无此虞;司农所行,意其出于偶然,或已尝被旨而失于开坐,皆不可知。但不请而行,其渐不可开耳。轼愚蠢无状,孤危之迹,自以岌岌。凤蒙明公奖与过分,窃怀忧国之心,聊复一发于左右,犹幸明公密之,无重其罪戾也。

苏轼密州弥变乱

【简介】

本文节选自苏辙所作《亡兄子瞻端明墓志铭》,讲述苏轼熙宁八年(1075年)冬在密州任上处置斗杀百姓兵卒之事,上编第六章有详细分析。

【原文】

郡尝有盗窃发而未获,安抚、转运司忧之,遣一三班使臣领悍卒数十人,入境捕之。卒凶暴恣行,以禁物诬民,入其家争斗至杀人,畏罪惊散,欲为乱。民诉之,公投其书不视,曰:"必不至此。"溃卒闻之少安,徐使人招出,戮之。

苏东坡巧断铜钱案

【简介】

本文节选自《苏东坡的故事》(王晋川、宋奔、沈俊著,四川文艺出版社2001年版),史料中难觅记载,很可能是附会而来,以下两则也是如此。苏轼在密州任上两年,但施政惠及民生,因此有好事者敷演出这些故事并流传至今,其得民心如此。此故事也有"乾隆通宝劈两半"的清代版本,可见正如上编第七章所言,苏轼成了一个"箭垛式人物",许多特别能够彰显司法者智慧与幽默的案子也被移花接木,安到了他身上。

【原文】

苏东坡在密州做官时,曾判过一起铜钱案。

密州城里有家富户姓王,户主王某为人刻薄歹毒,人称王细抠。这一天,他家买回一担柴,付钱时,零头合半个铜钱。管家要除掉不给,卖柴的却不让除掉,三要两要,吵起来了。王细抠出来一看,二话没说,拿把砍刀来,把那铜钱一剁两半。他收起一半,把另一半交给卖柴的,说:"这就公平合理了嘛。"说罢,一掌把卖柴的推出了大门。

卖柴的汉子气炸了,他捏起半个铜钱,高声喊道:"大家来看呀!这就是王细抠干的好事儿!"

正巧,苏东坡微服私访正好碰上了,便问汉子咋回事。那汉子诉说了一番,把半个铜钱一扔,扛着扁担走了。苏东坡见那卖柴的汉子穿着一身破单衣,冻得怪可怜的,一心想要周济他。苏东坡捡起汉子扔掉的半边铜钱一看,心里有了主意。立即追上那汉子,问他:"你怎么不去告状啊?"

那汉子苦笑道:"不就是一枚铜钱嘛,不值得,不值得!"

苏东坡劝他说:"你若去告状,得到的不仅是一枚铜钱,你能赢得一身新棉衣,一顶新棉帽,还有一双新棉鞋!"

"你怎么知道呢?"

"咳,我会相面,你脸上带着这份财运。你若不告状,这份财就白丢啦!"三说两说,把这汉子说动了。但汉子心里还是胆怯:"我平生就怕见官,见了官我啥话都说不出来……"

苏东坡笑了:"那也好办,不用口说,我给你写张状纸,你递上去就行了。"

那汉子把头一点,说:"好嘛,去就去!"

苏东坡把他领到衙门附近的一个茶馆里,给他写了一张状纸。苏东坡嘱咐他:"你在这儿等着,我去给你递状纸。"

苏东坡回到书房,换上官衣官帽,接着击鼓升堂,发签传人。

先传来的是原告。那卖柴的汉子跪在地上往堂上张望,一见堂上的官和刚才那位好心大爷一模一样,心里好欢喜。

接着传来的是被告。那王细抠不知出了什么祸事,吓得不得了。跪下朝旁边一瞅,见一旁是那个卖柴的,心里有了底。

苏东坡先审被告。他捏起那半个铜钱,问王细抠:"这铜钱是你劈的吗?"

"嗯,大老爷,是我劈的。"

"你为何要劈铜钱呢?"

王细抠也没隐瞒,就把纠纷经过照实一一说了,末了道:"劈开铜钱,一家一半,公理公道。"

苏东坡摇了摇头,不慌不忙地说:"不对,不对,你没说到要害处,还是从实招来为好!"

王细抠见抓住他不放,急了,口口声声说:"大老爷,就是这么回事!"说着朝卖柴人一指,"不信,您就问他。"

那汉子沉不住气啦,高声叫道:"大老爷,我不会说话,你快让他看状纸。"

"好,看看无妨。"苏东坡把状纸撇下,当差的拿过去,王细抠搭眼一看,见上面写的是:分文不让,立斩君王。顿时惊呆了,不就是劈了一枚铜钱,怎么扯到这上面去了?

苏东坡又问道:"当朝国号是哪两个字啊?"

"大老爷,是'熙宁'二字。"王细抠答道。

苏东坡眉毛一竖,变脸变色地捏起那一半铜钱,高声喝道:"国号是圣上御口定的,圣上钦定把'熙宁'二字铸在铜钱上,以示国威,世人皆知。你这不法刁民,目无大宋,因争不到半个铜钱,竟敢冲着当今圣上撒气,一刀把国号斩了。你知不知道,你斩的是皇上!你这个欺君枉法的狗奴才呀,该当何罪!"

一听此言,王细抠顿时吓瘫了,连忙叩头,苦苦哀求道:

"大老爷,求你老人家开恩,饶了我吧!"

那汉子在一旁也沉不住气了,一边叩头一边哀求道:"大老爷,求你千万别砍他的头呀……"

这一下气得苏东坡把惊堂木一拍:"你叫嚷什么?"

"大老爷,他一杀头,我那身棉衣就没指望了,还不如罚他好呢?"

苏东坡顺风转舵,说:"罚他什么,你说吧!"

"罚他给我一顶新棉帽,一身新棉衣,一双新棉鞋。"

苏东坡转脸问王细抠:"你愿认罚吗?"

王细抠当然愿意,连忙说:"要得,要得!我全给他买新的,除此,我再奉送一双袜子。"

苏东坡当庭宣告:"好,民不追,官不究,就此了案。"说完把手一挥:"都给我滚下去。"

王细抠走出衙门,一把攥住卖柴的手,感激道:"大兄弟啊,大兄弟!多亏你给求情开脱,否则,今天我的脑壳就搬家了!"

苏轼斩吏

【简介】

本文节选自《苏轼在密州》(李增坡主编,中州古籍出版社 2014 年版),史料中难觅记载。

【原文】

宋朝熙宁八年,苏轼在密州(今山东省诸城市)任知州,当时,州衙里有一个管理钱库的小吏,一天下班后,偷偷拿了库里一个小钱藏到头巾里。门卫查出后禀报了苏轼。苏轼听后。心里虽然生气,但为了教育库吏悔过自新,没有用刑,写了四句判词让门卫转告库吏:

钱吏盗钱,本应严判,初次乍犯,回头是岸。

库吏接过判词一看,心里美滋滋地,认为偷个小钱无关大事,苏大人既不动刑,又不面训,便大了胆。

第二天下班后,又偷了一个小钱挽到裤腿里,不想又被门卫查出并急报了苏轼。这次苏轼真的生了气,心想:一个小小的库吏,胆子竟敢如此之大,若不受点皮肉之苦,决不会悔过自新。因此提笔又写了四句判词:

谅一犯二,不刑不记;牛靠摸弄,马靠鞭子。

苏轼写完判词,叫过班头耳语了几句。班头按照苏大人的吩咐,拉过库吏,抡起板子,照着腚上打了十大板。库吏当时疼得"嗷嗷"直叫,一个劲地喊今后再也不敢了,可是回家睡了一夜,第二天早上一摸腚,不但不疼不痒,而且照着镜子一看,也没半点红肿。这时,库吏又来了精神,心想:挨顿板子也不过疼一时半霎,并不伤筋断骨。其实,苏轼还是想挽救他。所以提早和班头耳语,让他打板子的时候手下留情。班头是打板子的老手,这次对库吏用刑,有意将板子朝上飘着打,库吏才没有伤筋断骨。

第三天下班后,库吏早把挨板子的事忘到脑后,又偷了一个小钱掖到袜子里。出大门口时,没想到又被门卫翻出来了。

苏轼勃然大怒,传令把库吏押上大堂,重打了一顿。库吏不服,说道:

"我不过只拿了一个小钱,算什么了不起的大事,又是押我,又是打我!哼,至多就是打吧,难道为了一个小钱还能杀我!?"

苏轼见库吏态度生硬,绝无半点悔改之意,顿时气得眼冒金星,提起朱笔判了他一个死罪,判书上写道:

一日一钱,千日一千。绳锯木断,水滴石穿。

于是库吏被斩首。从此也给后人留下一个水滴石穿的故事。

苏轼调解诉事

【简介】

本文节选自《苏轼在密州》(李增坡主编,中州古籍出版社2014年版),史料中虽难觅记载,但确与传统社会中官员历来主张处理民间细故要"宁人息讼"的诉讼观相合,记载南宋名臣判例的《名公书判清明集》中类似的案件颇多。

【原文】

苏轼初来密州时,州内"狱讼充斥",打官司的民人充满了大堂。他循循善诱,以礼育人,讼事渐息,政局大安。苏轼十分重视民事纠纷的处理,凡是来告状的人,他均亲自查问,责令书吏登记入册。当时并不处理,而是按登记顺序,按告状人的住址村庄,计划好路线,带着书僮,骑着大青骡子,深入乡村进行调查访问。待查明真相后,再传问民事双方,兼请当地耆老临场作证。这样双方都不敢妄说,所言才确切可信。双方阐述完毕后,他即引经据典,耐心说服。他说:"自古以来,'衙门难进也难出',为一点小事怄气打官司,为打官司而倾家的多得很。打官司打穷了,家中老人孩子怎么过日子?人以和为贵。"他情深意切,谆谆劝告,直到自愿和解为止。有些人被苏轼真情感动得泣不成声,有的人连连认罪请求对方原谅,有的人自愿赔偿对方损失,争地边者,自愿让畔,等等。事后,当事者还为此而自豪,说是"人要脸,树要皮,人家苏大老爷,亲自前来调解,再不讲理,怎么有脸见人?"就这样干戈化为玉帛,仇家成为朋友。

然而,对于一些淫杀、不孝、霸道乡里、恃强凌弱,以及凶杀案件,苏轼却按律问罪,决不姑宽。州衙悍卒诬良为盗,伙并杀人,他即刻斩首示众,以平民念就是一例。苏轼知密州两年有余,他抑强济弱,除暴安良,州内豪强、盗贼敛迹,讼事顿息,监狱空,大堂阶前长满了青草,民人大安,州衙门前冷落,州境之内,夜不闭户,路不指遗。农业生产也渐渐复苏,黎民百姓安居乐业。一些专靠百姓打官司而饱私囊的衙役,这可吃了苦头。个别的背后埋怨说:"清官好,清官好,清官一事,受不了!"更有的干脆不干衙役开了小差去挣大钱去了。可是,密州黎民却感激万分,齐声称赞苏轼为"青天大老爷"。

六、知徐州时期

与李清臣干涉事

【简介】

本文节选自《东坡乌台诗案·供状》,为苏轼在"乌台诗案"的审讯过程中自述其熙宁十年(1077年)夏在徐州任上,与时任京东路提点刑狱的李邦直唱和,暗责"大臣不任职,不能燮理阴阳,却使人怨天子"。而"乌台诗案"定案的罪状之一即是"作诗赋及诸般文字寄送王诜等,印刷行世,讥讽朝廷及谤讪中外臣僚"。

【原文】

熙宁十年,轼知徐州日,六月内李清臣因沂山龙祠祈雨有应作诗一首寄轼,其诗曰:"南山高峻层,北山亦嶒崪。坐看两山云出没,云行如驱归若呼呼。始觉山中有灵物,郁郁其焚兰,罨罨其击鼓。祝屡祝,巫屡舞。我民无罪神所怜,一夜雷风三尺雨。岭木兮苍苍,溪水兮央央。云散诸峰互明灭,东阡西陌农事忙,庙闭山空音响绝。"轼后作一首与李清臣,其诗云:"高田生黄埃,下田生苍耳。苍耳亦已无,更问麦有几。蛟龙睡足亦解惭,二麦枯时雨如洗。不知雨从何处来,但闻吕梁百步声如雷。试上南城望城北,际天菽粟青成堆。饥火烧肠作牛吼,不知待得秋成否。半年不雨坐龙慵,但怨天公不怨龙。今年一雨何足道,龙神社鬼各言功。无功日盗太仓粟,嗟我与龙同此责。劝农使者不汝容,因君作诗先自劾。"此诗除无讥讽外,有不合言。本因龙神慵懒不行雨,却使人心怨天公,以讥讽大臣不任职,不能燮理阴阳,却使人怨天子。以天公比天子,以龙神社鬼比执政大臣及百执事。轼自言无功窃禄与大臣无异,当时送与李清臣来相遇,戏笑言承见示诗只是劝农使者,不管恁他事。

《乞医疗病囚状》

【简介】

苏轼在知徐州任上,于元丰二年(1079年)正月对神宗治平四年(1067年)所施行的病囚死于狱中则罪司狱的条贯提出异议,该文载于《东坡全集》卷五十二,本书上编第四章曾有论及。苏轼认为狱囚不因病死、不给医药饮食以及被狱卒非理惨虐、谋害致死,都逐一有条贯管束。如果是在狱中格斗致伤,确实是病死的,这也不是狱卒的罪过。而且还有不幸遭遇瘴疫、死者众多的情况,如果这样仍然使得狱官滥被黜罚,未为允当。所以身请只行旧条外,上件狱囚病死条贯更不行用。苏轼同时也提出配套措施,建议州县设专人执掌医疗病囚,不让他充任其他的职役,此人的佣钱则"以免役宽剩钱或坊场钱充",严格以病死率作为考核标准来发放,这样则"人人用心"。

【原文】

元丰二年正月某日,尚书祠部员外郎直史馆权知徐州军州事苏轼状奏。右臣闻汉宣帝地节四年诏曰:"令甲,死者不可生,刑者不可息。此先帝之所重,而吏未称,今系者或以掠辜若饥寒瘐死狱中,何用心逆人道也!朕甚痛之。其令郡国岁上系囚以掠笞若瘐死者所坐名、县、爵、里,丞相御史课殿最以闻。"此汉之盛时,宣帝之善政也。朝廷重惜人命,哀矜庶狱,可谓至矣。

囚以掠笞死者法甚重，惟病死者无法，官吏上下莫有任其责者。苟以时言上，检视无他，故虽累百人不坐。其饮食失时，药不当病而死者，何可胜数？若本罪应死，犹不足深哀，其以轻罪系而死者，与杀之何异？积其冤痛，足以感伤阴阳之和。是以治平四年十二月二十四日手诏曰："狱者，民命之所系也。比闻有司岁考天下之奏，而瘐死者甚多。窃惧乎狱吏与犯法者旁缘为奸，检视或有不明，使吾元元横罹其害，良可悯焉。《书》不云乎：'与其杀不辜，宁失不经。'其具为今后诸处军巡院、州司理院所禁罪人，一岁内在狱病死及两人者，推司狱子并从杖六十科罪，每增一名，加罪一等，至杖一百止。如系五县以上州，每院岁死及三人，开封府府司军巡院岁死及七人，即依上项死两人法科罪，加等亦如之。典狱之官推狱经两犯即坐本官，仍从违制失入，其县狱亦依上条。若三万户以上，即依五县以上州军条。其有养疗不依条贯者，自依本法。仍仰开封府及诸路提点刑狱，每至岁终，会聚死者之数以闻，委中书门下点检。或死者过多，官吏虽已行罚，当议更加黜责。"

行之未及数年，而中外臣僚争言其不便。至熙宁四年十月二日中书札子详定编敕所状，令众官参详，狱囚不因病死，及不给医药饮食，以至非理惨虐，或谋害致死，自有逐一条贯。及至捕伤格斗，实缘病死，则非狱官之罪。况有不幸遭遇瘴疫，死者或众，而使狱官滥被黜罚，未为允当。今请只行旧条外，其上件狱囚病死条贯更不行用。奉圣旨，依所申。

臣窃惟治平四年十二月二十四日手诏，乃陛下好生之德，远同汉宣，方当推之无穷。而郡县俗吏，不能深晓圣意，因其小不通，辄为驳议，有司不能修其缺，通其碍，乃举而废之，岂不过甚矣哉！

臣愚以谓狱囚病死，使狱官坐之，诚为未安。何者？狱囚死生，非人所能必，责吏以其所不能必，吏且惧罪，多方以求免。囚小有疾，则责保门留，不复疗治，苟无亲属，与虽有而在远者，其捐瘠致死者，必甚于在狱。

臣谨按：《周礼·医师》："岁终，则稽其医事，以制其食。十全为上，十失一次之，十失二次之，十失三次之，十失四为下。"臣愚欲乞军巡院及天下州司理院各选差衙前一名，医人一名，每县各选差曹司一名，医人一名,专掌医疗病囚,不得更充他役,以一周年为界。量本州县囚系多少,立定佣钱,以免役宽剩钱或坊场钱充,仍于三分中先给其一,俟界满比较,除罪人拒捕及斗致死者不计数外,每十人失一以上为上等,失二为中等,失三为下等,失四以上为下下。上等全支,中等支二分,下等不支,下下科罪,自杖六十至杖一百止,仍不分首从。其上中等医人界满,愿再管勾者听。人给历子以书等第。若医博士助教有阙,则比较累岁等第最优者补充。如此,则人人用心,若疗治其家人,缘此得活者必众。且人命至重,朝廷所甚惜,而宽剩役钱与坊场钱,所在山积,其费甚微,而可以全活无辜之人,至不可胜数,感人心,合天意,无善于此者矣。

独有一弊,若死者稍众,则所差衙前曹司医人,与狱子同情,使囚诈称疾病,以张人数。臣以谓此法责罚不及狱官、县令,则狱官、县令无缘肯与此等同情欺罔。欲乞每有病囚,令狱官、县令具保,明以申州,委监医官及本辖干系官吏觉察。如诈称病,狱官、县令皆科杖六十,分故失为公私罪。伏望朝廷详酌,早赐施行。谨录奏闻,伏候敕旨。

知徐州差程棐捕盗

【简介】

苏轼于元丰二年(1079年)春选差沂州百姓程棐前往承县捕盗何九郎等。未几苏轼调往湖州任职,当年七月程棐托人告知苏轼,贼已捕获。程棐的弟弟与贼有交往,下在监中,苏轼认为其弟并没有参与贼谋,替他"乞赐放免,以劝有功"。苏轼写好的奏折尚未发出,"乌台诗案"案发,案件审结后苏轼被贬黄州。不久,何九郎等人被斩首伏法,程棐被授予殿直侍卫的职务,但其弟程岳仍被关押。程棐又遣人到黄州见苏轼,请求兑现诺言。苏轼便向现任参知政事章子厚(章惇)写信讲明事实,推荐其弟为低级军官,为京东监司驱使缉捕。他并于书末指出徐州作为"京东豪猾之所拟",应当尤其注意治安,而苏轼在徐州之时用民兵进行武备,颇有成效。《与章子厚书》又题作《与章子厚参政书》,收录于《东坡全集》卷七十二。

根据《却扫编》卷下的记载，苏轼未能在徐州任内将贼抓获，他到黄州之后因为此事被调查，不过神宗未加治罪，所以他上《谢失觉察妖贼放罪表》(《东坡全集》卷六十七)感谢圣恩，并再次强调"捕斩群盗之功，乃是邻近一夫之力"。当神宗读到"无官可削，抚己知危"，笑曰："畏吃棒邪！"

【原文】

《与章子厚书》(节选)

轼在徐州日，闻沂州承县界有贼何九郎者，谋欲劫利国监。又有阚温、秦平者，皆猾贼，往来沂、兖间。欲使人缉捕，无可使者。闻沂州葛墟村有程棐者，家富，有心胆。其弟岳，坐与李逢往还，配桂州牢城。棐虽小人，而笃于兄弟，常欲为岳洗雪而无由。窃意其人可使。因使自效，苟有成绩，当为奏乞放免其弟。某愿尽力，因出帖付与。不逾月，轼移湖州，棐相送出境，云："公更留两月，辈必有以自效，今已去，奈何！"轼语棐："但尽力，不可以轼去而废也。苟有获，当速以相报，不以远近所在，仍为奏乞如前约也。"是岁七月二十七日，棐使人至湖州见报，云："已告捕获妖贼郭先生等。"及得徐州孔目官以下状申告捕妖贼事，如辈言不谬。轼方欲为具始末奏陈，棐所以尽力者，为其弟也，乞勘会其弟岳所犯，如只是与李逢往还，本不与其谋者，乞赐放免，以劝有功。草具未上，而轼就逮赴诏狱。遂不果发。

今者，棐又遣人至黄州见报，云郭先生等皆已鞫治得实，行法久矣，蒙恩授殿直；且录其告捕始末以相示。原棐之意所以孜孜于轼者，凡为其弟以曩言见望也，轼固不可以复有言矣。然独念愚夫小人，以一言感发，犹能奋身不顾，以遂其言。而轼乃以罪废之故，不为一言以负其初心，独不愧乎？且其弟岳，亦豪健绝人者也。徐、沂间人，骛勇如优、岳类甚众。若不收拾驱使令捕贼，即作贼耳。谓宜因事劝奖，使皆歆艳捕告之利，惩创为盗之祸，庶几少变其俗。今棐必在京师参班，公可自以意召问其始末，特为一言放免其弟岳，或与一名目牙校、镇将之类，付京东监司驱使缉捕，其才用当复过于棐也。此事至微末，公执政大臣，岂复治此。但棐于轼，本非所部吏民，而能自效者，以轼为不食言也。今既不可言于朝廷，又不一言于公，是终不言矣。以此愧于心不能自已，可否在公，独愿秘其事，毋使轼重得罪也。

徐州南北襟要，自昔用武之地，而利国监去州七十里，土豪百余家，金帛山积，三十六冶器械所产，而兵卫微寡，不幸有猾贼十许人，一呼其间，吏兵皆弃而走耳，散其金帛，以啸召无赖乌合之众，可一日得也。轼在郡时，常令三十六冶，每户点集冶夫数十人，持却刃枪，每月两衙于知监之庭，以示有备而已。此地盖常为京东豪猾之所拟，公所宜知。因程棐事，辄复及之。

《谢失觉察妖贼放罪表》

臣轼言。去年十二月十五日，准淮南转运司牒，奉圣旨，差官取勘臣前任知徐州日，不觉察百姓李铎、郭进等谋反事。臣寻具析在任日，曾选差沂州百姓程棐令绯捕凶逆贼人，致棐告获前件妖贼因依，乞勘会施行，至今年七月二日，复准转运司牒，坐准尚书刑部牒，奉圣旨，苏轼送尚书刑部更不取勘。盗发所临，守臣固当重责；罪疑则赦，圣主所以广恩。自惊废逐之余，犹在愍怜之数。臣轼诚惶诚恐，顿首顿首。

伏念臣早蒙殊遇，擢领大邦。上不能以道化民，达忠孝于所部；下不能以刑齐物，消奸究于未萌。致使妄庸，敢图僭逆。原其不职，夫岂胜诛。况兹沟渎之中，重遇雷霆之谴。无官可削，抚已知危。至于捕斩群盗之功，乃是邻近一夫之力。靖言其始，偶出于臣。虽为国督奸，常怀此志；而因人成事，岂足言劳。勉自列于涓埃，庶少宽于斧钺。岂谓荡然之泽，许以勿推。收惊魄于散亡，假余生之晷刻。退思所自，为幸何多。此盖伏遇皇帝陛下，舞虞舜之干，示人不杀；祝成汤之网，与物求生。其间用刑，本不得已；稍有可赦，无不从宽。务在考实而原情，何尝记过而忘善。益悟向时之所坐，皆是微臣之自贻。感愧终身，论报无地。布衣蔬食，或未死于饥寒；石心木肠，誓不忘于忠义。臣无任。

苏东坡为妓儿立姓

【简介】

　　这则故事来源于1473年(明成化九年,朝鲜成宗四年)成书的《训世评话》,作者是朝鲜汉学家李边。这是一本以故事(评话)为载体、文白对照的汉语教科书。书中内容大半部分来自中朝古籍,苏轼这一则尚未找到出处。不过故事中所描绘的幽默地方官,则是我们所熟知的苏东坡形象。作为文化偶像的苏轼,其影响力早已超出国界。

【原文】

　　昔苏东坡为徐州太守时,州有一妓容色可爱,人皆悦之,车马日盈其门。妓年至十八,忽有娠,弥月生一子。曾一见妓者皆以为己子,诉于太守。太守曰:"汝等闻吾语,大抵妓女所生,其父难辨。吾今为此小儿别立姓也。"乃书曰:"叶保儿,汝等一心恤养可也。"争子者曰:"既蒙太守赐姓,又使我等得共抚养小儿,敢不从命。然我等未必以叶为姓。"太守笑曰:"此叶(繁体作"葉")字二十人做头,又三十人做腰,又十八人做足。"争子者皆有惭色。

巧作判词"打得好"

【简介】

　　这则故事收录于《苏东坡在江苏》(苏泽明著,江苏人民出版社1997年版),此处撷其大要。该事在传世文献中难觅出处,但是却有类似的故事散见于明以后的笔记小说,主人公也不是苏轼,可见又是移花接木。参见上编第七章的相关论述。

【原文】

　　苏轼在徐州任太守时,一法号怀远的和尚告乡民无端殴打出家人。经查,此僧身在佛门,心恋红尘,某日喝得酩酊大醉调戏少妇被众乡民痛打一顿。怀远为免遭寺规惩处,谎称"乡民欺负出家人",告到徐州府。苏东坡了解情况后写下两句话:"并州剪子苏州绦,扬州草鞋芜湖刀。"让怀远回去自悟。怀远回寺后想了几日,仍不解其中之意,后请教塾馆先生,先生说:"这歇后语的谜底是'打得好'。"因为这几样东西,都是当地手工业制品中的翘楚,久为闻名。

苏大人月夜析疑案

【简介】

这则故事和下一则《射鸭扰民天不容》均收录于《苏轼知徐州札记》(陆明德著,中国文化出版社 2017 年版),以下略作删节。该事在传世文献中难觅出处。正如上编第七章结尾处分析,这些奇思妙想的司法故事广为传播,其实都反映了民间对"三苏"父子的喜爱之情,而这些喜爱之情,来源于他实际的施政清明。

【原文】

北宋熙宁十年,徐州西南萧县北郊有个王家庄,此村离徐州四十余里。庄上住着王勤、王二两兄弟。因父母早亡,撇下兄弟俩过日子。老大王勤是个忠厚老诚的庄稼人,每天上山打柴,下坡种地,积累些银钱,娶张氏为妻,小两口甜甜蜜蜜,丰衣足食。那王二是个好吃懒做、不务正业的无赖,兄长的甜蜜生活引起了王二的忌恨,遂生恶念。为此,他走村串巷,暗访高人,设计了一条妙计,并请人帮助选了一个好日子,付诸实施。

一天上午,王二假惺惺地提着一条大鳝鱼,来到兄长王勤家中,笑嘻嘻地对张氏说:"听说哥哥近来有病在身,今天我抓了一条大鳝鱼,送来给哥哥补补身子。"并嘱咐嫂子精心熬制。张氏信以为真,当晚就将那条鳝鱼炖了半锅汤,端给丈夫服下。不料,王勤一碗汤喝完不久,竟七窍流血,气绝而亡。张氏见状,吓得魂不附体,抱尸痛哭。周围邻居赶来,为时已晚,无法救治。那王二听到张氏哭声,亦假惺惺地干嚎了几声,便指着张氏骂道:"你这个贱人,我哥哥昨日还好好的,怎会突然死去?分明是你勾结奸夫害本夫!我要到衙门告你杀人罪,为哥哥申冤!"张氏分辩说:

"我与夫君恩恩爱爱,怎能去害他?是你昨日送来鳝鱼,让我熬汤给你哥哥喝,不料他刚喝一碗就气绝身亡,我实在冤枉啊!"众人听罢张氏言语,亦觉这事蹊跷。不过,人命关天,不便多说,只能好言劝慰,帮其料理后事。

王二这个无赖,恶人先告状,跑到萧县衙门击鼓"鸣冤",声称哥哥王勤被嫂子害死在家,请求县老爷捉拿凶犯,为哥哥报仇。谁知这个县官是个昏庸之辈,竟不问青红皂白将张氏缉拿到案,严刑审问。张氏虽然据理为争,怎奈酷刑难熬,终于屈打成招,拟定死罪,押送徐州大牢,待州官提审后,如案情属实,秋后问斩。

也就在这一年的四月,大名鼎鼎的亲民太守、青天大老爷苏子瞻调任徐州任职。他白天忙着下乡劝农桑,修水利,抓治铁,造兵器;晚上挑灯复查批阅各县上报的重大刑事案卷。其中鳝鱼谋杀案令其百思不解。他想:本官为政多年,从未听说鳝鱼能杀人。据《本草纲目》记载,有一种由蛇衍变而来的蛇鳝有毒,但此鳝项下有白点,全身浮于水面,并非血鳝。此案疑点甚多。次日,苏轼只带一名随从,来到关押张氏的监号,询问张氏为何谋杀丈夫,被定成死罪。张氏把丈夫有病、王二如何送鳝鱼熬汤致丈夫死亡、知县又如何严刑逼供的事,从头至尾诉说一遍,恳求大人明察秋毫,为其申冤。苏轼听后说道:"你在监内耐心等候,本府一定查明真相,还你一个公道!"

苏轼回衙后,口中反复叨念:"鳝鱼也能杀人?"夫人见状忙问:"这几日老爷寝食不安,莫非遇到什么为难之事?不妨说给妾听,或许能为老爷分点忧愁?"苏轼把鳝鱼谋杀案和自己微服探监的事细说一遍。夫人听罢,亦觉案情重大,想起小时候在娘家遇见的一件奇事,便说:"血鳝中有种鳝鱼叫'望月鳝',有剧毒,能害人。此鳝外观与普通血鳝无二,只是在每月十五、十六两天半夜子时,从水中把头伸出来张望月亮,人称'望月鳝'。老爷不妨派人到徐州城里城外多买些血鳝,养在府衙院内大缸中,命人暗中看个究竟,再审此案也不迟?"苏轼听罢,觉得夫人言之有理,遂命手下衙役按夫人所言行事,只待月圆夜看个究竟。

时间过得飞快，转眼即到本月十五。半夜子时，守缸衙役突然发现，在一口装有十多条鳝鱼的大缸中，有条大个的血鳝，猛地从水中将身拔出水面尺把高，伸头仰望月亮，一连数次。衙役惊喜，随将此缸作上记号，连夜上报苏轼。苏轼听后大喜，即连夜与夫人计议捉鳝事宜。次日子夜将至，那条大血鳝果真再次蹿出水面望月，一直张网守候的衙役，迅速网起这条鳝鱼，苏轼命人连夜将鳝鱼宰杀熬汤喂狗，那条喝汤的小狗，没过多时便倒地身亡，案情至此真相大白。

五鼓天明，苏轼急命衙役奔赴王家庄捉拿王二归案，派人到监牢将张氏带至府衙大堂。苏轼遂命击鼓升堂，开庭审问王二。还没等动刑，那个王二便一五一十地交待了他如何妄图霸占哥嫂田产，设计用"望月鳝"谋杀哥哥嫁祸张氏的全部罪行。苏轼命人叫王二在供状上画押，打入死囚牢等候发落，并当堂宣布张氏无罪，去掉刑具，释放回家。此事一传十，十传百，全城大街小巷，田间村头，都在议论：苏太守明镜高悬，为民作主，巧断疑案，真是名副其实的青天大老爷！

射鸭扰民天不容

【简介】

这则故事同样收录于《苏轼知徐州札记》（陆明德著，中国文化出版社2017年版），以下略作删节。该事在传世文献中难觅出处。不过文中提及的舒焕确有其人，苏轼知徐州时与其有唱和。而"射鸭"作为一项休闲活动，在苏轼诗中也有表现，主要与追怀诗人孟郊（孟郊为溧阳尉时曾开射鸭堂）有关："桃弓射鸭罢，独速短蓑舞"（《读孟郊诗（其二）》，《东坡全集》卷八），"已作观鱼槛，仍开射鸭堂"（《城南县尉水亭得长字》，《东坡全集》卷十一）。故事也许是附会，但所体现出的苏轼的不畏权贵，却是贯彻他一生的品质。

【原文】

苏轼上任之后，经常带着彭城教授舒焕一起走村串巷，微服私访，考察民情。舒焕曾在前任知州傅尧俞手下任职多年,对徐州的风土人情比较熟悉,号称百事通,是苏大人的得力助手。一天上午,苏轼与舒焕一起,来到东门附近的集市,只见前面围着一群人,吵吵嚷嚷。一位老妇人正在与一位二十多岁的阔少爷争吵:"你为什么射死我的鸭子?你得赔我!你赔我!"

但这位阔少爷却根本不当回事:"少爷我今天高兴,射死你的鸭子算什么,鸭子能死在我的弹弓之下,是它的幸运!"

"我就养了这一只鸭子,全靠它下蛋。你断了我的财路,叫我怎么活?你赔我鸭子!赔我鸭子!"老妇人边诉边哭。

跟着阔少爷的随从胡炳全两眼一瞪说:"我家少爷出来不知射死多少鸭子,从来没有赔过。今天帮你杀了鸭子,你得感谢少爷。赶快拿回去煮了吃,省得你自己杀。围观的人议论纷纷,暗中斥责这个流氓恶棍,但慑于阔少爷的权势,谁也不敢出头。苏轼见此情景,非常气愤:"这是什么世道,怎能以射鸭取乐呢?"

舒焕说:"隋唐以来,京城射鸭成风,上至王公大臣,下至公子哥们,无不以擅长射鸭为荣。唐朝王建有诗曰:'新教内人唯射鸭,长随天子苑中游。'开国以后,射鸭之风传入民间,富家子弟纷纷效仿,而地方官府也经常征集贡鸭上调宫中,供朝廷玩乐。"

苏轼追问:"你敢肯定,宫中也有射鸭之风?"

舒焕说:"千真万确。民间的射鸭之风就是从宫中传过来的!"

苏轼沉思了一会,非常神秘地说:"你等着,下面好戏就要开演了,你准备当好配角。"

苏轼走到阔少身边,问道:"这只鸭子可是你射死的?"

阔少满不在乎地说:"是又怎样?"

苏轼问:"请问尊姓大名?"

阔少的随从胡炳全一伸大拇指,得意洋洋地说:"这是彭城崔大官人的少爷崔道枚。崔老爷与朝中的一位公公是表亲。少爷的射鸭技术就是从宫中学来的。"

苏轼嘲笑说:"崔倒霉呀崔倒霉,别看你现在得意一时,但是……"

崔道枚把眼一睁:"但是什么?"

苏轼说:"天有不测风云,人有旦夕祸福。我看你全身被一股黑气笼罩,即将大祸临头!"

崔道枚说:"本少爷福星高照,自有贵人相助,岂能大祸临头?"

"你可知道你射杀的是什么鸭子?"

"一只普通的鸭子。"

"非也,你射杀的是一只贡鸭!这条街上的鸭子已经被新任知州苏大人全部买下了,三天后作为贡品献给朝廷。你小子射杀贡鸭,论罪要打三十大板,罚银一百两。"苏轼步步紧逼。

"我不怕,朝中李公公会给我撑腰!"崔道枚毫不害怕。

舒焕上前说:"你可知道,新来的苏大人铁面无私,执法严明,只要犯在他手上,哪个大臣说话都不管用。再说,徐州离京城四百多里,等你找到这位公公,三十大板早就打完了。看你这身体,别说三十大板,就是二十大板,也会打得你皮开肉绽!"

崔道枚一听要打三十大板,顿时吓瘫了,赶忙向苏轼求教:"请问这位先生,这事如何是好?"

苏轼引而不发:"早知现在,何必当初? 这事不好办啊!"

崔道枚反复哀求:"先生救救我! 先生救救我!"

苏轼说:"救你也行,不知你身上带银子没有?"

崔道枚说:"带的不多,只有十两。"

苏轼说:"民不告,官不理。趁现在老妇人还没有报官,苏大人尚不知情,你把银子拿出来,我帮你摆平。"

崔道枚赶忙示意胡炳全拿出十两银子,双手捧过来。苏轼示意舒教授收下,让他转交给老妇人。

舒焕接过十两纹银,走到老妇人跟前,劝导说:"这位崔公子射杀了你的鸭子,愿意与你和解,赔偿你十两银子,你就不要到官府告状了,不知你是否同意?"老妇人听说有十两银子,够他半年的花销,真是菩萨保佑,福从天降。赶忙回话说:"同意,同意!不知这位公子是否情愿?"舒焕回过头来问崔道枚:"请问崔公子,你提出与老妇人和解,是不是真心的?"崔道枚说"真心真意,永不反悔!"

苏轼对围观的人群说:"既然此事圆满解决,请大家做个见证。这位崔公子自愿与老妇人和解,他说是真心真意,永不反悔,大家都听见了。崔公子,你可以走了。那位老妇人,你也可以走了。不要害怕,有新来的苏大人撑腰,谁也翻不了天!"

第二天,苏轼派人在四门张贴了他上任后发布的第一号公告:明确规定射鸭只能在私人处所进行,严禁到街头巷尾和乡村射鸭扰民。如有违反,射死一只鸭子,按市价十倍赔偿,罚银二十两,上缴国库。

七、知湖州时期

湖州第一案

【简介】

这则故事收录于《苏轼全传·湖州惊魂》。

【原文】

所谓第一案,是苏轼知湖州之后办理的第一个案子。

四月下旬的一天,苏轼穿着素服来到鸿遇茶庄,要了一壶君山银针慢慢品起来,却听到隔桌一个喝茶的人发牢骚:"说什么太平盛世,简直是屁话!州城里居然有人逞强耍横,而那些朝廷命官竟然说:'些小纷争,勿扰宏断。'"

发牢骚者,乃观前街裁缝铺的店主陈越。年前,一富家地痞郑鹏飞,带着一群狐朋狗友来到裁缝铺,耀武扬威,拿了十几套衣服扬长而去。告到官府也无济于事,陈越遂自认倒霉,无心生意,常常关门歇业,来这里喝茶聊天。

憋在心里的话说出来之后,陈越觉得痛快了许多。又喝了半个时辰的茶，便要起身告辞。正在此时，鸿遇茶庄的茶客都瞧着门口，陈越也回头去看，只见两个衙役押着一个汉子。他定睛一看，不觉心里一惊，原来那汉子就是地痞郑鹏飞。他想，这厮莫非又犯事了，真是活该！正待发问，却见刚才隔座上听他唠叨的中年人，径直走到眼前对他说："陈当家，抢你服装的可是这厮？"陈越也是不怕事的，当下应道："正是。""我乃新任湖洲知州苏子瞻，你明天到衙门来，领回你的服装或者银两吧。"陈越不相信这是真的，等他回过神来，赶紧上前一步作揖道："多谢青天大老爷！请受陈某一拜！"

茶馆中的人，谁见过这等事啊！一时间人们议论纷纷，赞不绝口。

八、乌台诗案时期

上任谢表惹非议

【简介】

元丰二年（1079 年），苏轼初到湖州任上，上谢表。上任谢表是指地方官到任，向皇帝寄送的表示谢意的例行性公文。"愚不识时，难以追陪新进；老不生事，或能牧养小民。"苏轼把自己放在了"新进""生事"的对立面，未尝没有指责熙宁变法新党所为多是"事不便民"之意。权监察御史里行何正臣率先发难，指斥苏轼"愚弄朝廷，妄自尊大"，又批评苏轼一有水旱灾害，动辄归咎新法，横加指责，还经常写一些讥讽朝政的文章，传播甚广，影响极坏。《监察御史里行何大正札子》收录于《东坡乌台诗案》（将"何正臣"作"何大正"），此处为节选，这篇弹劾文章为乌台诗案拉开了序幕。上编第七章对整个乌台诗案的进程有详细论述，可以参看。

【原文】

臣伏见祠部员外郎直史馆知湖州苏轼谢上表，其中有言："愚不识时，难以追陪新进；老不生事，或能牧养小民。"愚弄朝廷，妄自尊大，宣传中外，孰不叹惊！夫小人为邪，治世所不能免；大明旁烛，则其类自消。固未有如轼为恶不见悛,怙终自若,谤讪讥骂,无所不为。道路之人,则以为一有水旱之灾,盗贼之变,轼必倡言,归咎新法,喜动颜色,惟恐不甚。今更明上章疏,肆为诋诮,无所忌惮矣。夫出而事主,所怀如此,世之大恶,何以复加!昔成王戒康叔以助王宅天命,作新民,人有小罪非眚,乃惟终不可不杀。盖习俱污陋,难以丕变,不如是,不足以作民而新之。况今法度未完,风俗未一,正宜大明诛赏以示天下。如轼之恶,可以止而勿治乎!轼所为讥讽文字传于人者甚众,今犹取镂板而鬻于市者进呈。伏望陛下,特赐留神。取进止。

沈括是乌台诗案的始作俑者?

【简介】

熙宁六年(1073 年)十月,沈括察访两浙,曾与时任杭州通判的苏轼论旧。《续资治通鉴长编》"元丰二年十二月庚申"条曾节引下录时人王铚《元祐补录》的记载,说明当时确实有人认为沈括此次察访后曾上书以文字陷苏轼。王铚距离苏轼时代更近,但《续资治通鉴长编》认为"恐年月先后差池不合",此条是否信史还有争论。

【原文】

沈括素与苏轼同在馆阁。轼论事与时异,补外。括察访两浙,陛辞,神宗语括曰:"苏轼通判杭州,卿其善遇之。"括至杭,与轼论旧,求手录近诗一通。归即签贴以进,云词皆讪怼。其后李定、舒亶论轼诗置狱,实本于括云。元祐间,轼知杭州,括闲废在润,往来迎谒恭甚。轼益薄其为人。

御史台差官追摄苏轼

【简介】

本则故事收录于时人孔平仲《孔氏谈苑》卷一,上编第七章亦有论及,讲述了乌台诗案案发,御史台差官追取苏轼的整个过程。有涉事亲朋的极力救援,也有苏轼初闻获罪的惶恐无奈,更有隶卒拉扯太守的斯文扫地,治所百姓的"送者雨泣",如同目睹。

【原文】

苏轼以吟诗有讥讪,言事官章疏狎上,朝廷下御史台差官追取。是时李定为中书丞,对人叹息,以为人才难得,求一可使逮轼者少有如意。于是太常博士皇甫僎被遣以往。僎携一子二台卒倍道疾驰。驸马都尉王诜与子瞻游厚,密遣人报苏辙。辙时为南京幕官,乃亟走作往湖州报轼,而僎行如飞,不可及。至润州,适以子病求医留半日。故所谴得先之,僎至之日,轼在告,祖无颇权州事。僎迳入州厅,具靴袍秉笏立庭下,二台卒夹侍,白衣青巾,顾盼狞恶,人心汹汹不可测。轼恐,不敢出,谋之无颇。无颇云:"事至此,无可奈何,须出见之。"轼议所以为服,自以当得罪,不可以朝服。无颇云:"未知罪名,当以朝服见也。"轼亦具靴袍秉笏立庭下。无颇与职官皆小幘列轼后。二卒怀台牒,挂其衣若匕首然;僎又久之不语,人心益疑惧。轼惧曰:"轼自来激恼朝廷多,今日必是赐死,死固不辞,乞归与家人诀别。"僎始肯言曰:"不至如此。"无颇乃前曰:"太博必有被受文字。"僎问:"谁何?"无颇曰:"无颇是权州。"僎乃以台牒授之,乃开视,只是寻常追摄行遣耳。僎促轼行。二狱卒就扎之。即时出城登舟,郡人送者雨泣。顷刻之间,拉一太守如驱犬鸡。此事无颇目击也。

"子独不能如杨处士妻作一诗送我乎?"

【简介】

本则故事收录于南宋胡仔纂集的《苕溪渔隐丛话·前集》卷第四十二《东坡五》,展现了苏轼在面对牢狱之灾时的达观态度。

【原文】

东坡云:"昔年过洛,见李公简,言:宋真宗既东封,访天下隐者。杞人杨朴能为诗,召对,自言不能。上问:'临行有人作诗送卿否?'朴曰:'惟臣妻有一首云:更休落魄耽杯酒,且莫猖狂爱咏诗,今日捉将官里去,这回断送老头皮。'上大笑,放还山。余在湖州,坐作诗追赴诏狱,妻子送余出门,皆哭,无以语之,顾谓妻子曰:'子独不能如杨处士妻作一诗送我乎?'妻子不觉失笑,余乃出。"

老幼几怖死,烧书泄愤

【简介】

本则节选自苏轼《黄州上文潞公书》,收录于《东坡全集》卷七十二,是苏轼本人对御史台追摄过程及家人心态的描述。

【原文】

轼始就逮赴狱,有一子稍长,徒步相随。其余守舍,皆妇女幼稚。至宿州,御史符下,就家取文书。州郡望风,遣吏发卒,围船搜取,老幼几怖死。既去,妇女恚骂曰:"是好著书,书成何所得,而怖我如此!"悉取烧之。比事定,重复寻理,十亡其七八矣。

苏轼是否罪至死?

【简介】

以下两则,一则收录于时人朱彧的《萍洲可谈》,一则收录于孔平仲《孔氏谈苑》卷一,都是时人根据追摄下狱的细节问题推测神宗是否打算处死苏轼。细节如此丰富,结论互相矛盾,可见时人对此案的关心。

【原文】

东坡元丰间知湖州,言者以其诽谤,御史台遣就任摄之。吏部差朝士皇甫朝光管押。东坡方视事,数吏直入厅事,捽其袂曰:"御史中丞召!"东坡错愕而起,即步出郡署门。家人号泣,出随之,郡人为涕泣。下狱即问五代有无誓书铁券,盖死囚则如此。他罪止问三代。

皇甫僎追取苏轼,乞逐夜所至,送所司案禁,上不许。以为只是根究吟诗事,不消如此。其始弹劾之峻,追取之暴,人皆为轼危,至是乃知轼必不死也。

"不欲辜负老弟"

【简介】

以下一则收录于时人孔平仲《孔氏谈苑》,讲述了苏轼在押解途中意欲自杀又放弃的心路历程,以及托狱卒给弟弟子由捎信的细节,可以说苏氏兄弟之间的深情厚谊支撑着苏轼度过了乌台诗案的惊魂百日。乌台诗案是以文下狱,但苏轼并未因此放弃自己的创作。

【原文】

苏子瞻随皇甫僎追摄至太湖鲈香亭下,以柁损修牢;是夕风涛倾倒,月色如昼。子瞻自维仓卒被拉去,事不可测,必是下吏,所连逮者多,如闭目窜身入水,则顷刻间耳。既为此计,又复思曰:"不欲辜负老弟。"言己有不幸,子由必不独生也。由是至京师,下御史狱。李定、舒亶、何正臣杂治之,侵之甚急,欲加以指斥之罪。子瞻忧在必死,常服青金丹,即收其余,窖置土内,以备一旦当死,则并服以自杀。有一狱卒,仁而有礼,事子瞻甚谨。每夕必然汤为子瞻濯足。子瞻以诚谒之曰:"轼必死,有老弟在外,他日托以二诗为诀。"狱卒曰:"学士必不致如此。"子瞻曰:"使轼万一获免,则无所恨;如其不免,而此诗不达,则目不瞑矣。"狱卒受其诗,藏之枕内。后子瞻谪黄州,狱卒曰:"还学士此诗。"子瞻以面伏案不忍读也。既出,又戏自和云:"却对酒杯浑似梦,试拈诗笔已如神。"既作此诗,私自骂曰:"犹不改也!"

狱中寄子由

【简介】

本则故事收录于时人邵伯温纂集的《邵氏闻见前录》卷十三,解释了御史李定为何针对苏轼发动乌台诗案的原因:苏轼褒奖寻母孝子,看不起他不为母守孝的行为。文末认定神宗是因为读到《狱中寄子由》最终释放了苏轼。南宋曾敏行所作《独醒杂志》卷四也这样认为:"东坡坐诏狱,御史上其寄黄门之诗,神宗见之,即薄其罪,谪居黄州。"

【原文】

朱寿昌者,少不知母所在,弃官走天下求之,刺血书佛经,志甚苦。熙宁初,见于同州,迎以归。朝士多以诗美之。苏子瞻诗云:"感君离合我酸心,此事今无古或闻。"王荆公荐李定为台官,定尝不持母服。台谏给舍俱论其不孝,不可用。子瞻因寿昌作诗贬定,故曰"此事今无古或闻"也。后定为御史中丞,言内翰作诗贬上,自湖州赴诏狱。小人必欲杀之,张文定、范忠宣二公疏救不报,天下知其不免矣。子瞻狱中作诗寄黄门公子由云:"与君世世为兄弟,更结来生未断因。"或上闻。上览之凄然,卒赦之。

苏轼是否曾遭刑讯

【简介】

本则故事节录于南宋周必大《二老堂诗话·记东坡乌台诗案》,上编第七章亦有论及,讲述同时下狱的苏颂(字子容)的见闻,隐约透露出苏轼曾遭受刑讯。

【原文】

苏子容丞相,元丰戊午岁尹开封,治陈世儒狱。言者诬以宽纵请求,是秋亦自豪州摄赴台狱,尝赋诗十四篇,今在集中。叙云:"子瞻先已被系,予昼居三院东阁,而子瞻在知杂南庑,才隔一垣。"其诗云:"遥怜北户吴兴守,诟辱通宵不忍闻。"注谓:"所劾歌诗有非所宜言,颇闻镌诘之语。"

苏轼不认指斥乘舆

【简介】

本则故事收录于时人孙升口述、刘延世笔录成书的《孙公谈圃》卷上。狱友劝苏轼认罪而苏轼不肯招认指斥乘舆的罪名。关于苏轼被弹劾的罪名及最终定何罪,上编第七章有详细分析。本则还透露了北宋官中宦官也参与诏狱的审理和监督的事实。

【原文】

子瞻得罪,时有朝士卖一诗策,内有使墨君事者,遂下狱。李定、何正臣劾其事,以指斥论。谓苏曰:"学士素有名节,何不与他招了?"苏曰:"轼为人臣,不敢萌此心,却不知是何人造此意?"一日,禁中遣冯宗道按狱,止贬黄州团练副使。

"天下之公论,虽仇怨不能夺也"

【简介】

本则收录于南宋胡仔纂集的《苕溪渔隐丛话·前集》卷第四十三《东坡六》。即使是发动乌台诗案的李定,也被苏轼的记忆力所折服。

【原文】

王定国《甲申杂记》云:天下之公论,虽仇怨不能夺也。李承之奉世知南京,尝谓余曰:"昨在从班,李定资深鞠子瞻狱,虽同列不敢辄启问。一日,资深于崇政殿门忽谓诸人曰:'苏轼奇才也。'众莫敢对。已而曰:'虽三十年所作文字诗句,引证经传,随问即答,无一字差舛,诚天下之奇才也。'叹息不已。"苕溪渔隐曰:"余之先君,靖康间尝为台端,台中子瞻诗案具在,因录得其本,与近时所刊行《乌台诗案》为尤详。"

"诗人之词,安可如此论?"

【简介】

本则第一条收录于南宋胡仔纂集的《苕溪渔隐丛话·前集》卷第四十六《东坡九》。这里向神宗进言苏轼"蛰龙"反映出其不臣之心的"时相"是新党的王珪,是乌台诗案中力图治罪苏轼的主力。第二条收录于《苕溪渔隐丛话·后集》卷三十《东坡五》,狱卒也好奇这一句诗是否在讥讽朝廷,苏轼巧妙地回答了他。

【原文】

《石林诗话》云：元丰间，苏子瞻系御史狱，神宗本无意深罪子瞻，时相进呈，忽言："苏轼于陛下有不臣意。"神宗改容曰："轼固有罪，然于朕不应至是，卿何以知之？"时相因举轼《桧诗》"根到九泉无曲外，岁寒惟有蛰龙知"之句，对曰："陛下飞龙在天，轼以为不知己，而求知地下之蛰龙，非不臣而何？"神宗云："诗人之词，安可如此论？彼自咏桧，何预朕事？"时相语塞。子厚亦从旁解之，遂薄其罪。子厚尝以语余，且以丑言诋时相曰："人之害物，无所忌惮，有如是也！"

苕溪渔隐曰：东坡在御史狱，狱吏问云："《双桧诗》：'根到九泉无曲处，世间惟有蛰龙知。'有无讥讽？"答曰："王安石诗：'天下苍生待霖雨，不知龙向此中蟠。'此龙是也。"吏亦为之一笑。

"朕无他意，只欲召他对狱"

【简介】

本则为《续资治通鉴长编》元丰二年（1079年）十二月庚申条附录吕本中《杂说》的记载，记载了当时的宰相吴充劝神宗的话：曹操尚能宽容当堂辱骂他的祢衡，神宗以尧、舜为法，为何容不下苏轼？神宗表示自己并没有杀苏轼的意思，只是召回他来对质，马上就会释放。

【原文】

吴充方为相，一日问上："魏武帝何如人？"上曰："何足道！"充曰："陛下动以尧、舜为法，薄魏武固宜。然魏武猜忌如此，犹能容祢衡，陛下以尧、舜为法，而不能容一苏轼，何也？"上惊曰："朕无他意，只欲召他对狱，考核是非尔。行将放出也。"

今日得二文士,将留以遗后人

【简介】

本则故事收录于时人方勺作《泊宅编》卷一,讲述曹太后告诉神宗苏氏兄弟乃是仁宗取中留给后人的宰相之才,神宗颇为触动,于是有宽贷苏轼的想法。南宋陈鹄所录《耆旧续闻》记述这段故事时,增加了曹太后病重,神宗欲肆赦,太后表示"不须赦天下凶恶,但放了苏轼足矣"的情节。

【原文】

东坡既就逮,下御史狱。一日,曹太后诏上曰:"官家何事数日不怿?"对曰:"更张数事未就绪,有苏轼者,辄加谤讪,至形于文字。"太皇曰:"得非轼、辙乎?"上惊曰:"娘娘何以闻之?"曰:"吾尝记仁宗皇帝策试制举人罢归,喜而言曰:'今日得二文士,然吾老矣,度不能用,将留以遗后人。'二文士盖轼、辙也。"上因是感动,有贷轼意。

神宗爱惜人才不忍终弃

【简介】

本则故事收录于宋人叶梦得《避暑录话》卷下,上编第七章亦有论及,讲述了《狱中寄子由》的创作起于一段"乌龙",并且是苏轼有意设计让神宗读到。不管真相如何,人们相信皇帝会因为文字的力量而坚定释放苏轼的决心,而这两首作品无愧于这样的传说。

【原文】

苏子瞻元丰间赴诏狱,与其长子迈俱行,与之期送食惟菜与肉,有不测则撤二物而送以鱼,使伺外间以为候,迈谨守。逾月,忽粮尽,出谋于陈留,委其一亲戚代送,而忘语其约。亲戚偶得鱼鲊送之,不兼他物。子瞻大骇,知不免,将以祈哀于上而无以自达,乃作二诗寄子由,祝狱吏致之,盖意狱吏不敢隐,则必以闻。已而果然神宗初固无杀意,见诗盖动心,自是遂益欲从宽释,凡为深文者皆拒之。二诗不载集中,今附于此:

柏台霜气夜凄凄,风动琅珰月向低。梦绕云山心似鹿,魂飞汤火命如鸡。额中犀角真吾子,身后牛衣愧老妻。他日神游定何所,桐乡应在浙江西。圣主如天万物春,小臣愚暗自亡身。百年未了须还债,十口无家更累人。是处青山可藏骨,他时夜雨独伤神。与君世世为兄弟,更结来生未了因。

裕陵眷贤士

【简介】

本则故事收录于时人何薳作《春渚纪闻》卷六,讲述了神宗相信苏轼无罪的另一个版本:苏轼在狱中也能很快入睡,鼻息如雷,可见胸中无事。真假且不论,苏轼的旷达确实使得他在坎坷宦途中受益颇多。

【原文】

先生临钱塘郡日……谓刘景文曰:"某今日余生,皆裕陵之所赐也。"景文请其说。先生曰:"某初逮系御史狱,狱具奏上。是夕昏鼓既毕,某方就寝,忽见二人排闼入,投箧于地,即枕之卧。至四鼓,某睡中觉有撼体而连语学士贺喜者。某徐转侧问之,即曰'安心熟寝',乃挈箧而去。盖初奏上,舒亶之徒,力诋上前,必欲置之死地;而裕陵初无深罪之意,密遣小黄门至狱视某起居状,适某尽寝,鼻息如雷,即驰以闻。裕陵顾谓左右曰:'朕知苏轼胸中无事。'于是即有黄州之命。"

诗案牵连诸公下场

【简介】

本则第一条节选自时人王定国为秦观《淮海集》所作序,交代张方平、司马光等人因为"得其文不以告"而被罚金,王定国谪监滨州盐税。第二条则是《施注苏诗》卷十五《作书寄王晋卿忽忆前年寒食北城之游走笔为此诗》题注,交代驸马王诜受累贬谪的经历。

【原文】

元丰三年,眉阳苏公用御史言,文涉谤讪,属吏狱具;天子薄其罪,责为黄州团练副使。于是梁国张公,涑水司马公等三十六人,素厚善眉阳,得其文不以告,皆罚金。而太原王定国,独谪监滨州盐税。

王晋卿名诜,太原人,徙开封。自少志趣不群,能诗善画。以选尚魏国贤惠公主,母宣仁高后,与神宗为同产。晋卿慕东坡,相与游从,为晋卿作《宝绘堂记》;多蓄法书名画,及自制丹青,每为题咏。坡以诗对御史台,谪黄州,晋卿自绛州团练使坐追两秩,停废。贤惠病,神宗复其官,以慰主意。未几薨,遂贬官,安置均州。

《乌台诗案》流布

【简介】

本则故事节录于南宋周必大《二老堂诗话·记东坡乌台诗案》,讲述《乌台诗案》如何在靖康年间保存下来,反映了时人对苏轼文章和书法的喜爱。

【原文】

元丰巳未,东坡坐作诗谤讪,追赴御史狱。当时所供诗案,今已印行,所谓《乌台诗案》是也。靖康丁未岁,台吏随驾,挈真案至维扬。张全真参政时为中丞,南渡取而藏之。后张丞相德远为全真作墓志,诸子以其半遗德远充润笔,其半犹存全真家。予尝借观,皆坡亲笔。凡有涂改,即押字于下,而用台印。

九、黄州谪居时期

《陈季常所蓄朱陈村嫁娶图(其二)》

【简介】

此诗收录于《东坡全集》卷十一,陈季常即陈慥,苏轼密友,也是苏轼任凤翔签判时的知州陈希亮的儿子。元丰三年(1080年)正月,苏轼被贬黄州(今湖北黄冈市)团练副使,路过岐亭见到陈慥并为他所藏《嫁娶图》题诗。苏轼曾任徐州知州,因此首句说自己是当地的"旧使君",曾经下乡劝农。王安石变法中的青苗法将贷款发给农民、只收较低的利钱,出发点是为了救民,但在执行中暴露出不少问题,比如还贷时实际上只收钱,再如还贷时间刻板,拖欠者将面临官府督责的压力,于是出现了末句"县吏催钱夜打门"这一打破乡村安静生活的画面。

【原文】

我是朱陈旧使君(自注:朱陈村在徐州萧县),劝耕曾入杏花村。而今风物那堪画,县吏催钱夜打门。

《五禽言之布谷》

【简介】

此诗收录于《东坡全集》卷十二,作于元丰三年(1080年)四月,也是感叹青苗法执行之后官吏催租给百姓带来的伤害。

【原文】

南山昨夜雨,西溪不可渡。

溪边布谷儿,劝我脱破袴。

不辞脱袴溪水寒,水中照见催租瘢。

(士人谓布谷为脱却破袴。)

"若岁活得百个小儿"

【简介】

此文节录于《东坡志林·黄鄂之风》。苏轼元丰五年(1082年)二月听闻黄州小民生子不养,马上修书一封给鄂州太守朱寿康,介绍自己在密州的官方赈济经验,并在黄州民间也发起养活弃婴的慈善行为。

【原文】

近闻黄州小民贫者生子多不举,初生便于水盆中浸杀之,江南尤甚,闻之不忍。会故人朱寿昌康叔守鄂州,某以书遗之,乃立赏罚以变此风。而黄之士古耕道,虽椎鲁无他长,然颇诚实,喜为善。乃使率黄人之富者,岁出十千,如愿过此者,亦听。使耕道掌之,多买米布绢絮,使安国寺僧继莲书其出入。访问里田野,有贫甚不举子者,辄少遗之。若岁活得百个小儿,亦闲居一乐事也。吾虽贫,亦当出十千。

《鱼蛮子》

【简介】

此诗收录于《东坡全集》卷十三,苏轼元丰五年(1082年)夏作于黄州团练副使任上。全诗描绘了鱼蛮子在江上居住、维生的生存状态,暗中讽刺新法实行后与民争利,农民生活无着,还不如鱼蛮子在江上讨生活,虽然漂泊无定,但是没有繁重的税负压力。

【原文】

江淮水为田,舟楫为室居。鱼虾以为粮,不耕自有余。
异哉鱼蛮子,本非左衽徒。连排入江住,竹瓦三尺庐。
于焉长子孙,戚施且侏儒。擘水取鲂鲤,易如拾诸途。
破釜不著盐,雪鳞芼青蔬。一饱便甘寝,何异獭与狙。
人间行路难,踏地出赋租。不如鱼蛮子,驾浪浮空虚。
空虚未可知,会当算舟车。蛮子叩头泣,勿语桑大夫。

十、移汝州、居常州时期

"今之君子,争减半年磨勘,虽杀人亦为之"

【简介】

此条载于时人邵伯温纂集的《邵氏闻见前录》卷十二,是王安石与苏轼关系的终结。元丰七年(1084年),苏轼移汝州路过金陵,见到王安石,直言责备王安石不该引发与西夏的战事("西方用兵,连年不解"),不应该迫害读书人("东南数兴大狱")。王安石回应这是吕惠卿所为,自己不在其位,不谋其政。苏轼认为神宗待王安石以"非常礼",王安石当以非常礼事君。王安石剖白自己,认为即使杀一个无辜的人做一件不义的事情就可得天下,也不能做。苏轼戏称,现在的官员哪怕能缩短半年的考核期,让他们杀人他们也愿意干。

【原文】

　　介甫与子瞻初无隙,吕惠卿忌子瞻,辄间之。神宗欲以子瞻同修起居注,介甫难之;又意子瞻文士,不晓吏事,故用为开封府推官以困之。子瞻益论事无讳,拟廷试策、万言书,论时政甚危。介甫滋不悦。子瞻外补官。中丞李定,介甫客也,定不服母丧,子瞻以为不孝,恶之,定以为恨,勒子瞻作诗谤讪,下御史狱,欲杀之。神宗终不忍,贬散官,黄州安置。移汝州,过金陵,见介甫甚欢。子瞻曰:"某欲有言于公。"介甫色动,意子瞻辨前日事也。子瞻曰:"某所言者,天下事也。"介甫色定,曰:"姑言之。"子瞻曰:"大兵大狱,汉唐灭亡之兆。祖宗以仁厚治天下,正欲革此。今西方用兵,连年不解。东南数兴大狱,公独无一言以救之乎?"介甫举两指示子瞻曰:"二事皆惠卿启之,某在外安敢言?"子瞻曰:"固也。然在朝则言,在外则不言,事君之常礼耳。上所以待公者非常礼,公所以事上者,岂可以常礼乎?"介甫厉声曰:"某须说。"又曰:"出在安石口,入在子瞻耳。"盖介甫尝为惠卿发其"无使上知"私书,尚畏惠卿,恐子瞻泄其言耳。介甫又曰:"人须是行一不义,杀一不辜,得天下,不为,乃可。"子瞻戏曰:"今之君子,争减半年磨勘,虽杀人亦为之。"介甫笑而不言。

"郑容落籍,高莹从良"

【简介】

　　此条载于南宋胡仔纂集的《苕溪渔隐丛话·后集》卷第四十《丽人杂记》,上编也有论及。元丰七年(1084年)秋苏轼移汝州途经京口(今属江苏省镇江市),当地方官设宴作陪,官妓郑容出牒文要求落籍,高莹要求从良。苏轼于是在牒文后面填了一首藏头诗《减字木兰花》,"郑容落籍,高莹从良",同意了她们的请求。

【原文】

《东皋杂录》云:东坡自钱塘被召,过京口,林子中作守,郡有会,坐中营妓出牒,郑容求落籍,高莹求从良,子中命呈东坡,坡索笔为《减字木兰花》书牒后云:"郑庄好客,容我楼前先堕帻。落笔生风,籍籍声名不负公。高山白早,莹骨球肌那解老。从此南徐,良夜清风月满湖。"暗用此八字于句端也。苕溪渔隐曰:"《聚兰集》载此词,乃东坡《赠润守许仲涂》,且以'郑容落籍,高莹从良'为句首,非林子中也。"

常州购田产案

【简介】

本则第一条录于南宋张世南撰《游宦纪闻》卷七,讲述苏轼元丰七年(1084年)九月在常州买曹姓田的经过,第二条节选自《续资治通鉴长编》卷四百八十四"元祐八年五月乙亥"条,是苏轼针对御史黄庆基弹劾他侵渔民田的自辩。曹姓业主卖田后诈赖,诬告到官。事经转运使查实,田断归苏轼。此时已过去八年,苏轼"愍见小人无知,意在得财",不愿计较,仍许曹姓照原价收赎。曹姓业主并无能力赎田,诬称田断归自家,于是被御史视为苏轼罪状,专章弹劾。苏轼表白有公案在户部,可以取来对验。黄庆基系王安石表弟,坐言尚书右丞苏辙、礼部尚书苏轼不实,罢为福建路转运判官。

【原文】

坡公元丰七年,自黄量移汝海。五月,访张文定公于瑞。七八月间,留连金陵,过阳羡。九月,抵宜兴。通真观侧郭知训提举宅,即公所馆。往年邑簿朱冠卿续编《图经》云:"五十五里地名黄土村。"坡公尝与单秀才步田至焉。地主以酒见饷,谓坡曰:"此红友也。"坡言:"此人知有红友,不知有黄封,其快活人也。"田主有曹姓者,已鬻而造讼,有司已察而斥之,坡公移牒,以田归之。

又庆基所言臣强买常州宜兴县姓曹人田地八年，州县方与断还。此事元系臣任团练副使日，罪废之中，托亲戚投状，依条买得姓曹人一契田地。后来姓曹人却来臣处昏赖争夺，臣实时牒本路转运司，令依公尽理根勘，仍便具状申尚书省。后来转运司差官勘得姓曹人招服，非理昏赖，依法决讫，其田依旧合是臣为主，牒臣照会。臣愍见小人无知，意在得财，臣既备位侍从，不欲与之计较曲直，故于招服断遣之后，却许姓曹人将原价抽收，仍亦申尚书省及牒本路施行。今庆基乃言是本路断还本人，显是诬罔。今来公案见在户部，可以取索案验。

"轼一生罪过，开口常是不在徒二年以下"

【简介】

此条载于南宋王明清撰《挥麈录》后录卷之七，上编第七章也有论及。元丰七年（1084年）十二月苏轼途经泗州（遗址在今江苏北部），作词《行香子》："望长桥上，灯火乱，使君还。"当地规定晚上过长桥要徒二年，刘知州请苏轼切莫再行张扬，苏轼笑曰自己这一生开口就是罪过，就没有在徒二年以下的。

【原文】

东坡先生自黄州移汝州，中道起守文登，舟次泗上，偶作词，云："何人无事，燕坐空山，望长桥上，灯火乱，使君还。"太守刘士彦，本出法家，山东朴强人也。闻之，亟谒东坡云："知有新词。学士名满天下，京师便传。在法，泗州夜过长桥者，徒二年，况知州邪！切告收起，勿以示人。"东坡笑曰："轼一生罪过，开口常是不在徒二年以下。"

扬州竹林寺题诗案

【简介】

此条第一则节选自苏轼《辨题诗札子》，载《东坡全集》卷六十。此为元祐六年（1091年）八月初八日苏轼上书自辩，即他元丰八年（1085年）五月一日写作"山寺归来闻好语,野花啼鸟亦欣然"，并非是御史赵君锡、贾易所弹劾的听闻神宗去世幸灾乐祸，而是"喜闻百姓讴歌吾君之子出于至诚"。第二则节选自《避暑录话》卷上，叶梦得提到他亲眼所见该诗题壁，苏轼的剖白值得相信，但当时苏辙为其兄所写《墓志铭》刚刚完成，则提供了另一种说法——欣喜是因为在常州成功买田。叶梦得认为这并不妥当："尤与本意不类,岂为志时未尝深考而误耶？"

当时言官"风闻言事"，有时不免沦为党争政争、排挤异己的工具，苏轼之前遭遇乌台诗案即是御史攀扯诗文所造成的文字狱，类似的攻讦无疑伴随了他一生。这也影响了他和相关人士的交游。据南宋范公偁《过庭录》记载，晁端彦同会贾易及东坡，酒酣，东坡曰："某昨日造朝，有一人乘醉卧东衢，略不相避，某颇怒之，因命左右曰：'擒而绷之！'酒者曰：'尔又不是台谏，只有胡绷乱绷。'"东坡讥讽如此，贾应声曰："谁教尔辨。"坡公终席不乐。

【原文】

臣今省忆此诗，自有因依，合具陈述。臣于是岁三月六日在南京闻先帝遗诏，举哀挂服了当，迤逦往常州。是时新经大变，臣子之心，孰不忧惧。至五月初间，因往扬州竹西寺，见百姓父老十数人，相与道旁语笑，其间一人以两手加额，云："见说好个少年官家。"其言虽鄙俗不典，然臣实喜闻百姓讴歌吾君之子出于至诚。又，是时，臣初得请归耕常州，盖将老焉，而淮浙间所在丰熟，因作诗云："此生已觉都无事，今岁仍逢大有年。山寺归来闻好语，野花啼鸟亦欣然。"盖喜闻此语，故窃记之于诗，书之当涂僧舍壁上。臣若稍有不善之意，岂敢复书壁上以示人乎？又其时去先帝上仙已及两月，决非"山寺归来"始闻之语，事理明白，无人不知。而君锡等辄敢挟情，公然诬罔。伏乞付外施行，稍正国法。所贵今后臣子，不为仇人无故加以恶逆之罪。取进止。

子瞻《山光寺诗》"野花鸣鸟亦欣然"之句，其辩说甚明。盖为哲宗初即位，闻父老颂美之言而云。神宗奉讳在南京，而诗作于扬州。余尝至其寺，亲见当时诗刻，后书作诗日月，今犹有其本。盖自南京回阳羡时也，始过扬州则未闻讳，既归自扬州，则奉讳在南京事不相及，尚何疑乎？近见子由作《子瞻墓志》载此事，乃云公至扬州，常州人为公买田书至，公喜而作诗，有"闻好语"之句，乃与辩辞异，且闻买田而喜可矣。野花啼鸟何故而亦欣然，尤与本意不类，岂为志时未尝深考而误耶？然此言出于子由，不可有二，以启后世之疑。余在许昌时志犹未出，不及见，不然当以告迨与过也。

十一、知登州时期

《登州召还议水军状》

【简介】

本文载于《东坡全集》卷五十二。苏轼元丰八年（1085年）六月起知登州，十月抵达登州，他视察登州军备，发现原本用来防备辽国的四指挥屯兵被分屯，这样一来起不到防备北虏的作用，二来军队无法演习水战，建议朝廷明令以后不得分兵。由于苏轼在未到登州时就被传召回朝以朝奉郎任礼部郎中，所以在回京途中写作此状时，他身份是"前知登州军州事"。

【原文】

元丰八年十二月某日，朝奉郎前知登州军州事苏轼状奏：右臣窃见登州地近北虏，号为极边，虏中山川隐约可见，便风一帆，奄至城下。自国朝以来，常屯重兵，教习水战，旦暮传烽，以通警急。每岁四月，遣兵戍驰基岛，至八月方还，以备不虞。自景德以后，屯兵常不下四五千人。除本州诸军外，更于京师、南京、济、郓、兖、单等州差拨兵马屯驻。至庆历二年，知州郭志高为诸处差来兵马头项不一，军政不肃，擘画奏乞创置澄海水军弩手两指挥，并旧有平海两指挥，并用教习水军，以备北虏，为京东一路捍屏。虏知有备，故未尝有警。

议者见其久安，便谓无事。近岁始差平海六十人分屯密州信阳、板桥、涛洛三处。去年本路安抚司人更差澄海二百人往莱州，一百人往密州屯驻。检会景德三年五月十二日圣旨指挥，今后宣命抽差本城兵士，往诸处只于威边等指挥内差拨，即不得抽差平海兵士。其澄海兵士，虽无不许差出指挥，盖缘元初创置，本为抵替诸州差来兵马，岂有却许差往诸处之理？显是不合差拨。不惟兵势分弱，以起戎心，而此四指挥更番差出，无处学习水战，武艺惰废，有误缓急。

伏乞朝廷详酌，明降指挥，今后登州平海、澄海四指挥兵士，并不得差往别州屯驻。谨录奏闻，伏候敕旨。

《乞罢登莱榷盐状》

【简介】

本文同样载于《东坡全集》卷五十二，也是苏轼短暂知登州军事时体察民情，卸任之后所上书。苏轼一直反对食盐官卖，认为这是与民争利。登莱二州更是守着海盐场，专卖直接导致"官无一毫之利而民受三害"，所以请求罢榷盐，恢复盐税。苏轼在登州时日虽极短，但所思所为仍然体现了对民生的关怀和对吏事的谙熟，所以当地也修建了苏公祠来纪念，至今古登州境内的蓬莱仍流传着"五日登州府，千年苏公祠"的佳话。

【原文】

元丰八年十二月某日，朝奉郎前知登州军州事苏轼状奏：右臣窃闻议者谓近岁京东榷盐，既获厚利，而无甚害，以谓可行。以臣观之吗，盖比之河北、淮、浙，用刑稀少，因以为便。不知旧日京东贩盐小客无以为生，大半去为贼盗。然非臣职事所当言者，故不敢以闻。

独臣所领登州，斗入海中三百里，地瘠民贫，商贾不至，所在盐货，只是居民吃用。今来既榷入官，官买价贱，比之灶户卖与百姓，三不及一。灶户失业，渐以逃亡，其害一也。居民咫尺大海，而令顿食贵盐，深山穷谷，遂至食淡，其害二也。商贾不来，盐积不散，有入无出，所在官舍皆满，至于露积。若行配卖，即与福建江西之患无异；若不配卖吗，即一二年间举为粪土,坐弃官本,官吏被责,专副破家,其害三也。官无一毫之利而民受三害,决可废罢。

窃闻莱州亦是元无客旅兴贩,事体与此同。欲乞朝廷相度不用吗,行臣所言,只乞出自圣意,先罢登莱两州榷盐,依旧令灶户卖与百姓,官收盐税,其余州军,更委有司详讲利害施行。谨录奏闻,伏候敕旨。

十二、元祐初在京任职时期

"汝为人,何黄之有"

【简介】

本则见载于时人笔记《东皋杂录》。东坡自称"上可陪玉皇大帝,下可以陪卑田院乞儿""吾眼前见天下无一个不好人",蛇黄牛黄和"人黄"对举,大有讥诮之意,也许在狱中,也并非遇上的全是替他传书递简的好心人。

【原文】

东坡元丰间系狱,元祐初起知登州,未几以礼部员外郎召还,道遇当日时狱吏,甚有愧色。东坡戏之曰:"有蛇螫杀人,为冥官所追,议法当死。蛇前诉曰:'诚有罪,然亦有功,可以自赎。'冥官曰:'何功也?'蛇曰:'某有黄可治病,所活已数人。'吏验不诬,遂免。良久,牵一牛至。吏曰:'此触杀人,亦当死。'牛曰:'我亦有黄可治病,亦活数人矣。'亦得免。久之,狱吏引一人至,曰:'此人杀人,今当还命。'其人仓黄妄言亦有黄。冥官大怒,诘之曰:'蛇黄牛黄皆入药,天下所共知。汝为人,何黄之有?'其人窘甚,曰:'某别无黄,但有些惭惶。'"

贬责吕惠卿

【简介】

元祐元年(1086年)五月十九日,苏辙上《乞诛窜吕惠卿状》,六月初八,苏辙上《再乞罪吕惠卿状》,二十日东西省同上《论吕惠卿第三状》,力陈吕氏"赋性凶邪,罪恶山积"。吕惠卿(字吉甫,福建泉州人)是王安石的心腹,神宗执政后期新法的枢纽,与苏氏兄弟政论极不同:"自熙宁以来,所为青苗、助役、市易、保甲、簿法皆出于惠卿之手,至于轻用甲兵,兴造大狱,凡害民蠹国之事,皆惠卿发其端。"二十三日,吕惠卿责授建宁军节度副使本州安置不得签书公事,苏轼撰责词。以下三则分别录自王铚《四六话》卷下、南宋朱弁《曲洧旧闻》卷七和南宋陈长方《步里客谈》卷上,展现了苏氏兄弟对吕为人为政的鄙夷以及双方结仇之深,也为以后吕惠卿进行政治复仇、疯狂报复埋下伏笔。

【原文】

子瞻与吉甫同在馆中。吉甫既为介甫腹心进用,而子瞻外补,遂为仇雠矣。元祐初,子由作右司谏,论吉甫之罪,莫非蠹国残民,至比之吕布。自资政殿大学士贬节度副使,安置建州。而子瞻作中书舍人,行谪词。又剧口诋之,号为元凶。吉甫既至建州,谢表末曰:"龙鳞凤翼,固绝望于攀援;虫臂鼠肝,一冥心于造化。"以子瞻兄弟与我所争者,虫臂鼠肝而已。子瞻见此表于邸报,笑曰:"福建子难容,终会作文字。"

吕惠卿之谪也,词头始下,刘贡父当草制。东坡呼曰:"贡父平生作剑子,今日才斩人也。"贡父引疾急而出,东坡一挥而就。不日传都下,纸为之贵。暨绍圣初,牵复知江宁府,惠卿所作到任谢表,句句论辨。惟至发其私书,则云:"自省于己,莫知其端。"当时读者莫不失笑。又自叙云:"顾惟妄论,何裨当日之朝廷;徒使烦言,有黩在天之君父。"或曰,观此一联,其用心憸险如此,使其得志,必杀二苏无疑矣。盖当时台谏论列,多子由章疏,而谪辞,东坡当笔故也。

东坡行吕吉甫责词曰:"先皇帝求贤如不及,从善若转圜;始以帝尧之聪,姑试伯鲧;终焉孔子之圣,不信宰予。"又曰:"喜则摩足以相欢,怒则反目以相视。"既而语人曰:"三十年作剑子,今日方剁得一个有肉汉。"

与司马光政争

【简介】

元祐元年(1086年)高太后掌权,司马光(字君实,封赠温国公)为相,欲尽废神宗时所立新法,苏氏兄弟基于对新法实施效果的了解,认为有些新法具有合理性,应当保留或者加以完善后保留,反对司马光主张的一概废除,特别是反对废除免役法,本书上编第五、七章对此亦有讨论,下编苏辙部分录有《论罢免役钱行差役法状》等文。以下节选的是笔记中所记录的面争情节,分别载于《孙公谈圃》卷上、苏辙作《龙川别志》卷下和蔡京幼子蔡絛所作《铁围山丛谈》卷三。可与苏氏交恶吕惠卿的记录对比来看,得见君子之争。

司马光于元祐元年(1086年)九月初一去世。据《挥麈后录》卷六记载,范镇为司马光作墓志,托东坡书之,被东坡拒绝,认为"但恐一写之后,三家俱受祸耳"。陆游评价东坡有先见之明:"若当时刊之,绍圣间治党求疵,其祸可胜道哉?"

【原文】

温公大更法令,钦之、子瞻密言,宜虑后患。温公起立,拱手厉声曰:"天若祚宋,必无此事!"二人语塞而去。

治平中,韩魏公建议于陕西刺义勇……司马君实时为谏官,极言不便,持札子至政事堂魏公曰:"吾在此,君何忧此言之不信。"君实曰:"光终不敢奉信,但恐相公亦不能自信耳。"魏公怒曰:"君何相轻甚耶?"君实曰:"相公常在此坐可也,万一均逸偃藩,它人在此,因相公见成之兵,遣之运粮戍边,反掌闲事耳。"魏公默然,竟不为止。其后十年,义勇运粮戍边,率以为常,一如君实之言。及君实作相,议改役法,事多不便,予兄子瞻与其事,持论甚劲,君实不能堪。子瞻徐曰:"昔亲见相公言,尝与韩魏公言义勇,无一言假借之者。今日作相而不容某一言,岂忘昔日事耶?"君实虽止,实不喜也。未几,子瞻竟罢役局事。

坡公元祐时既登禁林,以高才狎侮诸公卿,率有标目,殆遍也,独于司马温公不敢有所重轻。一日,相与共论免役差役利害,偶不合同。及归舍,方卸巾弛带,乃连呼曰:"司马牛,司马牛!"

苏子瞻说故事辞故人干请

【简介】

元祐元年(1086年)九月十二日,苏轼以中书舍人为翰林学士知制诰,苏辙此时为中书舍人。时人张邦基《墨庄漫录》卷五记载了以下一则故事。苏轼以幽默的方式巧妙地拒绝了故人找自己兄弟二人"走后门"求差使:"无以应汝之求。"既维护了故人的面子,也保证了自己兄弟为官的公正。

【原文】

苏子由在政府,子瞻为翰苑。有一故人,与子由兄弟有旧者,来干子由求差遣,久而未遂。一日,来见子瞻,且云:"某有望内翰以一言为助。"公徐曰:"旧闻有人贫甚,无以为生,乃谋伐冢,遂破一墓,见一人裸而坐,曰:'尔不闻汉世杨王孙乎?裸葬以矫世,无物以济汝也。'复凿一冢,用力弥艰,既久,见一王者,曰:'我汉文帝也。遗制,圹中无纳金玉,器皆陶瓦,何以济汝?'复见有二冢相连,乃穿其在左者,久之方透,见一人,曰:'我伯夷也。羸瘠,面有饥色,饿于首阳之下,无以应汝之求。'其人叹曰:'用力之勤无所获,不若更穿西冢,或冀有得也。'瘠羸者谓曰:'劝汝别谋于他所。汝视我形骸如此,舍弟叔齐岂能为人也。'"故人大笑而去。

《论每事降诏约束状》

【简介】

元祐元年(1086年)九月苏轼上此状,《续资治通鉴长编》卷三百八十八(元祐元年九月)引此状,本书上编第二章也有讨论。苏轼认为"法令有不能尽,则天子乃言",否则在立法之外加以王言"丁宁",是朝廷自轻其法,也是"亵慢王言"。苏轼希望执政能够带头守法,不要每事降诏。苏轼对于北宋"以敕破律"现象的把握无疑十分精准。据《长编》,"十科讫不降诏,必是从轼所请也"。

【原文】

元祐元年九月某日,翰林学士朝奉郎知制诰苏轼状奏:右臣闻之孔子曰:"天何言哉?四时行焉,百物生焉,天何言哉!"天子法天恭己,正南面,守法度,信赏罚而天下治,三代令王,莫不由此。若天下大事,安危所系,心之精微,法令有不能尽,则天子乃言,在三代为训诰誓命,自汉以下为制诰,皆所以鼓舞天下,不轻用也。若每行事立法之外,必以王言随而丁宁之,则是朝廷自轻其法,以为不丁宁则未必行也。言既屡出,虽复丁宁,人亦不信。今者十科之举,乃朝廷政令之一耳,况已立法。或不如所举,举主以贡举非其人律,犯正入己赃,举主减三等坐之。若受贿徇私,罪名重者自从重,虽见为执政,亦降官示罚。臣谓立法不为不重,若以为未足,又从而降诏,则是诏不胜降矣。臣请略举今年朝廷所行荐举之法,凡有七事:举转运、提刑,一也;举馆职,二也;举通判,三也;举学官,四也;举重法县令,五也;举经明行修,六也。与十科为七。七事轻重略等。若十科当降诏,则六事不可不降。今后一事一诏,则亵慢王言,莫甚于此。若但取谏官之意,或降或否,则其义安在?臣愿戒敕执政,但守法度,信赏罚,重惜王言,以待大事而发,则天下耸然,敢不敬应。所有前件降诏,臣不敢撰。谨录奏闻,伏候敕旨。

苏轼以仁宗、神宗之治命题

【简介】

元祐元年(1086年)十一月二十九日苏轼发策试馆职,以仁宗、神宗之治命题,又引发御史对他"讽议先朝"的弹劾。下引两条分别载于《孙公谈圃》卷上、南宋岳珂作《桯史》卷四。《长编》卷三百九十三元祐元年十二月壬寅条也记载了苏轼自己的辩驳："臣之所谓媮与刻者,专指今之百官有司及监司守令不能奉行,恐致此病,于二帝何与焉?至于前论周公、太公,后论文帝、宣帝,皆是为文引证之常,亦无比拟二帝之意。"可见曹太后是认可了他的初衷的,"诏追回放罪指挥"。

【原文】

子瞻试馆职策题,论汉文帝宣帝及仁宗神宗。公(孙升)率傅尧俞、王岩叟言:"以文帝有蔽,则仁宗不为无蔽;以宣帝有失,则神宗不为无失。虽不明言,其意在此。"久之,御批轼特放罪。

东坡先生元祐中以翰苑发策试馆职,有曰:"今朝廷欲师仁祖之忠厚,惧百官有司不举其职,而或至于媮;欲法神考之励精,恐监司守令不识其意,而流入于刻。"左正言朱光廷首摘其事,以为不恭。御史中丞傅尧俞、侍御史王岩叟交章劾奏,一时朝议哗然起。宣仁临朝,为之宣谕曰:"详览文意,是指今日百官有司监司守令言之,非是讥讽祖宗。"纷纷逾时始小定,既而亦出守。绍圣崇宁治党锢,言者屡以借口,迄不少置也。

霹雳手电扫庭讼

【简介】

元祐元年(1086年)十二月十四日,钱勰权知开封府,苏轼盛赞他的司法才能。以下两则分别摘自"苏门六君子"之一的张耒所集《明道杂志》和《施注苏诗》卷三十三《次韵钱穆父王仲至同赏田曹梅花》题注。

【原文】

钱穆内相,本以文翰风流著称,而尹京为近时第一。余尝见其剖决甚闲暇,杂以谈笑詈语,而胥吏每一顾问,皆股栗不能对。一日,因决一大滞狱,内外称之,会朝处,苏长公誉之曰:"此所谓霹雳手也。"钱曰:"安能霹雳手,仅免葫芦蹄也。"

四朝正史《钱穆父传》,载其复知开封,临事益精明,东坡乘其据案时遗之诗,穆父操笔立赋以报。坡曰:"电扫廷讼,响答诗筒,近所未见也!"

"九百不死,六十犹痴"

【简介】

本则收录于南宋胡仔纂集的《苕溪渔隐丛话·前集》卷第四十二《东坡五》。根据《刑法志》,宋初自建隆年间起实行的折杖法是"凡杖刑五:杖一百,臀杖二十;九十,臀杖十八;八十,臀杖十七;七十,臀杖十五;六十,臀杖十三。凡笞刑五:笞五十,臀杖十下;四十、三十,臀杖八下;二十、十,臀杖七下。"故事虽是玩笑,却也展现了新晋守官的不通吏事,更显得苏氏兄弟以及类似钱勰这样善于决狱的官员的难得。

【原文】

《后山诗话》云:昔之黠者,滑稽以玩世,曰:"彭祖八百岁而死,其妇哭之恸。其邻里共解之,曰:'人生八十不可得,而翁八百矣,尚何尤?'妇谢曰:'汝辈自不喻耳,八百死矣,九百犹在也。'"世以痴为九百,谓其精神不足也。又曰:"令新视事,而不习吏道,召胥魁问之,魁具道答十至五十。及折杖数,令遽止之,曰:'我解矣,答六十为杖十四邪。'魁笑曰:'五十尚可,六十犹痴邪。'"苏长公取为偶对,曰:'九百不死,六十犹痴。'"

"贼诗不中和也"

【简介】

元祐四年(1089年)三月初四日,刘攽(字贡父)卒。乌台诗案刘攽受累被罚,元祐同朝期间,苏轼与刘攽过从颇密,喜爱互相开玩笑。以下两则分别收录于时人张舜民所作《画墁录》"苏门六君子"之一的陈师道所作《后山谈丛》卷五"刘攽苏轼互谑",张舜民是陈师道的姐夫。乌台诗案的遭遇被二人用来取乐,可见达观。

【原文】

  元丰中诗狱兴,凡馆舍诸人与子瞻和诗,罔不及。其后,刘贡父于僧寺闲话子瞻,乃造语:"有一举子与同里子弟相得甚欢。一日,同里不出,询其家,云:'近出外县。'久之复归,诘其端,乃曰:'某不幸典着贼赃,暂出回避。'一日,举子不出,同里者询其家,乃曰:'昨日为府中追去。'未几复出,诘其由,曰:'某不幸和着贼诗。'"子瞻亦不能喜愠。

  世以癞疾鼻陷为死证,刘贡父晚有此疾,又尝坐和苏子瞻诗罚金。元祐中,同为从官。贡父曰:"前于曹州,有盗夜入人家室,无物,但有书数卷尔。盗忌空还,取一卷而去,乃举子所著五七言也。就库家质之。主人喜事,好其诗,不舍手。明日盗败,吏取其书。主人赂吏而私录之。吏督之急,且问其故,曰:'吾爱其语,将和之也。'吏曰:'贼诗不中和也。'"子瞻亦曰:"少壮读书,颇知故事。孔子尝出,颜、仲二子行而过市,而卒遇其师。子路趫捷,跃而升木。颜渊懦缓,顾无所之,就市中刑人所经幢避之,所谓'石幢子'者。既去,市人以贤者所至,不可复以故名,遂共谓'避孔塔'。"坐者绝倒。

十三、知杭州时期

"愿君至杭少作诗"

【简介】

  元祐四年(1089年)四月,苏轼出京赴杭,辞别文彦博(封潞国公)。文彦博劝其少作诗,恐怕再被人抓住把柄来诬陷,苏轼以吴处厚为蔡确"作笺"的故事笑答。这样的劝告苏轼一生听到过无数次,他也因为诗文多次被攻讦乃至下狱,但是他始终没有放弃写作,"学士始以文章得,终以文章失"。

【原文】

苏惠州尝以作诗下狱。再起,遂遍历侍从,而作诗每为不知者咀嚼,以为讥讪,而实不然也。出守钱塘来别潞公,公曰:"愿君至杭少作诗,恐为不喜者诬谤。"再三言之。临别上马,笑曰:"若还兴也,便有笺云。"时有吴处厚者,取蔡安州诗作注,安州遂遇祸。故有"笺云"之戏。又云:"愿君不忘鄙言,某虽老悖,然所谓者希之岁,不妨也善之言。"

法外刺配颜巽父子

【简介】

元祐四年(1089年)七月,苏轼法外刺配颜巽父子,关于此案上编第六章有详细讨论,本则记录摘自陆游《老学庵笔记》卷四,从中亦可见税收积弊的亟待革除和党争对日常行政的祸害。

【原文】

东坡守杭,法外刺配颜巽父子。御史论为不法,累章不已。苏公虽放罪,而颜巽者竟以朝旨放自便。自是豪猾益甚,以药涂盐钞而用,既毁抹,赂主者浸洗之,药尽去而钞不伤,虽老于其事者不能辨。他不法尤众,有司稍按治,辄劫持之曰:"某官乃元祐奸党,苏某亲旧,故观望害我。"公形状牒。时治党籍方苛峻,虽临司郡守,得其牒,辄畏缩,解纵乃已。大观中,胡奕修为提举盐事,会计已毁抹盐钞,得其奸,奏之,黥窜化州,籍没赀产,一方称快。

《论高丽进奉状》

【简介】

元祐四年(1089年)十一月,苏轼处理高丽僧团来中国祭奠并请求朝贡的案件,关于此案上编第六章有详细讨论。本文录自《东坡全集》卷五十六，从中不难看出苏轼对地方政务的熟稔。

【原文】

元祐四年十一月三日，龙图阁学士朝奉郎知杭州苏轼状奏。臣伏见熙宁以来，高丽人屡入朝贡，至元丰之末，十六七年间，馆待赐予之费，不可胜数。两浙、淮南、京东三路筑城造船，建立亭馆，调发农工，侵渔商贾，所在骚然，公私告病。朝廷无丝毫之益，而夷虏获不訾之利。使者所至，图画山川，购买书籍。议者以为所得赐予，大半归之契丹。虽虚实不可明，而契丹之强，足以祸福高丽；若不阴相计构，则高丽岂敢公然入朝中国？有识之士，以为深忧。

自二圣嗣位，高丽数年不至，淮、浙、京东吏民有息肩之喜。唯福建一路，多以海商为业，其间凶险之人，犹敢交通引惹，以希厚利。臣稍闻其事，方欲觉察行遣。今月三日，准秀州差人押到泉州百姓徐戬，擅于海舶内载到高丽僧统义天手下侍者僧寿介、继常、颍流、院子金保、裴善等五人，及赍到本国礼宾省牒云："奉本国王旨，令寿介等赍义天祭文来祭奠杭州僧源阇黎。"臣已指挥本州送承天寺安下，选差职员二人，兵级十人，常切照管，不许出入接客，及选有行止经论僧伴话，量行供给，不令失所外，已具事由画一，奏禀朝旨去讫。"

又据高丽僧寿介有状称："临发日，奉国母指挥，令赍金塔二所，祝延皇帝、太皇太后圣寿。"臣窃观其意，盖为二圣嗣位数年，不敢轻来入贡，顿失厚利。欲复遣使，又未测圣意。故以祭奠源阇黎为名，因献金塔，欲以尝试朝廷，测知所以待之之意轻重厚薄。不然者，岂有欲献金塔为寿，而不遣使奉表，止因祭奠亡僧，遂致国母之意？盖疑中国不受，故为此苟简之礼以卜朝廷。若朝廷待之稍重，则贪心复启，朝贡纷然，必为无穷之患。待其已至，然后拒之，则又伤恩。恭惟圣明灼见情状，庙堂之议，固有以处之。臣忝备侍从，出使一路，怀有所见，不敢不尽，以备采择。谨具画一如左。

一、福建狡商，专擅交通高丽，引惹牟利，如徐戬者甚众。访闻徐戬，先受高丽钱物，于杭州雕造夹注《华严经》，费用浩汗，印板既成，公然于海舶载去交纳，却受本国厚赏，官私无一人知觉者。臣谓此风岂可滋长，若驯致其弊，敌国奸细，何所不至。兼今来引致高丽僧人，必是徐戬本谋。臣已枷送左司理院根勘，即当具案闻奏，乞法外重行，以戒一路奸民猾商。

一、高丽僧寿介有状称："临发日，国母令赍金塔祝寿。"臣以谓高丽因祭奠亡僧，遂致国母之意，苟简无礼，莫斯为甚。若朝廷受而不报，或报之轻，则夷虏得以为词。若受而厚报之，则是以重币答其苟简无礼之馈也。臣已一面令管勾职员退还其状，云朝廷清严，守臣不敢专擅奏闻。臣料此僧势不肯已，必云本国遣其来献寿，今若不奏，归国得罪不轻。臣欲于此僧状后判云："州司不奉朝旨，本国又无来文，难议投进。执状归国照会。"如此处置，只是臣一面指挥，非朝廷拒绝其献，颇似稳便。如以为可，乞赐指挥施行。

一、高丽僧寿介赍到本国礼宾省牒云："祭奠源阇黎，仍诸处寻师学法。"臣谓寿介等只是义天手下侍者，非国王亲属。其来乃致私奠，本非国事。待之轻重，当与义天殊绝。欲乞只许致奠之外，其余寻师学法出入游览之类，并不许。仍与限日，却差船送至明州，令搭附因便海舶归国，更不差人船津送。如有买卖，许量办归装，不得广作商贩。

右谨件如前。若如此处置，使无厚利，以绝其来意，上免朝廷帑廪无益之费，下免淮、浙、京东公私靡弊之患。臣不胜区区。谨录奏闻，伏候敕旨。

《论役法差雇利害起请画一状》

【简介】

《论役法差雇利害起请画一状》写作于元祐四年（1089年），苏轼杭州知州任上。全文对比了差役法和免役法（"雇役法"）的现实利弊，反对司马光当政之后立即废除免役法的做法，与苏辙在《论罢免疫钱行差役法状》中的观点有相近之处。

本文首先对比罗列了两种役法各自的弊病，差役法有害于中户，免役法是针对差役不均的改革,但在执行中却有害于上户和下户。他提出朝廷收取"六色钱"(役户、坊郭户、官户、女户、单丁、寺观等六种户可出钱免役,由州县雇役)雇役代替中户是"颇除一害,以全二利"。

针对衙前招募不足,朝廷欲以放免役钱二十贯为诱,吸引百姓应募,苏轼认为这并不能从根本上解决问题。衙前招募不足的根本原因在于役钱收支不平衡,放免役钱二十贯会加重官府财政负担,导致入不敷出。

衙前之役本就困民,如今又欲将空闲之年减作三年,而将"宽剩役钱,裁减无丁及女户所出钱数",那么中等人户更加困苦,六色人户出钱得以免役,苦者更减三年,乐者又行减放。苏轼认为"六色钱"主要应用于雇人差役,多余的可留一年,以备他用,这样才能使役钱均衡,让人信服。

【原文】

元祐四年十一月十日,龙图阁学士朝奉郎知杭州苏轼状奏。臣自熙宁以来,从事郡县,推行役事,及元祐改法,臣忝详定,今又出守,躬行其法,考问吏民,备见雇役、差役利害,不敢不言。

雇役之法,自第二等以上人户,岁出役钱至多。行之数年,钱愈重,谷帛愈轻,田宅愈贱,以至破散,化为下等。请以熙宁以前第一、第二等户逐路逐州都数而较之。元丰之末,则多少相绝,较然可知。此雇役之法,害上户者一也。第四等已下,旧本无役,不过差充壮丁,无所陪备。而雇役法例出役钱,虽所取不多,而贫下之人,无故出三五百钱,未办之间,吏卒至门,非百钱不能解免,官钱未纳,此费已重。故皆化为游手,聚为盗贼。当时议者,亦欲蠲免此等,而户数至广,积少成多,役钱待此而足,若皆蠲免,则所丧大半,雇法无由施行。此雇役之法,害下户者二也。今改行差役,则二害皆去,天下幸甚。独有第三等人户,方雇役时,每户岁出钱多者不过三四千。而今应一役,为费少者,日不下百钱,二年一替,当费七十余千。而休闲远者,不过六年。则是八年之中,昔者徐出三十余千,而今者并出七十余千,苦乐可知也。而况农民在官,贪吏狡胥,恣为蚕食,其费又不可以一二数。此则差役之法,害于中等户者一也。

今之议者，或欲专行差役，或欲复行雇法，皆偏词过论也。臣愚以谓朝廷既取六色钱，许用雇役，以代中等人户，颇除一害，以全二利。此最良法，可久行者。但元祐二年十二月二十四日敕，合役空闲人户不及三番处，许以六色钱雇州手，分散从官承符人。此法未为允当。何者？百姓出钱，本为免役。今乃限以番次，不许尽用，留钱在官，其名不正。又所雇者少，未足以纾中等人户之劳。法不简径，使奸吏小人，得以伸缩。臣到杭州，点检诸县雇役，皆不应法。钱唐、仁和，富实县分，则皆雇人。新城、昌化，最为贫薄，反不得雇。盖转运司特于法外创立式样，令诸县不得将逐等人户都数通比，其贫下县分，第一、第二等人户，例皆稀少，至第三等，则户数猥多，以此涨起，人户皆及三番。然第三等户，岂可承当第一等色役，则知通计三等，乃俗使之巧薄，非朝廷立法之本意也。臣方一面改正施行次，旋准元祐四年八月十八日敕，诸州衙前投名不足处，见役年满乡差衙前并行替放，且依旧条，差役更不支钱，又诸州役，除吏人衙前外，依条定差，如空闲未及三年，即以助役钱支募。此法既下，吏民相顾，皆所未晓，比于前来三番之法尤为不通。《前史》称萧何为法，讲若画一，盖谓简径易晓，虽山邑小吏，穷乡野人，皆能别白遵守，然后为不刊之法也。臣身为侍从，又悉长民，不可不言。谨具前件条贯不便事状，及臣愚见所欲起请者，画一如左。

一、前件敕节文云："看详衙前自降招募指挥，仅及一年，诸州、路、军，尚有招募投名不足去处。其应役年满衙前，虽依旧支与支酬，勒令在役，然非乡户情愿充应。若后更无人愿募，即乡户衙前，卒无替期。乃是勒令长名祗应，显于人情未便。今欲将诸州衙前投名不足去处，见役年满乡差衙门，并行替放，且依旧条差役，更不支钱。如愿投充长名，及向去招募到人，其雇食支酬钱，即令全行支给，却罢差充，仍除乡差年限未满人户，依条理当本户差役外，其投募长名之人，并与免本户役钱二十贯文，如所纳数少，不系出纳役钱之人，即许计会六色合纳役钱之人，依数免放。并仰逐处监司，相度见役衙前，如有虚占窠名，可以省并出处，裁减人额，却将减下钱数。添搭入重难支酬施行。"

臣今看详前件敕条，深为未便。凡长名衙前所以招募不足者，特以支钱亏少故也。自元丰前，不闻天下有阙额衙前者，岂常抑勒差充，直以重难月给，可以足用故也。当时奉使之人，如李承之、沈括、吴雍之类，每一使至，辄以减刻为功。至元丰之末，衙前支酬，可谓仅足而无余矣。而元祐改法之初，又行减削，多是不支月给，以故招募不行。今不反循其本，乃欲重困乡差，全不支钱，而应募之人，尽数支给，又放免役钱二十贯，欲以诱胁尽令应募。然而岁免役钱二十千许，计会六色人户放免，则是应募自增六色钱日减也。若天下投名衙前，并免此二十千，即六色钱存者无几。若只是阙额招募到人，方得免放，则均是投名，厚薄顿殊，其理安在？朝廷既许岁免二十千，则是明知支酬亏少，以此补足，何如直添重难月给，令招募得行。所谓计会六色人户者，盖令衷私商量取钱，若遇顽猾人户，抵赖不还，或将诸物高价准折，讼之于官，经涉岁月，乃肯备偿，则衙前所获无几。何如官支二十千，朝请暮获，岂不简径易晓。故臣愚以谓上件敕条，必难久行。议者多谓官若添钱招募，则奸民观望，未肯投名，以待多添钱数。今来计会六色人户放免役钱，正与添钱无异。虽巧作名目，其实一般。大抵支钱既足，万无招募不行之理。自熙宁以来，无一人阙额，岂有今日顿不应募？臣今起请，欲乞行下诸路监司守令，应阙额长名衙前，须管限日招募数足，如不足，即具元丰以前因何招募得行，今来因何不足事由申奏。如合添钱雇募，即与本路监司商议，一面施行，讫具委无大破保明闻奏。若限满无故招募不足，即行勘干系官吏施行。如此，不过半年，天下必无缺额长名衙前，而所添钱数，未必人人岁添二十千，兼止用坊场河渡钱，非如今法计会放免侵用六色钱也。

一、前件敕节文云："看详乡差人户，物力厚薄，等第高下，丁口进减，故不常定，恐难限以番次召募，不若约空闲之年以定差法，立役次轻重，雇募役人，显见均富，兼可以将宽剩役钱，裁减无丁及女户所出钱数，乞诸州役除吏人衙前外，依条差差，如空闲未及三年，即据未及之户以助役钱支募，候有户罢支。已募之人，各依本役年限候满日差罢，今后遇有支遣，准此。及以一路助役钱，除依条量留一分准备外，据余剩钱数，却于无丁及女户所出役钱内量行裁减,具数奏闻。所有先降雇募州役,及分番指挥,更不许。"

臣今看详诸役,以二年为一番。向来指挥,如空闲人户不及三番,则令雇募,是圣恩本欲百姓空闲六年也。今来无故忽减作三年,吏民无不愕然。以谓中等人户方苦差役,正望朝廷别加宽恤,而六色钱幸有余剩,正可加添番数,而乃减作三年!农民皆纷然相告,云:"向来差役虽甚劳苦,然朝廷犹许我辈闲了六年,今来只许闲得三年,必是朝廷别要此钱使用。"方二圣躬行仁厚,天下归心,忽有此言,布闻远迩,深为可惜。虽云"量留一分准备外,据余剩数却于无丁及女户所出役钱内量行裁减",此乃空言无实,止是建议之人,假为此名,以济其说。臣请为朝廷诘之。人户差役年月,人人不同,本县有户无户,日日不同,加以税产开收,丁口进退,虽有圣智,莫能前知,当雇当差,临事乃定,如何于一年前预知来年合用钱数,见得宽剩便行减放?臣知此法,必无由施行,但空言而已。若今来宽剩已行减放,来年不足,又须却增,增减纷然,簿书淆乱,百弊横生,有不可胜言者矣。方今中等人户,正以应役为苦,而六色人户,犹以出钱为乐。苦者更减三年,乐者又行减放,其理安在?大抵六色钱本役免役,理当尽用雇人,除量留准备外,一文不合桩留,然后事简而法意通,名正而人心服。惟有一事,不得不加周虑。盖逐州逐县六色钱,多少不同,若尽用雇人,则苦乐不齐,钱多之处,役户太优,与六色人户相形,反为不易。臣今起请,欲乞今后六色钱常桩留一年准备。(如元祐四年,只得用元祐二年钱,其二年钱桩,留准备用。)及约度诸般合用钱(谓如官吏请雇人钱之类。)外,其余委自提刑、转运与守令商议,将逐州逐县人户贫富,色役多少,预行品配,以一路六色钱通融分给,令州县尽用雇人,以本处色役轻重为先后,如此则事简而易行,钱均而无弊,雇人稍广,中外渐苏,则差役良法,可以久行而不变矣。

贴黄:行此法,今后空闲三年人户,官吏隐庇不差,却行雇募,无由点检。纵许人告,自非多事好讼之人,谁肯告诉。若有本等已上闲及三年未委,专以空闲先后为断,为复参用物力高下定差,既无果决条贯,今后词讼必多。

　　右谨件如前。朝廷改法数年,至今民心纷然未定,臣在外服,目所亲见,正为此数事耳。伏望圣慈与执政大臣,早定此法,果断而行之。若还付有司,则出纳之吝,必无成议,日复一日,农民凋弊,所忧不小。臣干犯天威,谨俟斧钺之诛,谨录奏闻,伏候敕旨。

苏轼私帑设安乐坊

【简介】

　　元祐五年(1090年)三月,苏轼设安乐坊,类似现在的公立医院,"活者甚众"。本则摘自《清波别志》卷一。

【原文】

　　苏文忠公知杭州,以私帑金五十两助官缗,于城中置病坊一所,名安乐,以僧主之。三年医愈千人,与紫衣。后两浙漕臣申请乞自今管干病坊僧,三年满所医之数,赐紫衣及祠部牒一道,从之。仍改为安济坊。

《乞禁商旅过外国状》

【简介】

　　本文录自《东坡全集》卷五十八。元祐五年(1090年)八月,苏轼洞察闽、浙商贩与高丽往来不绝,招致高丽人频繁来朝,导致公私劳费,且为契丹刺探情报等积弊,建议删定熙宁以来敕令,对于商贩出国严加约束。上编第六章有详细讨论。

【原文】

　　元祐五年八月十五日,龙图阁学士左朝奉郎知杭州苏轼状奏。检会杭州去年十一月二十三日奏泉州百姓徐戬公案,为徐戬不合专擅为高丽国雕造经板二千九百余片,公然载往彼国,却受酬答银三千两,公私并不知觉,因此构合密熟,遂专擅受载彼国僧寿介前来,以祭奠亡僧净源为名,欲献金塔,及欲住此寻师学法。显是徐戬不畏公法,冒求厚利,以致招来本僧搔扰州郡。况高丽臣属契丹，情伪难测，其徐戬公然交通，略无畏忌，乞法外重行，以警闽、浙之民，杜绝奸细。奉圣旨，徐戬特送千里外州、军编管。

至今年七月十七日，杭州市舶司准密州关报，据临海军状申，准高丽国礼宾院牒，据泉州纲首徐成状称，有商客王应升等，冒请往高丽国公凭，却发船入大辽国买卖，寻捉到王应升等二十人，及船中行货，并是大辽国南挺银丝钱物，并有过海祈平安将入大辽国愿子二道。本司看详，显见闽、浙商贾因往高丽，遂通契丹，岁久迹熟，必为莫大之患。方欲具事由闻奏，乞禁止。近又于今月初十日，据转运司牒，准明州申报，高丽人使李资义等二百六十九人，相次到州，仍是客人李球于去年六月内，请杭州市舶司公凭往高丽国经纪，因此与高丽国先带到实封文字一角，及寄搭松子四十余布袋前来。本司看详，显是客人李球因往彼国交构密熟，为之乡导，以希厚利，正与去年所奏徐戬情理一同。

见今两浙、淮南，公私骚然，文符交错，官吏疲于应答，须索假借，行市为之忧恐。而自明及润七州，旧例约费二万四千六百余贯，未论淮南、京东两路及京师馆待赐予之费，度不下十余万贯。若以此钱赈济浙西饥民，不知全活几万人矣。不惟公私劳费，深可痛惜，而交通契丹之患，其渐可忧。皆由闽、浙奸民，因缘商贩，为国生事。除已具处置画一利害闻奏外，勘会熙宁以前《编敕》，客旅商贩，不得往高丽、新罗及登、莱州界，违者，并徒二年，船物皆没入官。窃原祖宗立法之意，正为深防奸细因缘与契丹交通。自熙宁四年，发运使罗拯始遣人招来高丽，一生厉阶，至今为梗。《熙宁编敕》，稍稍改更庆历、嘉祐之法。至元丰八年九月十七日敕，惟禁往大辽及登、莱州，其余皆不禁，又许诸蕃愿附船入贡，或商贩者听。《元祐编敕》亦只禁往新罗。所以奸民猾商，争请公凭，往来如织，公然乘载外国人使，附搭入贡，搔扰所在。若不特降指挥，将前后条贯看详，别加删定，严立约束，则奸民猾商，往来无穷，必为意外之患。谨具前后条贯，画一如左。

一、《庆历编敕》：客旅于海路商贩者，不得往高丽、新罗及登、莱州界。

若往余州,并须于发地州、军,先经官司投状,开坐所载行货名件,欲往某州、军出卖。许召本土有物力居民三名,结罪保明,委不夹带违禁及堪造军器物色,不至过越所禁地分。官司即为出给公凭。如有违条约及海船无公凭,许诸色人告捉,船物并没官,仍估物价钱,支一半与告人充赏,犯人科违制之罪。

一、《嘉祐编敕》:客旅于海道商贩者,不得往高丽、新罗及至登、莱州界。若往余州,并须于发地州、军,先经官司投状,开坐所载行货名件,欲往某州、军出卖。许召本土有物力居民三名结罪,保明委不夹带违禁及堪造军器物色,不至越过所禁地分。官司即为出给公凭。如有违条约及海船无公凭,许诸色人告捉,船物并没官,仍估纳物价钱,支一半与告人充赏,犯人以违制论。

一、《熙宁编敕》:诸客旅于海道商贩,于起发州投状,开坐所载行货名件,往某处出卖。召本土有物力户三人结罪,保明委不夹带禁物,亦不过越所禁地分。官司即为出给公凭。仍备录船货,先牒所往地头,候到日点检批凿公凭讫,却报元发牒州,即乘船。自海道入界河,及往北界高丽、新罗并登、莱界商贩者,各徒二年。

一、元丰三年八月二十三日中书札子节文:诸非广州市舶司,辄发过南蕃纲舶船,非明州市舶司,而发过日本、高丽者,以违制论,不以赦降去官原减。(其发高丽船,仍依别条。)

一、元丰八年九月十七日敕节文:诸非杭、明、广州而辄发海商舶船者,以违制论,不以去官赦降原减。诸商贾由海道贩诸蕃,惟不得至大辽国及登、莱州。即诸蕃愿附船入贡或商贩者,听。

一、《元祐编敕》:诸商贾许由海道往外蕃兴贩,并具人船物货名数所诣去处,申所在州,仍召本土有物力户三人,委保物货内不夹带兵器,若违禁以堪造军器物,并不越过所禁地分。州为验实,牒送愿发舶州,置簿抄上,仍给公据。方听候回日,许于合发舶州住舶,公据纳市舶司。即不请公据而擅行,或乘船自海道入界河,及往新罗、登、莱州界者,徒二年,五百里编管。

右谨件如前。堪会元丰八年九月十七日指挥,最为害事,将祖宗以来禁人往高丽、新罗条贯,一时削去,又许商贾得擅带诸蕃附船入贡。因此,致前件商人徐戬、王应升、李球之流,得行其奸。今来不可不改。乞三省密院相度裁定,一依庆历、嘉祐《编敕》施行。不惟免使高丽因缘猾商时来朝贡,搔扰中国,实免中国奸细,因往高丽,遂通契丹之患。谨录奏闻,伏候敕旨。

赝换真书

【简介】

本则故事载《春渚纪闻》卷第六,上编有讨论,从中可见苏轼兄弟的"原情执法,令顺民心"和对不合理经济政策的抵制。

【原文】

先生元祐间,出师钱塘。视事之初,都商税务押到匿税人南剑州乡贡进士吴味道,以二巨卷作公名衔,封至京师苏侍郎宅,显见伪妄。公即呼味道前,讯问其卷中果何物也。味道恐蹙而前曰:"味道今秋忝冒乡贡,乡人集钱为赴都之赆。以百千就置建阳小纱,得二百端。因计道路所经,场务尽行抽税,则至都下不存其半。心窃计之,当今负天下重名而爱奖士类,唯内翰与侍郎耳。纵有败露,必能情贷。味道遂伪假先生台衔,缄封而来。不探知先生已临镇此邦,罪实难逃,幸先生恕之。"熟视,笑呼掌笺奏书史,令去旧封,换题细衔,附至东京竹竿巷苏侍郎宅。并手书子由书一纸,付示谓味道曰:"先辈这回将上天去也,无妨来年高选,当却惠顾也。"味道悚谢再三。次年果登高第,还具笺启谢殷勤,其语亦多警策,公甚喜,为延款数日而去。

写画白团扇

【简介】

本则故事载《春渚纪闻》卷第六,上编有详细讨论,从中可见苏轼利用自己书画才能，真正做到了案结事了。

【原文】

先生临钱塘日，有陈诉负绫绢钱二万不偿者。公呼至询之，云："某家以制扇为业，适父死，而又自今春已来，连雨天寒，所制不售，非故负之也。"公熟视久之，曰："姑取汝所制扇来，吾当为汝发市也。"须臾扇至，公取白团夫绢二十扇，就判笔作行书草圣及枯木竹石，顷刻而尽，即以付之，曰："出外速偿所负也。"其人抱扇泣谢而出。始逾府门，而好事者争以千钱取一扇，所持立尽，后至而不得者，至懊恨不胜而去。遂尽偿所逋，一郡称嗟，至有泣下者。

东坡西湖了官事

【简介】

本则故事节选自南宋费衮《梁溪漫志》卷四，上编第三章有所讨论，从中可见苏轼驾轻就熟的治理能力。

【原文】

东坡镇余杭，游西湖，多令旌旗导从出钱塘门。坡则自涌金门，从一二老兵，泛舟绝湖而来，饭于普安院，倘伴灵隐天竺间，以吏牍自随。至冷泉亭，则据案判决，落笔如风雨，分争辨讼，谈笑而办。已，乃与僚吏剧饮。薄晚，则乘马而归，夹道纵观太守。

子瞻判和尚游娼

【简介】

本则故事载南宋罗烨《醉翁谈录》庚集卷二《花判公案》，上编第三、七章都有讨论，从中可见苏轼兄弟的"原情执法，令顺民心"和对不合理经济政策的抵制。

【原文】

灵隐寺僧了然，恋妓李秀奴，往来日久，衣钵荡尽。秀奴绝之，僧迷恋不已。一夕,了然乘醉而往,秀奴弗纳。了然怒击之,随手而毙。事至郡,时苏子瞻治郡,送狱推勘,见僧肤上刺字云:"但愿生同极乐国,免教今世苦相思。"子瞻判词云:"这个秃奴,修行忒煞,灵山顶上空持戒,一从迷恋玉楼人,鹑衣百结浑无奈。毒手伤人,花容粉碎,空空色色今何在?臂间刺道苦相思,这回还了相思债。"判讫即斩之。

颜几圣索酒友诗

【简介】

本则故事载《春渚纪闻》卷第七,上编第七章有详细讨论,从中可见苏轼不轻易治罪、爱才惜才之意。

【原文】

钱塘颜几字几圣,俊伟不羁,性复嗜酒,无日不饮。东坡先生临郡日,适当秋试,几于场中潜代一豪子刘生者,遂魁。举子致讼,下几吏。久不得饮,密以一诗付狱吏送外间酒友云:"龟不灵兮祸有胎,刀从林甫笑中来。忧惶囚系二十日,辜负醺酣三百杯。病鹤虽甘低羽翼,罪龙尤欲望风雷。诸豪俱是知心友,谁遣尊罍向北开?"吏以呈坡,坡因缓其狱,至会赦得免。后数年,一日醉卧西湖寺中,起题壁间云:"白日尊中短,青山枕上高。"不数日而终。

巧用谐音字讽刺贪官

【简介】

这则故事收录于《传说中的苏东坡》(眉山市东坡区复兴中学编,2009年版)。该事在传世文献中难觅出处。正如上编第七章结尾处分析,这些奇思妙想的故事广为传播,其实都反映了民间对"三苏"父子的喜爱之情,而这些喜爱之情,来源于他们实际的施政清明。

【原文】

苏东坡微服出访,到江浙一带暗察民情。这天,他来到浙江一州府,在一个亲戚家赴宴。贪官知府杨贵和县令王笔也在场。苏东坡虽然坐在首席,因他没穿官服,大家并不知道他就是苏东坡。

席间,有人提议:"我们都来赋诗助兴,并且凭诗的好坏轮流坐首位,诸位看怎样?"

县令王笔说:"我领头先赋一首。"接着念道,"一个朋字两个月,一样颜色霜和雪;不知哪个月下霜,不知哪个月下雪。"

另一个官员马上接着吟道:"一个出字两重山,一样颜色煤和炭;不知哪座山出煤,不知哪座山出炭。"

知府杨贵也摇头晃脑地吟道:"一个吕字两个口,一样颜色茶和酒;不知哪张口喝茶,不知哪张口喝酒。"

这时,苏东坡吟道:"一个二字两个一,一样颜色龟和鳖;不知哪一个是龟,不知哪一个是鳖。"

他一念完,王笔忽然醒悟过来:"好哇!这不是辱骂大人杨贵和我王笔吗?我还听不出吗?'龟'和'贵'、'鳖'和'笔'是同音字呀。"他当下指着苏东坡骂道:"狂徒!你胆敢骂人!"

苏东坡不慌不忙地说:"要说骂嘛,我看你们刚才吟的诗才是骂哩!试想:霜雪是见不得阳光的,煤炭是要烧成灰的,茶酒进肚是要变成尿的,这不是骂吗?至于我的诗才是祝寿的,龟是长寿的标志,你们连这点也不懂吗?"

他的话说得王笔无言以对。当他们知道面前的人就是大名鼎鼎的苏东坡时,一个个都愣了。苏东坡厌恶那些贪官污吏,对那些企图走后门营私舞弊的人也很不满意,一点不买账。

苏太守讨饭

【简介】

这则故事收录于《苏轼故事选》(王晋川收集整理,郭福彬、郭文英编著,大众文艺出版社 2011 年版)。该事在传世文献中难觅出处。苏轼治杭政绩突出,相应的民间故事也特别多,反映了百姓对他的爱戴。

【原文】

　　杭州西湖上有座苏堤，如玉带蜿蜒，长虹卧波，堤上杨柳依依，鸟语花香，这美景把西湖装扮得分外妖娆。说起苏堤，当地至今还流传着一个关于苏东坡修堤的故事。

　　那年，苏东坡在杭州当太守。当时的西湖因年久失修，腐土淤塞，旱不能供水，涝不能泄洪，四方百姓苦不堪言。苏东坡决心治理西湖，为老百姓办一件实事。但治湖工程浩大，没有钱怎么办？苏东坡通过调查，决定以工代赈。此议一出，深得百姓拥护。

　　这一天，苏东坡带着户曹上堤巡查。所到之处，苏东坡都认真检查工程质量，询问施工情况，关心修堤民工的衣食住行。民工们见苏太守亲临工地嘘寒问暖，修堤热情更加高涨。

　　苏东坡一边检查一边往前走，不觉来到一条民工运湖泥的小路上。小路很窄，只能容一人通过，眼看前面来了一位挑着泥土的村姑，苏东坡赶紧让到一边，好让村姑先走。但那村姑并不急着走，而是望着苏东坡说："苏大人，大家都说你满腹诗词文章，今天我倒要考考你。答上了呢，我马上让路。答不上呢，那就只好请苏大人绕道了。"苏东坡心想，看这村姑的模样未必有多少学问，难道还能考住我吗？便点头答应说："要得，要得。"

　　村姑说："我就以这担泥出题，上联是'一担重泥挡子路'，请苏大人对下联。"

　　苏东坡听了大吃一惊，村姑的上联一语双关，暗指两个人。"重泥"谐音"仲尼"，而子路是孔子的学生，嵌在联中又指挡了我的路。苏东坡望望村姑，心中暗暗称奇，心想我这下联也须有两个人名才对得上呢，但一时之间又想不起来，心里暗暗着急。

　　这时，对面有两个民工挑着泥筐，有说有笑地走来。苏东坡心里一动，对村姑说："我的下联是'两个夫子笑颜回'。"

　　村姑一听，拍手叫绝，赞叹道："苏大人才华过人，真是名不虚传啊！"原来，苏东坡下联的"夫子"指孔子，"颜回"是孔子的另一位学生。上下联对仗工整,构思巧妙,实乃佳对。这时,村姑赶紧挑起泥筐让路。苏东坡却早已站在路边,让挑泥的村姑先走。

眼看日头偏西,苏东坡和户曹肚里唱开了"卧(饿)龙岗",可太守府里送饭的差役却还未到。户曹就对苏东坡说:苏太守,时间不早了,我们回府吃饭吧,剩下的工程明天再来检查。"苏东坡却指着远处的一个民工窝棚说:"今天的工程今天一定要检查完,肚子饿了就到前边讨口饭吃,走!"户曹见太守这么说,只得忍着饥饿,跟着苏东坡往前走。

走进民工窝棚一看,修堤的民工们正在吃午饭。苏东坡就对棚长说:"我们在这里讨口饭吃,行么?"棚长一看是苏太守,非常高兴,但听说苏太守要在这里吃饭,又感到十分为难。棚长说:"苏太守,不瞒你说,我们吃的是野菜稀饭,恐太守难以下咽呢";苏东坡笑笑说:"你们能吃我也能吃,拿饭来!"棚长就用粗瓷碗给苏东坡盛来一碗野菜稀饭。那稀饭黄中带绿,清得能照见人影,苏东坡一边吃一边问:"你们一天吃几顿饭?"棚长答:"两顿。""都是这样清汤寡水的?""嗯……"苏东坡好生奇怪,问道:"民工口粮每天是一斤半粮食,我是按名册下发的呀,怎么你们却没有干饭吃呢?"棚长看了看苏东坡身旁的户曹,欲言又止连声说:"算了,算了!不提也罢!"苏东坡本想发怒,但见棚长暗暗摆手,知道其中必有隐情,也就顺水推舟地说:"好吧,你不说也就罢了。"

第二天,苏东坡把棚长悄悄传到府衙,问清了情况。原来户曹和工头互相勾结,克扣民工口粮,中饱私囊。苏东坡一听大怒,传令把户曹和工头抓来,追缴了全部赃物,按律治了罪。还把克扣的民工粮食如数发还给了修堤的民工。杭州的老百姓听说了这件事,人人拍手称快,治理西湖的工程进展得非常顺利。西湖治理好后,苏东坡泛舟湖上,面对碧水青山,诗兴大发,写下一首绝妙好诗,赞扬西湖美景:水光潋滟晴方好,山色空蒙雨亦奇。欲把西湖比西子,淡妆浓抹总相宜。

十四、知颍州时期

东坡汝阴赈饥寒

【简介】

元祐六年(1091年)苏轼改知颍州(治所在安徽省阜阳市)。本则故事载东坡弟子赵令畤所作《侯鲭录》卷第四,可见苏轼施政一贯心系民生。

【原文】

元祐六年冬,汝阴久雪,人饥。一日,天未明,东坡先生简召议事,曰:"某一夕不寐,念颍人之饥,欲出百余千造炊饼救之。老妻谓某曰:'子昨过陈,见傅钦之言,赈济有功,不问其赈济之法?'某遂相招。"令畤面议曰:"已备之矣。今细民之困,不过食与火耳,义仓之积谷数千石,便可支散,以救下民。作院有炭数万秤,酒务有柴数十万秤,依元价卖之,可济中民。"先生曰:"吾事济矣。"遂草放积欠赈济奏。陈履常有诗,先生次韵,有"可怜扰扰雪中人"之句,为是故也。

乞推恩酬李直方捕盗

【简介】

元祐七年(1092年)正月,苏轼为成功捕盗的汝阴尉李直方申请升职未果,此时他自己也合转一官,但他坚持"已许直方,卒不报"。联系苏轼之前徐州差百姓程棐捕盗并积极为他求偿(释放其弟),哪怕自己遭遇乌台诗案的大变故也要守信的作为,可见其善用人。下引一则节选自苏辙为其所撰《墓志铭》,一则引自《曲洧旧闻》卷十,可以了解时人对苏轼这一"专门利人"行为的评价。

【原文】

郡有宿贼尹遇等数人，群党惊劫，杀变主及捕盗吏兵者非一。朝廷以名捕不获，被杀者喋不敢言。公召汝阴尉李直方，谓之曰："君能擒此，当力言于朝，乞行优赏；不获，亦以不职奏免君矣。"直方退，缉知群盗所在，分命弓手往捕其党，而躬往捕遇。直方有母年九十，母子泣别而行。手戟刺而获之，然小不应格，推赏不及。公为言于朝，请以年劳改朝散郎阶，为直方赏。朝廷不从。其后吏部以公当迁以符会考，公自谓已许直方，卒不报。

磨勘之法，庶官则自具脚色、家状，陈乞于有司；侍从以上，则有司检举施行。东坡守颍时，有剧贼尹遇者，久为一方之害，朝廷捕不获。公召汝阴县尉李直方谓之曰："君能禽此贼，当力言于朝，乞行优赏；不获，亦以不职奏免。"直方受命惶怖，有母年九十，母子泣别而行。既谍知遇所在，则躬率众往，手戟刺而获之。东坡即条上其功状，以小不应格，推赏不及。东坡复为言于朝，请以年劳合改朝散郎一官为直方赏，亦不听。后吏部以东坡当迁以符会考。东坡自谓已许直方，卒不报。近世士大夫徒见东坡不磨勘，妄意其以是为高，多效之者，而不知其自有谓也。且既已仕矣，不磨勘岂足为高？使东坡而出此，何其浅耶。

十五、知扬州时期

东坡罢扬州万花会

【简介】

本则故事收录于《墨庄漫录》卷九，本书上编曾详细讨论。元祐七年（1092年）春，苏轼刚到扬州就取消万花会的旧例，就是为了避免劳民伤财。

【原文】

西京牡丹,闻于天下。花盛时,太守作万花会。宴集之所,以花为屏帐。至于梁栋柱拱,悉以竹筒贮水,插花钉挂,举目皆花也。扬州产芍药,蔡元长知淮场日,亦效洛阳作万花会。其后岁岁循习,人颇病之。元祐七年,东坡知扬州,正遇花时,吏白旧例,公判罢之,人皆鼓舞。作书报王定国曰:"花会用花千万朵,吏缘为奸,已罢之矣;虽杀风景,免造业也。"

东坡罢沿路随路检税

【简介】

元祐七年(1092年)七月二十七日,苏轼奏论漕运拖欠严重,请求罢沿路随船检税之法,为朝廷所允。本则摘自《师友谈记》。苏轼所恢复的旧法,是体察人性、公私两便的旧例,由此可见他对漕运事务的熟稔,也是他一贯心系民生的体现。

【原文】

国朝法,纲船不许住滞一时,所过税场,不得检税,兵梢口食,许于所运米中计口分升斗借之。至下卸日折算,于逐人之俸粮除之。盖以舟不住,则漕运甚速,不检则许私附商贩,虽无明条许人,而有意于兼容,为小人之啖利,有以役之也。借之口粮,虽明许之,然漕运既速,所食几何?皆王法之深意也。自洛司置舟官,载客货,沿路税场,既为所并,而纲兵搭附遂止。迩来导洛司既废,然所过税场,有随船检税之滞,小人无所啖利,日食官米甚多。于是盗枭之弊兴焉。既食之,又盗之,而转搬纳入者,动经旬月,不为交量,往往凿窠自沉,以灭其迹。有司治罪,鞭配日众。太农岁计不充,虽令犯人逐扣月粮填纳,岂可数足?张文定为三司使日,云岁亏六万斛。今比年不啻五十余万斛矣,而其弊乃在于纲兵也。东坡为扬州,尝陈前弊于朝,请罢沿路随路检税。江淮之弊,往往除焉。然五十万之阙,未能遽复。数年之后,可见其效。淮南楚、扬、泗数州,日刑纲吏,不啻百人,能救其弊,此刑自省,仁人之言,其利溥哉。

十六、在京任尚书时期

东坡弹劾权贵违制

【简介】

元祐七年（1092年）年底，苏轼曾短暂回朝任兵部尚书，冬至时为卤簿使随祀南郊时遇上权贵车驾乱行，果断予以弹劾，起到了极好的震慑作用。本则摘自《师友谈记》。

【原文】

东坡不惟文章可以盖代，而政事忠亮，风节凛凛，过人远甚。元祐七年，上祀南郊，公以兵部尚书为卤簿使。上因远庙宿斋行礼毕，将至青城，仪卫甚肃。五使乘车至景灵宫东棂星门外，忽有赭伞覆犊车，并青盖犊车百许辆，冲突而来。东坡呼御营巡检使立于车前，曰："西来谁何？敢尔乱行！"曰："皇后并某国太夫人。国大长公主也。"东坡曰："可以状来。"比至青城，谕仪仗使御史中丞李端伯之纯曰："中丞职当肃政，不可不闻。"李以中宫不敢言。坡曰："某自奏之。"即于青城上疏皇帝曰："臣备员五使，窃见二圣寅畏祗慎，昭事天地，敬奉宗祧，而内犊车冲突卤簿，公然乱行，恐累二圣所以明祀之意，谨弹劾以闻。"上欣然开纳。旧例，明日法驾回，中宫当迎于朱雀门下，是时因疏，明日中宫亦不复出。

乞改居丧婚娶条状

【简介】

元祐八年（1093年）三月，苏轼时任礼部尚书，上奏请求罢除元祐五年（1090年）秋颁条贯，即恢复原来的居丧禁婚娶。本文载于《东坡全集》卷六十三。

【原文】

元祐八年三月某日,端明殿学士兼翰林侍读学士左朝奉郎守礼部尚书苏轼状奏。臣伏见元祐五年秋颁条贯,诸民庶之家,祖父母、父母老疾(谓于法应赎者),无人供侍,子孙居丧者,听尊长自陈,验实婚娶。右臣伏以人子居父母丧,不得嫁娶,人伦之正,王道之本也。孟子论礼、色之轻重,不以所重徇所轻,丧三年,为二十五月,使嫁娶有二十五月之迟,此色之轻者也。释丧而婚会,邻于禽犊,此礼之重者也。先王之政,亦有适时从宜者矣。然不立居丧嫁娶之法者,所害大也。近世始立女居父母丧及夫丧而贫乏不能自存,并听百日外嫁娶之法。既已害礼伤教矣,然犹或可以从权而冒行者,以女弱不能自立,恐有流落不虞之患也。今又使男子为之,此何义也哉!男年至于可娶,虽无兼侍,亦足以养父母矣。今使之释丧而婚会,是直使民以色废礼耳,岂不过甚矣哉。《春秋》礼经,记礼之变,必曰自某人始。使秉直笔者书曰,男子居父母丧得娶妻,自元祐始,岂不为当世之病乎?臣谨按此法,本因邛州官吏,妄有起请,当时法官有失考论,便为立法。臣备位秩宗,前日又因迩英进读,论及此事,不敢不奏。伏望圣慈特降指挥,削去上条。稍正礼俗。谨录奏闻,伏候敕旨。

十七、知定州时期

苏轼定州治军

【简介】

元祐八年(1093年)九月太皇太后高氏去世,哲宗亲政,苏轼外放知定州(今河北定县)。定州军政废弛,士兵缺乏训练,军官克扣军饷和赏赐。苏轼到任后恢复旧有规定,整肃军纪,把贪污的人发配到远恶之地,禁止军中饮酒赌博,约束军队进行作战训练,军队面貌为之一新,月余即初有成效。本则摘自《宋史·苏轼传》。

【原文】

定州军政坏驰,诸卫卒骄惰不教,军校蚕食其廪赐,前守不敢谁何。轼取贪污者配隶远恶,缮修营房,禁止饮博,军中衣食稍足,乃部勒战法,众皆畏伏。然诸校业业不安,有卒史以赃诉其长,轼曰:"此事吾自治则可,听汝告,军中乱矣。"立决配之,众乃定。会春大阅,将吏久废上下之分,轼命举旧典,帅常服出帐中,将吏戎服执事。副总管王光祖自谓老将,耻之,称疾不至。轼召书吏使为奏,光祖惧而出,讫事,无一慢者。定人言:"自韩琦去后,不见此礼至今矣。"契丹久和,边兵不可用,惟沿边弓箭社与寇为邻,以战射自卫,犹号精锐。故相庞籍守边,因俗立法。岁久法弛,又为保甲所挠。轼奏免保甲及两税折变科配,不报。

十八、贬逐英州、惠州、儋州时期

"轼于先帝,不臣甚矣"

【简介】

哲宗亲政后意欲恢复神宗变法诸种措施,新党政治复仇,旧党如苏氏兄弟被贬是情理之中。本条摘自南宋彭百川《元祐党事本末》下,讲述御史对苏轼的弹劾攻击,历数苏轼"所作文字,讥斥先朝",认为绍圣元年(1094年)四月贬苏轼左朝奉郎知英州(今广东英德市)罪罚未当,成功劝说哲宗加重了对苏轼的处置:"不得与叙。"六月诏谪惠州。

【原文】

御史虞策言:"苏轼作诰词,语涉讥讪,望劾实施行。"殿中侍御史来之邵言:"轼臣先朝,久以罪废。至元祐擢为中书舍人、翰林学士。轼凡所作文字,讥斥先朝,援古况今,多引衰世之事,以快忿怨之私。行吕惠卿制词,则曰:'首建青苗,次行助役、均输之政,自同商贾;手实之祸,下及鸡豚;苟有蠹国而害民,率皆攘臂而称首。'行吕大防制诰,则曰:'民亦劳止,愿闻休息之期。'撰司马光神道碑,则曰:'其退如洛,如屈之陂泽。'凡此之类,播在人口者非一,当原其所犯,明正典刑。"诏落端明殿学士兼翰林侍读学士,依前左朝奉郎知英州,制词蔡卞所撰也。虞策又言:"苏轼罪罚未当。"诏轼降充左承议郎。又刘拯言:"苏轼敢以私忿行于诏诰中,厚诬丑诋;轼于先帝,不臣甚矣。"诏苏轼合叙,复日不得与叙。

苏林交情凶终

【简介】

下文摘自南宋周煇《清波杂志》卷六,讲述苏轼同侪林子中当年如何赞美"一门三父子"的文才学识,此时如何在草拟苏轼责惠州告词中厚诋苏轼,还认为已经是"罪大罚轻"。明人笔记《长水日抄》记录林草制时"投笔曰'坏了一生名节'",可见其心中也明白此举一时希意图进,贻讥后世。

【原文】

林文节子中,以启贺东坡入翰苑曰:"父子以文章名世,盖渊、云、司马之才;兄弟以方正决科,迈晁、董、公孙之学。"其褒美如此。后草坡责惠州告词云:"敕具位轼:元丰间,有司奏轼罪恶甚众,论法当死,先皇帝赦而不诛,于轼恩德厚矣。朕初即位,政出权臣,引轼兄弟以为己助。自谓得计,周有悛心,忘国大恩,敢肆怨诽。若讥朕过失,何所不容,乃代予言,诬诋圣考,乖父子之恩,害君臣之义。在于行路,犹不戴天。顾视士民,复何面目。以至交通阉寺,矜诧倖恩,市井不为,搢绅共耻。尚屈彝典,止从降黜。今言者谓某指斥宗庙,罪大罚轻,国有常刑,朕非可赦。宥尔万死,窜之远方。虽轼辩足以饰非,言足以惑众,自绝君亲,又将奚懟?保尔余息,毋重后怨。可责授宁远军节度副使,惠州安置。"极于丑诋如此。坡初擢右史,白宰相,谓林同在馆,年且长,除不当先,林乃继除记注。后又为杭州交承,有三帖论开湖赈荒,浙东仓司石刻在焉。

相逢泯恩仇

【简介】

本条第一则摘自时人邵博《河南邵氏闻见后录》卷二十,讲述苏轼两次贬谪,当政者都以为陈慥、程之才与苏轼有宿怨,所以才将苏轼安置在黄州和惠州,没想到两人和苏轼交游甚欢,枉费心机。关于陈慥之父陈希亮和苏轼的关系,本书上编第三章有详细的分析。第二则梳理了苏程的关系,摘自南宋周密《齐东野语》卷十二《老苏族谱记》。程之才就是下编苏洵部分提到苏家与之断交四十年的亲戚,八娘的丈夫。没想到将苏轼贬官惠州后,朝廷绍圣二年(1095年)正月即派程之才前来广南东路(今广东省)担任提点刑狱公事,反而促使苏轼和程之才之间的关系解冻。

【原文】

东坡先谪黄州。熙宁执政,妄以陈季常乡人任侠,家黄之岐亭,有世仇。后谪惠州,绍圣执政,妄以程之才姊之夫,有宿怨。假以宪节,皆使之甘心焉。然季常、之才,从东坡甚欢也。

沧洲先生程公许,字季与,眉山人,仕至文昌,寓居雪上,与先子从容谈蜀中旧事,历历可听。其言老泉《族谱亭记》,言乡俗之薄,起于某人,而不著其姓名者,盖苏与其妻党程氏大不咸,所谓某人者,其妻之兄弟也。老泉有《自尤》诗,述其女事外家,不得志以死,其辞甚哀,则其怨隙不平也久矣。其后东坡兄弟以念母之故,相与释憾。程正辅于坡为表弟,坡之南迁,时宰闻其先世之隙,遂以正辅为本路宪将,使之甘心焉。而正辅反笃中外之义,相与周旋之者甚至。坡诗往复倡和,中亦可概见矣。

贬所俱配其字之偏傍

【简介】

本条摘自《宋稗类钞》卷之二《谗险》,讲述元祐党人确定贬所居然全凭当时宰相章惇的"恶趣味","俱配其字之偏傍"。

【原文】

绍圣初,逐元祐党人,禁中疏出当谪人姓名,及广南州郡,以水土之美恶,较量罪之轻重而贬窜焉。执政聚议至刘安世器之时,蒋之奇颍叔云:"刘某平昔,人推其命极好。"时相章惇子厚,即以笔于昭州上点之,云:"刘某命好,且去昭州试命一巡。"其他苏子瞻贬儋州,子由贬雷州,黄山谷贬宜州,俱配其字之偏傍,皆惇所为也。

东坡谪居中勇于为义

【简介】

以下摘自《梁溪漫志》卷四,讲述苏轼绍圣年间在惠州,虽是贬官,但也关心民生,协助地方官修建军队营房、修缮火后仓库、造桥引水,实在令人赞叹。

【原文】

陆宣公谪忠州,杜门谢客,惟集药方。盖出而与人交,动作言语之际,皆足以招谤,故公谨之。后人得罪迁徙者,多以此为法。至东坡则不然。其在惠州也,程正辅为广中提刑,东坡与之中外,凡惠州官事,悉以告之。诸军阙营房,散居市井,窘急作过。坡欲令作营屋三百间。又荐都监王约,指使蓝生同干惠州纳秋米六万三千余石。漕符乃令五万以上折纳见钱,坡以为岭南钱荒,乞令人户纳钱与米,并从其便。博罗大火,坡以为林令在式假,不当坐罪。又有心力可委,欲专檄令修复公宇仓库,仍约束本州科配惠州造桥。坡以为吏屑而胥横,必四六分分了钱,造成一座河楼桥,乞选一健干吏来了此事。又与广帅王敏仲,荐道士邓守安,令引蒲涧水入城,免一城人饮咸苦水、春夏疾疫之患。凡此等事,多涉官政,亦易指以为恩怨,而坡奋然行之不疑,其勇于为义如此。谪居尚尔,则立朝之际,其可以死生祸福动之哉?

千载断碑人脍炙

【简介】

以下摘自《侯鲭录》卷二。绍圣四年(1097年)二月,诏毁上清宫苏轼所撰碑文。讲述苏轼绍圣年间在惠州,虽是贬官,但也关心民生,协助地方官修建军队营房、修缮火后仓库、造桥引水,实在令人赞叹。《苕溪渔隐丛话·前集》卷三十九也记载了这两首诗,"晋公功业冠皇唐"作"淮西功德冠吾唐",编者认为这两句是自己身窜海外时写作,自况也。今《苏轼诗集》多有收录,题作《沿流馆中得二绝句》。

【原文】

绍圣中,有人过临江军驿舍,题二诗,不书姓名。时贬东坡,毁上清宫碑,令蔡京别撰。诗云:"李白当年谪夜郎,中原不复汉文章。纳官赎罪何人在,壮士悲歌泪两行。"又云:"晋公功业冠皇唐,吏部文章日月光。千载断碑人脍炙,不知世有段文昌。"

《惠州祭枯骨文》

【简介】

苏轼居惠州期间,见路有骸骨,带头认捐安葬,并写作此文,见载《东坡全集》卷九十一。

【原文】

尔等暴骨于野,莫知何年。非兵则民,皆吾赤子。恭惟朝廷法令,有掩骼之;监司举行,无吝财之意。是用一新此宅,永安厥居。所恨犬豕伤残,蝼蚁穿穴,但为聚冢,罕致全躯。幸杂居而靡争,义同兄弟;或解脱而无恋,超生人天。

连累交好者

【简介】

绍圣元年(1094年)苏轼被贬英州时,秦观、李之仪也受累被降处州、单州。而以下四条分别摘自《墨庄漫录》卷一、《施注苏诗·新居》题注、《梁溪漫志》卷四"贬所敬苏黄"、《续资治通鉴长编》卷五百零八"哲宗元符二年四月丙子"条,叙述了苏轼在贬责惠州、儋州时,向他示好、帮助他正常生活的官员(如儋守张中)会受累遭贬,上官不查也会被连累。甚至交好的僧人参寥也被寻机勒令还俗,编管兖州(绍圣三年,1096年)。真是"元祐党祸,烈于炽火"。

【原文】

吕温卿为浙漕,既起钱济明狱,复发廖明略事。二人皆废斥。复欲网罗参廖。会有僧与参寥有隙,言参寥度牒冒名。盖参寥本名昙潜,子瞻为改道潜。温卿索牒验之信,竟坐刑归俗,编管兖州。

东坡至儋耳,军使张中请馆于行衙,又别饰官舍,为安居计。朝廷命湖南提举常平董必者察访广西,遣使过海,逐出之。中坐黜死。雷州监司悉镌秩。遂买地筑室,为屋五间;潮人王介石,为客于儋,躬泥水之役,其劳甚至家隶,故诗有"旧居无一席,逐客犹遭屏"句。

元祐党祸,烈于炽火,小人交扇其焰,傍观之君子,深畏其暗,惟恐党人之尘点污之也。而东坡之在儋,儋守张中事之甚至,且日从叔党棋以娱东坡。洎张解官北归,坡凡三作诗送之张竟以此坐谪云。

朝散大夫、直秘阁、权知广南西路都钤辖程节降授朝奉大夫,户部员外郎谭拣降授承议郎,朝散郎、提点湖南路刑狱梁子美降授朝奉郎。先是,昌化军使张中役兵修伦江驿,以就房店为名,与别驾苏轼居。察访董必体究得实,而节等坐不觉察,故有是命。

十九、北归至逝世时

东坡卜居阳羡

【简介】

以下摘自《梁溪漫志》卷四,讲述苏轼于建中靖国元年(1101年)北还,卜居阳羡,将买到的房屋焚券还归旧主的故事。

【原文】

建中靖国元年,东坡自儋北归,卜居阳羡,阳羡士大夫犹畏而不敢与之游。独士人邵民瞻从学于坡,坡亦喜其人,时时相与杖策过长桥、访山水为乐。邵为坡买一宅,为钱五百缗,坡倾囊仅能偿之。卜吉入新第。既得日矣,夜与邵步月,偶至一村落,闻妇人哭声极哀,坡徙倚听之,曰:"异哉,何其悲也!岂有大难割之爱触于其心欤?吾将问之。"遂与邵推扉而入,则一老妪,见坡泣自若。坡问妪何为哀伤至是,妪曰:"吾家有一居,相传百年,保守不敢动,以至于我。而吾子不肖,遂举以售诸人,吾今日迁徙来此,百年旧居一旦诀别,宁不痛心?此吾之所以泣也。"坡亦为之怆然,问其故居所在,则坡以五百缗所得者也。坡因再三慰抚,徐谓之曰:"妪之旧居乃吾所售也,不必深悲,今当以是屋还妪。"即命取屋券对妪焚之,呼其子命翌日迎母还旧第,竟不索其值。坡自是遂还毗陵,不复买宅,而借顾塘桥孙氏居暂憩焉。是岁七月,坡竟殁于借居。前辈所为类如此,而世多不知,独吾州传其事云。

二十、苏轼身后

九江碑工李仲宁不肯刊党籍姓名

【简介】

此条载于南宋王明清撰《挥麈三录》卷二。崇宁元年(1102年)要求州县勒刻元祐党人碑,九江一名刻工因为刻苏黄文字求生,拒绝刻奸党碑,反映了苏黄文字深厚的民间基础。

【原文】

九江有碑工李仲宁,刻字甚工。黄太史题其居曰:"瑑玉坊。"崇宁初,诏郡国刊元祐党籍姓名。太守呼仲宁使劚之,仲宁曰:"小人家旧贫窭,止因开苏内翰、黄学士词翰,遂至饱暖。今日以奸人为名,诚不忍下手。"守义之,曰:"贤哉,士大夫之所不及也。"馈以酒而从其请。

除东坡书撰碑额

【简介】

以下摘自南宋吴曾所作《能改斋漫录》卷十一《记诗》,记述宋徽宗崇宁二年(1103年)毁去所有苏轼所撰碑额的民间反响。

【原文】

崇宁二年,有旨,应天下碑碣榜额,系东坡书撰者,并一例除毁。盖本于淮南西路提点刑狱霍英所请。时庐山简寂观榜亦遭毁去,李商老为赋云:"笔底飓风吹海波,榜悬郁郁照岩阿。十年呵禁烦神护,奈尔焚捌灭札何?"

禁愈严而其传愈多

【简介】

以下摘自南宋朱弁《风月堂诗话》卷上,记述宋徽宗崇宁、大观年间(1102—1110年)东坡诗"禁愈严而其传愈"的现象。

【原文】

崇宁、大观间,东坡海外诗盛行,后生不复言欧公者。是时,朝廷虽尝禁止,赏钱增至八十万。禁愈严而其传愈多,往往以多相夸,士大夫不能诵坡诗者,自觉气索,而人或谓之不韵。

政和中稍弛其禁

【简介】

以下摘自元人韦居安所作《梅间诗话》卷上,解释宋徽宗政和年间(1111—1118年)关于元祐党人文禁稍弛的原因。

【原文】

后村南岳稿《观元祐党籍碑诗》云:"岭外瘴魂多不返,冢中枯骨亦加刑。更无人敢扶公议,直待天为见彗星。早日大程知反覆,暮年小范要调停。书生几点残碑泪,一吊诸贤地下灵。"后改第三第四句云:"稍宽末后因奎宿,暂仆中间为慧星。"按《夷坚戊志》云:崇宁大观间,蔡京当国,设元祐党禁,苏文忠文辞字画悉毁之。王诏以重刻《醉翁亭记》,至于削籍。由是人莫敢读苏文。政和中,忽稍弛其禁,且阴访求墨迹,皆以为巨珰梁师成出妾之子,故主张,是实不然也。时方建上清宝箓宫,斋醮之仪,备极恭敬,徽宗每躬造焉。一夕命道士拜章,伏地逾数刻乃起,扣其故,对曰:"适至帝所,值奎星奏事,良久方毕,臣始能达章。"上问:"奎宿何人,所奏何事?"曰:"所奏不可得闻,然此星宿者,故端明殿学士苏轼也。"上为之改容,遂一变前事。

禁东坡文

【简介】

以下摘自《梁溪漫志》卷七,讲述宣和年间(1119—1125年)文禁颇严,有士人携带东坡文集为人所获,官员感佩其义气悄悄将其释放的故事。

【原文】

宣和间,申禁东坡文字甚严,有士人携坡集出城,为门者所获,执送有司,见集后有一诗云:"文星落处天地泣,此老已亡吾道穷。才力漫超生仲达,功名犹忌死姚崇。人间便觉无清气,海内何曾识古风。平日万篇谁护惜,六丁收拾上瑶宫。"京尹义其人,阴纵之。

苗守碎碑牟大利

【简介】

以下摘自南宋徐度所作《却扫编》卷下,记述徽宗宣和末年文禁稍驰,徐州太守利用苏辙撰文、苏轼书法的黄楼碑刻拓本牟利且毁碑的故事。

【原文】

东坡既南窜,议者复请悉除其所为之文,诏从之。于是士大夫家所藏,既莫敢出,而吏畏祸,所在石刻,多见毁。徐州黄楼,东坡所作,而子由为之赋,坡自书。时为守者,独不忍毁,但投其石城濠中,而易楼名观风。宣和末年,禁稍弛,而一时贵游,以蓄东坡之文相尚,鬻者大见售,故工人稍稍就濠中摹此刻。有苗仲先者,适为守,因命出之,日夜摹印。既得数千本,忽语僚属曰:"苏氏之学,法禁尚在,此石奈何独存?"立碎之。人闻石毁,墨本之价益增。仲先秩满,携至京师,尽鬻之,所获不赀。

盗敬东坡

【简介】

此条载于南宋洪迈《夷坚甲志》卷十。绍兴二年(1132年)东坡遗迹仍被大盗主动保护,附近百姓甚至赖自得存,可见其受爱戴之深。

【原文】

绍兴二年,虔寇谢达陷惠州,民居官舍,焚荡无遗。独留东坡白鹤峰故居,并率其徒葺治六如亭,烹羊致奠而去。次年,海寇黎盛犯潮州,悉毁城堞,且纵火。至吴子野近居,盛登开元寺塔见之,问左右曰:"是非苏内翰藏图书处否?"麾兵救之,复料理吴氏岁寒堂。民屋附近者赖以不爇甚众。两人皆剧贼,而知爱敬苏公如此。彼欲火其书者,可不有愧乎?

苏文忠墓

【简介】

此条为明人谈迁撰《枣林杂俎·营建》引《郏县志》。到了明代,仍有地方官主动维护苏轼兄弟的陵墓。

【原文】

郏县苏文忠、文定二公墓,万历甲申有盗发之,县令济南张笃行加封树焉。去墓半里有废冢,石半露,按之则文忠曾孙妇,亦掩之。俄梦文忠遣青衣致谢,问文忠何在?曰临汝,至彼可相见也。后笃行以事至临汝,得先生墨迹一卷,大异之。

第十章　苏辙法治史料

一、少年时期

《孟子解》

【简介】

本文收录于《栾城后集》卷六。苏辙在其少作《孟子解》第二十四章中阐发《孟子》一书的重要思想，并有所扬弃。他结合《尚书·尧典》的记载和《周礼·秋官》的"八辟"原则，分析"舜窃负而逃之"，既无可能，也无必要。

【原文】

《孟子》曰："舜为天子，皋陶为士。瞽瞍杀人，皋陶则执之，舜则窃负而逃于海滨。"吾以为野人之言，非君子之论也。舜之事亲，"烝烝乂，不格奸"，何至于杀人而负之以逃哉？且天子之亲，有罪议之，孰谓天子之父杀人而不免于死乎？

二、进士制科时期

《刑赏忠厚之至论》

【简介】

本文收录于《栾城应诏集》卷一一，是苏辙和苏轼一起参加宋仁宗嘉祐二年（1057年）进士科考试时所作命题作文。这篇文章以用刑的"迫不得已"立论，结构清晰，以理服人，本书上编第二、四章对此文都有讨论。

苏辙后来在《祭欧阳少师文》（《栾城集》卷二十六）中回忆了当时欧阳修赏识兄弟的才华的过往："踽踽元昆，与辙皆来。皆试于庭，羽翼病摧。有鉴在上，无所事媒。驰词数千，适当公怀。擢之众中，群疑相阋。公恬不惊，众惑徐开。"根据李廌《师友谈记》记载，苏氏父子来京后遍谒群贤，声名鹊起，可惜在八月省试前苏辙患上急病，不能应试。宰相韩琦为了不错过人才，建言宋仁宗将考试展期，获批。自此，礼部试的时间就由八月中旬改为九月上旬，终北宋一朝未再改。

【原文】

古之君子立于天下，非有求胜于斯民也。为刑以待天下之罪戾，而唯恐民之入于其中以不能自出也；为赏以待天下之贤才，而唯恐天下之无贤而其赏之无以加之也。盖以君子先天下，而后有不得已焉。夫不得已者，非吾君子之所志也，民自为而召之也。故罪疑者从轻，功疑者从重，皆顺天下之所欲从。

且夫以君临民，其强弱之势、上下之分，非待夫与之争寻常之是非而后能胜之矣。故宁委之于利，使之取其优，而吾无求胜焉。夫惟天下之罪恶暴著而不可掩，别白而不可解，不得已而用其刑。朝廷之无功，乡党之无义，不得已而爱其赏。如此，然后知吾之用刑，而非吾之好杀人也；知吾之不赏，而非吾之不欲富贵人也。使夫其罪可以推而纳之于刑，其迹可以引而置之于无罪；其功与之而至于可赏，排之而至于不可赏。若是二者而不以与民,则天下将有以议我矣。使天下而皆知其可刑与不可赏也,则吾犹可以自解。使天下而知其可以无刑、可以有赏之说,则将以我为忍人而爱夫爵禄也。圣人不然,以为天下之人,不幸而有罪,可以刑,可以无刑,刑之,而伤于仁;幸而有功,可以赏,可以无赏,无赏,而害于信。与其不屈吾法,孰若使民全其肌肤、保其首领,而无憾于其上;与其名器之不僭,孰若使民乐得为善之利而无望望不足之意。呜呼!知其有可以与之之道而不与,是亦志于残民而已矣。且彼君子之与之也,岂徒曰与之而已也,与之而遂因以劝之焉耳。故舍有罪而从无罪者,是以耻劝之也;去轻赏而就重赏者,是以义劝之也,盖欲其思而得之也。故夫尧舜三代之盛,舍此而忠厚之化亦无以见于民矣。

三、留京侍父时期

梦中见老子言杨绾好杀高郢严震皆不杀

【简介】

本条收录于苏辙所作笔记《龙川略志》卷一,记载了他在宋英宗治平(1064—1067 年)初年的一个梦。苏辙在梦中与三清殿的老子像交谈,唐代三位名臣杨绾、高郢、严震。苏辙认为杨绾远比高郢、严震贤德,老子却告诉他虽然三人都在宰相之位上离开人世,但是杨绾未得高寿,因为他喜好杀生,而高郢、严震并不好杀生,所以得享晚年。苏辙醒来后查阅《唐书》,发现三人的官品与寿命都与老子所说相符,但对于杀生的喜好却没有记载。

《龙川略志》虽然只是笔记,但所记内容都如同此条,或明或显地表达了苏辙的政治观念。

【原文】

治平初,在京师,梦入三清殿,殿上老子像高三二尺,状甚异,能与人言,问者非一也。予亦谒而问焉。谓予曰:"子知杨绾乎?"曰:"唐之贤相也。""子知高郢、严震乎?"曰:"郢文臣,震功臣也。""三人孰贤?"曰:"郢、震虽贤，其不及绾远矣。"曰："此人皆终尚书仆射，然绾不至上寿，而郢、震皆耆艾乃死，子知其说乎？"曰："不知也。"曰："绾好杀生，而郢、震皆不杀，此其所以异也。子其志之！"予梦中固不详三人之然否也，起阅《唐书》，三人官秩、寿考皆信，独不见好杀与否耳。

四、任职大名府推官时期

慎勿以刑加道人

【简介】

本条节选自《龙川略志》卷一。苏辙于治平二年（1065年）到大名府（治所在今河北大名）任推官，负责勘问刑狱，与时任大名府知府王贶颇为相得，本条记述了两人对一桩道人盗窃案的处理过程。这个道人伤人和盗窃事实清楚，依律应判为强盗，是死罪，但王贶认为他是个疯子，命苏辙将其释放，并告知苏辙自己的恩师张士逊和修道者的一段因缘。张士逊年轻时担任射洪（今四川射洪）县令，认定一个形迹可疑的道人并非窃贼，并将其释放。这个道人确实清白，劝张士逊跟随自己的师傅修道，张士逊拒绝了。他服用了道人所赠有毒丹药却无事，道人因而认定他会贵极人臣，张士逊从此就不对任何一个道人用刑。王贶劝苏辙不要忘记张公的教诲，苏辙答应了。

当时大名府连年受灾，百姓生活艰苦，铤而走险、以盗谋生者颇多，苏辙曾在《北京谢韩丞相启》（《栾城集》卷五十）向韩琦感叹："旱气方退，流民未还，盗贼纵横，犴狱填委。是健吏厉精竭力而不足之日，非庸人偷安自便而能辨之时。"本条记述虽带有浓厚的佛道信仰色彩，但也反映了苏辙、王贶在处理这类案件时的慎重态度。

【原文】

予在王公君贶大名幕府，尝有丐者，以大扇伤一妇人而盗其首饰，于法为强盗，当死。予讯之，盗曰："我乃学道者，且善相手，魏人多知我，我非盗也。"问之众人,信然。然盗状明白,不可讳。予言之君贶,君贶曰:"道人勿加以刑。使来,吾自讯之。"即曰:"此风狂人也,释之。"

予退问丐者所从来,曰:"我利州山峡民家子也。少病癫,父母弃我山中,三日哭不绝声,岭上有一人循微迳而下,顾怜我。我告之故,曰:'吾家在谷中,汝苟能从我,为我拾薪汲水足矣。'即起从之。因教导引行气,数年,癫疾良愈。复谓我:'汝宿业厚,当终身勤苦,乃免于病。此非汝所居,出山行乞,勿与平人齿,若美衣甘食,则病复作矣。然汝无以免饥寒者,诲汝相手,可以自养,有余,即以与人,勿畜也。'我游四方久矣,未尝敢违其言也。"

予以告君贶,君贶善待之。因为与言:"吾昔登科,谒退傅张公,公曰:'君异日必贵,有道人犯法,慎勿刑也。'吾请其故。公曰:'吾少为射洪令,县方捕劫盗,弓手于山中执一人,不知所从来,曰:此劫者也。'吾视其人非凶人也,命脱械释之。官吏皆争,吾告之曰:'果劫也,吾任其咎。'其人既得释,乃前问曰:'公何以知我非劫也?'吾告之曰:'吾视汝非劫者耳。'曰:'公真不可得。我诚非劫,而迹似之。然我本学道,有师在山后,其徒仅十人,使我出市药,不幸而执。今归告师,三日复出见公矣。'如期即至,曰:'我师奇公不凡,使我召公入山学道。'吾笑曰:'吾有官守妻子,未暇从汝师。'其人曰:'我师固知公未能也。有药在此,可日服一丸,药尽,我复来见公。'药可数合许,贮以小合,如其言服之。药尽,其人复至,问药安在。曰:'服之尽矣。'其人惊曰:'此药有毒,他人服之必病,今不能病公,公真奇人也,今世必享上寿,贵极人臣,若求白日上升,则来世矣。'吾自此未尝以刑加一道人。"君贶孰视予曰:"君亦贵人也,勿忘张公之言。"予应之曰:"诺。"

五、任职制置三司条例司时期

与王介甫论青苗盐法铸钱利害

【简介】

本条节选自《龙川略志》卷三,概述了他和王安石关于青苗法、盐法和钱法的讨论。苏辙在王安石变法之初任职制置三司条例司，这是变法的提调机关，苏辙肯定青苗法将贷款发给农民、只收其二分利钱是为了救民，但他认为在贷款的发送和回收过程中很容易给胥吏留出上下其手的空间，百姓一旦还贷有困难，就会被施加非刑，反倒是害民乱政之举，建议借鉴唐代刘晏常平之法，结合实际，完善后再施行。但苏辙的建议未被王安石采纳，苏辙后来也多次上书辞掉自己在条例司的差使。

【原文】

熙宁三年，予自蜀至京师，上书言事。神宗皇帝即日召见延和殿，授制置三司条例司检详文字。时参政王介甫、副枢陈旸叔同管条制事，二公皆未尝知予者。久之，介甫召予与吕惠卿、张端防会食私第，出一卷书，曰："此青苗法也。君三人阅之，有疑以告，得详议之，无为他人所称也。"予知此书惠卿所为，其言多害事者，即疏其尤甚，以示惠卿。惠卿面颈皆赤，归即改之。予间谓介甫，介甫问予可否，予曰："以钱贷民，使出息二分本以援救民之困，非为利也。然出纳之际，吏缘为奸，虽重法不可禁；钱入民手，虽良民不免非理之费；及其纳钱，虽富家不免如违限。如此则鞭棰必用，自此恐州县事不胜繁矣。唐刘晏掌国用，未尝有所假贷，有尤其靳者，晏曰：'民侥幸得钱，非国之福；吏以法责督，非民之利便。吾虽未尝假贷，而四方丰凶贵贱，知之不逾时，有贱必籴，有贵必粜，故自掌利柄以来，四方无甚贵甚贱之病，又何必贷也？'晏之所言，则汉常平之法矣。今此法见在而患不修举，公诚有意于民，举而行之，刘晏之功可立俟也。介甫曰："君言甚长，当徐议而行之。此后有异论，幸相告，勿相外也。"自此逾月不言青苗法。会河北转运判官王广廉召议事，予阅条例司所撰诸法，皆知其难行而，广廉常上言乞出度牒数十道鬻，而依关中漕司行青苗事，春散秋敛以佐利，与惠卿所造略相似，即请之以出施河北，而青苗法遂行于四方。

予在条例司，王介甫问南盐利害，对曰："旧说有三而已：其一，立盐纲赏格，使官盐少拌和，则私盐难行；其二，减官价使私贩少利；其三，增沿江巡检，使私贩知所畏。三说并用则盐利宜稍增。然利之所在，欲绝私贩,恐理难也。"介甫曰:"不然,但法不峻耳。"对曰:"今私盐法至死,非不峻也,而终不可止,将何法以加之?"介甫曰:"不然。一村百家俱贩私盐而败者止一二,其余必曰:'此不善贩,安有败?'此所以贩不止也。若五家败,则其余少惧矣;十家败,则其余必戢矣;若二十家至三十家败,则不敢贩矣。人知必败,何故不止?此古人所谓'铄金百镒,盗跖不掇也'。"对曰:"如此诚不贩矣,但恐二三十家坐盐而败,则起为他变矣。"

一日复问铸钱,对曰:"唐开通钱最善,今难及矣。天禧、天圣以前,钱犹好,非今日之比,故盗铸难行。然是时官铸大率无利,盖钱法本以均通有无,而不为利也。旧一日铸八九百耳,今岁务多以求利,今一日千三四百矣。熙宁初止此,闻后又增二千矣。钱日滥恶,故盗铸日多,今但稍复旧法,渐止矣。"介甫曰:"何必铸钱?古人以铜为器皿,精而能久,善于瓷漆。今河东铜器其价极高,若官勿铸钱而铸器,其利比钱甚厚。"对曰:"自古所以禁铸铜为器皿者,为害钱法也。今若不禁铜器,则人争坏钱为器矣。"介甫曰:"铸钱不如铸器之利,又安以钱为。"对曰:"人私铸铜器,则官铜器亦将不售。"介甫曰:"是不难,勒工名可也。"不对而退。其后铜器行而钱法坏。

《制置三司条例司论事状》

【简介】

此状收录于《栾城集》卷三十五,本书上编第五章对此状也有讨论。在熙宁二年(1069年)写作的该状中,苏辙对新法的诸多措施都提出了反对意见,认为多为劳民、与民争利之举,实施中也存在选人任职的困难。他极力反对免役法,就是预见了"出钱助役,上户则便,下户实难"的可能前景,并认为藏富于城市居民,"饥馑之岁,将劝之分以助民,盗贼之岁,将借其力以捍敌,故财之在城郭者与在官府无异也"。但此法依然迅速得到执行。

【原文】

辙顷者误蒙圣恩,得备官属。受命以来,于今五月。虽勉强从事,而才力寡薄，无所建明。至于措置大方，多所未论。每献狂瞽，辄成异同。退加考详，未免疑惑。是以不虞僭冒，聊复一言。

窃见本司近日奏遣使者八人分行天下，按求农田水利与徭役利害，以为方今职司守令无可信用，欲有兴作，当别遣使。愚陋不达，窃以为国家养材如林，治民之官棋布海内，兴利除害，岂待他人，今始有事，辄特遣使，使者一出，人人不安。能者嫌使者之侵其官，不能者畏使者之议其短。客主相忌，情有不通，利害相加，事多失实。使者既知朝廷方欲造事，必谓功效可以立成。人怀此心，谁肯徒返，为国生事，渐不可知。徒使官有送迎供馈之烦，民受更张劳扰之弊，得不补失，将安用之。朝廷必欲兴事以利民，辙以为职司守令足矣。盖势有所便，众有所安。今以职司治民，虽其贤不肖不可知，而众所素服，于势为顺，稍加选择，足以有为。是以古之贤君，闻选用职司以责成功，未闻遣使以代职司治事者也。盖自近世，政失其旧，均税宽恤，每事遣使，冠盖相望，而卒无丝毫之益，谤者至今未息。不知今日之使，何以异此？

至于遣使条目，亦所未安。何者？劝课农桑，垦辟田野，人存则举，非有成法。诚使职司得人，守令各举其事，罢非时无益之役，去猝暴不急之赋，不夺其力，不伤其财，使人知农之可乐，则将不劝而自励。今不治其本，而遽遣使，将使使者何从施之。议者皆谓方今农事不修，故经界可兴，农官可置。某观职司以下劝农之号，何异于农官？嘉祐以来，方田之令，何异于经界？行之历年，未闻有益。此农田之说，辙所以未谕也。

天下水利，虽有未兴，然而民之劳佚不同，国之贫富不等。因民之佚而用国之富以兴水利，则其利可待，因民之劳而乘国之贫以兴水利，则其害先见。苟诚知生民之劳佚与国用之贫富，则水利之废兴，可以一言定矣。而况事起无渐，人不素讲，未知水利之所在而先遣使。使者所至，必将求之官吏，官吏有不知者，有知而不告者，有实无可告者。不得于官吏，必求于民，不得于民，其势将求于中野。兴事至此，盖已甚劳。此水利之说，辙所以未谕也。

徭役之事，议者甚多：或欲使乡户助钱而官自雇人，或欲使城郭等第之民与乡户均役，或欲使品官之家与齐民并事。此三者皆见其利不见其害者也。役人之不可不用乡户，犹官吏之不可不用士人也。有田以为生，故无逃亡之忧，朴鲁而少诈，故无欺谩之患。今乃舍此不用，而用浮浪不根之人，辙恐掌财者必有盗用之奸，捕盗者必有窜逸之弊。今国家设捕盗之吏，有巡检，有县尉。然较其所获，县尉常密，巡检常疏。非巡检则愚，县尉则智，盖弓手、乡户之人与屯驻客军异耳。今将使县人捕盗，则与独任巡检不殊，盗贼纵横必自此始。辙观近岁虽使乡户颇得雇人，然至于所雇逃亡，乡户犹任其责。今遂欲于两税之外别立一科，谓之庸钱，以备官雇。乡户旧法革去无余，雇人之责官所自任。且自唐杨炎废租庸调以为两税，取大历十四年应于赋敛之数以定两税之额，则是租调与庸两税既兼之矣。今两税如旧，奈何复欲取庸。盖天下郡县，上户常多，少者徭役频，多者徭役简，是以中下之户每得休闲。今不问户之高低，例使出钱助役，上户则便，下户实难。颠倒失宜，未见其可。然议者皆谓助役之法，要使农夫专力于耕。辙观三代之间，务农最切，而战阵田猎皆出于农，苟以徭役较之，则轻重可见。城郭人户虽号兼并，然而缓急之际，郡县所赖：饥馑之岁，将劝之分以助民，盗贼之岁，将借其力以捍敌，故财之在城郭者与在官府无异也。方今虽天下无事，而三路刍粟之费多取京师银绢之余配卖之。民皆在城郭，苟复充役，将何以济？故不如稍加宽假，使得休息。此诚国家之利，非民之利也。品官之家复役已久，议者不究本末，徒闻汉世宰相之子不免戍边，遂欲使衣冠之人与编户齐役。夫一岁之更不过三日，三日之雇不过三百。今世三大户之役，自公卿以下无得免者。以三大户之役而较之三日之更，则今世既已重矣，安可复加哉。盖自古太平之世，国子俊造，将用其才者皆复其身，胥史贱吏，既用其力者皆复其家。圣人旧法，良有深意：以为责之以学而夺其力，用之于公而病其私，人所难兼，是以不取。奈何至于官户则又将役之。且州县差役之法皆以丁口为之高下，今已去乡从宦，则丁口登降，其势难详，将使差役之际以何为据？必用丁，则州县有不能知，必不用丁，则官户之役比民为重。今朝廷所以条约官户，如租佃田宅，断卖坊场，废举货财，与众争利，比于平民，皆有常禁。苟使之与民皆役,则昔之所禁皆当废罢。罢之则其弊必甚,不罢则不如为民。此徭役之说,辙所以未谕也。

辙又闻发运之职今将改为均输,常平之法今将变为青苗。愚鄙之人亦所未达。昔汉武外事四夷,内兴宫室,财用匮竭,力不能支,用贾人桑羊之说,买贱卖贵,谓之均输,虽曰民不加赋,而国用饶足。然而法术不正,吏缘为奸,掊克日深,民受其病。孝昭既立,学者争排其说,霍光顺民所欲,从而与之,天下归心,遂以无事。不意今世,此论复兴,众口纷然,皆谓其患必甚于汉。何者? 方今聚敛之臣,才智方略,未见桑羊之比,而朝廷破坏规矩,解纵绳墨,使得驰骋自由,惟利是嗜。以辙观之,其害必有不可胜言者矣。今立法之初,其说甚美,徒言徙贵就贱,用近易远,苟诚止于此,则似亦可为。然而假以财货,许置官吏,事体既大,人皆疑之。以为虽不明言贩卖,然既许之以变易矣,变易既行,而不与商贾争利者,未之闻也。夫商贾之事,曲折难行。其买也,先期而与钱,其卖也,后期而取直。多方相济,委曲相通,倍称之息,由此而得。然至往往败折,亦不可期。今官买是物,必先设官置吏,簿书禄廪为费已厚。然后使民各输其所有,非良不售,非贿不行,是以官买之价,比民必贵。及其卖也,弊复如前。然则商贾之利,何缘可得? 徒使谤议腾沸,商旅不行。议者不知虑此,至欲捐数百万缗,以为均输之法。但恐此钱一出,不可复还。且今欲用忠实之人,则患其拘滞不通,欲用巧智之士,则患其出没难考。委任之际,尤难得人。此均输之说,辙所以未谕也。

常平条敕纤悉具存,患在不行,非法之弊。必欲修明旧制,不过以时敛之以利农,以时散之以利末。敛散既得,物价自平,贵贱之间,官亦有利。今乃改其成法,杂以青苗,逐路置官,号为提举,别立赏罚,以督增亏。法度纷纭,保至如此。而况钱布于外,凶荒水旱有不可知,敛之则结怨于民,舍之则官将何赖? 此青苗之说,辙所以未谕也。

凡此数事,皆议者之所详论,明公之所深究。而辙以才性朴拙,学问空疏,用意不同,动成违忤,虽欲勉励自效,其势无由。苟明公见宽,谅其不逮,特赐敷奏,使辙得外任一官,苟免罪戾,而明公选贤举能,以备僚佐。两获所欲,幸孰厚焉!

六、任陈州教授时期

《次韵子瞻见寄》

【简介】

本诗收录于《栾城集》卷四,是应答苏轼熙宁五年(1072年)《戏子由》一诗而作,抒发对新政的不满。苏轼在赴任杭州通判时路过陈州,与弟弟相会,《戏子由》中就描写了苏辙当时清苦的生活,表彰弟弟不迎合变法的作为("劝农冠盖闹如云,送老齑盐甘似蜜"),为自己不得不执行相关的政策及相应的罚则而感到内心的不平静("平生所惭今不耻,坐对疲氓更鞭箠")。而这首应答之作中,苏辙也表达了对哥哥的劝慰("烦刑弊法非公耻,怒马奔车忌鞭箠"),以及对变法的讽刺("自从四方多法律,深山更深逃无术")。

【原文】

我将西归老故丘,长江欲济无行舟。宦游已如马受轭,衰病拟学龟藏头。
三年学舍百不与,糜费廪粟常惭羞。矫时自信力不足,从政敢谓学已优。
闭门却扫谁与语,昼梦时作钧天游。自从四方多法律,深山更深逃无术。
众人奔走我独闲,何异端居割蜂蜜。怀安已久心自知,弹劾未至理先屈。
余杭军府百事劳,经年未见持干旄。贾生作傅无封事,屈平忧世多离骚。
烦刑弊法非公耻,怒马奔车忌鞭箠。蘉蘉何自听谆谆,谔谔未必贤唯唯。
求田问舍古所非,荒畦弊宅今余几。出从王事当有程,去须腼肉嫌无名。
扫除百忧唯有酒,未退聊取身心轻。

《和子瞻监试举人》

【简介】

苏轼任杭州通判时监考贡举,作五古长篇《监试呈诸试官》,苏辙这首诗则是对苏轼诗的和诗,收录于《栾城集》卷四。苏辙在诗中讽刺王安石对科举考试制度的改革,讽刺王安石小学不精:"朝廷发新令,长短弃前覆。缘饰小学家,睥睨前王作。声形一分解,道义因附托。"

【原文】

登科岁云徂,旧学日将落。外遭饥寒侵,内苦忧患铄。
传家足坟史,遗说本精约。群言久纷荡,开卷每惊矍。
居官忝庠序,授业止干龠。朝廷发新令,长短弃前覆。
缘饰小学家,睥睨前王作。声形一分解,道义因附托。
安行厌衢路,强挽就縻缚。纵横施口鼻,烂熳涂丹垩。
强辩忽横流,漂荡终安泊。忆惟法初传,欲讲面先怍。
新科劝多士,从者尽高爵。徘徊始未信,炫诱终难却。
嗟哉守愚钝,几不被讥谑。独醒惭舗糟,未信耻轻诺。
敢言折锋芒,但自保城郭。有司顾未知,选试谬西洛。
群儒谁号令,新语竞投削。虽云心所安,恐异时量度。
诡遇便巧射,晚嫁由拙妁。谁能力春耕,忍饥待秋获。
闻兄职在监,考较笔仍阁。缩手看傍人,此意殊未恶。

《次韵子瞻吴中田妇叹》

【简介】

苏辙这首诗则是对苏轼《吴中田妇叹》的次韵和诗,收录于《栾城集》卷五。苏辙在诗中讽刺了朝廷的食盐专卖、倒卖私盐连坐的制度,他一贯反对朝廷与民争利的政策。

【原文】

久雨得晴唯恐迟,既晴求雨来何时。今年舟楫委平地,去年蓑笠为裳衣。
不知天公谁怨怒,弃置下土尘与泥。丈夫强健四方走,妇女龌龊将安归。
塌然四壁倚机杼,收拾遗粒吹糠粞。东邻十日营一炊,西邻谁使救汝饥。
海边唯有盐不旱,卖盐连坐收婴儿。传闻四方同此苦,不关东海诛孝妇。

《次韵子瞻山村五绝(其三)》讽刺盐法

【简介】

苏辙这首诗则是对苏轼熙宁六年(1073年)初杭州通判任上所作《山村五绝(其三)》的次韵和诗,收录于《栾城集》卷五。苏辙在诗中巧用美女西施和丑女无盐的对比,以谐音讽刺朝廷的盐法与民争利。

【原文】

旋舂红稻始经镰,新煮黄鸡取次甜。无慕无营人自乐,莫将西子愧无盐。

七、任齐州掌书记时期

许遵议法妄而能活人以得福

【简介】

本文收录于《龙川略志》卷四。熙宁六年(1073年)四月,苏辙改任齐州(今山东济南)掌书记。当时"阿云之狱"引发新旧两党对自首坦白就可减二等刑的原则("按问欲举而自首")是否应在谋杀伤人案中运用的争论,许遵主张减刑,获得王安石支持,苏辙等人认为这并不合法,但随着王安石当政,自首从宽的政策就进一步推广开来。苏辙任齐州掌书记时,该地盗案多发,自首是否成立并非取决于案情,而取决于问案的先后。他与同僚讨论,认为应当革除这一弊政,但也承认许遵的办法虽不合法但能保全犯人的性命,自己的做法虽然正确但会"杀人",想通过调高劫盗判处死刑的金额来两全。十余年后苏辙发现,许遵的子孙为官者甚多,不由得感叹"能活人"的办法哪怕不合理,提出者也会受到老天的眷顾。

值得指出的是,苏辙一直不认为法外施仁是真正的仁政,可以参看本书上编第四章关于苏辙看待"仁与刑"的关系(《进策五道·君术》)的讨论。元丰八年(1085年)哲宗即位后,下诏禁止在强盗已杀人等案件中适用自首减等的政策。次年哲宗认可范纯仁的奏请,对苏辙提到的"一问不承,后虽犯者自言"的嫌疑犯不再适用自首减等,恢复嘉祐时旧制。两宋之间,自首减刑适用范围又多次更变。

【原文】

　　知润州许遵尝为法官,奏谳妇人阿云谋杀夫不死狱,以按问欲举,乞减死。旧说,斗杀、劫杀,斗与劫为杀因,故按问欲举可以减。谋而杀,则谋非因,故不可减。士大夫皆知遵之妄也。时介甫在翰苑,本不晓法,而好议法,乃主遵议。自公卿以下争之,皆不能得,自是谋杀遂有按问。然旧法,一问不承,后虽犯者自言,皆不得为按问。时欲广其事,虽累问不承,亦为按问,天下皆厌其说。予至齐,齐多劫盗,而人知法有按问,则未有盗而非按问者。二人同劫,先问其左,则按问在左;先问其右,则按问在右。故狱之死生,在问之先后,而非盗之情。又有甚者,捕人类多盗之邻里,所欲活者,辄先问之,则死生又出于用情。予见而叹曰:"惜哉!始议按问者之未究此弊也!"因以语齐守李诚之,诚之亦叹曰:"吾侪异日在朝,当革此弊。"予曰:"虽然遵议则非,而要能活人;吾议则是,而要能杀人。予意亦难改之。"诚之曰:"信然。奈何而可?"予曰:"昔劫盗赃三千而死,今五千而死矣,非有常也。必欲改是,增至七千而死,庶几可耳。"后十余年,谪居筠州。筠守许长卿,遵之子也。言其兄弟及诸子仕宦者十余人,而郎官、刺史至数人。予复叹曰:"遵之议妄甚矣,而子孙仕者若是其多也。一能活人,天理固不遗之也哉!"

张次山因一婢知周高而刺配海岛

【简介】

　　本文同样收录于《龙川略志》卷四。骄纵不法的秘书丞周高不知所携妓妾中有一人曾为他父亲的妾并生有一子,恰被知县张次山的婢女认出,张次山将其告发,周高落得刺配海岛而死。周高所犯,严格说来是"奸父祖妾"的十恶之罪,苏辙出于维护社会稳定的目的,主张不必揭发严惩。这种事在民间为数不少,如果没有被觉察的就可以逃过一劫,周高被检举受罚,这样并不公平。如果这种事引起纠纷,有人揭发,长官不得已应予治罪。如果事出无因,不是故意犯罪,没有引起纠纷,应不予治罪。

【原文】

曲隄周氏以财雄于齐,有秘书丞高者,尤骄纵不法。尝自京师载妓妾数十人游杭州,其一人以妬害自沉死。及还齐,其父母邀贿谢,不满意,诉之长清令张次山,取证左治之,亦无他矣。会次山之婢本周氏隶也,自牖窥之,历指所从来一人本高父妾,尝生一子。次山即以长吏举行之,高坐刺配海岛而死,齐人快之。李诚之尝语及此,称善。予曰:"使我为长清,决不举也。"诚之曰:"何故?"曰:"民间如此事不为少也,偶一婢子知之,因而发之以为明。彼不知者独何幸,高独何不幸也!事发有端,长吏不得已治之,可也;其发无端,自非叛逆,不问可也。"诚之曰:"此长者之论,次山之流固不及。"

八、任南京签书判官时期

议卖官曲与榷酒事

【简介】

本文同样收录于《龙川略志》卷四。苏辙一直主张取消多种与民争利的官府专卖制度。这次则是对南都(今河南商丘)榷酒(酒品官府专卖)的抵制。他列举了榷酒的三不便(不遵祖制、不体民意、利润堪忧),京东路转运司判官章楶无法驳斥,但此事尚未有定论苏辙即被贬,榷酒旋成定制,生意很快失败。十二年后,苏辙遇赦,提议取消榷酒,南都人十分高兴。

【原文】

真宗皇帝自亳还过宋,御楼宣赦,以宋为南都,仍弛其酒禁,使民卖官曲,十余家共之。更七八十年,官课不亏,有监曲院官。神宗立,监司建议罢卖曲而榷酒。时转运司方苦财赋不足,其判官章楶大喜,亲至南都集官吏议之。予曰:"南都卖鞠与建都同一敕,今都邑如旧而罢卖曲,一不便也。昔南都、西都皆卖曲,近年西都已榷酒矣,此转运司所据以为例也。然西都曲户败折,列状求罢,官不得已而听。今南都曲户未尝欠官一钱,无故罢之,二不便也。使改法而官获厚利,不顾而行,尚可也。今八家造酒,每家父子兄弟同干酒事者不下三人,三八二十四人,乃能办此课利。今议罢榷酒,欲分城内与河上为两务,每务不过监官二人,衙前四人,共十二人,比酒户减半。若较其忠志,公私相远,至于官本,于所费亦复不少,但恐榷酒之利不如卖曲,三不便也。今不顾三害而决为之,奈何!"粢不能难,但言本司窘迫,万一有利耳。议未决,而予谪筠州,粢遂决成榷法。后五年,予过南都,闻酒课不旋踵而败。又七年,予适预议郊赦,乃罢酒榷而复卖曲,南都人大喜。

九、贬筠州盐酒税时期

张恕不上疏而救东坡

【简介】

本文收录于南宋胡仔纂集的《苕溪渔隐丛话·后集》卷三十。苏轼因乌台诗案下狱,友人张方平命自己的儿子张恕去登闻鼓院投疏,张恕胆小未投。苏轼后来被贬黄州团练副使,苏辙也坐贬监筠州(今江西高安)盐酒税。他看到张方平上疏的副本,解释这次苏轼能得赦免,是得张恕不敢替父亲上疏之力。苏轼得罪正是因为其名气太大,与朝廷争胜,张方平上疏中称苏轼"其文学实天下之奇才也",如果成功呈到御前,会火上浇油,激怒神宗。苏辙认为要救其兄,最好是点出本朝不曾杀大夫,神宗开了先例就会被后世援引,皇帝爱惜声名又怕引起非议,应该就不会杀苏轼了。从中可以看出苏辙对于北宋"祖宗家法"的认可与运用。

【原文】

《元城先生语录》云:"子弟固欲其佳,然不佳者,亦未必无用处也。

元丰二年,秋冬之交,东坡下御史狱,天下之士痛之,环视而不敢救;时张安道致政在南京,乃愤然上疏,欲附南京递,府官不敢受,乃令其子恕持至登闻鼓院投进。恕素愚懦,徘徊不敢投。其后东坡出狱,见其副本,因吐舌色动久之。人问其故,东坡不答。后子由亦见之,云:'宜吾兄之吐舌也,此事正得张恕力。'或问其故,子由曰:'独不见郑崇之救盖宽饶乎?其疏有云:上无许史之属,下无金张之托。此语正是激宣帝怒尔。且宽饶正以犯许史辈有此祸,今乃再讦之,是益其怒也。且东坡何罪?独以名太高,与朝廷争胜耳。今安道之疏乃云,其文学实天下之奇才也,独不激人主之怒乎?但一时急欲救之,故为此言耳。'仆曰:'然则是时救东坡,宜为何说?'先生曰:'但言本朝未尝杀士大夫,今乃开端,则是杀士大夫自陛下始,而后世子孙因而杀贤士大夫,必援陛下以为例。神宗好名而畏议,疑可以止之。'"

十、任歙州绩溪令时期

江东诸县括民马

【简介】

本文收录于《龙川略志》卷四。元丰七年(1084年)九月苏辙为绩溪令。当地并不出产马匹,而朝廷征伐需要贡马,要求各县上交,而地方小吏便借由这个政策大做文章,骚扰百姓。苏辙先是要求县尉提供"递马簿",然后要符合条件的"牙人"来负责审核马匹的质量,或者至少向他提供文书。通过种种在程序上的"正当"拖延,苏辙最终成功避免了征马,保境安民。

【原文】

予为绩溪令,适有朝旨,江南诸郡市广西战马。江东素乏马,每县虽不过十余匹,而诸县括民马,吏缘为奸,有马之家为之骚然。予谓县尉郭惇愿曰:"广西取马使臣未至,事忌太遽,徐为之备可也。吾邑孰为有马者?"惇愿曰:"邑有递马簿,岁月远矣,然有无之实,尚得其半也。"即取簿封之。又曰:"何从得马牙人乎?"曰:"召猪牙诘之,则马牙出矣。"果得曾为人卖马者,辞以不能,曰:"吾不责汝以马,但为我供文书耳。"曰:"诺。"州符日至县督责买马,乃以夏税过期为名,召诸乡保正、副问之,曰:"汝保谁为有及格马者?"相顾,辞不知。曰:"保正、副不知,谁当知者!弟勿以有为无,无为有,则免罪矣。汝等所具,吾将使众人诉其不实,而陈其脱落者,不可不实也。"人知不免,皆以实告。复喻之曰:"买马事止此矣。广西取马者至郡,则马出,若不至,则已矣。"皆再拜,曰:"邑人幸矣。"然取马者卒不至。

十一、元祐任职中枢时期

《论罢免役钱行差役法状》

【简介】

哲宗登基、高太后执政的元祐(1086—1094年)年间,司马光为相,旧党纷纷返朝,苏轼、苏辙兄弟也不例外。元祐元年(1086年)苏辙写作本文,收录于《栾城集》卷三十六,本书上编第五章对此状也有讨论。

此时正是司马光欲革弊事的当口,苏辙提出应当"因弊修法,为安民靖国之术",反对废除一切新法,更反对操之过急。"盖朝廷自行免役,至今仅二十年,官私久已习惯,今初行差役,不免有少龃龉不齐",他建议花费一年半载详细完善差役法后再予施行,因为"所在役钱宽剩,一二年间,必未至阙用,从今放免,理在不疑",役钱还有剩余,百姓的负担也能稍缓。

【原文】

右臣伏见门下侍郎司马光奏,乞罢免役钱,复行差役旧法,奉圣旨依奏施行。臣窃谓近岁所行新法,利害较然,其间免役所系尤重。朝廷自去秋已来,改更略尽。惟此一事,迟留不决,民间倾听,想闻德音。臣窃料此事既行,民间鼓舞相庆,如饥得食,如旱得雨,比之去年罢导洛、市易、监铁等事,其喜十倍。非至仁至圣至明至断,谁能行此。然臣有愚虑,盖朝廷自行免役,至今仅二十年,官私久已习惯,今初行差役,不免有少龃龉不齐。譬如人有重病,不治必死,医者用药攻疗,必有瞑眩不宁,要须病去药消,然后乃得安乐。今中外用事臣僚,多因新法进用,既见朝廷革去宿弊,心不自安,必因差役之始,民间小有不便,指以为言,眩惑圣聪,败乱仁政。兼臣窃观司马光前件札子,条陈差役事件大纲已得允当,然其间不免疏略及小有差误。执政大臣岂有不知,若公心共济,即合据光所请,推行大意,修完小节,然后行下。今但备录札子,前坐光姓名,后坐圣旨依奏,其意可知。自今以往,其必有人借中外异同之论,以摇动大议。臣愿陛下但思祖宗以来,差役法行,民间有何患害,近岁既行免役,民间之敝,耳目厌闻,即差役可行,免役可罢,不待思虑而决矣。伏乞将臣此奏,留中不出,时赐省览,苟大法既正,纵有小害,随事更张,年岁之间,法度自备。臣疏远屑,初蒙擢用,辄此深言,罪在不赦。但念臣无左右之助,谏垣之命,出自圣意,不敢自同他人,更存形迹,冒昧陈闻。惟陛下裁幸。谨录奏闻,伏候敕旨。

贴黄:臣窃详差役利害,条目不一,全在有司节次修完,近则半年,远亦不过一年,必有成法。至于乡户不可不差,役钱不可不罢。此两事可以一言而决。缘所在役钱宽剩,一二年间,必未至阙用,从今放免,理在不疑。前来司马光文字,虽有役钱一切并罢之文,又却委自州县监司看详,有无妨碍。臣窃虑诸路为见有此指挥,未敢便行放罢,依旧催理,则凶岁疲民无所从出,或致生事。欲乞特降手诏,大略云:先帝役法,本是一时权宜指挥,施行岁久,民间难得见钱,已诏有司依旧差役,所有役钱,除坊郭、单丁、女户、官户、寺观依旧外,其余限诏到日,并与出榜放免。其去年已前见欠役钱,具数闻奏,未得催理,听候指挥。

《论蜀茶五害状》

【简介】

元祐元年(1086年)苏辙写作本文,收录于《栾城集》卷三十六,本书上编第五章对此状也有讨论。他熟悉自己家乡的情况,历数茶叶官卖政策执行后诸多与民争利的政策变本加厉,严重影响了蜀地茶叶生产和销售的活跃度,建议"罢放榷法,令细民自作交易,但收税钱,不出长引",即使一时不能罢黜此法,也希望能够"先驰榷禁"。

【原文】

右臣伏见朝廷近罢市易事,不与商贾争利,四民各得其业,欣戴圣德无有穷已。唯有益、利、秦、凤、熙河等路茶场司以买卖茶虐害四路生灵,又以茶法影蔽市易,贩卖百物。州县监司不敢何问,为害不细,而朝廷未加禁止。

臣闻五代之际,孟氏窃据蜀土,国用褊狭,始有榷茶之法。及艺祖平蜀之后,放罢一切横敛,茶遂无禁,民间便之。其后淳化之间,牟利之臣始议掊取。大盗王小波、李顺等,因贩茶失职,穷为剽劫,凶焰一扇,两蜀之民,肝脑涂地,久而后定。自后朝廷始因民间贩卖,量行收税,所取虽不甚多,而商贾流行,为利自广。近岁李祀初立茶法,一切禁止民间私买。然犹所收之息,止以四十万贯为额,供亿熙河。至刘佐、薄宗闵提举茶事,取息太重,立法太严,远人始病。是时知彭州吕陶奏乞改法,只行长引,令民自贩茶,每茶一贯,出长引钱一百,更不得取息,得旨依奏。民间闻之,方有息肩之望。又却差孙回、李稷入川相度,始议极力掊取,因建言乞许茶价随时增减,茶法既有增减之文,则取息依旧,由是息钱、长引二说并行,而民间转不易矣。而稷等又益以贩盐布,乃能增额及六十万贯。及李稷引陆师闵共事,又增额至一百万贯。师闵近岁又乞于额外以一百万贯为献,朝廷许之。于是奏乞于成都府置都茶场,客旅无见钱买茶,许以金银诸货折博,遂以折博为名,多遣公人、牙人公行拘拦民间物货入场,贱买贵卖,其害过于市易。又以本钱质典诸物,公违条法,欺罔朝廷。

盖茶法始行至今,法度凡四变矣。每变取利益深,民益困弊。然供亿熙河,止于四十万贯,其余以供给官吏及非理进献,希求恩赏。而害民之余,辱国伤教,又有甚者。夫逐州通判本以按察吏民,诸县令佐亦以抚字百姓,而计算息钱均与牙侩分利。至于监茶之官发茶万驮,即转一官,知县亦减三年磨勘。国之名器轻以与人,遂使贪冒滋章,廉耻不立,深可痛惜。又案盗贼之法,赃及二贯,止徒一年,出赏五贯。今民有以钱八百私买茶四十斤者,辄徒一年,出赏三十贯。又递铺文字,事干军机及非常盗贼,急脚递日行四百里,马递日行三百里,违二日者,止徒一年,今茶递往还,日行四百里,违一日,辄徒一年,立法太深,苟以自便,不顾轻重之宜。

盖造立茶法皆倾险小人,不识事体,但以远民无由伸诉,而它司畏惮,不敢辩理,是以公行不道。自始至今,十余年矣。臣窃闻朝廷近日察知其弊,差官体量,然犹恐未知其详。臣今访闻,稍得其实,谨具条件五害如左。

其一曰:益利路所在有茶,其间邛、蜀、彭、汉、绵、雅、洋等州、兴元府三泉县人户,以种茶为生。自官榷茶以来,以重法胁制,不许私卖,抑勒等第,高秤低估,递年减价,见今止得旧价之半。乞委所差官取榷茶至今递年所估价例对定,即见的实。茶官又于每岁秋成籴米,高估米价,强俵茶户,谓之茶本。假令米石八百钱,即作一贯支俵,仍勒出息二分。春茶既发,茶户纳茶,又例抑半价,兼压以大秤,所捐又半,谓之青苗茶。(元条:园户茶一百斤,许收十斤市例,内一半入官,一半饶润客旅。今逐场一百斤,有收至二十余斤。出剩者往往却伪作园户中茶虚,旁支出官钱入己。近年邛州常有此狱,又有见出剩数多,阴与客旅商量,纳赂不赀,指教出卖者。)及至卖茶本法,止许收息二分,今多作名目,如"牙钱""打角钱"之类,至收五分以上。买茶商旅,其势必不肯多出价钱,皆是减价,亏损园户,以求易售。又昔日官未榷茶,园户例收晚茶,谓之"秋老黄茶",不限早晚,随时即卖。榷茶之后,官买止于六月,晚茶入官,依条毁弃。官既不收,园户须至私卖,以陷重禁。此园户之害一也。

其二曰:川茶本法止于官自贩茶,其法已陋。今官吏缘法为奸,遂又贩布,贩大宁盐,贩瓷器等物,并因贩茶还脚贩解盐入蜀。所贩解盐,仍分配州县,多方变卖及折博杂物货,为害不一。及近岁立都茶场,缘折博之法,拘拦百货,出卖收息。其间纱罗,皆贩入陕西,夺商贾之利。至于买卖之余,则又加以质当。去年八九月间,为成都买扑酒坊人李安典糯米一万贯,每斗出息八钱,半年未赎,仍更出息二分。其它非法,类皆如此。今四方蒙赖圣恩,罢去市易抵当之弊,而蜀中茶官,独因缘茶法,潜行二事,使西南之民独不蒙惠泽。此平民之害二也。

其三曰:昔官未榷茶,陕西商旅皆以解盐及药物等入蜀贩茶,所过州军,已出一重税钱,及贩茶出蜀,兼带蜀货,沿路又复纳税,以此省税增羡。今官自贩茶,所至虽量出税钱,比旧十不及一,纵有商旅兴贩,诸处税务畏惮茶司,又利于分取息钱,例多欺诈,以税为息,由此省税益耗。假有作税钱上历,岁终又不拨还转运司,但添作茶官岁课,公行欺罔。(访闻元丰七年八月,陆师闵札子奏,茶司全年课利,内有一项系茶税钱。)又茶官违法,贩卖百物,商旅不行,非唯税亏,兼害酒课。蜀中旧使交子,惟有茶山交易最为浩瀚。今官自买茶,交子因此价贱。(旧日蜀人利交子之轻便,一贯有卖一贯一百者,近岁止卖九百以上。)此省课之害三也。

其四曰:蜀道行于溪山之间,最号险恶。般茶至陕西,人力最苦。元丰之初,始以成都府路厢军数百人贴铺般运。不一二年,死亡略尽。茶官遂令州县和雇人夫。和雇不行,即差税户。其为搔扰,不可胜言。(刘庠知永兴日,有泽州般茶人,以疲劳不堪告诉。庠令取状在案,判云:候本府雇人般茶日呈,后来永兴即不曾雇人。)后遂添置递铺,十五里辄立一铺,招兵五十人,起屋六十间,官破钱一百五十六贯,益以民力,仅乃得成。今已置百余铺矣。若二百铺皆成,则是添兵万人,衣粮岁费二十万贯。见招填不足,旋贴诸州厢军。逐州阙人,百事不集。又茶递一人,日般四驮,计四百余斤,回车却载解盐,往还山行六十里,稍遇泥潦,人力不支,逃匿求死,嗟怨满道。至去年八九月间,剑州剑阳一铺人全然走尽,沿路号茶铺为"纳命场"。此递铺之害四也。

其五曰:陕西民间所用食茶,盖有定数。茶官贪求羡息,般运过多,出卖不尽,逐州多亏岁额,遂于每斤增价俵卖与人。元丰八年,凤州准茶官指挥,每茶一斤添钱一百。其余州郡,准此可见。又茶法初行,卖茶地分止于秦、凤、熙河,今遂东至陕府,侵夺蜡茶地分,所损必多。此陕西之害五也。

五害不除,蜀人泣血,无所控告。臣乞朝廷哀怜远民,罢放榷法,令细民自作交易，但收税钱，不出长引，止令所在场务据数抽买博马茶，勿失朝廷武备而已。如此则救民于纲罗之中，使得再生，以养父母妻子，不胜幸甚。如朝廷以为陕西边事未宁，不欲顿罢茶事，即乞先驰榷禁，因民贩茶，正税之外，仍收长引钱。一岁之入，不下数十万贯。（以见今长引钱数计之可见。）而商旅通行，东西诸货日夜流转，所得茶税、杂税钱及酒课增羡，又可得数十万贯。（以未榷茶以前及榷茶后来年分，自蜀至陕西沿路酒税务岁课较之可见。）而罢置茶递，无养兵衣粮及官吏缘茶所费息钱、食钱之类，其数亦自不少，则榷茶可罢，灼然易见。若异日西边无事，然后更罢长引钱，如旧收税而止。然臣再详师闵所营茶利，虽使之衰敛一一如数，止于二百万贯，无复赢余矣。若以前件茶引、茶税、杂税、酒课等钱约七八十万贯折除，即止约有利一百二十余万贯。若更除茶递养兵衣粮食及官吏缘茶所费，约三四十万贯，即是师闵百端非理凌虐细民，止得八十万贯。（前件两项钱，并且从小约计，故师闵所得利有八十万贯，若依实计之，恐不得及此数。）假令万一蜀中稍有饥馑之灾，民不堪命，起为盗贼，或如淳化之比，臣不知朝廷用兵几何、费钱几何、杀人几何，可得平定。今但得七八十万贯钱，置此不虑，臣窃惑也。兼臣访闻陆师闵，去年自成都移治永兴，仍壬都供给，有本府衙前杨日新者为之卖酒。至十一月中，师闵自觉非法，始移牒永兴、成都，止就用永兴供给。其违法差衙前卖酒及多请过成都供给，即不曾举觉，其贪冒无耻一至如此。亦乞令所差官，便行体量，如是诣实，乞重行黜谪，以慰远方积年之愤。谨录奏闻，伏候敕旨。

贴黄：陆师闵久擅茶事，欺罔朝廷，奏请如意，为吏民所畏惮。若留在本职，虽特遣使命，恐必难以体量实害。欲乞先罢师闵职任。及利州路转运使蒲宗闵，昔同建议榷茶，曾窃冒恩赏，显有妨碍，亦乞指挥，不得同签书体量事。所贵官吏不忧后害，敢以实告。

《言科场事状》

【简介】

本文上奏于元祐元年（1086年）四月，收录于《栾城集》卷三十八。司马光要废除王安石的科举科目改革,恢复考查师傅,苏辙认为辄与更张,来年参试举子将来不及准备,建议"来年科场一切如旧",只是不再以王安石之是非为是非,下科再行改革,"徐议元祐五年以后科举格式,未为晚也"。

文中提及科举罢考律义,关于法律的考核是宋代科举的一个亮点。北宋立国之初,太祖、太宗就几次设立明法科,考察内容杂以经义,并且将律义纳入进士科考察范围。熙宁变法罢明经诸科,设新明法科,将现行法《宋刑统》纳入考试范围,考核断案水平。之后南宋几次关于明法科的考试内容的调整,都是在考虑是否应该加试经义、经义应该占多大比重,但明法科的核心考试内容仍然是"断案以试其法令,律义以试其文理"。

【原文】

右臣伏见尚书礼部会议科场欲复诗赋,议上未决,而左仆射司马光上言,乞以九经取士,及令朝官以上,保任举人,为经明行修之科,至今多日,二议并未施行。臣窃惟来年秋赋,自今以往,岁月无几,而议不时决,传闻四方,学者知朝廷有此异议,无所适从,不免惶惑懑乱。盖缘诗赋,虽号小技,而比次声律,用功不浅,至于兼治他经,诵读讲解,尤不可轻易。要之来年皆未可施行,臣欲乞先降指挥,明言来年科场一切如旧,但所对经义,兼取注疏及诸家议论。或出己见,不专用王氏之学。仍罢律义,令天下举人知有定论,一意为学,以待选试。然后徐议元祐五年以后科举格式,未为晚也。谨录奏闻,伏候敕旨。

议定吏额

【简介】

本文收录于《龙川略志》卷五。苏辙时任中书舍人,负责审定六部官署的条例。元丰朝定各官署下级官吏的名额时,所定的名额比过去多了数倍,朝廷下旨要求重新详定各官署官吏名额。吏员白中孚认为以前刑罚不重,官员工资也不高,官员不想更多的人来分收到的贿赂,所以即使人少工作多也在所不辞。现在情况正好相反，所以官员也不在意官署内人多，只希望少干点儿事。这就是同一官署过去官员少现在吏额多的主要原因。以前把每天要做的工作按难易程度分为七个等级，最重者一分，最轻者在一厘以下，以完成若干分的工作量来确定一个吏额。现在可抽取各部门两个月工作量来确定分数从而确定吏额。苏辙赞同这一意见，为了避免骤然裁剪员额引发动荡，他建议各部门根据工作量确定员额，但并不马上裁员，而是等到吏员任职期满转迁或者身亡便不再填补，直到符合员额为止。这一建议被申报尚书省，时任左丞相的吕微仲派任永寿等人负责这项工作。但任永寿等人急于求成，迅速裁减现职吏员，并根据自己的好恶改变吏员的排名，从而将之提拔到紧要部门或者投闲置散，而且所有具体安排的上奏下行，都由吕微仲独断，根本不经过三省。种种举措引发内外不满，吕微仲被弹劾，在太皇太后高氏的干预下被判徒罪刺配。之后吕微仲重新修订吏额办法，修订后的法规基本上符合苏辙先前的意见。"冗官冗员"是北宋的积弊，苏辙的应对之策可以说是非常切实有效的。

【原文】

予为中书舍人，与范子功、刘贡父同详定六曹条例，子功领吏部。元丰所定吏额，主者苟悦群吏，比旧额几数倍，朝廷患之，命重加详定，事已再上再却矣。予偶坐局中，吏有白中孚者，进曰："吏额不难定也。中孚昔常典其事，知弊所起。"予曰："其弊安在？"中孚曰："昔流内铨，今侍郎左选也，事之最繁，莫过于此矣。昔铨吏止十数，今左选吏至数十。事加如旧，而用至数倍者，昔无重法重禄，吏通贿赂，则不欲人多以分所入，故竭力勤劳而不辞；今行重法，给重禄，贿赂比旧为少，则不忌人多，而幸于少事，此吏额多少之大情也。旧法，日生事以难易分七等，重者至一分，轻者至一厘以下，若干分为一人。今诚抽取逐司两月事，定其分数，若比旧不加多，则吏额多少之限，无处逃矣。"予曰："汝言似得之矣。"即以告属官，皆不应，独李之仪曰："是诚可为。"即与之仪议曰："此群吏身计所系也。若以分数为人数，必大有所逐，将大至纷恳，虽朝廷亦将不能守。乃具以白宰执,请据实立额,俟吏之年满转出,或事故死亡,更不补填,及额而止,如此不过十年,自当消尽。虽稍似稽缓,而见在吏知非身患,则自安心,事乃为便。"诸公皆以为然,遂申尚书省,乞取诸司两月生事,而又吏人不知朝廷意,皆莫肯供。再申,乞榜诸司,使明知所立吏额,候他日见阙不补,非法行之日径有减损。如此数月之间,文字皆足,因裁损成书,以申三省。

时左相吕微仲也,极喜此事,以问三省诸吏,皆不能晓。有任永寿者,本非三省吏也,尝预元丰吏额事,以事至三省,能言其意。微仲悦之,即于尚书省立吏额房,使永寿与堂吏数人典之。小人无远虑,而急于功利,即背前约以立额,日裁损吏员。复以私所好恶变易诸吏局次,凡近下吏人恶为上名所压,即拨出上名于他司;凡闲慢司分欲入要地者,即自寺监拨入省曹。凡奏上行下,皆微仲专之,不复经由三省。法出,中外纷然。微仲既为台官所攻,称疾在告;而永寿亦恣横,赃污狼籍,下开封府推治。府官观望,久不肯决,至宣仁后以为言,乃以徒罪刺配。久之,微仲知众不伏,徐使都司再加详定,大率如予前议乃定。

放买扑场务欠户者

【简介】

本文收录于《龙川略志》卷五,苏辙此时任职户部侍郎。买扑是一种宋初太宗时即实行的包税制,由官府核计应征数额定期发包,一期为一界,承包者以产业为抵押。神宗熙宁时始行实封投状,即买扑者将买扑金额写好封装上交,规定时间开封,金额高者获得承包权。因此投标者枉顾可能收益,一味抬高买扑价,甚至多达初始价十倍,最后难以完缴税额,连累自己和担保人下狱。有人建议取各界买扑金额平均数为定额,已交够平均数而没交够合同金额的一并释放,官府继续催缴未交够平均数的,直到够平均额为止。苏辙奏请朝廷施行此策,符合他一贯注重民生、"因弊修法"的改革思路。

【原文】

予为户部侍郎,有言买扑场务者,人户自熙宁初至元丰末,多者四界,少者三界。缘有实封投状添价之法,小民争得务胜,不复计较实利。自始至末,添钱多者至十倍。由此破荡家产,傍及保户,陪纳不足,父子流离,深可愍恻。乞取累界内酌中一界为额,除元额已足外,其元额虽未足,而于酌中额得足者,并与释放。唯未足者依旧催理,候及酌中额而止。予善其说,奏乞施行,天下欠户蒙赐者不可胜数。或号以谏官吕陶所请。

不听秘法能以铁为铜者

【简介】

本文收录于《龙川略志》卷五。有商人称有秘法能用胆矾点铁为铜,苏辙拒绝将之由官方推广,因为私自制铜违法,自己为户部官员不能带头违法,假如由官府推广则各方都会参与进来,秘法也就不再保密了。商人再去尚书省游说,但秘法试验失败。

【原文】

有商人自言于户部,有秘法能以胆矾点铁为铜者。予召而诘之曰:"法所禁而汝能之,诚秘法也。今若试之于官,则所为必广,汝一人而不能自了,必使他人助汝,则人人知之,非复秘也,昔之所禁,今将遍行天下。且吾掌朝廷大计,而首以行滥乱法,吾不为也。"其人黾俛而出,即诣都省言之。诸公惑之,令试斩马刀,厥后竟不成。

王子渊为转运以贱价收私贩乳香

【简介】

本文收录于《龙川略志》卷五。熙宁年京东转运判官王子渊在转运司府中用低价公开收购密州沿海海船违法私自贩卖的乳香。王子渊得罪受罚,他收的乳香被朝廷没收。元祐初,那些被低价收买乳香的人向朝廷申诉，朝廷令户部按乳香价的十分之七贴还贩香者，论者都觉得过犹不及。当时有泉州商人傅永亮持两张没有标注自己名字的收据请求贴还，苏辙不肯，认为他无法证明是自己卖的，有可能是正主收据丢了，甚至也有可能是杀害正主拿到的收据。户部尚书李常、郎中赵偁认为傅永亮为巨贾，不会骗人，苏辙坚持是否可疑与他的资产无关。后来实地调查证明傅永亮并非巨贾。傅永亮向尚书省申诉，尚书省把钱给了他，苏辙此时已经离开户部。

【原文】

熙宁中，王子渊为京东转运判官，知密州海舶多私贩乳香，即明召舶客入官中，以贱价收之，自以为奇，言于朝廷。中书户房检正官向宗儒得之，喜曰："此法所禁，子渊为监司，知人犯法不能禁，而出钱买之，此罪人也。"子渊既得罪，香皆没官，一时以为奇策。元祐初，贩香者诉之朝廷，令户部支还七分钱，议者以为过犹不及也。有傅永亮者，自言尝入香于官，今二券具在，然皆非其本名。诘其故，曰："皆家人耳。"问其所在及其亲属之在亡，皆曰："亡之。"予笑曰："安知此非奸人乎？"尚书李常、郎中赵偁皆曰："此大商，家业数万缗，安得为奸乎？"予曰："为奸不问贫富。此事盖有三说而已：永亮实曾入香，今无以自明，一也；得阑遗文书以欺官，二也；杀此二人而得其书，三也。三说皆不可知，而妄以钱与之，本部吏必大有所受，不可。"李、赵皆曰："永亮泉人，可符下实其家财。"予曰："永亮之可疑，非为贫也。"二人固争之，予不得已从之。及泉申部，家财止百余千。予笑曰："今当如何？"二人犹执欲予。会韩师朴为户部，乃止。然永亮竟诉都省，都省与之。时予已去户部矣。

辩人告户绝事

【简介】

本文同样收录于《龙川略志》卷五，也是苏辙在户部时处理的案件，在本书上编第三章有详细分析。苏辙的发问逻辑周延、切中肯綮,展现了他"精炼吏事、通知民情"的一面。

【原文】

广州商有投于户部者,曰:"蕃商辛押陁罗者,居广州数十年矣,家赀数百万缗,本获一童奴,过海遂养为子。陁罗近岁还蕃,为其国主所诛,所养子遂主其家。今有二人在京师,各持数千缗,皆养子所遣也。此于法为户绝,谨以告。"李公择既而为留状,而适在告,郎官谓予曰:"陁罗家赀如此,不可失也。"予呼而讯之曰:"陁罗死蕃国,为有报来广州耶?"曰:"否,传闻耳。""陁罗养子所生父母、所养父母有在者耶?"曰:"无有也。""法告户绝,必于本州县,汝何故告于户部?"曰:"户部于财赋无所不治。"曰:"此三项皆违法,汝姑伏此三不当,吾贷汝。"其人未服。告之曰:"汝不服,可出诣御史台、尚书省诉之。"其人乃服。并召养子所遣二人,谓之曰:"此本不预汝事,所以召汝者,恐人妄摇撼汝耳。"亦责状遣之。然郎中终以为疑,予晓之曰:"彼所告者,皆法所不许。其所以不诉于广州而诉于户部者,自知难行,欲假户部之重,以动州县耳。"郎中乃已。

《三论分别邪正札子》

【简介】

本文写作于元祐五年(1090年),收录于《栾城集》卷四十三,以下为节选。在上编第五章提到的苏辙元祐元年(1086年)与司马光的争论中,苏辙赞成恢复差役法,但主张推迟一年,等法令修改完善后再予施行。(《论罢免役钱行差役法状》)朝廷未接受他的意见,立刻恢复差役法,引来物议沸腾,旋即又恢复了免役法,但免役法在实行中暴露的弊端并未随之改善,元祐四年(1089年)又复行差役法,民众饱受折腾。苏轼三上《分别邪正札子》,《一论》《再论》更强调用人的"分别邪正",而《三论》分别悉数两法利弊,再次重申了自己"事有失当,改之勿疑,法或未完,修之无倦"的"因弊修法"的观点。只有这样才能得民心,异议自然也能消除。

【原文】

　　昔嘉祐以前，乡差衙前，民间常有破产之患。熙宁以后，出卖坊场以雇衙前，民间不复知有衙前之苦。及元祐之初，务于复旧，一例复差，官收坊场之钱，民出衙前之费，四方惊顾，众议沸腾，寻知不可，旋又复雇。雇法有所未尽，但当随事修完。而去年之秋，复行差法，虽存雇法，先许得差。州县官吏利在起动人户，以差役为便。差法一行，即时差足。雇法虽在，谁复肯行。臣顷奉使契丹，道出河北，官吏皆为臣言："岂朝廷欲将卖坊场钱别作支费耶？不然，何故惜此钱而不用，殚民力以供官。"此声四驰，为损非细。又熙宁雇役之法，三等人户，并出役钱，上户以家产高强，出钱无艺，下户昔不充役，亦遣出钱，故此二等人户不免咨怨。至于中等，昔既已自差役，今又出钱不多，雇法之行，最为其便。及元祐罢行雇法，上下二等欣跃可知，惟是中等则反为害。臣请且借畿内为比，则其余可知矣。畿县中等之家，大率岁出役钱三贯，若经十年，为钱三十贯而已。今差役既行，诸县手力最为轻役，农民仕官，日使百钱，最为轻费。然一岁之用，已为三十六贯，二年役满，为费七十余贯。罢役而归，宽乡得闲三年，狭乡不及一岁。以此较之，则差役五年之费，倍于雇役十年所供。赋役所出，多在中等，如此安得民间不以今法为害而熙宁为利乎？然朝廷之法，官户等六色役钱，只得支雇役人，不及三年处州役，而不及县役，宽剩役钱，只得通融邻路邻州，而不得通融邻县。人户愿出钱雇人充役者，只得自雇，而官不为雇。如此之类，条目不便者非一。故天下皆思雇役，而厌差役，今五年矣。如此二事，则臣所谓宜因弊修法，为安民靖国之术者也。臣以闻见浅狭，不能尽知当今得失。然四事不去，如臣等辈犹知其非，而况于心怀异同、志在反复、幸国之失有以藉口者乎。臣恐如此四事，彼已默识于心，多造谤议，待时而发，以摇撼众听矣。伏乞宣喻执政，事有失当，改之勿疑，法或未完，修之无倦。苟民心既得，则异议自消。陛下端拱以享承平，大臣逡巡以安富贵，海内蒙福，上下所同，所有衙前差役二事，臣言根究详悉，续具闻奏。臣不胜区区，冒昧圣听，伏俟诛谴。取进止。

《论御试策题札子》

【简介】

本文写作于元祐九年(1094年)三月,收录于《栾城后集》卷十六。同题有两篇上书,此为其一。前年九月太皇太后高氏去世,哲宗亲政,欲恢复新政。苏辙上书历数神宗所行而为高太后所坚持奉行的有益之变革,希望哲宗不要打着复行神宗之政的旗号"轻事改易",这与苏辙一向主张慎重改革的思路是一致的。数日后苏辙再上《论御试策题札子》(其二),重申此观点,希望哲宗将"元丰之事有可复行,而元祐之政有所未便"的政策,与自己等一干大臣"公共商议","见其可而后行,审其失而后罢"。这两道上书让哲宗不悦,认为他"引用汉武故事比拟先朝,事体失当;所进入词语,不著事实",让苏辙以本官知汝州(今河南省汝州)。四月哲宗改元绍圣。

【原文】

臣伏见御试策题历诋近岁行事,有欲复熙宁、元丰故事之意。臣备位执政,不敢不言。然臣窃料陛下本无此心,其必有人妄意陛下牵于父子之恩,不复深究是非,远虑安危,故劝陛下复行此事。此所谓小人之爱君,取快于一时,非忠臣之爱君,以安社稷为悦者也。

臣窃观神宗皇帝,以天纵之才,行大有为之志,其所设施,度越前古,盖有百世而不可变者矣。臣请为陛下指陈其略:先帝在位近二十年,而终身不受尊号。裁损宗室,恩止袒免,减朝廷无穷之费。出卖坊场,雇募卫前,免民间破家之患。罢黜诸科诵数之学,训练诸将慵惰之兵。置寄禄之官,复六曹之旧,严重禄之法,禁交谒之私。行浅攻之策,以折西戎之狂,收六色之钱,以宽杂役之困。其微至于设抵当、卖熟药。凡如此类,皆先帝之圣谋睿算,有利无害,而元祐以来,上下奉行,未尝失坠者也。至如其他事有失当,何世无之。父作之于前,而子救之于后,前后相济,此则圣人之孝也。昔汉武帝外事四夷,内兴宫室,财赋匮竭,于是修盐铁榷酤、平准均输之政,民不堪命,几至大乱。昭帝委任霍光,罢去烦苛,汉室乃定。光武、显宗以察为明，以谶决事，上下恐惧，人怀不安。章帝即位，深鉴其失，代之以宽，恺悌之政，后世称焉。及我本朝，真宗皇帝，右文偃革，号称太平，而群臣因其极盛，为天书之说。章献明肃，太后临御，揽大臣之议，藏书梓宫，以泯其迹。及仁宗听政，亦绝口不言，天下至今韪之。英宗皇帝，自藩邸入继，大臣过计，创濮庙之议，朝廷为之汹汹者数年。及先帝嗣位，或请复举其事，寝而不答，遂以安靖。夫以汉昭、章之贤，与吾仁宗、神宗之圣，岂其薄于孝敬，而轻事变易也哉？盖事有不可不以庙社为重故也。是以子孙既获孝敬之实，而父祖不失圣明之称，此真明君之所务，不可与流俗议也。臣不胜区区，愿陛下反复臣言，慎勿轻事改易，若轻变九年已行之事，擢任累岁不用之人，人怀私怨而以先帝为词，则大事去矣。臣不胜忧国之心，冒犯天威，甘俟谴责。取进止。

十二、贬官汝州和袁州、筠州、雷州、循州时期

苏辙断臂

【简介】

本故事收录于《苏东坡与平顶山》一书，略做精简，解释了三苏祠中苏辙塑像为单臂的来由，多为后人托故敷演。正如上编第七章结尾处分析，这些有奇思妙想的司法故事广为传播，其实都反映了民间对"三苏"父子的喜爱之情，而这些喜爱之情，来源于他们实际的惠民之举。

【原文】

三苏祠的大殿里，有三位身穿朝服的塑像，西者苏颍滨，沉着稳健，但似乎没有右臂，这是怎么回事呢？

苏辙1094年因上疏被证陷，被贬为汝州知州。当时苏轼恰好从定州（今河北省定县）移谪英州（今广东省英德市）。当时苏轼已近六旬，时值盛夏，酷暑难当，加之路途遥远，身上盘费不够，更重要的是思念之心急切，决定绕道汝州，与弟弟相会。

说来也巧，苏轼一行刚过黄河，就听到几声闷雷。抬头一看，电闪雷鸣，暴雨如注。苏轼无奈，只得走进路旁一家客店暂歇。他们刚刚坐下，只见一群穿着孝服的男男女女走了进来。他们哭丧着脸，有的眼里还含有泪珠。一位年轻人对一位中年女人说："这件案子不能拉倒。我叔是冤枉死的。"你一言我一语，苏轼全都记在心里。事情是这样的：有一个商人去东京做生意，来往都在附近镇上的一家客店住宿。有一次他带了二十斤黄金，放在店里，回来黄金丢失。告到郏县县衙。店主人说，房间的钥匙商人拿着，房间里丢失什么东西，自己怎么知道。县令不问青红皂白，对店主人酷刑拷打，店主无奈，只得招认。报汝州州府，知州苏辙没有详审就上报省抚，省抚又不详查，上报朝廷，朝廷以为经过三级官员审核，肯定无误，很快批复斩首。这群人就是刚刚埋葬店主后，路上遇到大雨进了这个店的。

苏轼听了，心急如焚，不住埋怨弟弟办事粗糙。客人丢金子，除了店主偷以外，第三人亦不能排除。苏轼正在思索，忽听那个年轻人骂知县是个糊涂蛋，他亲眼看见那个客人在回店前同一个和尚在一块儿喝酒。为什么不把那个和尚也抓去问一问就定案呢？苏轼心想骂得好，他对草菅人命的官吏也一样痛恨。一个多时辰后，雨过天晴，苏轼一行出了店门。

郏城县距汝州府不过百里，第二天傍晚苏轼到达州府。兄弟俩还没有寒暄，苏辙就看到兄长满脸怒气。不等苏辙询问，苏轼就开口说道："知府错判案件该当何罪？"苏辙听后，莫名其妙，不知兄长指的是哪个案子。于是说了一句："兄长不远千里而来，难道就是为了提出这个问题？"话刚落音，衙役送上茶来。苏轼一边喝茶，一边把路上听到的情况说了出来。苏辙听后立即调来案卷，并派人火速提审那个商人。问道："你的钥匙平时放在什么地方？"商人回答说"总是自己携带"。又问："和什么人同住过没有？"回答说："没有。"再问：好好想想，金子丢失之前和什么人一起吃饭喝酒没有？"回答说："不久以前曾同一个和尚在一起喝酒。醉了以后，白天睡过半天觉。"这时苏辙才恍然大悟，立即派吏卒逮捕那个和尚。吏卒去后，人赃俱获，和尚屋里藏的金子恰好是二十斤。真相大白后，苏辙上疏省抚、朝廷，立即为店主人昭雪，同时请求追究自己错批的责任。巡抚和朝廷觉得苏辙为人一向忠厚，办事光明磊落，只给了罚俸半年的处分。而苏轼对自己的弟弟一点也不宽恕，严厉地说："朝廷处分已定，按先人的家规又该怎么办呢？"苏辙是一位视民如子的官吏，此时对自己的错批一事，已是悔恨不已。等给兄长的路费七千两银子筹集好，送兄长一行上路以后，竟然砍掉了自己的右臂，因为签错的字是用自己的右手写出来的。

房租与苏辙，不与章惇

【简介】

本故事收录于《邵氏闻见后录》卷二十二。苏辙获贬雷州，朝廷不准犯官住官舍，在知州张逢礼的帮助下租房居住。宰相章惇得知张逢礼遇苏辙，想以强占民宅诬陷苏辙。但苏辙手中租赁契约（"僦券"）清晰明白，无由加罪，只好于元符元年（1098年）诏苏辙移住循州。此事和"东坡卜居阳羡"一则故事都反映了在当时房屋买卖、租赁之中契约的重要意义。苏氏兄弟不仅在其工作之中重视契约书证（"王子渊为转运以贱价收私贩乳香"），在日常生活中也十分注意契约的留存。

【原文】

苏子由谪雷州，不许占官舍，遂僦民屋。章子厚又以为强夺民居，下本州追民究治，以僦券甚明乃已。不一二年，子厚谪雷州，亦问舍于民，民曰："前苏公来，为章丞相几破我家，今不可也。"

十三、北归颍昌时的法治轶事、故事

《丙戌十月二十三日大雪》

【简介】

苏辙这首诗作于徽宗崇宁五年（1106年），收录于《栾城三集》卷一。崇宁五年在连续几年的蝗灾、水灾之后，是一个难得的没有遭受灾害记载的年份，但百姓仍然难免饥馑，这都是因为蔡京（"陶钧手"）所继承自神宗年间而变本加厉的大钱法,"谁言丰年中,遭此大泉厄"。所谓大钱法就是朝廷铸造质量、重量没有相应提升但面值高于普通钱币面值数倍的"大钱"投放市场,此时大力铸造的是当十钱。这样的钱币必然无法在流通中获得信任,因而引起通货膨胀,即诗中所说"肉好虽甚精,十百非其实"。但官府仍然可以在将大钱刚投放市场时强制百姓使用,这使得百姓的财富大量聚敛到官府手中,也就出现了诗中所描述的"闲民本无赖,翩然去井邑。土著坐受穷,忍饥待捐瘠"的惨状。苏辙反对当十钱,但似乎退而求其次地接受了当二、当三的大钱,"朝饥愿充肠,三五本自足。饱食就茗饮,竟亦安用十"。

【原文】

秋成粟满仓,冬藏雪盈尺。天意愍无辜,岁事了不逆。
谁言丰年中,遭此大泉厄。肉好虽甚精,十百非其实。
田家有余粮,靳靳未肯出。闾阎但坐视,愁愁不得食。
朝饥愿充肠,三五本自足。饱食就茗饮,竟亦安用十。
奸豪得巧便,轻重窃相易。邻邦谷如土,胡越两不及。
闲民本无赖,翩然去井邑。土著坐受穷,忍饥待捐瘠。
彼哉陶钧手,用此狂且愎。天且无奈何,我亦长太息。

《久雨》

【简介】

《久雨》诗收录于《栾城三集》卷一。苏辙一向体恤民生,此诗表达了对当朝苛捐杂税、横征暴敛的不满,认为是暴政引发了天气的不祥。类似哀叹民瘼的诗歌苏辙晚年所作甚多。

【原文】

云低气尚浊,雨细泥益深。经旬势不止,晚稼日已侵。
闲居赖田食,忧如老农心。堆场欲生耳,栖亩将陆沉。
常赋虽半释,杂科起相寻。凶年每多暴,此忧及山林。
号呼天不闻,有言不如喑。愿见云解脱,秋阳破群阴。

"三苏"法治史料分类索引

治吏

苏洵

衡论·任相 245
衡论·广士 247
衡论·养才 249
上皇帝书 256

苏轼

策别课百官一·厉法禁 269
策别课百官二·抑侥幸 271
策别课百官三·决壅蔽 273
策别课百官四·专任使 275
策别课百官五·无责难 276
策别课百官六·无沮善 278
"今之君子,争减半年磨勘,虽杀人亦为之" 350

立法

苏洵

衡论·议法 250

苏轼

苏轼修订敕规 285
议学校贡举状 289

上皇帝书 292
再上皇帝书 303
戏子由 306
吴中田妇叹(和贾收韵) 308
除夜哀叹囚系皆满 309
山村五绝(其三) 309
上韩丞相论灾伤手实书 310
论河北京东盗贼状 312
寄刘孝叔 316
上文侍中论强盗赏钱书 318
乞医疗病囚状 326
鱼蛮子 350
登州召还议水军状 355
乞罢登莱榷盐状 356
与司马光政争 359
论每事降诏约束状 360
苏轼以仁宗、神宗之治命题 361
论高丽进奉状 365
论役法差雇利害起请画一状 367
乞禁商旅过外国状 372
东坡罢扬州万花会 382

东坡罢沿路随路检税 383

乞改居丧婚娶条状 384

苏辙

与王介甫论青苗盐法铸钱利害 401

制置三司条例司论事状 403

次韵子瞻见寄 407

和子瞻监试举人 407

次韵子瞻吴中田妇叹 408

次韵子瞻山村五绝(其三) 409

议卖官曲与榷酒事 411

论罢免役钱行差役法状 414

论蜀茶五害状 415

言科场事状 419

议定吏额 420

放买扑场务欠户者 422

三论分别邪正札子 425

论御试策题札子 427

丙戌十月二十三日大雪 430

久雨 431

司法、行政

苏洵

衡论·申法 252

张益州画像记 254

苏轼

刑赏忠厚之至论 267

考场杜撰"三杀""三宥"典故 268

策别安万民一·敦教化 279

策别安万民二·劝亲睦 281

策别安万民六·去奸民 283

韩非论 284

苏轼减决囚犯 286

苏轼敢批山神 288

东坡判官妓一从良一不允 308

次韵刘贡父李公择见寄二首
（其二） 317

与朱鄂州书 318

苏轼密州弥变乱 319

苏东坡巧断铜钱案 320

苏轼斩吏 323

苏轼调解诉事 324

与李清臣干涉事 325

知徐州差程棐捕盗 328

苏东坡为妓儿立姓 331

巧作判词"打得好" 331

苏大人月夜析疑案 332

射鸭扰民天不容 334

湖州第一案 337

陈季常所蓄朱陈村嫁娶图
（其二） 348

五禽言之布谷 349

"郑容落籍,高莹从良" 351

苏子瞻说故事辞故人干请 360

贬责吕惠卿 357

霹雳手电扫庭讼 362

"九百不死,六十犹痴" 363

法外刺配颜巽父子 365

苏轼私帑设安乐坊 372

赝换真书 375

写画白团扇 375

东坡西湖了官事 376

子瞻判和尚游娼　376
颜儿圣索酒友诗　377
巧用谐音字讽刺贪官　377
苏太守讨饭　378
东坡汝阴赈饥寒　381
乞推恩酬李直方捕盗　381
东坡弹劾权贵违制　384
苏轼定州治军　385
东坡谪居中勇于为义　389
惠州祭枯骨文　390

苏辙

孟子解　397

刑赏忠厚之至论　398
梦中见老子言杨绾好杀高郢严震皆
　不杀　399
慎勿以刑加道人　400
许遵议法妄而能活人以得福　409
张次山因一婢知周高而刺配
　海岛　410
江东诸县括民马　413
王子渊为转运以贱价收私贩
　乳香　423
辩人告户绝事　424
苏辙断臂　428

跋

眉山是苏洵、苏轼、苏辙的家乡。挖掘、整理"三苏"法治思想,丰富、润泽眉山法治文化是眉山人的应有之义,特别是眉山市法学会,更应主动作为、积极推动。

台湾地区法制史学者徐道隣先生,在《法学家苏东坡》一文中,充分肯定苏轼的法律素养,可谓从法律视角研究苏轼之先声。改革开放以来,大陆学者也有涉及。苏轼法律专论,在知网上检索,近20年来,大约20余篇。有志于此的学者之中,眉山市法学会东坡司法法学研究所主任、市人民检察院彭林泉先生,学中文而从事法治工作,具有得天独厚的优势。自2012起,仅在中国苏轼研究学会会刊《苏轼研究》,就发表了相关论文9篇。

由于眉山市委常委、政法委书记、市法学会会长周孝平先生的推动,2016年11月,眉山市法学会、中国苏轼研究学会主办、眉山市法学会东坡司法法学研究所承办了"苏东坡法治思想与实践"论坛。2017年7月,四川大学出版社公开出版发行《苏东坡法治思想与实践论文集》,收录了何勤华、赵晓耕、陈景良等学者论文22篇。

时隔两年之后,2019年4月,四川省高级人民法院院长王树江先生在考察三苏祠博物馆时,提议整理提炼"三苏"法治思想,建立"三苏"法治思想展馆。随后,在中国法学会副会长、法治文化研究会会长张苏军,四川省委常委、政法委书记、省法学会会长邓勇,眉山市委书记慕新海、市政府市长胡元坤和市政府原市长罗佳明等先生的关心、支持、推动下,眉山市委常委、政法委书记、市法学会会长周孝平先生安排眉山市法学会牵头组织开展"三苏"法治思想课题研究工作。经过前期联系、沟通、协商,2019年8月,眉山市法学会委托中国人民大学法学院教授、博士生导师、中国法学会法治文化研究会副会长、中国法律史学会执行会长(第8—9届)赵晓耕先生牵头主持,启动"'三苏'法治思想研究"项目。2019年11月,正值眉山秋色满山之时,眉山市法学会、中国法律史学会老庄与法律文化研究会在眉山市联合举办"'三苏'法治思想与眉山传统法治文化研讨会",听取课题组汇报研究成果——《北宋士大夫的法律观——苏洵、苏轼、苏辙法治理念与传统法律文化》,此书恰如"最是橙黄橘绿时"之风景。

与法律相关的苏轼官职,如判登闻鼓院,即主持登闻鼓院,受理吏民的谏诤和申诉;权开封府推官,即开封府"法官",须值班断案;守大理评事、大理寺丞,两个官职是朝廷授予他领俸禄的。另外,苏轼曾任八个州的知州,作为地方主官,他处理民事、刑事等案件,皆有史料记载。

可是,要在卷帙浩繁的"三苏"作品中,寻绎出有关律令的诗词文赋,却殊为不易。从事法律史研究的课题组成员,一页一页地翻阅《三苏全书》等史籍,悉心解读,终于完成《北宋史料中的"三苏"法律思想与实践分类辑录》《"三苏"法治轶事、典故和故事》,包含苏洵、苏轼、苏辙有关治吏、立法、司法、行政等有关诗文及典故、轶事,为研究奠定了坚实基础。

在此基础上,他们借鉴现代法律知识,去观照"三苏"的史料文献,以今鉴古,博观约取。在宏观上,归纳出"三苏"法律思想的重点:重民生,以及"三苏"传统法思想的特点,如苏洵审势立治、利者义之和、重礼与礼有所不及、任法与法有所不及等。在微观上,解读出立法、行政、刑法、司法、吏治等"三苏"传统法思想,并结合具体史料予以阐述,显示"三苏"深厚的法律修养。如在苏轼司法实践中的杭州高丽僧案,作者从案件的背景、起因、审理、立法建议等,逐步展开,条分缕析,通俗易懂。这些法学专业的学者看到的,与文史专业的学者看到的峰峦各异,此所谓"横看成岭侧成峰"也。

"春江水暖鸭先知",本书的学术先觉,将会随着时间的推移,渐渐释放出来,功莫大焉。

就我接触的资料看,四十年来,对苏轼的研究经历了文学家、政治家和文化家的演变。我以为,从中国传统法律文化的角度看,中国古代文人法律思想与实践,能够与"三苏"比肩者极少;中国古代文人法律思想研究,此书亦可谓一时之选。此书是把"三苏"作为一个整体而又有个体差异来对待的。从本书框架结构可见,"三苏"法治思想丰富多彩,涉及现代法律的诸多方面,此书可以看作中国古代文人法律思想研究成果的范例之一。

本书亦可作为现代社会法治建设之借鉴,"三苏"法治思想亦具有其现代意义。如"三苏"法治思想中的义利观:苏洵《利者义之和论》认为,治国须义利兼顾。苏轼认为,不可以义非利,因为利有合义之利、非义之利之分。他倡导合义之利,而反对非义之利,即"苟非吾之所有,虽一毫而莫取"。借鉴"三苏"义利观,至今不无裨益。

2020 年 4 月 11 日于"三苏"故里眉山

图书在版编目（CIP）数据

北宋士大夫的法律观：苏洵、苏轼、苏辙法治理念与传统法律文化／赵晓耕主编. —北京：北京大学出版社，2020.10
ISBN 978-7-301-31691-7

Ⅰ.①北… Ⅱ.①赵… Ⅲ.①法制史—史料—中国—北宋 Ⅳ.①D929.441

中国版本图书馆 CIP 数据核字（2020）第 188088 号

书　　　名	北宋士大夫的法律观 ——苏洵、苏轼、苏辙法治理念与传统法律文化 BEISONG SHIDAFU DE FALÜGUAN ——SUXUN SUSHI SUZHE FAZHI LINIAN YU CHUANTONG FALÜ WENHUA
著作责任者	赵晓耕　主编
责 任 编 辑	刘文科
标 准 书 号	ISBN 978-7-301-31691-7
出 版 发 行	北京大学出版社
地　　　址	北京市海淀区成府路 205 号　100871
网　　　址	http://www.pup.cn　http://www.yandayuanzhao.com
电 子 信 箱	yandayuanzhao@163.com
新 浪 微 博	@北京大学出版社　@北大出版社燕大元照法律图书
电　　　话	邮购部 010-62752015　发行部 010-62750672 编辑部 010-62117788
印 刷 者	大厂回族自治县彩虹印刷有限公司
经 销 者	新华书店
	650 毫米×980 毫米　16 开　28.25 印张　389 千字 2020 年 10 月第 1 版　2020 年 12 月第 2 次印刷
定　　　价	59.00 元

未经许可，不得以任何方式复制或抄袭本书之部分或全部内容。
版权所有，侵权必究
举报电话：010-62752024　电子信箱：fd@pup.pku.edu.cn
图书如有印装质量问题，请与出版部联系，电话：010-62756370

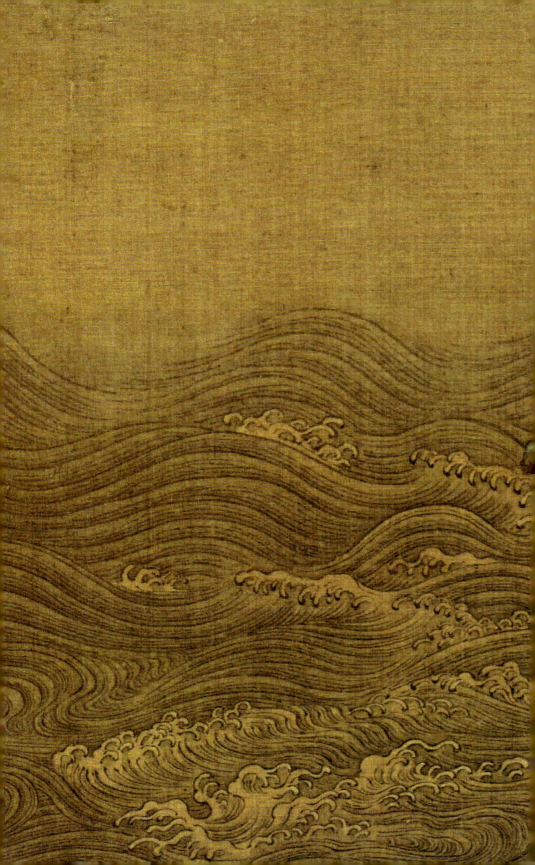